犯罪論と刑法思想

岡本　勝　著

信　山　社

荘子邦雄先生に捧ぐ

まえがき

本書は、刑法総論の分野に関して私がこれまで発表してきた論稿の一部を纏めた初めての論文集である。東北大学法学部で刑法総論の講義を担当するようになってはや十余年を経ようとしているが、受講している学生の勉学の便を思い、刑法総論に関する拙稿を一冊にまとめようと心境の変化を来したのはごく最近のことである。本書所収の論文は、私なりに珠玉の作品の作成を目指して精魂込めて著したものばかりであり、本書を多くの学生諸兄に手にとって読んでいただき、そこから何かを感じ取っていただければ、それに過ぎる幸せはない。また、刑法学の発展に微力ながら貢献できたとすれば、望外の喜びである。

思えば、大学三年「荘子ゼミ」参加の折、片平キャンパスに在った荘子邦雄先生のご研究室を、ゼミ論作成のためベーリングの「綱要」を拝借しにお訪ねし、その後、昭和四六年に刑法学の研究を本格的に志して東北大学法学部刑法講座教授荘子邦雄先生の助手として採用していただいて以来、荘子邦雄先生の厳しくも慈愛に満ちたご教導のもと、刑法学の研究に勤しんできた。先生は「学びて思う」ことの厳しさを身をもって示されたが、真に畏敬の念を抱き得る師に恵まれたことを日頃至福と感じている。また、今日あるはすべて荘子邦雄先生のご指導の賜物である。誠に拙いものではあるが、衷心より感謝の念を込めて本書を荘子邦雄先生に捧げたい。

なお、今回、信山社には本書の出版を快くお引き受けいただき、また、出版にあたり編集部渡辺左近氏にいろいろと大変お世話になった。本書が陽の目を見ることができたのも、すべて信山社と渡辺左近氏のお陰である。心から御礼を申し上げたい。

平成一二（二〇〇〇）年三月

早春の青葉山と仙台城とを望む川内の研究室にて

岡本　勝

目次

論文初出一覧

第一章　「ヘルムート・マイヤー刑法思想序説（上）」
法学（東北大学法学部紀要）四七巻五号（昭和五九年）

第二章　「ヴェルツェル刑法思想をめぐる断想」
広中俊雄教授還暦記念論集『法と法過程』（昭和六一年）創文社

第三章　『危険犯』をめぐる諸問題」
LAW SCHOOL 三九号（昭和五六年）立花書房

第四章　「『不作為による遺棄』に関する覚書」
法学（東北大学法学部紀要）五四巻三号（平成二年）

第五章　「特別刑法犯と可罰的違法性」
『注釈特別刑法第一巻総論編』（昭和六〇年）立花書房

第六章　「正当防衛における『不正の』侵害の意義」
法学（東北大学法学部紀要）五九巻五号（平成八年）

第七章　「過剰防衛における情状による減免」
『西原春夫先生古稀祝賀論文集第一巻』（平成一〇年）成文堂

第八章　「事後強盗罪に関する一考察」
香川達夫博士古稀祝賀『刑事法学の課題と展望』（平成八年）成文堂

第一章　ヘルムート・マイヤーの刑法理論における基本概念

一　序――問題の所在

ヘルムート・マイヤー（Hellmuth Mayer 1895-）――彼は、ハンス・ヴェルツェル（Hans Welzel 1904―1977）とほぼ同時代を生きたドイツの刑法学者である。一九二〇年代から論文を著わし、ドイツにおける国家社会主義（Nationalsozialismus）の時代を体験し、戦後も現在に至るまで様々の分野で活躍を続けている。その間、「ドイツ民族の刑法」（一九三六年）、「刑法総則」（一九五三年）、「刑法総則」（一九六七年）と、三部の体系書を著わし、また、最近では、「人間の社交的本性――刑事学的見地より見た社会人類学」と題するモノグラフを刊行した。哲学などに対する深い造詣と広い視野、そして、論理の緻密さには、注目すべきものがある。

わが国において、哲学や歴史に対する深い洞見と緻密な論理的思考において彼を凌駕するものと評し得るのが、荘子邦雄教授である。荘子教授は、「刑法総論」（昭和四三年）、「労働刑法（総論）〔新版〕」（昭和五〇年）、「刑法総論〔新版〕」（昭和五六年）と、いずれも勝れた体系書において、内外の学説文献を徹底的に渉猟するとともに、夥しい判例を的確に紹介、整理して、オーソドックスな犯罪論体系の再構成を試みられ、また、最近では、「犯罪論の基本思想」（昭和五四年）及び「近代刑法思想史序説」（昭和五八年）という、刑法学界に強烈な衝撃を与えずにはおかない重厚なモノグラフを相次いで世に問われ、常に新たな境地の開拓と、刑法学における独自の世界の構築を遂行された。随筆「思想の『再生』」（ジュリスト七八七号）に見られるような真摯な学問的態度と気魄は、驚嘆と尊敬に値する。

大著「刑法総論」（昭和四三年）は、荘子刑法学の発展の過程における重要な産物といえよう。そこで展開されている刑法理論・刑法思想には、ヘルムート・マイヤーの思想からの影響が強く認められる。(1) 荘子教授ご自身、すでに超克した過去のものとはいえ、H・マイヤーの刑法思想を考察し、荘子刑法学の発展の過程を辿ることは、あながち意味なきことではないであろう。また、わが国において何故か軽視されているヘルムート・マイヤーの刑法思想、しかも、ナチス法律学者のレッテルを貼られることもある彼の刑法思想に、幾条かの光をあて、彼の思想の真の姿を明らかにすることは、後生の学究の徒たる者の使命でもあろう。ただ、彼の全刑法理論を具に検討することは、困難でもあり不要でもある。本稿においては、彼の全体系、全思想を見据えながら、彼の刑法思想の根幹を形づくっている三つの基本概念とその背後に在る思想に考察を加えたい。

ところで、ヘルムート・マイヤーが、彼が生きた時代の思潮、とくに、彼が壮年期を過ごした国家社会主義(Nationalsozialismus)の時代における様々の思想の洗礼を受け、多かれ少なかれ、それらの思想から影響を被ったことは否めないであろう。

リュッテルス(B. Rüthers)は、ナチズムの時代の法学方法論及び法哲学の特質のひとつに、「具体的秩序思想」(2)と「具体的一般的概念の理論」をあげ、両者間の対応関係を指摘している。(3) 彼は、とくに、「ヘーゲル主義者」であるラレンツ（K. Larenz）が、ヘーゲルの概念論を法学に「応用」し、「具体的概念の論理」を展開したことを重視する。(4) リュッテルスはいう。抽象的一般的概念標識に反対して向けられた新たな諸概念の、ラレンツによる演繹と正当化は、全くヘーゲルの概念論の下にあった。ラレンツは、己の「具体的概念の論理」を、法学へのヘーゲル概念論の応用と解した。(5) ヘーゲル概念論の実践的法律学への応用、即ち、表現を改められた法律学的概念による事案の解決への応用は、立法者による介入の要を認めることなく現行法を改変するのに適合的であったのである。ヘーゲルの哲学において概念というものに帰属した役割を顧みれば、このことは明らかである。「概念」は、ヘーゲルにとって、「生命のない、空疎で抽象的なるもの」ではなく、むしろ、「すべての生の原理であり、同時に、端的に具体的なるもの」である。ヘーゲルによれば、現実を形成するのは「概念」にほかならず、ヘーゲルは、「概念」の中に、合理的な「悟性に基づく論理」の所産ではなく、人間の理性に先行する実在的存在の原理を認める。個々の法命令は、それが憲法に適った形式で表明された一般意志の表現なるが故にではなく、例えば所有権という超実定的概念から「演繹」され得るが故に、妥当するのである。かような「概念」が、前置された超実定的法「制度」の思想と同列であるということは、「具体的概念」が、実際の法適用にとって有するその機能の点において、「具体的秩序」といかに近しいものであるかを認識させる。(6) また、あらゆる「具体的一般的概念」に対して、本質的意味（Sinn）、使命及び意義を与える決定的な関係点は、当時まさにナチズムの法政策的原理及び要求を意味した「全民族秩序」や「民族的生活秩序」だったのである、(7) と。

当時は、法学方法論、法哲学及び法思想において、とくにラレンツにより、「ヘーゲル復興」が高調された時代であった。ヘルムート・マイヤーも、一貫して、新ヘーゲル主義の思想に立脚するものと目されている法学者のひとりである。(8) しかしながら、彼は、仮初にも、「具体的一般的概念の理論」に依拠した論理を展開してはいない。それどころか、彼は、ある箇所において、自らを「ヘーゲル主義者ではない」とさえ言明しているのである。(9) 彼が、いかなる点においてヘーゲル哲学に依拠して論理を展開し、また、いかなる点において「ヘーゲル主義者」たり得なかったかを明確にしないままに、彼に「ヘーゲル主義者」のレッテルを貼ることはできない。ヘーゲル哲学の全体像、刑法におけるヘーゲル主義の本質と実体、マイヤーによるヘーゲル哲学の解釈、等を解明するという根本的な問いへと遡源することなしには、ヘルムート・マイヤーの刑法思想を語ることはできまい。しかし、これらは、もとより極めて困難且つ膨大な作業を要する課題である。本稿においては、他の同時代人の法思想、とりわけ、「ヘーゲル主義者」K・ラレンツの法思想と対照させつつ、「具体的秩序思想」、「義務違反思想」、「理念・

現実の綜合思想」等々との相克の中で自らを鍛え上げ発展させていったＨ・マイヤーの基本思想を解明していきたい。後に明らかになるように、Ｈ・マイヤーの刑法理論において最も中核を占める観念は、「人倫（Sittlichkeit）」の概念である。この「人倫」概念も、ヘーゲル哲学特有の意味をもつ概念であり、しかも、ヘーゲル哲学の根幹を形成する概念のひとつである。その意味では、Ｈ・マイヤーの刑法思想がヘーゲル哲学における「人倫」思想に基礎をおくものと解し得るが、しかし、彼の描く「人倫」と、Ｋ・ラレンツが展開した「人倫」との間には、一見微妙ながら、極めて越え難い懸隔があるように思われてならない。この問題は、「理念と現実」という哲学上の大問題にも関連する。

（1）　とくに、刑罰の意義、犯罪の意義、行為、因果関係（客観的帰責）、客観的違法、責任（主観的帰責可能性）、未遂、共犯、等の領域において顕著である。「刑法総論〔新版〕」（昭和五六年）においても、未遂論を除き、その基調は変わっていないといってよかろう。

（2）　リュッテルスは、ナチズムにおける「法革新（Rechtserneuerung）」のための本思想の意義につき、次のようにいう。具体的秩序思想の核心となるテーゼは、現実が自己の秩序を内在させているというものである。それ故、秩序は法規範に先行する（C. Schmitt, Über die drei Arten des Rechtswissenschaftlichen Denkens, 1934, S. 13を引用）。意味にみちた（sinnhaft）秩序が、あらゆる現実の基礎に在り、法をも形成するものと考える本思想は、ナチズムの時代に発生したのではなく、旧くから存在した思想が、新たに変形されて、ナチズムの特殊な政治状況に対して適用されているのである。そこでは、法を現実によって方向づけることにより、現実と法との間の特殊な序列関係が認められている。ラレンツは、法を、すべての法規の単なる寄せ集めと対立させて、「民族の現実的生活秩序」、「民族的全秩序」であると定義した。彼によれば、民族共同体が法源なのである。それ故、現実は、単に事実的なるものを超えたものとなり、規範的機能、即ち、法を変更する修正機能を有することになる（K. Larenz, Über Gegenstand und Methode des Völkischen Rechtsdenkens, 1938, S. 28を引用）。法は、社会的現実に内在する内的秩序として把握された。しかも、ラレンツは、具体的秩序思想の基盤としての、法秩序を形成するがごとくに見えるこの現実性概念の起源を、サヴィニー及びヘーゲルに帰せしめるのである。さらに、規範的現実の意味における具体的秩序概念は、ナチス革命の新たな政治的現実によって形成された「具体的秩序」が法的に拘束的であるとの特定の法政策的前提を含むものであり、かくて、具体的秩序思想は、国家社会主義的に改変された現実及び価値観念を、法方法論上制約を付することなく採用し、承認し、正当化するものである。現実は、ナチス革命の諸要請、即ち、ナチス的世界観に適う場合にのみ、規範を与えるものと考えられた。この新たな思考の型は、超実定的制度概念を分析した際(S. 278)に確認されたのと同一の、存在と当為との独特な融合を示すものである、と(B. Rüthers, Die unbegrenzte Auslegung, Zum Wandel der Privatrechtsordnung im Nationalsozialismus, 1968, S. 293ff.)。「具体的秩序思想」については、「人倫」における存在と当為、現実と理念の問題に関連する限り、改めて再論する必要があろう。H・ヴェルツェルの存在論思想との結びつき(Welzel, Naturalismus u. Wertphilosophie im Strafrecht, S. 57f. 76 usw.) も看過してはなるまい〔本書五九頁以下参照〕。

なお、ナチズムの刑法理論の本質を批判的に考究したものとして、荘子・犯罪論の基本思想（昭五四）七三頁以下。また、最近では、ドイツにおいても、ナチズムにおける法理論を批判的に検討しようとの試みが、法の各分野において、次第に胎動し始めているといえよう。例えば、U. Reifner (Hrsg.), Das Recht des Unrechtsstaates, 1981; Redaktion Kritische Justiz (Hrsg.), Der Unrechts-Staat, 1979. ドイツ国民にとっては、自国の恥部を発く行為であるだけに、ナチズムの時代に活躍した学者等が現役を退きつつある今になって漸く本格的な省察に着手されようとしていることには、複雑な思いがする。

(3)　B. Rüthers, a.a.O. S. 277ff.

(4)　リュッテルスはいう。一九三三年以降において、法律学上の概念形成に関する論議の攻撃の対象は、とくに私法で広まっていた所謂抽象的一般概念 (der abstrakte Allgemeinbegriff) であった。契約とか権利等の抽象的一般概念は、豊饒なる法的現象から特殊なるものを捨象することによって、論理的最小限の極めて一般的な標識へと還元されてしまった、との非難がなされた。法革新は、内容の空疎な抽象的概念に代えて、内容にみちた「具体的」概念を要求したのである。「具体的」なるものは、明らかに、とくに一九三三年以降は、用語における腐敗現象であった。そのスローガンとしての効果は、精確な言葉の意義を求める問いがその背後に大幅に退いてしまう程に強く発揮されたのである、と（B. Rüthers, a.a.O. S. 303f.）。

（5）　エンギッシュもいう。「具体的—一般的概念」の理論は、ヘーゲルの弁証法の本質的な構成部分である、と（K. Engisch, Die Idee der Konkretisierung in Recht und Rechtswissenschaft unserer Zeit, 1953, S. 30）。

（6）　B. Rüthers, a.a.O. S. 304ff.

（7）　B. Rüthers, a.a.O. S. 311. 最近、マルクセンも、ヘーゲルの具体的概念論の復興と、現象学及び具体的秩序思想との結びつきを指摘する（K. Marxen, Der Kampf gegen das liberale Strafrecht, 1975, S. 239f.）が、綿密な論証を欠く。なお、荘子教授は、「ナチス刑法学がフッサールの根本思想を理解して展開したとは到底考ええない。」という（荘子・前掲書八五頁注（1））。H・マイヤーやK・エンギッシュも、ナチス刑法学と現象学との間の関連は見出し難く、むしろ、ラレンツのごとき新ヘーゲル主義の影響を想い起すべしと主張する（Mayer, Der Verbrechensbegriff, in: DStR Bd. 5., 1938, S. 76 Anm. 16; Engisch, Wesensschau u. konkretes Ordnungsdenken im Strafrecht, in: Monatsschrift f. Krim. Bi. 29. Jg., 1938, S. 134 Anm. 4）。さらに、K・リュッデルセンは、「トピク」論、「事物の本性」論、「類型」論、「具体的秩序」思想及び「具体的一般概念」論（「弁証法」）の親近性を看破している（K. Lüderssen, Dialektik, Topik u. „konkretes Ordnungsdenken“ in der Jurisprudenz, in: Festschrift für Richard Lange zum 70. Geburtstag, 1976, S. 1019ff.）。

（8）　わが国において、彼の刑法理論に触れている論稿は数少ないが、例えば、伊東「現代法益概念の系譜と刑事不法論の課題（三）」法協九八巻九号五三、五六、五七、五八頁は、犯罪概念や法益概念の定義につき、彼の「ヘーゲリアーナー」としての性格を強調する。ちなみに、伊東助教授は、マイヤーの法益概念を、「物質的」法益概念であると総括する（伊東・前掲論文五一頁以下）が、引照する頁がさほど明らかではなく、また的確でもない。さらに、そもそも、H・マイヤーの法益概念を「物質的」法益概念と称し得るかどうかも疑問である。彼は、なるほど、シュヴィンゲ＝ツィンマール等の主張した「方法論的目的論的」法益概念に対しては異を唱えたが、しかし、法益概念を「物質的」なかたちで構成しようとしたわけではない。特定の共同体価値の観点から、「実質にみちた」ものとして構成しようとしたに過ぎない。彼はいう。「法益概念は、犯罪的態度の客体として考え得るあらゆる一定の個別的な共同体価値を包含すべく、幅広く規定され得るのであり、また、幅広く規定されなければならない。解釈にとっては、保護価値が、どちらかといえば実在対象的な性質のものであるか、それとも、どちらかといえば精神的観念的な性質のものであるかは、いずれでも構わない」と（H. Mayer, Der Verbrechensbegriff, Deutsches Strafrecht Bd. 5., 1938, S. 83）。また、次のようにも述べる。「刑法が利益保護の観点の下に考察されるとき、犯罪とは、法益の侵害、即ち、刑法により保護されている一定の生活財もしくは客観的価値の侵害である。」「法益とは、外部的生活現実の価値ある特別の状態である。この状態は、物質的（materiell）意味のもの（例えば財産）であったり、あるいは、観念的（ideell）意味のもの（例えば名誉）であったりする。刑罰規定はすべて、この意味において、状態的社会的価値を保護するのである」と（H. Mayer, Strafrecht Allg. T., 1953, S. 51 u. 53）。H・マイヤーにとって、法益概念の「精神化」は、全く許されないことではなく、単に、「精神化の許容限界」があるに過ぎないのである（vgl. H. Mayer, a.a.O. DStR Bd. 5., S. 84）。なお、伊東助教授の右論文には、原文の真意を的確に伝え得ない訳も少なくないように思われる〔なお、岡本・法学六二巻六号四九頁注(11)参照〕。

(9) H. Mayer, Das Strafrecht des Deutschen Volkes, 1936, S. 14 Anm. 26.

二 「人倫的応報」としての刑罰

ヘーゲル哲学に基づく刑法理論の展開は、まず、彼の刑罰論に見出される。刑罰に関するH・マイヤーの基本思想は、贖罪的応報（刑）思想である。彼は、刑罰の法的根拠（Rechtsgrund）及び本質的意味（Sinn）を問うことを、同時に、世界の理性的意味解釈との関連において、刑罰の人倫的根拠及び本質を問うこととして位置づけ[(10)]、ヘーゲルを引照することによって[(11)]、次のように論じた。犯罪とは、外部的行為に認められる、一般意志に対する個別意志の反抗である。犯罪の実体は、この反抗的意志にあるが、刑罰は、正義に適った（gerecht）贖罪的応報である。刑罰は、この意志を圧伏し、深い意味において撲滅することにより、この意志の無価値さを示し、犯罪者が法に対して不法な力(Gewalt)を加えたと同程度に犯罪者の法的地位を低下させることにより、法の絶対的支配を再確立する。刑罰は、贖罪的応報として、犯罪者の「名誉」であり、彼の権利である。贖罪的応報というかたちで、犯罪者は、理性的人間として承認され、法的共同体における自らの地位を与えられ、保持する。かくして、刑罰は、犯罪者に対し、人倫共同体への復帰の道を指し示し、真の改心の唯一の可能性でもある贖罪の道を指し示すのである、と。[12]

以上のように、H・マイヤーは、真正な刑罰を、応報及び贖罪を本質とするものと解し、[13]犯罪者は、刑罰を忍受してはじめて人倫共同体へ再び迎え入れられ、また、法共同体は、彼に刑罰を科すことによって再び確立されるものと考えたのである。[14]しかも、彼によれば、この応報刑法は、決して個人主義的契約思想に基づいて理解されるべきではなく、それは、共同体に対する我等が人格的人倫的答責の、強力な証人であり、民族が、法的応報を人倫的応報であると考えていることは疑いない、とされたのであった。[15]この点において、H・マイヤーの主張は、K・ラレンツのそれと基本的に一致するものとみてよいであろう。[16]H・マイヤーは、応報刑法の本質をこのように捉えた上で、刑罰のあり得る目的としての一般予防効果を、刑罰の「人倫」形成力に基づくものと解し、[17]刑罰がなすべき主たる務めを、「人倫」形成力に認めている。[18]

以上の考察により、H・マイヤーの刑罰論においては、刑罰が「人倫的なもの」であることが随所で強調され、「人倫」との関連がその本質及び基礎をかたちづくっていることが判明したであろう。我々は、H・マイヤーにおける「人倫」の概念、「法と人倫」の思想に遡って、本格的な考察を試みなければならない。

(10)　H. Mayer, Strafrecht Allg. T., 1953, S. 27. 彼は、後には、この問いを、哲学的国家理論及び法理論との関連における、刑罰の本質を求める問いであるとする（H. Mayer, Strafrecht Allg. T., 1967, S. 24)。

(11)　彼は、ヘーゲル「法哲学綱要」（グロックナー版）第九五、九六、九七、九九、一〇〇節を引用する（H. Mayer, a.a.O. 1953, S. 35 Anm. 43, 45 u. 46)。ヘーゲル「法哲学綱要」については、速水敬二・岡田隆平共訳「ヘーゲル法の哲学綱要」(昭六)、藤野渉・赤澤正敏共訳「ヘーゲル 法の哲学」(世界の名著第三五巻・昭四二)、高峯一愚「ヘーゲル法の哲学自然法と国家学」(昭五八)などの訳書が公刊されているが、不適切で難解な訳も少なくない。

(12) H. Mayer, a.a.O. 1953, S. 32f. なお、K・ラレンツはいう。刑罰が犯罪者の名誉であることは、実際、刑罰の内奥にある弁証法によって定められている。刑罰は、犯罪者がそれにより抽象的一般的人格として承認され復帰せしめられるであろうとの理由からではなく、犯罪者が刑罰において彼の答責にしたがい人倫的に自由な共同体構成員として扱われるという理由から、犯罪者の名誉なのである、と(K. Larenz, Vom Wesen der Strafe, in: Zeitschrift für Deutsche Kulturphilosophie, Bd. 2., 1936, S. 47)。

(13) H・マイヤーはいう。一般予防は刑法の主たる任務ではあるが、それは応報刑法を通して行われるのであり、しかも、この応報刑法は、国家に内在する人倫的情念(Pathos)の、力にみちた具現として、即ち、行為に対する宣明として、犯罪に対し禁忌観念を付するのである、と(H. Mayer, Das Strafrecht des Deutschen Volkes, 1936, S. 34; ders., a.a.O. 1953, S. 23)。

(14) H. Mayer, a.a.O. 1953, S. 23.

(15) H. Mayer, a.a.O. 1936, S. 51 u. Anm. 5.「答責(Verantwortung)」の概念も、マイヤー及びラレンツに固有の概念である。「人格的人倫的答責」とは、人倫共同体の側から要求される、共同体における理性的存在たる個人の自己責任を意味する。この場合、理性に基づいた責任は、当然ながら、共同体の要求と一致するものと看做されている。なお、後注(16)におけるラレンツの見解を参照のこと。

(16) 「ヘーゲル主義者」を自認するK・ラレンツは、刑罰の本質を問う場合には本質的意味(Sinn)と目的(Zweck)とを峻別すべきであることを力説し、目的思想を排撃した。彼はいう。本質的意味とは根源的規定(ursprüngliche Bestimmung)であり、目的とは事後に付与された規定である。本質的意味は、自らの内に基礎を有し、目的は任意になされた設定(gewillkürte Setzung)に基づく。本質的意味は事物に内在するものであるが、目的は事物に附加されるものである。本質的意味は、——全体から部分へ、人格から人格の行為へ、共同体から個人の生活へ——浸透し、自己発展を遂げるが、目的は、事物を他の事物と関係づけ、事物を目的自体に資するものとなす。本質的意味は、つきつめて把捉せんとする形而上学的関連へと事物を服せしめる。これに対して、悟性的思考はすべて関係思考である。それは、差異あるものを識別し、また、事後的に相互に関係づけることはするが、差異をその本質となしたり、根源的綜合（ジンテーゼ）へと推し進めたりはしない。それ故、悟性は、単に目的と関係させて物事を思考する。それは、あらゆる意味統一（Sinneinheiten）を、単なる目的・手段の関係へ解消しようとし、根源的なるものを、派生物や手段へと変化せしめようとする。さて、人間は、意志に基づいて行為する者として目的を設定することによって、精神という事物、精神の本性及び成果を己の下に服せしめ、その結果、それらを支配する。——しかし、これは何のためにか？　この「何のために」が、単なる目的思考すべてが本質を深く見失っていることを明らかにする。なぜなら、根源的本質に基づき正当化されない目的は、およそ、再び、さらに先にある目的のための手段であると考えられるからである。すべてのものが手段と化するところでは、あるひとつのものが、単に自己目的として残ってしまう。そのひとつのものとは、自然や歴史に対して、傲岸に（selbstherrlich）自己の目的を押しつける個人（das Individuum）である。かくして、純然たる目的思想が人間に対する支配を獲得するときには、個人主義が勝利を収める。なんとなれば、共同体は「目的」をもたないからであり、共同体は本質的意味にみちている（sinnvoll）からである。啓蒙主義（悟性の支配）と個人主義とは、かくして、目的に資することを理性的と看做し、目的をもたないことを無価値と看做す思考に統括される。また、法において、純然たる目的思想は実証主義にいたる。この目的思想は、法の本質的意味を知らず、個々の法規範が仕える目的のみを知る。法規範は、立法者が恣意的に設定した目的を実現するための措置、手段と化してしまう。かくして、法は、正義の意志、即ち、民族の人倫精神の必然的表現であることを止め、法は、共同体を支配する、小賢しく考え抜かれた手段と化する。実証主義は、法に対する「生命にみちた」、「有機体的」見方を、死せる機械的見方へと変えた。法哲学上の新カント主義も、単なる目的思想に対して、幾何の変更さえも加えなかったのである、と（K. Larenz, Vom Wesen der Strafe, in: Zeitschrift für Deutsche Kulturphilosophie, Bd. 2., S. 26f.）。

　ラレンツはさらにいう。右のごとき実証主義的目的合理主義的思想からは、応報は、刑罰に内在し応報を刑罰として正当化する本質的意味(Sinn)としてではなく、応報によって目的とされた現実的結果と解されたのであり(K. Larenz, a.a.O. S. 28)、実証主義的自由主義的目的思想にとらわれたこの考え方は、刑罰がまさに共同体思想から獲得し得るところの、より深い本質的意味に眼を向けないものである(a.a.O. S. 29)。カントやヘーゲルは、実証主義や一部の後期自然法に特有の、法と人倫との抽象的区別を知らなかった。彼らにとっては、刑罰の法的意義は、答責という倫理的思想から切り離され得ない。刑罰は、行為の必然的結果として、行為者の答責から生じる。刑罰を専ら手段として考察する者は、行為者を、責を負い得るものとして扱わず、犬に対して棒を振りかざすがごとくに扱うものであり、人間は、彼の名誉や自由に即して扱われず、犬のごとく扱われる。犯罪の内的に必然的な結果により、行為者の答責及び彼の人倫的本質が実現されるのであるが、この内的に必然的な結果としての刑罰の倫理的本質は、よしんばいかに重要で正当な目的であろうと、刑罰を単に目的の手段として考えることを禁じるのである(a.a.O. S. 30)。人間の答責は、すべての倫理学の核心を形づくるものであり、人倫精神が浸透した、生命にみちた民族共同体は、その構成員の答責の原理を、決して疎かにし得ない。したがって、国家社会主義は、極めて強く、民族共同体にとり答責的である人格という思想を強調するのであり、答責の原則を、国家及び経済上の至高の主旨として掲げようとする。答責の思想が生きている場合にのみ、全体に対する自由な人格的投入が可能であり、また、答責がこの自由な投入を覚醒せしめ、これにより支持される場合にのみ、共同体は生ける現実たり得るのである。したがって、共同体と人倫的答責とは、常に相関関係を有する。而して、人格的答責の原則が、共同体の絶対的要求として提示されるところにおいては、それにより既に、答責の実際的実現たる刑罰の絶対的な本質的意味が承認されているのである、と(a.a.O. S. 30f.; ferner S. 39)。

　このように、K・ラレンツにしたがえば、個々の刑罰目的に初めてその正当性を付与し、その時々の限界を規定するのは、まさに、刑罰の理念、即ち、行為者が属する共同体に対する行為者の答責の実現としての刑罰の本質的意味なのである(K. Larenz, Volksgeist und Recht, in: Zeitschrift für Deutsche Kulturphilosophie, Bd. 1., 1935, S. 45)。

(17) H. Mayer, a.a.O. 1936, S. 26.
(18) H. Mayer, a.a.O. 1953, S. 23.

一九三八年の論文において、彼は、保護（目的）思想と贖罪思想とを対立するものとして捉えている。彼はいう。刑罰は、ここ数十年における通説にとっては、ただ単なる目的的処分としか考えられないできたが、法と人倫とがかなり密接な関係に入ったことから、刑罰の本質的意味に関する新たな理解が呼び醒された。今日、応報思想が改めて断固肯認されるにおよび、刑罰を単に実定法的に基礎づけたり、実に自然主義的に基礎づけたりすることを超えて、刑罰の人倫的な本質的意味、即ち、共同体及び行為者の人格へと関係づけられた本質的意味が認識されるという理由からのみ、右に述べたことは可能である。それ故に、自己の有責な行為に対する行為者の人格的責任を想起させる「贖罪」という言葉が、今日ではしばしば引かれるのである、と（H. Mayer, Der Verbrechensbegriff, in: DStR Bd. 5., 1938, S. 78f.）。

また、彼は、最近、次のようにいう。刑法は、公衆の社会倫理的な心構えを形成し確固たるものとし、かくして、行為慣習を社会的完成のその他の要素と共に規定するということによって、単に間接的に法益保護に資するにとどまる（H. Mayer, a.a.O. 1967, S. 20 Anm. 1）。刑罰の人倫形成力（die sittenbildende Kraft der Strafe）が決定的なのである。刑罰は、本質上、社会倫理的根本態度の涵養に与り、同時にまた、禁じられている行為をタブー視させる。人間は、そもそも社会的存在となるためには、精神的訓育を必要とする。刑罰は、人間の完成した社会化のための最も効果的な手段のひとつである。刑罰自体が、本質上、歩むべき道の指図であり、叱責であり、非難であり、禁じられていることのタブー化である。公正に応報をなす刑罰しか、これを果たすことはできない、と（H. Mayer, a.a.O. 1967, S. 21f.）。ここでは、「人倫」が、「社会倫理」に置き換えられていることが注目される（vgl. H. Mayer, a.a.O. 1967, S. 33）。

H・マイヤーが、戦後にいたってもなお、刑罰論の基調を崩していないことも、注目に値するであろう。一九五三年の体系書の冒頭のはしがきにおいて、彼はいう。一九三六年の著書は、全体的基調として、人格の自由を擁護する闘争を行ったものである。自然主義的目的思想は、人間を単なる手段へと貶めることによって、依然として自由の実体を脅かしている。国家にその形而上学的尊厳を認め与える者のみが、国家の人倫的使命を是認し、同時に、国家の限界を設定するのであり、集合主義(Kollektivismus)から人格の自由を擁護し得るのである、と(H. Mayer, a.a.O. 1953, Vorwort XII)。これには勿論、異論もあり得るであろう。また、彼の主観的意図が右のようなものであったとしても、理解が皮相にとどまる限り、彼の真意を把捉することは難しい。さらに、彼の思想が、彼の意図に反して、当時果たしてしまった「客観的意味」を問う余地もあろう。しかし、思想を内在的に理解することが先決であるとするならば、彼の真意を探ることは極めて重要である。では、H・マイヤーとK・ラレンツとの思想上の根本的差異は奈辺に存したのか。それは、まさに、「法と人倫」の把握、突詰めれば、「理念（理想）と現実」の理解の相違にあったといわなければなるまい。詳論は他の機会に譲り、ここでは、次の一文を引くにとどめよう。H・マイヤーはいう。今日、人は、ヘーゲルが国家を地上の神となしたといって、ヘーゲルを非難する。事実、歴史的現実上の現世の国家が、それ自体、神と化することはなく(筆者注――この原文には、nicht が誤って欠落しているのではあるまいか。疑問を留保しておきたい)、個人の自由を否定するような国家があったとしたならば、ヘーゲルは、そのような国家を、仮初の無効な存在であると考えたのではなかっただろうか。それ故に、ヘーゲルは、自由に対し、まさに、自らが関与することなく存在する状況において、自己を主張する可能性を与えているのである、と（H. Mayer, a.a.O. 1953, S. 35 Anm. 41)。H・ヴェルツェルも、戦後に至り、「自由主義的」ヘーゲル観を前面に押し出してきている（Welzel, Naturrecht und materiale Gerechtigkeit, 3. Aufl., 1960, S. 171ff.）。彼の戦前におけるヘーゲル観（Welzel, Naturalismus u. Wertphilosophie im Strafrecht, S. 10, 57 usw.）と比較して分析を加える必要が生じる〔本書四一頁以下〕。

H・マイヤーは、また、次のようにいう。全体主義体制の本質は、国家の目的的実力の下に個人を服せしめる点にある。それ故に、法治国家たらんとする国家が、国家が介入する権利をいずれから得てくるのかをその都度慎重に吟味しない場合、すなわち、その権利を有するには単なる国家理性（raison d'état.）があれば足りるとする場合には、国家は、内部的に、既に全体主義的傾向に屈服するものである、と（H. Mayer, a.a.O. 1967, S. 24)。

三　「客観的帰責」としての因果関係

ヘルムート・マイヤーは、彼の犯罪論体系の要に、「帰責」の観念を捉えた。即ち、彼は、旧来の「因果関係」論を「客観的帰責」論として論じ、さらに、「違法性」を「客観的帰責可能性」、「責任」を「主観的帰責可能性」と称した。彼が、「客観主義的違法論（自然主義的法益侵害説）」を、法益秩序の単に事実的な撹乱を客観的違法と考えるものとして批判した[19]ことからも明らかであるように、「客観的帰責可能性」という名称は、「自然主義的因果ドグマ」からの離脱を象徴するものであり、また、「主観的帰責可能性」という名称も、「責任」という観念が多義的であるばかりか、心理的な誤ちに対する非難を行うものと誤解されることを避けるために用いられており[20]、これも、事実的、心理的なものからの離反を表わすものといえよう。この「帰責（Zurechnung）」の概念も、ヘーゲル哲学における重要な観念のひとつである。ただし、ヘーゲルが論じた帰責論の中心は、「責任への帰責(Zurechnung zur Schuld)」であったと考えられるが、H・マイヤーは、刑法における因果関係の問題をも「帰責」の問題として捉えたのである。

このような考えの原型は、K・ラレンツの「客観的帰責」論に見出し得る。彼は、一九二七年、「ヘーゲルの帰責論と客観的帰責の概念」と題する著書において、ヘーゲルの帰責論を発展させ、因果関係論を「客観的帰責」論として再構成することを試みた[21]。「因果性(Kausalität)という自然主義的観念の排斥を意図する点に、この理論の第一の特徴がある。K・ラレンツはいう。客観的帰責、即ち、偶然的事象から自己のものとしての行為を区別することは、現在の法学においては、専ら因果性という自然主義的観点の下で考察されている。それに対して、本書は、批判的観念論、とくにヘーゲルの帰責論にしたがい、法の倫理的目的論的性質にその根拠を見出すところの客観的帰責及びこれと関連する諸概念の、目的論的性質を指摘しようとする。しかして、本書の論述はすべて、実証的所与の中に、実証的所与をして単なる旧来の考え方の恣意及び偶然性を越えさせるところの、本質的意味（Sinn）を認識させる批判的観念論的法哲学の構築に資するものである、と。[22] そして、彼は、従来の因果性理論を次のように批判する。原因（Ursache）はすべて等価である。外部的因果的必然性が偶然性と本質を同じくするとのヘーゲルの見解の、なんと限りなく単純明快であることか。このことが一旦認識されるや、法律的「因果問題」がすべて絶望的であることが、つまり、自己のものたる行為と偶然的事象との区別を、単なる因果関係から獲得しようとする努力が絶望的であることが、明らかになる。[23] 例えば、AがBの死を惹起したかどうかという問いの本質的意味（Sinn）は、「惹起した」かどうかではなく、Bの死が、A自身の行為としてAに客観的に帰責され得るか、それとも、全く偶然の競合の結果であると考え得るかという意味であり、これは、因果性問題ではなく帰責問題なのである。[24] 所謂法律的因果概念は目的論的概念であり、[25] 行為への帰責は、機械的因果性考察に基づいてではなく、まさに目的論的原理に基づき、主体の自由という前提の下においてのみ理解され得る、[26] と。K・ラレンツは、以上のように論じて、機械的因果性思想を完全に排斥し、それに代わるものとして、目的論的概念としての「帰責」思想を高唱した。しかも、彼は、「相当因果関係」を存在論的因果問題として考察する態度を、「法律学的実証主義」に由来するものと断じて、激しく論難したのである。[27]

K・ラレンツの客観的帰責論に触発されて、R・ホーニヒも、とくに刑法の分野において「客観的帰責」論を展開した。彼の理論は、意思に対する関係を帰責の中心に据え、「客観的目的性」を結果の帰責のための基準とする点で、K・ラレンツの見解と軌を一にするが、ラレンツが、因果問題をすべて帰責問題に置き換えたのと異なり、ホーニヒは、因果性判断に対する客観的帰責判断の「附加」の必要性を力説したにとどまり、客観的帰責判断が独立の判断として因果性判断に更に附け加わるものと考えたに過ぎない。[28] したがって、ホーニヒにおいては、行為・結果間の事実的関係に対する判断としての因果性判断の意義が、なお曲形にも認められていたといってよい。[29]

H・マイヤーの「客観的帰責」論は、まさに彼らの理論を受け継いだものといえる。当初はラレンツに倣い、刑法における因果性概念の使用を批判して、彼はいう。過失犯や結果的加重犯において見られるように、立法者が、「惹起する」、「招来する」もしくは「結果として生ぜしめる」という記述を用いている真正な惹起犯の場合には、因果問題が構成要件の中心にある。ただし、立法者は、哲学及び論理学の専門的意味において、これらの文言を用いているのではない。立法者は、少なくとも論理学の原因概念ではなく、日常生活上の原因概念を念頭においている。実際の社会生活のこの因果概念を、因果性の範疇と同一視してはならない。法において、まさに「客観的帰責」が問題であり得ることを指摘したのは、K・ラレンツの、色褪せることなき功績である、と。(30)

しかし、H・マイヤーは、因果性確定の意味を全く否定し去ったわけではなかった。後に、彼は、因果性確定を、客観的帰責判断の一内容として明確に位置づけたのである。(31)ここに、因果性概念の排斥に急であったK・ラレンツとの明らかな相違を認め得るであろう。ただ、H・マイヤーによれば、この帰責判断は、決して厳密な因果的知識の意味における因果判断を含むものではなく、実際的生活経験の意味における因果判断を含むものでしかない。(32)また、彼は、徹底して自然主義的な因果的思考の見地からすれば、心理的因果性は存在しないことになってしまうのではないかと、(33)自然主義的因果的思考を批判する。結局、彼は、自然主義的因果理論から乖離しようとする余り、事実に対する認識論的関係であるべき(34)条件関係の確定の方法として、規範的論理的性質を不当に帯びる「コンディチオ公式」を採用してしまったのである。(35)

「帰責」論の第二の特徴は、行為の主体又は意思に対する関係が本質的な要素とされている点であろう。H・マイヤーはいう。帰責連関は行為連関である。我々は、行為者の代わりに平均人を立てて、その平均人が、出来事の経過を自らの意思により支配する可能性を有するとき、結果を、起因者（Urheber）たる意思に帰責するのである。行為とは意思実現であり、結果の起因者は、法的意味においては、人間の意思に尽きる。意思によって支配されていると考えられる因果関係が、帰責可能であり、あるいは相当なものなのである、と。(36)

主体又は意思に対する関係を本質として含む「帰責」論は、ラレンツも指摘するように、ヘーゲルの「法哲学」

に見出される思想である。ヘーゲルは、「法哲学綱要」の第二部「道徳（Die Moralität）」第一章「故意と責任（Der Vorsatz und die Schuld）」において、「帰責」の問題を論じた。[37] ヘーゲルのこの箇所における叙述が、主として「故意責任」について論じたものと解されるにも拘らず、前述のように、K・ラレンツは、「客観的帰責」論へと発展し得るものとして、ヘーゲルの「帰責」論を捉えたのである。K・ラレンツはいう。ヘーゲルによれば、帰責とは、客観的法による、主体、主体の自由及び人格の承認である。それは、「主観的意志の法」であり、「この法によれば、或るものが意志のものであり意志が主観的なものとしてその或るものの中に内在する限りにおいてのみ、意志は、その或るものを承認し、その或るものたるのである。」（ヘーゲル「法哲学綱要」第一〇七節）法が、個人の行為を自由な行為として評価する場合、行為の帰責及び答責というかたちにおいて、法は、個人を、人格、主体及び精神として承認する。帰責は、主体に対して、その主体の行為としていかなることが帰せしめられるべきか、また、主体がいかなることに対して答責的であるとされるべきか、という問題に関わる。この問いに答えるためには、道徳的価値判断、特に、行為の評価にとり重要な行為者の個人的性質に対する考慮は不要であり、単に客観的関連に対する判断を必要とするに過ぎない。この判断を、「客観的帰責」と称したい。ヘーゲルにとって、行為とは、主観的意志と、この意志により惹き起された外的定有との統一である。ヘーゲルは、故意行為の帰責のみを問題にしたが、意識されなかったものはすべて、行為にとって偶然的である。ヘーゲルは、意志に関係しないもの、即ち、不知自体が自由の行為であることを見誤らぬ限り、意識されていないことであっても、不知自体が偶然ではなく自己の自由の所業である限り、帰責され得るのである。[38] ヘーゲルは、行為を、まず、有限な諸現象の関係として偶然性と必然性との対立を内包するところの客観的関連として扱っている。この対立の解消は、多種多様な因果的要素を行為という目的論的統一へと総括するところの行為者の意志に対する事象の関係を自覚することによって行われる。帰責の客観面は、それ自体既に、主体に対する関係を包含するのであり、即ち、覆い包む統一としての意志に対する関係を包含するのである、[39] と。

以上のように、K・ラレンツは、ヘーゲルの「帰責」論を独自に発展させて、「客観的帰責」の論理を展開したが、その結果、「客観的帰責」概念自体が、既に、主体及び意志に対する関係を本質とするものと解されたのである。[40] ここに、「客観的帰責」論の本質と、法理論としての限界を見出し得る。犯罪論体系の分析的意義に徴すると、刑法における因果関係の確定を「客観的帰責」として捉えた場合、結果と行為主体又はその意思との間の関係を、直接的、全面的に問うことは妥当でない。「行為を客観化された意思としてとらえる場合、行為と結果との間の関係は意思が外部に表現された形態と結果との間の関係であり、その関係の存否を問うことはとりもなおさず結果をその意思に帰責しうるか否かを問うことであるが、しかし、因果関係論で問題とすべきは意思と結果との間の直接的な関係ではない。それは、意思により規定されつつ客観化された身体的挙動と、外界の変更としての結果との間の関係である。[41]」H・マイヤーの「客観的帰責としての因果関係」論も、K・ラレンツの「客観的帰責」論に則り、意思に対する結果の帰属を直接に問う点において、責任判断との限界を曖昧にするものとして、ひとつの問題を残すものといわなければならない。

(19) H. Mayer, Strafrecht Allg. T., 1953, S. 105.

(20) H. Mayer, a.a.O. 1953, S. 210.「主観的帰責可能性」につき、vgl. H. Mayer, Strafrecht Allg. T., 1967, S. 101f. u. 105.

(21) K・ラレンツはいう。帰責には、二通りの判断がある。事実的帰責（imputatio facti）と法律的帰責（imputatio juris）、即ち、所為への帰責（Zurechnung zur Tat）と責任への帰責（Zurechnung zur Schuld）である。帰責とは、自己のものたる行為を、偶然的事象から区別しようとする試みにほかならない。ある出来事が、主体の行為であるか否かという問いに対する判断を、「客観的帰責（objektive Zurechnung）」と称し得る。それに対して、「答責的帰責（Verantwortung）」とは、出来事が行為者の行為であることを前提にした上で、行為者が答責的であるか否かを問う判断なのである、と（K. Larenz, Hegels Zurechnungslehre und der Begriff der objektiven Zurechnung, 1927, S. 60f., 76 u. 90）。ちなみに、彼によれば、責任（Verschulden—主観的帰責と主観的違法性）は、意思の客観面に対する判断としての行為に対する判断たる客観的帰責（法的価値判断の対象を形成し得る行為に対する目的論的判断）及び客観的違法性（行為の価値に対する規範的判断）とは異なり、出来事が行為者の現実の意思に一致するということを内容とするものであり、即ち、出来事が、行為者の個人的洞見及び意思から考えて、行為者に主観的に帰責され得るということを内容とするものである（K. Larenz, a.a.O. S. 90ff. u. 98）。ラレンツはいう。人間は、法によって、抽象的人格としてのみならず、その主観的性質及び特性の点においても評価される。突詰めて考えると、あるものが客観的にある人間の行為として帰責され得るということのみならず、それが主観的にも彼の意思責任として彼に帰責され得るということが要求される。この場合、客観的帰責は、主観的帰責と同化する。即ち、この場合、特定の行為者が、結果を実際に予見したか、あるいは、彼の個人的能力からして予見し得たであろうということが、答責の前提である、と（K. Larenz, a.a.O. S. 95）。

(22) K. Larenz, a.a.O. S. VII u. VIII.
(23) K. Larenz, a.a.O. S. 61.
(24) K. Larenz, a.a.O. S. 62.
(25) K. Larenz, a.a.O. S. 63 u. 68.
(26) K. Larenz, a.a.O. S. 89 u. 69.
(27) K. Larenz, Rechts- und Staatsphilosophie der Gegenwart, 2. Aufl., 1935, S. 16（なお、大西芳雄＝伊藤満訳／カール・ラレンツ「現代ドイツ法哲学」（昭一七）一二四頁）。
(28) R.M. Honing, Kausalität und objektive Zurechnung, in: Festgabe für Reinhard von Frank zum 70. Geburtstag 16. August 1930, Bd. I, 1930, S. 178f. u. 182.
(29) R.M. Honing, a.a.O. S. 178f. なお、岡本「『抽象的危殆犯』の問題性」法学三八巻二号（昭四九）一七頁以下参照。
(30) H. Mayer, Das Strafrecht des Deutschen Volkes, 1936, S. 217.
(31) H. Mayer, a.a.O. 1967, S. 72f. なお、岡本・前掲論文二二頁注（1）参照。

(32)　H. Mayer, a.a.O. 1953, S. 131f.

(33)　H. Mayer, a.a.O. 1953, S. 132.

(34)　岡本・前掲論文一八頁以下、二九頁以下参照。

(35)　岡本・前掲論文二二頁注（1）参照。町野朔教授は、因果概念の実体性、客観的存在性を主張する中山研一教授の見解を評して、「古くからくり返え《ママ》される、現実的＝一義的＝実体論的因果概念というパターンが、何に由来するかという問題」が、ドイツ刑法学全体との関連において追究されねばならないという（町野「条件関係論」上智法学論集一二巻二号五九頁以下）。その意味するところは定かではないが、もし、自然主義的因果思想に対する批判に急な余り、刑法における因果関係論から、客観的事実による拘束一般を排斥する傾向に陥るとすれば、それは忌々しきことといわなければなるまい。

(36)　H. Mayer, Strafrecht Allg. T., 1953, S. 131ff. 彼はいう。実際、結果が「行為」によって惹き起されたか否か、即ち、(行為は客観化された意思であるので)法原則に則して結果が行為者の意思に客観的に帰責され得るか否かのみが問題である。同じ見解は、実に、既にビンディングが主張している。ビンディングは、意思を唯一の重要な法的原因と考え、いかなる結果が人間の意思に帰責され得るのかを問題にした、と (H. Mayer, Strafrecht Allg. T., 1967, S. 72 u. Anm. 5)。彼はまた、所為に対する帰責を、意思に対する帰責であるとするヘーゲルの見解の中に、目的的行為論の考え方に接近した思想を見ている (H. Mayer, a.a.O. 1967, S. 104)。

(37)　ヘーゲルはいう。自ら行為する意思は、眼前に存する定在へと向けられた自己の目的において、その定在の諸状況の表象を有する。しかし、意志は、このような前提を有するが故に有限であるから、対象的現象は、意志にとって偶然的であり、また、この対象的現象は、意志の表象の内に存するもの以外のものを自らの内に内包し得る。而して意志の法とは、意志の所為の中で、意志の表象の内に存するもののみを、意志の行為 (Handlung) として承認することであり、また、意志が所為の諸前提のうち意志の目的というかたちで知るものに対してのみ責任を負うこと、即ち、所為の諸前提のうち意志の故意 (Vorsatz) の内に存したものに対してのみ責任を負うことである。——所為は、意志の責任としてのみ帰責され得る。——意志の法は、知の法である、と (G. W. F. Hegel, Grundlinien der Philosophie des Rechts, hrsg. v. J. Hoffmeister, 4. Aufl., 1955, §. 117)。また、グロックナー版の第一一五節補遺には、次のように記してある。「〔責を帰すこと〕、私の故意の内にあったものは、私に帰責（zurechnen）される。犯罪の場合は、このことが極めて重要である。しかし、責任（Schuld）ということの中には、私が或ることを為したか否かという全く外面的な評価しか含まれていない。私が或ることに責任があるということは、未だ、そのことが私の責に帰せられ（imputiert）得るということになるわけではない。」

（38） K. Larenz, Hegels Zurechnungslehre und der Begriff der objektiven Zurechnung, 1927, S. 50ff. K・ラレンツは、ヘーゲルが故意行為の帰責しか知らないと断じてヘーゲルを批判するが、過失責任を論じたと看做される個所がないわけではない。即ち、ヘーゲルは、「法哲学綱要」第一一六節において、一般に私の事物と考えられ、その固有の本性から考えて多少とも私の支配、注意等に服しているものに関しては、多かれ少なかれ私に責が負わせられることを認めている。

（39） K. Larenz, a.a.O. S. 58.

（40） K. Larenz, a.a.O. S. 68, 75 u. 94.

近時、西ドイツ及びわが国において主張されている「客観的帰責（属）論」は、本来の「客観的帰責論」との異同を根本的に明らかにせぬままに展開されている憾みがある。「客観的帰責論」は、刑法における因果関係の確定が事実的条件関係の確定に尽きるものではなく、規範的見地からの相当性判断が不可避であることを露呈せしめた点において、意義を有するが、しかし、この理論の独り歩きは、厳に戒められなければなるまい。ともすると新奇なものを尊ぶ最近の風潮はどうであろうか。

ところで、平野教授は、「因果関係が行為と結果との間の『帰責関係』であるとしても、それは客観的帰責であって主観的帰責ではないはずである。」（平野・刑法総論Ⅰ一四一頁）として、折衷的相当因果関係説を批判するが、いかなる意味において「客観的帰責」の概念を用いているのか明らかでない。そもそも、不明確で多義的な観念を、スローガンのごとく援用することは控えるべきではなかろうか。なお、平野教授の、この個所の前後における論述につき、町野「因果関係論」現代刑法講座一巻（昭五二）三三二頁以下参照。

（41） 岡本「『抽象的危険殆犯』の問題性」法学三八巻二号（昭四九）二七頁。

四 「人倫秩序背反」としての犯罪

以上、二及び三において、われわれは、ヘルムート・マイヤーが、ナチズム全盛の時代の新カント主義の超克及び自然主義的実証主義に対する排撃の思潮の最中において、「ヘーゲル哲学」に基本的に依拠して刑法体系を新たに構想し、独自の刑法思想を形成していった軌跡を、彼の刑罰論及び因果関係論を素材にして瞥見した。そこで認められた彼の基本思想は、当然のことながら、犯罪論の最も根本的な課題である犯罪の実体の解明に際しても、彼をして、独自の論理を展開させずにはおかないであろう。

犯罪とは何か。犯罪の実質的意義をめぐるこの問題は、古今東西、殆どの刑法学者が探究して止まなかったアポーリアであるといっても過言ではない。犯罪の実質をいかに捉えるかは、実際、近世以降の刑法学における相克の場であり続けてきた。「ヘーゲル哲学」を信奉するH・マイヤーが、カント哲学を体現しようとしたフォイエルバッハの「権利侵害説」にその淵源を有し、フランツ・フォン・リストの権威によって当時まで優勢を誇ってきた「法益侵害説」に対して、法と人倫との峻別を説くものであるとして批判の刃を向けたことは、蓋し当然のことではあった。

まず、H・マイヤーは、「法益侵害説」の中に「惹起ドグマ」の排他的支配を看取し、背後に、犯罪論における実証主義思想からの強い影響を見た。彼はいう。カントもヘーゲルと同様、倫理的な価値判断が犯罪概念の範囲を規定すると考えたにも拘らず、自称カント主義者フォイエルバッハは、カントを個人主義及び合理主義に立脚するものと誤解し、国家の目的を私的権利の保護に見出し、人倫秩序の実現を法の限界の全く外に在るものと信じたことによって、刑法と私法との区別を不可能にしてしまった。かかる啓蒙主義的見解は、ヘーゲル学派により表面的に超克されたに止まり、また、これに続いた実証主義的法律学は、改めて、法を倫理学の母体から切り離して考察した。実証主義的解釈論の誤謬は、犯罪の本質的意味内容（Sinngehalt）を、端的に法益侵害の中に見出し、その中に実質的違法を認めた点にある、と。[42]こうして、彼は、構成要件の構造につき、犯罪を、作為であれ不作為であれ、有意的行為による外界の変更であると解したリストの見解を、「惹起ドグマ」に依拠するものと非難した。[43]彼は、「惹起ドグマ」を定義して、構成要件記述の本質を「結果の惹起」に見る考え方であるとするが、この「結果」即ち「外界の変更」を、「法益の侵害又は危殆化」に求める（「法益侵害ドグマ」）場合には、そこに「惹起ドグマ」と「法益侵害説」との結合が生じるのである。[44]しかも、H・マイヤーは、この「惹起ドグマ」の支配の背後に、法律実証主義（Gesetzespositivismus）の影を見た。彼はいう。因果的理論の基盤、即ち「惹起ドグマ」が、法律実証主義の時代に潜かに忍び込んだものであるとの理由から既に、因果的理論を解釈論上使用し得るかどうかが極めて疑わしい、[45]と。ここで、H・マイヤーが「ドイツ民族の刑法」（一九三六年）を著わした時代が、個人主義的自由主義的思想に対する攻撃とともに、自然主義的実証主義的思想が排撃された時代であったことに留意しなければならない。「精神科学」たる法学において、「精神（Geist）」、「本質的意味（Sinn）」あるいは「意味内実（Sinngehalt）」などの考究の重要性が力説された時代であった。H・マイヤーの右思想を少なからず規定したと考えられる、H・ヴェルツェルの「刑法における自然主義と価値哲学」も、K・ラレンツの「現代ドイツ法哲学」も、C・シュミットの「法学的思考の三形態に関して」と同様に、特定の時代状況の最中に、特定の時代思潮のほぼ先端を切って現われたものであることを看過してはなるまい。[46]

K・ラレンツによって、実証主義と新カント主義とが同一の哲学的根本態度に根ざすものであることを実証したとして賞揚された[47]ヴェルツェルの右書物は、その前半を、自然主義・実証主義批判に費している。ヴェルツェルはいう。実証主義は、すべての思考を例外なく機械化するものであり、あらゆる経過の法則性を一機械的因果性と同視し、目的論の概念を事実的所与の実存条件（即ち「環境」）の概念と一緒くたにして因果性の概念へと改変した。機械的因果性のみを専ら承認することについての一層深い根拠は、実証主義的人間の支配意志に在る。波及効果の極めて大きい帰結は、精神的理念的内実（geistig-ideelle Gehalte）すべてを、個人ならびに全体の生活から排除することである。実証主義的時代において、主権は、道徳的又は身体的特質にではなく、ただ知性（Intelligenz）のみに帰属するのである。実証主義的社会学の根本概念が、民族（Volk）又は国家（Staat）ではなく、利益共同体（Gesellschaft）であるということが、この社会学の特徴をよく表わしている。利益共同体を結び合わせている絆は、特に、知的共働の絆であって、家族においてと異なり、情愛的道徳的絆（affektiv-moralisches Band）ではない。しかし、国家が決して装置として捉えられないときは、即ち、国家が実質的・実体的なかたちで現われるときは、国家は、全く別の性質の統一であることを示すのであり、つまり、具体的理念即ち包括的世界観的立場によって整序され明らかにされた、国民（Nation）の物質的精神的全生活の統一であることを示すのである。事物を構成する全体性の要素としてのかかる理念的精神的内実は、仮に機械的体系においては物理学的に自然科学的な方法を以ってしては克服し得ないであろう異物ではなかろうか。ロマン主義者やヘーゲルの場合には、まさに、泰然と支配する民族精神又は客観的精神が、法及び国家――理念にみたされた現実――を已より産み出したのである。これに対して、実証主義は、ますます合理的に理解し得るよう、また、技術的に統制し得るように、機械的に経過する理念なき自然的現実へと、深く国家を埋没させる、と(48)。かくして、因果性理論、知性、利益共同体的社会観などが、すべて実証主義思想の現われとして否定され、それに代わって、目的論、本質的意味、精神、理念、統一体としての民族（Volk）又は国民（Nation）などの観念が、非合理主義や全体主義の色彩を帯びて高調されたのである。

実証主義と利益共同体的社会観との結び付けによって、実証主義に対する批判は、実証主義の国家理念が個人主義及び自由主義的であるとする批判に赴いた。H・ヴェルツェルはいう。すべての超個人的なものを機能主義的に捉える社会理論、即ち、すべての超個人的なものを個人の共働作用という機械的な均衡の体系へと解消する社会理論においては、本来の実体、即ち、すべてのものが関係づけられる究極の価値は、終始個人のもとになければならない。実証主義的国家理念は、必然的に、個人主義的、自由主義的である。利益共同体は、構成員たちのために存在し、構成員たちが利益共同体のために存在するのではないことになる。かくして、国家的共同体的生活の本来の基体は個人にあり、国家は、同胞の平等な自由に対する顧慮により制約されはするが、人格が、自由に自己を展開し得るように配慮するという任務しか持たないものとなる。国家は、共同体的共働の枠内における平等な活動の自由を個人に保障してやらなければならないが、その個人が、利益共同体の基体となり、国家の究極の価値となった。国家は、個人の保護及び発展に資する技術的な装置国家と化したのであり、法は、この巨大な装置の機能に関する技術的準則と化したのである。実証主義の根本的誤謬は、まさに、技術を法の基本原理に掲げようとし、その結果、すべての価値的実体が個人的・主観的なものへと飛散せざるを得なかった点に、その本質をもつ[49]、と。

実証主義的であるとの「惹起ドグマ」批判の背後には、ヴェルツェルやラレンツに代表される以上のような当時の法思潮が存在したことを看過してはならない。ただ、H・マイヤーは、実証主義に対して真向から思想的批判を加えたわけではない。「惹起ドグマ」に対する彼の批判は、刑法解釈論上の論理的批判にその重点を置いていたといってよい。彼はいう。構成要件を、決して惹起事象と解することはできない。構成要件の記述における決定的な要素は、例えば、奪取とか領得というような一定の挙動(Tätigkeit)を示している点にある[50]。背任、恐喝、詐欺が罰せられる場合でも、財産という法益とならべて、取引上の信義誠実又は経済的自由のような観念的な法益を、解釈のために援用することがあってはならない。これらの場合には、行為の特に重大な反人倫性が問題となり得るのであり、それ故に、義務違反、犯罪の人格的内実、行為に表現されている情操の欠如、行為が示す堪え難き例が問題となり得る。行為に対するかかる倫理的価値判断は、明らかに、多くのものを、惹起された損害よりも行動の態様に結び付けるのである[51]、と。

しかし、まず第一に、H・ヴェルツェルとは異なり、[52] H・マイヤーは、法益概念の拡大こそ招来したが、苟しくも彼は、法益の侵害又は危殆化を内容として想定し得ない犯罪の存在を、一貫して認めなかった。彼によれば、「犯罪の違法内容の本質は、犯罪が法益侵害であり、しかも、それを超えて、人倫秩序に対する堪え難い背反であるという二つの点にある[53]」のである。第二に、H・マイヤーは、G・ダームやF・シャッフシュタインとは異なり、法益概念の存在意義をそもそも否認したり、[54] 当時の潮流に乗じて「義務違反説」へと突き進んだわけでもなかった。ここに、どちらかといえば非政治的で、沈着で、論理に誠実である彼の学風を窺知し得るであろう。彼らの間の対立は、当時としては、法益侵害説攻撃を旗印とする同一の陣営内における対立ではあったが、しかし、「政治的刑法」を説いたダームらの陣営にた易く与しなかった点、[55] ならびに、客観的に考察すると、「義務違反説」に抗しながら、決定的に異なる論理を展開した点において、歴史的意義を有するものであり、また、彼なりに己の学問的信義を貫いたものと評してよいであろう。では、彼は、犯罪概念につき、いかなる論理を提示したのか。

ヘルムート・マイヤーの一九三六年の「ドイツ民族の刑法」や一九三八年の論文「犯罪概念」において、「民族」、「民族精神」、「民族共同体」などの概念の強調、[56] 民族の生物学的血統的要素の重視、[57] 制定法による拘束の超克[58]など、ナチズム法思想の発露として受けとめ得る個所を少なからず発見し得ることは事実である。しかしながら、これまでの考察からも推知し得るように、H・マイヤーは、キール学派を中心とする当時の法学の大勢に同調するかのごとき姿勢を若干示しながらも、時流に押し流されることなく、独自の理論を構築し、独自の法思想を展開した刑法学者であったといえよう。犯罪の本質の理解においても、彼は、結局、ダームやシャッフシュタインを中心とする「義務違反説」の大陣営に与することなく、独自の「人倫（秩序）背反」説を展開し、頑なともいえる程にその孤塁を守り続けてきた。何故に、彼は「義務違反説」に与し得なかったのか。「人倫背反」思想の展開によって、彼は何を語ろうと意図したのか。次には、これらの点を、「義務違反説」に対する彼の批判を顧みることによって探っていこう。

ダームやシャッフシュタインを批判して、H・マイヤーはいう。法益概念を個人的利益に結び付ける彼らの法益侵害説批判は、行き過ぎたものである。[59] また、彼らの義務違反の観念は、法益ドグマに代わるものとして提示されている。彼らは、義務違反を犯罪の中核に据え、また、国家社会主義綱領は、犯罪を専ら民族的誠実義務違反と解して、保護思想を全く背後へと退かせているが、私は、およそすべての刑罰法規が一定の現実的保護目的を追求していることを否定しようとは思わない、[60] と。当時の時代状況もあって、義務違反思想に対する彼の批判の鋒先は幾分鈍りがちであるが、[61] 批判の中身は、本思想の本質と問題点を鋭く看破するものといえる。彼はいう。シャッフシュタインに賛同して、犯罪を義務違反として示そうとする者がいるならば、それは、シャッフシュタインでさえ必ずしも同一の意味で用いているとは限らない、まさに多義的な言葉を使用するものである。第一に、当該刑罰規定成立前に既に存在し、また、刑罰規定の外に存在する法的義務に対する違反が、念頭に浮かぶ。しかし、刑法構成要件の範囲は、決して、当該法的義務に対する有り得る違反の範囲と一致することはなかろう。要するに、法益概念は、義務違反が保護価値の侵害として捉えられ得るとすれば、義務の履行が刑法上いかなる範囲において確保されるのかについての精確な発問を可能にする。[62] 第二に、シャッフシュタインは、義務違反の概念に、さらにもう一つの意味を付与している。それによれば、「義務刑法」は、「義務が課される者の人格及びその人格の具体的義務圏から出発」すべきであり、義務刑法は、かなり強く、「共同体における行為者の地位」を顧慮すべきであり、「まさに義務の内容及び範囲は、欠缺なき構成要件において、抽象的規範主義的にではなく記述され得、」「義務違反から出発することは、義務が直接的に由来する具体的秩序に、刑法的評価に対する影響力を付与するための一手段である」とされる。[63] しかし、義務違反の概念を、全く一般的に、具体的義務圏侵害の思想を基点として徹底して構成するとすれば、それは、疑問なしとしないであろう。そうすることは、素直な見方をすれば、本質的に一定の保護価値に対する攻撃と考えられるべきである構成要件をも、非常に技巧を弄し過ぎたかたちで言い換えるということに、誘因を与え得るのではあるまいか。とくに、かかる仕方で、民族共同体自体と個人との間の直接的な法関係を背後へと退かせてしまうことは、自ずと禁じられている。現代世界においては、「具体的秩序」なるものが、個人と全体との間の直接的関係のために後へ退いていくということは、今や現代世界の特徴である(シュヴィンゲ＝ツィンマール二四頁以下参照)。義務違反の思想をより普遍的に表わそうとする場合には、「具体的秩序」から出発してはならない(64)。第三に、シャッフシュタインが義務違反の概念を用いる場合には、実際には彼も、犯罪をその本質上人倫的義務に対する背反として捉えているのだが、ただ、義務違反なる言葉は、主観的義務を指し示すのみで、その客観的内実を指し示していない。人倫を単に形式的主観的なものと考えるカントの見解に依拠して法と人倫とを接近させる場合には、法もまた、主観的側面のみから成るものと化し、人倫と同様に、客観的内実を欠いてしまう。シャッフシュタインにおいても、まさに「義務違反」という言葉によって主観的な響きを帯びて彼の思想が言い表わされているところに、拒否すべき誤りが窺えるように思われる。その結果、シャッフシュタインは、いかなるやり方を以ってしても法益侵害を義務違反に内含させたり従属させたりすることができない。したがって、「義務違反」よりも、行為の客観的意義を正当に評価する「民族的人倫秩序に対する背反」という概念を用いる方が妥当であった(65)。第四に、誠実義務の高調は、人倫を民族的共同体へ関係づけ、また、人倫を民族的共同体から導き出さなければならないという点では、真実の要素を含んでいるが、しかし、誠実思想から直ちに民族的人倫秩序の内容を展開することは不可能であろう。人倫秩序のより詳細な内容は、人倫が法と同様に共同体意志(Gemeindewillen)によって定立されるということ、また、それ故に犯罪者が民族的人倫秩序に背反するのであるということから明らかになる。しかも、犯罪とは、民族的人倫秩序に対して堪え難く矛盾するかたちで外界における妥当を要求する行為である。人倫背反的行為の堪え難さは、行為自体の客観的意味から、しばしば十分に明らかになるのである(66)、と。以上のように論じて、ヘルムート・マイヤーは、「義務違反説」と一線を画し、犯罪を「人倫(秩序)背反」と解する独自の見解を展開した。即ち、彼は、犯罪を、「その本質的意味内実(Sinngehalt)に即していえば、民族的人倫秩序に堪え難く矛盾して外界における妥当を要求する行為である」と解したのであり、戦後も、一貫してこの立場を堅持している。[68]「義務違反説」に対する彼の批判の骨子は、第一に、犯罪概念を定義・限定するための精密な論理を提供すべきであり、そのためには、包括的で不明確な概念によるよりも、より分析的な思考を可能にする概念及び論理を確立しなければならないということであり、第二には、犯罪概念の行き過ぎた主観化を阻止し、犯罪の客観的意味内実を尊重すべきであるということであったと考えられる。かような実践的意図を抱いて、彼は、「人倫（秩序）背反」概念を提示したのであろう。彼の犯罪論において、その意図が十分に実現したと評価し得るか否かについては、見解の分れるところであろうが、少なくとも「義務違反説」に対する批判としては、正鵠を射た正当な批判であったというべきである。彼は、歴史における特定の時代を生きざるを得ない、人間の宿命を背負いながらも、自己の理性によって得た真実を真実とする学者であったと評し得るように思われてならない。彼のヘーゲル哲学への帰依も、K・ラレンツによるヘーゲル復興の主張と決して同一ではなかった。H・マイヤーは、ナチズムの時代的風潮に対しても、ラレンツによって解釈されたヘーゲル哲学に対しても、一定の距離を保って観察する客観的な眼を持った学者であったといえるであろう。彼の理論は、彼の理性の所産であった。よくヘーゲル主義者のレッテルを貼られる彼であるが、ヘーゲル哲学の解釈においても、また、ヘーゲル哲学に対する姿勢においても、H・マイヤーとK・ラレンツとの間には、架橋し得ない程の根本的な懸隔が存するものといわざるを得ない。このことは、とくに、「法と人倫」をめぐる対立として現われる。ヘルムート・マイヤー刑法思想の理解にとってまさに要となるのが、この「人倫」の概念の理解であることは、改めて繰り返すまでもない。

（42） H. Mayer, Das Strafrecht des Deutschen Volkes, 1936, S. 67f., 68 Anm. 5 u. 162.

（43） H. Mayer, a.a.O.S. 163. 彼は、K・ビンディングも、幾分慎重ながら「惹起ドグマ」に依拠するものと見る（a.a.O. S. 163)。ただ、ビンディングは、違法を規範違反と解したので、決して形式主義的ではないこの彼の思想は、彼に、行為の特別の人倫的無価値を考慮する可能性を開いている、という(H. Mayer, Der Verbrechensbegriff, in: Deutsches Strafrecht, Bd. 5., 1938, S. 74)。

(44)　伊東助教授は、K・アメルングの見解 (K. Amelung, Rechtsgüterschutz und Schutz der Gesellschaft, 1972, S. 163) に依拠し、「因果ドグマ・惹起ドグマという因果性の次元の問題も行為客体に関してのものであって、自然主義的法益侵害説とは本来次元を異とするものといわねばならない。……彼は、惹起ドグマを法益侵害説と同一視する学説史理解での誤りを犯している。」として、H・マイヤーを批判する（伊東研祐「現代法益概念の系譜と刑事不法論の課題（三）」法協九八巻九号五八頁）。しかし、マイヤーが両者を「同一視」していると速断することはできないであろう。因果関係論及び共犯論で展開される「因果ドグマ」、構成要件論で展開される「惹起ドグマ」、実質的違法論で展開される「法益侵害ドグマ」、これらの間における本質的同質性と事実上の結合を主張したに過ぎないと解すべきであろう。なお、翻って考えるに、行為の因果性ないしは「結果」を、行為客体について論じるべき（伊東・前掲論文五七頁以下）であるかどうかにも、疑問を抱く。例えば、侮辱罪の行為客体は「人」であるが、侮辱行為の因果性・結果は、同罪の保護法益である「人の名誉感情」に対する関係において考えなければなるまい。同様のことは、他の犯罪についても当てはまろう。自己の所有に係る非現住建造物等放火罪における行為客体は、刑法第一〇九条第二項所定の物件であるが、「結果」は、単なる当該物件の焼燬にとどまらない。因果性も、放火行為と焼燬との間で問題となるだけでなく、さらに、「公共の危険」の発生との関係が重要である。行為の因果性や結果は、一般的に、保護法益との関連において問われなければならない。

　ところで、H・マイヤーによれば、およそすべての犯罪を、積極的又は消極的性質の惹起事象であり、現実に生じた外部的侵害又は予期され得る外部的侵害である、と解する「惹起ドグマ」は、傷害致死罪の成否という特殊個別的問題をめぐる論争から潜かに生成した一般的因果理論であるが、そこでは、犯罪を原則として惹起事象と解することがそもそも許されるかどうか、ないし、かような構成が犯罪を委曲を尽くして把捉するものなのかどうかさえ問題にされることがなかった、という（H. Mayer, a.a.O. 1936, S. 165f.）。

(45)　H. Mayer, a.a.O. 1936, S. 166.

(46)　周知のように、カール・シュミットは、「具体的秩序思想」論を展開した本論文の中で、法律的実証主義を、決断思考（Entscheidungsdenken: Dizisionismus）と制定法思考（Gesetzesdenken: Normativismus）との結合として捉え、この規範ないし決断よりも一層根源的なものとして、人間の共同体及び人間集団の具体的秩序を対立させた（C. Schmitt, Über die drei Arten des Rechtswissenschaftlichen Denkens, 1934, S. 29ff.）。K・ラレンツの言によれば、「シュミットは、具体的秩序思想へのこのような転向によって、依然として広く実証主義にとらわれていた法学に対して、決定的な衝撃を与えた」という（K. Larenz, Rechts- und Staatsphilosophie der Gegenwart, 2. Aufl., 1935, S. 144. なお、大西＝伊藤訳二〇七頁）。

（47） 大西＝伊藤訳／カール・ラレンツ「現代ドイツ法哲学」二七一頁以下。

（48） H. Welzel, Naturalismus und Wertphilosophie im Strafrecht, 1935, S. 3ff（なお、藤尾彰訳／ハンス・ヴェルツェル「刑法における自然主義と価値哲学――刑法学のイデオロギー的基礎の研究――」新潟大学法経論集一七巻三＝四号（昭四二）一一二頁以下）.

K・ラレンツも、実証主義に対して、同様の攻撃を繰り広げた。彼はいう。「実証主義者たちにとっては、因果法則の排他的支配がその世界観の礎石である。」（K. Larenz, a.a.O. S. 13f. なお、大西＝伊藤訳二一頁）「法律学的実証主義の本質を、制定法への裁判官の拘束に見出したり、ましてや形式的文理解釈に見出すことほど、皮相の見方はない。法律学的実証主義は、自由主義的市民社会の安定性の要請と同時に現われたために、確かに前述の方向へと機能した。が、学問的態度としては、それは、まず、法学に与えられる素材――この素材が、縦令現行の制定法であれ現在生きている判例であれ、あるいは、その時代時代に指導的であった階層の支配的見解であれ――へと法学の対象を自ら欲して限定することを意味するあらゆる形而上学的な法の基礎づけ、あらゆる超経験的な評価、法理念への入魂、これら一切が拒絶される。」（a.a.O. S. 15. なお、大西＝伊藤訳二三頁）「かくして、実証主義と自然法は、法を、統一という内的原理なしに、単に偶然的な特殊物（ein zufälliges Besonderes）として考察するか、あるいは、抽象的・一般的ゆえ内実のないものとして考察することによって、法の具体的形姿ならびに法の全体性（Ganzheit）及び意味充満（Sinnerfülltheit）のいずれをも破壊するのである。」（a.a.O. S. 154. なお、大西＝伊藤訳二二四頁）と。

(49)　H. Welzel, a.a.O. S. 13 u. 21（なお、藤尾訳一二三頁、一三一頁）.
K・ラレンツはいう。とくにビンダーがたえず強調したことであるが、実証主義的現実概念は、必然的に個人主義にいたる。なんとなれば、実証主義的現実概念は、感覚的に知覚し得る個々の事物しか知らず、有機的全体、即ち、超個人的生の形姿を何ら知らないからである。実証主義の社会哲学的根本概念は、それ故に、抽象的には他の全てのものにとって一様な社会的世界の原子としての個人又は人格であり、この個々人を動かす力としての利害関心であり、そしてまた、これら個々人相互間の「関係」という形式的範疇である。関係の範疇のもとに法もまた包摂され、法は、自由領域の相互的制限又は利害調整として考えられる。常に、十七、八世紀の自然法ならびに十九世紀後期の実証主義は、まさにこれらの同一の範疇によって、法及び共同体（Gemeinschaft）を考えようとしている。まさにこれらの範疇は、啓蒙主義の抽象的悟性思考及び啓蒙主義の実証主義的現実概念から、かなり内在的に首尾一貫して生じるのであり、これらの範疇が現われると、決まって確実に、実証主義的、個人主義的な根本態度が認識され得るのである、と（K. Larenz, a.a.O. S. 158f. なお、大西＝伊藤訳二三〇頁以下）。

ところで、H・ヴェルツェルによる実証主義批判は、法学の領域においては、まず、刑法への「目的思想」の導入を高唱し、「目的刑論」ならびに「法益保護思想」を展開したフランツ・フォン・リストの、刑事政策理論に対して向けられた。ヴェルツェルによれば、「刑法の分野において、実証主義は、F・v・リストの思考の中に、極めて濃厚な凝結物を見出し」（H. Welzel, a.a.O. S. 22. なお、藤尾訳一三九頁）、また、「リストは、己の刑事政策体系を、全く実証主義の因果的機械的基本命題に基づいて構築した」（a.a.O. S. 29. なお、藤尾訳一四六頁）という。しかも、ヴェルツェルは、リストの目的思想の個人主義的傾向につき、以下のごとく論じた。リストにおいては、「刑罰は、原初的には、なるほど合目的的ではあるが目的無意識的、盲目的な衝動行為であり」、「刑罰が国家へと移り属して漸く」、「自己制限によって、裸の刑罰実力（Strafgewalt）は法的刑罰権（Strafrecht）となり、目的観念を取り入れることによって、盲目的無制御的反動は法的刑罰（Rechtsstrafe）となった」（a.a.O. S. 34. なお、藤尾訳一五一頁以下）。「首尾一貫した因果的決定論者たる彼は、国家及び法を、理念の内容的充実及び価値に基づいて構成し得なかったので、彼は、支配階級の利益共同体的価値判断に心を奪われて、『規律された実力』というものに固執せざるを得なかった。しかも、その場合、法の本質は、主として……個人の自由領域のための自己の限定によってのみ規定されるのである。このことは、個々の人間的定在が法の究極の実体であると考えられる、というもうひとつの帰結を内含している。……実に『国家というもの』が概念上既に、全く他の統一的性格を、即ち、『個人に対する全体の優越』を示すのに対して、利益共同体は、単に自分たちの共働という形において相互に依存し合う個人又は――リストの言を借りれば――『法共同体構成員の全体における』多数の『個人』でしかないので、――実証主義においては至る所で――国家を利益共同体へと置き換えることは、内在的な個人主義的傾向に基づくものである」(a.a.O. S. 35f. なお、藤尾訳一五三頁)。「このリスト的『社会主義』は、プロレタリアートの諸問題を支配的ブルジョア階級の立場から考察する態度であった。また、やっと国家社会主義の力強い綱領となり、われらの将来の国家的国民的な独自の生がその理念次第で盛衰の運命を辿るところの、全『階級』を包括する民族共同体の理念は、リスト的社会主義には全く終始無縁なものであった」(a.a.O. S. 36. なお、藤尾訳一五三頁)と。

ヴェルツェルは、リストを右のように批判するが、リストが国家及び法を理念に即して構想したわけではないと批判する点には疑問が残る。リストは、決して実証主義の論理必然的帰結として国家及び法の個人主義的理解に赴いたわけではなく、法及び国家の本質的意味及び理念を明確に意識した上で、個人主義的理念に導かれて国家及び法を構想したと考えるべきであろう。リストが提示した論理は、究極の命題に至るための、論理過程に過ぎなかったものというべきである。彼の法の究極の理念とは、「国家及び法は、人間のために存在する。」(F. E. v. Liszt, Das Deutsche Reichsstrafrecht, 1881, S. 2f.; ders., Der Begriff des Rechtsguts im Strafrecht und Encyklopädie der Rechtswissenschaft, in: ZStW Bd. 8., 1888, S. 141f.) ということであった。そして、このような理念、目的思想をとおして、刑罰に節度（Maß）と目標（Ziel）を定めるべきであることを力説したのである (Fr. v. Liszt, Der Zweckgedanke im Strafrecht, in: ZStW Bd. 3., 1883, S. 6)。さすれば、リストに対するヴェルツェルの批判は、リストにおける法の目的あるいは理念の内容が、ナチズムの全体主義的国家観・法律観に反する個人主義的なものであったということに尽きる。

ちなみに、K・エンギッシュは、目的論主義（Teleologismus）が幸福主義や功利主義の申し子たる倫理的功利主義の分流であり、また、「目的」概念が心理学的で意欲に関係する主観主義的傾向を帯びる限りにおいて、問題がないわけではないが、法の目的の理論としてよりも、法が仕えるべき価値に関する理論としてであれば、法理念論即ち正法論は重要であると考えて、正法論の種々の立場につき検討を加えている（K. Engisch, Auf der Suche nach der Gerechtigkeit, 1971, S. 186ff., insb. S. 195f. u. 227f.）。

(50)　H. Mayer, a.a.O. 1936, S. 168 u. 219f.; ders., a.a.O. DStR Bd. 5., S. 78 u. 103.

　H・マイヤーは、戦後、ヴェルツェル案出の「行為無価値」又は「人的無価値」観念を援用して、次のように再論している。「法益の侵害は、犯罪の違法内容を語り尽くしてはいない。」「大部分の構成要件においては、保護客体の侵害がいかなる態様で生ぜしめられるかが重要である。行為の特別の行為無価値（Aktunwert）が、構成要件に該当する挙動の中にあらわれるのであり、それ故に、行為者が心的態度を表現する仕方の中にあらわれるのである。」「犯罪一般においては、第一に、行為に表現された人的無価値（Personalunwert）が重要である、」と（H. Mayer, Strafrecht Allg. T., 1953, S. 53f.）。

(51)　H. Mayer, a.a.O. DStR Bd. 5., S. 87f.

(52)　ヴェルツェルはいう。刑法の主たる対象は、断然、事態無価値を共に含む行為無価値である（結果犯の場合）が、しかし、行為無価値と事態無価値との結合は必然的なものではない。所謂挙動犯及び未遂の場合には、事態無価値（結果無価値）をともなわない行為無価値が存在する、と（H. Welzel, Studien zum System des Strafrechts, in: ZStW Bd. 58., 1939, S. 492; auch ders., Das neue Bild des Strafrechtssystems, 4. Aufl., 1961, S. 29f.; ders., Das Deutsche Strafrecht, 11. Aufl., 1969, S. 62）。

　ところで、「法益」概念の把握につき、H・マイヤーとH・ヴェルツェルとの間に、かなりの相違が存することは前述したとおりである（本稿一五八頁注（8）〔本書六頁〕）。K・アメルングの見解（K. Amelung, a.a.O. S. 163 f.）に負うところ大である伊東助教授は、H・マイヤーが、「結果」事態と「規範の妥当状態」とを同一視するものと解して、マイヤーを批判する（伊東・前掲論文五七頁以下）。ただ、ここで強調しなければならないことは、H・マイヤーが、「性刑法は、この領域における民族的人倫秩序を保護するものである」（H. Mayer, a.a.O. 1936, S.

97）（傍点は筆者による）とか、「性風俗それ自体即ち一定の性秩序が尊重されている状態もまた、法益として捉えられなければならない」（H. Mayer, a.a.O. DStR Bd. 5., S. 84 u. 88f.; ferner ders., a.a.O. 1953, S. 52f.）（傍点筆者）と述べて、決して、「規範の妥当状態」一般を法益と解しているわけではない、ということである。H・マイヤーが、「確かに、およそ犯罪は、国家の法的平穏一般に対する攻撃であり、民族的人倫秩序そのものに対する攻撃である」としながらも、「すべての個別的財が、本質的意味において生活全体へと関係づけられているということは、なにもそれらの区別を排斥するものではない」（H. Mayer, a.a.O. 1936, S. 96）と述べて、構成要件の解釈にあたり法益を個別的に考慮する余地を確保した点に注目すべきであろう。

ちなみに、J・クリュンペルマンは、法益を、法によって承認されている社会的状態であると解し、ドイツ刑法第一七五条における法益侵害を、性的自由の領域における侵害と解すれば、人的違法観の観念によっても、およそすべての犯罪は法益に脅威を与えるものと解し得ることを指摘している（J. Krümpelmann, Die Bagatelldelikte, 1966, S. 75）。

(53) H. Mayer, a.a.O. 1953, S. 50. また、彼は、「正しい犯罪概念は、全く自ずと、包摂的観念、即ち、法益侵害の要素を内包する観念にいたる。」とも述べる（H. Mayer, a.a.O. 1936, S. 195)。

(54) シャッフシュタインは、当初、法益論を非難し、法益侵害概念を全面的に排斥しようとかかった（F. Schaffstein, Das Verbrechen als Pflichtverletzung, in: Grundfragen der neuen Rechtswissenschaft, hrsg. v. Dahm, Schaffstein u. Larenz, 1935, S. 113f.）が、W・ガラスによる批判（W. Gallas, Zur Kritik der Lehre vom Verbrechen als Rechtsgutsverletzung, in: Gegenwartsfragen der Strafrechtswissenschaft, Festschrift zum Geburtstag von Graf W. Gleispach, 1936, S. 67f.; auch H. Mayer, a.a.O. DStR Bd. 5., S. 77）を受けることによって、後に、「法益侵害思想から義務違反思想への転向は、力点の移転を意味するに過ぎない」ことを認めて一歩後退を余儀なくされ、また、われわれの攻撃の対象は、もともと、法益概念それ自体ではなく、法益侵害の絶対化（法益侵害ドグマ）に限定されていたのだと釈明したのである（F. Schaffstein, Der Streit um das Rechtsgutsverletzungsdogma, in: DStR Bd. 4., 1937, S. 336ff.; auch W. Gallas, a.a.O. S. 51f., 58f. u. 61; G. Dahm,

Der Methodenstreit in der heutigen Strafrechtswissenschaft, in: ZStW Bd. 57., 1938, S. 235; Graf zu Pestalozza, Rechtsgutsverletzung oder Pflichtverletzung?, in: DStR Bd. 5., 1938, S. 108; vgl. P. Sina, Die Dogmengeschichte des strafrechtlichen Begriffs „Rechtsgut", 1962, S. 82)。

ちなみに、P・ズィーナはいう。個人の保護のあらゆる客観化の排除、国家からの個人の自由の排除、本質直観、具体的秩序思想、健全なる民族感情の重要性、義務違反としての犯罪、種族及び民族性の保護の重要性など、これらの諸原則によって魂を入れられて、権威主義的刑法学は、自由主義的刑法が自分に引渡した現状を再検討することに取りかかったのであるが、それにあたって直ちに直面せざるを得なかったのが、法益の概念であった、と（P. Sina, a.a.O. S. 74)。

(55)　H・マイヤーは、「政治（politik）」の概念が帯びる目的設定における恣意性を拒絶することにより、シャッフシュタインの「政治的刑法学」の立場を退け、学問とは、認識された真実を叙述することを唯一の使命とする、理性による作業であることを高調した（H. Mayer, a.a.O. 1936, S. 3ff., insb. S. 4)。これに対し、Welzel, Naturalismus a.a.O., S. 58 u. 76.

(56)　H. Mayer, Das Strafrecht des Deutschen Volkes, 1936, S. 2ff. ただし、H・マイヤーの論理からは、ナチズム法学の尖兵と堕したK・ラレンツの論調とは異なるものを感受し得る。

(57)　H. Mayer, a.a.O. S. 101ff.

(58)　H. Mayer, a.a.O. S. 111ff.

(59)　H・マイヤーは、法益概念を個人主義的であるとする批判に、次のように反論する。法益概念の政治的世界観的関連は未だ完全には解明されておらず（H. Mayer, Der Verbrechensbegriff, in: DStR Bd. 5., 1938, S. 81)、一体、法益概念が本当に歴史的に個人主義的もしくは分析的思考からしか由来しないものであるかどうかが検討されなければならない（H. Mayer, a.a.O. 1936, S. 96)。概念そのものが必然的に個人主義的に考えられるということが証明され得て初めて、その概念は、共同体思想にとって使用し得ないものとなるであろうが、私見によれば、そうであるとは認められない（H. Mayer, a.a.O. DStR 1938, S. 81)。個々の場合には、法的財は、立法者が刑法的禁止によって法益として構成する個人的利益であることがあるとしても、法益は、法秩序によって初めて法益として掲げられ、まさに法の財、全体の財であり、個人の財ではないのである（H. Mayer, a.a.O. 1936, S. 96; ders., a.a.O. DStR 1938, S. 81 u. 90）。シュヴィンゲ＝ツィンマールにとっても、法益とは、個々の刑法規定により保護されている特定の共同体価値であった（H. Mayer, a.a.O. DStR 1938, S. 82）。犯罪的行為の客体として考えられ得る特定の個別的共同体価値をすべて包含するように、法益概念を幅広く規定することは可能であるし、また、そうあらねばならないのである。私見によれば、保護価値を統一的に示すこと、しかも、法益として示すことは不可欠である。刑罰法規を見まわしても、特定の法益へと関係づけられない確かな例は、示すことができない。動物虐待、偽誓、職務義務違反、性風俗犯、すべて然りである（H. Mayer, a.a.O. DStR 1938, S. 83f.）」、と。

ところで、H・マイヤーは、法益保護の範囲につき、「包括的法益保護の思想は、数字的に堪え難い程度に、刑法の肥大化（Inflation）へといたった」として、刑事立法者の「包括的な」法益保護のあり方を戒めたが、ただ、彼は、法益侵害の重大性を、「応報刑がそれ自体として命じられていると思われる程に堪え難い民族的人倫秩序背反」の有無によって決定しようとした。しかも、「全く特に重大な法益侵害が問題である場合にのみ、真に欠缺なき保護が要請されなければならない」という（H. Mayer, a.a.O. 1936, S. 96f.）。

(60)　H. Mayer, a.a.O. DStR 1938, S. 77f.
(61)　H・マイヤーは、犯罪を、民族的人倫秩序に対して堪え難く矛盾して外界における妥当を要求する行為であると解する自らの立場を、犯罪を共同体を破壊するものとして捉えるダームやシャッフシュタインの根本思想と対立するものではないと述べて（ただ、マイヤーは、一層厳密な論議がなされたとしたら、一体いかにして共同体が破壊され精神的絆が断ち切られ得るのかという問題が提起されたはずであると、ダームを批判する）、彼らに一応同調する素振りを見せている（H. Mayer, a.a.O. DStR 1938, S. 78）。
(62)　H. Mayer, a.a.O. DStR 1938, S. 95.
(63)　この叙述に続けて、H・マイヤーは、具体的秩序思想の意義及び義務違反説との相違につき論じている（a.a.O. S. 96f. u. 96 Anm, 101; vgl. a.a.O. S. 76）が、具体的秩序思想に批判的な彼の態度を行間に読み取ることができる。

(64) H. Mayer, a.a.O. S. 96ff.

(65) 彼は、戦後も、「人倫秩序」の客観的意義を力説する。彼はいう。シャッフシュタインは、犯罪を、刑罰規定によって法的義務なる刻印を押された人倫的義務に対する背反であると性質づけた。しかし、その場合、人倫的義務に対する背反の本質が、本来いかなる点にあるのかが依然として不明確である。つまり、人倫的義務が、主観主義と共に、主体とその主観的良心との形式的一致であると考えられるときは、まさしく人倫は何ら客観的な内容を持たないことになろう。しかし、犯罪は、明らかに、客観的秩序、即ち、客観的に妥当する人倫秩序に対する背反なのである、と（H. Mayer, Strafrecht Allg. T., 1953, S. 55）。彼は、他の個所において「法と人倫」につき詳述している（H. Mayer, a.a.O. 1936, S. 60ff.; ders., a.a.O. 1953, S. 80f.; ders., Strafrecht Allg. T., 1967, S. 33f.）が、「人倫秩序」の客観的意義が何から由来するのか、いまひとつ明らかでない。

(66) H. Mayer, a.a.O. DStR 1938, S. 100.

(67) H. Mayer, a.a.O. 1936, S. 71 u. 195; ders., a.a.O. DStR 1938, S. 105, 78, 94 u. 100.

このような彼の犯罪観の基礎には、それに相応する刑法の任務に関する認識がある。彼は、刑法の任務を、「人倫の形成」、「人倫秩序の確立」あるいは「人倫秩序の妥当の再確立」に見る（H. Mayer, a.a.O. 1936, S. 4, 73f. u. 97; ders., a.a.O. DStR 1938, S. 94; ders., a.a.O. 1967, S. 20ff.）。

ところで、彼は、ヘーゲルを引照して次のように述べる。「ヘーゲルは、犯罪とは邪悪な意志の放恣（Willkür）であり、それ故、一般意志からの逸脱、恣意的個別化であるという。その定在によって妥当を要求する行為が問題でなければならないことは、基本観念全体から明白である。」と（H. Mayer, a.a.O. 1936, S. 71）。ただし、彼は、邪悪な意志を直接に問題にするわけではなく、邪悪な意志の具現としての行為を要求する。即ち、「犯罪において邪悪な意志の放恣が外界における妥当を要求する場合及びその限りにおいて、それは応報を必要とする」（H. Mayer, a.a.O. 1936, S. 73）のであり、邪悪な意志は、「現実の行為のかたちで認め得る（in einer wirklichen Tat sichtbar）ようになったときに」妥当を要求するものと考えられるのである（H. Mayer, a.a.O. 1936, S. 73;

ders., a.a.O. 1953, S. 55）という。戦後においても、彼は、ヘーゲル（「法哲学綱要」第九五、九六節）を引照して、「犯罪とは、外部的行為のかたちをとった、一般意志に対する個別意志の反抗である」（H. Mayer, a.a.O. 1953, S. 32 u. 54）と主張している。だが、この邪悪な意志の妥当要求と人倫秩序背反とは、概念必然的に結び付くものなのであろうか。

（68）　H. Mayer, a.a.O. 1953, S. 50, 54f. u. 126; ders., a.a.O. 1967, S. 51. 犯罪の実質に関する彼のこの見解は、犯罪概念論にとどまらず、犯罪論の他の分野、とくに、違法阻却事由に関する一般論（a.a.O. 1967, S. 83）や被害者の同意に関する理論（a.a.O. S. 86）において現われている。

五　小　括

以上、ヘルムート・マイヤー刑法理論における三つの基本概念、即ち、「人倫的応報」としての刑罰、「客観的帰責」としての因果関係、そして、「人倫秩序背反」としての犯罪につき、考察を試みてきた。それによって明らかになったことは、第一に、彼の刑罰論が、実証主義的目的思想を徹底して排撃したK・ラレンツの見解と同様に、刑罰の「本質的意味」を問うことを第一義とするものであり、彼は、ヘーゲル哲学に依拠して、それを「人倫的応報」たる点に求めたということである。第二には、「自然主義的因果性」を排斥しヘーゲルの帰責論を「発展」させたラレンツの思想の影響のもと、因果関係論を「客観的帰責」として捉え、ラレンツほど急進的ではないにせよ、自然主義的因果理論からの乖離をはかり、また、主体及び意思の要素を帰責論の中心に据えたということである。そして、最後には、刑法理論の最も基礎を形造る犯罪概念論において、彼は、法律実証主義の申し子たる「惹起ドグマ」に依拠する法益侵害説を、犯罪行為の態様の意義を正当に評価するものではないとして批判する一方、当時支配的となりつつあった「義務違反説」に対しても、行為の客観的意義、人倫秩序の客観的意義を弁えないものであるとして、敢然と反論を試みたのであった。かくして、彼は、犯罪を、「客観的に妥当する人倫秩序に対し堪え難く矛盾するかたちで外界における妥当を要求する行為」であると定義し、「人倫秩序背反説」を提唱したのである。したがって、彼の刑罰論及び犯罪論の根幹を形造っているのは、「人倫」の観念であるといっても過言ではない。「人倫」の内容を解明することなしには、彼の思想の真髄を把捉することはできない。彼が自己の刑法理論の全てを託したと称してもよい「人倫」とは、一体いかなるものであったのか。

第二章　ヴェルツェルの刑法理論とナチス法思想

一　問題の所在

近時、西ドイツの法学者の間においては、国家社会主義（Nationalsozialismus）の時代（第三帝国）に於けるファシズム体験の風化を憂慮する声が高まると同時に[1]、ナチス期の法思想及び法理論を分析・総括しようとする活動が、各法領域において目覚しい[2]。そこでは、多角的な視点から、ナチス法学ないし法学方法論の問題性が自覚的に論議されているが、ファシズムの再来に対する危機意識が、とりわけ、時代状況及び法思想の連続性を問う感覚を鋭敏にさせている[3]。例えば、G・シュトラーテンヴェルトはいう。ナチス期の法理論と現在対決する場合には、その展開が連続的か不連続的か（die Kontinuität oder Diskontinuität der Entwicklung）という問が前面に現われる。即ち、かの時代を支配した立場や傾向のうちいかなるものが、かの時代に限局されることなく、我々の法体系を、おそらくは一定の全社会的状況において、より一般的に特徴づけるものであるのか、という問題である[4]、と。所論のごとく、特定の時代の法思想を、歴史的な社会的、政治的、文化的状況との有機的関連の下に（「社会政策的前理解」を見極めながら）、いわば巨視的に考察することが重要であることは言うを俟ない。ただ、この巨視的考察も、特定の法思想家が、時代の推移にしたがいいかなる思想を展開したかという、より微視的な考察を抜きにしては、考証の厳密さを期し難いであろう。この点において、H・ヴァーグナーは、K・ラレンツの法思想について、個別的に、その法律的方法論の連続性を考究しようとした。[5]また、筆者も、以前、同様の観点から、ヘルムート・マイヤーの刑法思想の本質を究明しようとしたことがある。[6]人はともすると、時代の激変に伴う己が理論及び思想上の変節を糊塗しようとし、明確な自己省察、自己批判を経ぬままに、過去に対する責任を回避しようとしがちである。かかる場合にあり得る、思想の本質に於ける連続性は、人類に再び不幸な歴史を繰り返させる危険を包蔵する。惟うに、学問に携わる者は、常に厳しい自己省察の下、己が理論が、あり得る客観的情況においていかなる客観的意味を有し、いかなる客観的機能を営み得るかをたえず予測しつつ、自説の展開に努めなければならないであろう。自己の主観的意図は別であったとか、悪用されるとは思わなかったというがごとき弁明を以てしては、事は済まされまい。まさに、それは、学問に携わる者の、「歴史に対する責任」とでも称すべきものであろう。

アルトゥール・カウフマンは、ナチス期の法哲学に関して、特殊ナチス的言明と、ナチス的性格こそ帯びないが、解釈の仕方や濫用によりナチス的原理に組み込まれあるいはナチス的原理を支え得る理論とを分ち、それぞれにつき多数の論者の学説を引照している。[7]それらのうち、ナチス特有の価値観を比較的直截に表明している典型的な特殊ナチス的言明と、ナチズムがもたらした不幸な状況との関係を語ることは、比較的容易である。しかし、問題は、むしろ、ナチス的性格を直接的には帯びていないが、[8]ナチス的観念の浸透に格好の道具たり得た理論及び思想に対する分析と評価に在る。かかる理論及び思想自体は、一見、中性的外観を呈し、時代の変化と必要性に自在に対応し得る足場を提供するために、時代の激変にも拘らず、その本質的部分を一向に改めることなく主張し続けられることが多い。[9]このことは、ヴェルツェルの法思想、法理論の一部にも妥当するのではあるまいか。彼の「存在論」的見地から展開された目的的行為論[10]に基づく犯罪理論は、日独における戦後の刑法学の発展に、有形無形に多大の影響を及ぼしてきた。行為論のみならず、構成要件論、違法論、責任論、共犯論、未遂論その他において然りである。しかし、ナチス期において、彼の「存在論」的思想は、「具体的秩序思想」と一体不可分の関係にあったといっても過言ではない[11]。戦後において、「具体的秩序思想」のナチス的性格が弾劾されてなお、ヴェルツェルが「存在論」的思想とそれに基づく目的的行為論体系とを堅持し得ているのは、いかなる事情によるものであろうか。彼の法思想が、根本的に変容したと見るべきなのか、それとも、ナチス的思想の残滓として存在しているに過ぎないものと見るべきなのか。以上のごとき問題意識に発し、本稿においては、H・ヴェルツェルの刑法思想、ひいては法思想の本質及びその客観的意義と、ナチス期から戦後に至る彼の法思想の連続性又は不連続性を追究したい。そのためには、まず、ヴェルツェルの「新ヘーゲル主義」観ならびに「法実証主義」観の変容を指摘しておかなければなるまい。

（1）例えば、M. Stolleis, Die Rechtsordnung des NS-Staates, in: JuS 1982, S. 645.

（2）主要なモノグラフを年代順に掲げると、B. Rüthers, Die unbegrenzte Auslegung. Zum Wandel der Privatrechtsordnung in Nationalsozialismus, 1968, 2. Aufl., 1973; H. Weinkauff, Die deutsche Justiz und der Nationalsozialismus, 1968; H. Rottleuthner, Rechtswissenschaft als Sozialwissenschaft, 1973; M. Stolleis, Gemeinwohlformeln im nationalsozialistischen Recht, 1974; W. Wagner, Der Volksgerichtshof im nationalsozialistischen Staat, 1974; K. Marxen, Der Kampf gegen das liberale Strafrecht, 1975; I. Maus, Bürgerliche Rechtstheorie und Faschismus. Zur sozialen Funktion und aktuellen Wirkung der Theorie Carl Schmitts, 1976, 2. Aufl., 1980; Redaktion Kritische Justiz (hrsg.), Der Unrechts-Staat, 1979; NS-Recht in historischer Perspektive, Kolloquien des Instituts für Zeitgeschichte, 1981; Recht, Rechtsphilosophie und Nationalsozialismus, ARSP Beiheft Nr. 18, 1983.

（3）ナチス的法思想の時代的連続性を問う場合には、一般に、ナチス期前のワイマール共和国期（〜1933）、ナチス期（1933〜1945）、戦後期（1945〜）の三期に分けて論じられるのに対して、K・マルクセンは、連続性の視点から、右の三期説に疑問を提示して、形式主義的時期（formalistische Phase）と目的主義的時期（finalistische Phase）との二期に区別すべしと説く。そして、彼は、まさにナチス的法律観が支配したナチス期を、後者に組み入れ、キール学派の犯罪論及びシュヴィンゲ＝ツィンマールの「新古典的犯罪論」のみならず、ヴェルツェルの目的的行為論や社会的相当性の理論等をも、目的主義的時期の産物と解するのである（K. Marxen, Die rechtsphilosophische Begründung der Straftatlehre im Nationalsozialismus. Zur Frage der Kontinuität strafrechtswissenschaftlichen Denkens, in: ARSP Beiheft Nr. 18, S. 55ff.）。ただ、実質的にみていかなる法思想的傾向を本質とする時代であったのかは、考察の結果得られるべきものであるから、ここでは出発点として、機械的に三期に区分して考察を進めたいと思う。ヴェルツェルの場合、その著作活動は一九三〇年以降に行われているもので、実際には、ナチス期と戦後とのほぼ二期に分けて、彼の法思想の連続性の存否を問題にすれば足りよう。

（4）G. Stratenwerth, Faschismus als Krise des Liberalismus?, in: ARSP Beiheft Nr. 18, S. 36.

（5）H. Wagner, Kontinuitäten in der juristischen Methodenlehre am Beispiel von Karl Larenz, in: Demokratie und Recht, 8. Jg., 1980, S. 243ff.

（6）岡本「ヘルムート・マイヤー刑法思想序説（上）」法学四七巻五号一五二頁以下〔本書一頁以下〕。

（7）Arthur Kaufmann, Rechtsphilosophie und Nationalsozialismus, in: ARSP Beiheft Nr. 18, 1ff. ただし、自由主義及び個人主義の排撃ならびに全体主義の高調、反合理主義（以上につき、岡本・前掲論文一七五頁以下、一八〇頁注（8）〔本書二三頁以下、三二頁注（49）〕参照）、反法治国家思想、異人種の迫害（ヴェルツェルは、血の絆による具体的人間存在を強調する。本稿四〇一頁注（13）〔本書五二頁注（24）〕参照）、心情刑法思想〔岡本「『法益侵害説』に関する一考察（上）」法学六二巻六号四二頁以下参照〕などの点において、ヴェルツェルの理論にもナチス的言明を見出し得るにも拘らず、カウフマンはヴェルツェルの理論に言及していない。

（8）もとより、ナチス法思想の浸透に資する政治的主観的意図をもって、単純なナチス的観念の理論武装を目差して展開されたのか、それとも、本来的に中性的な論理として学問的に展開されたのか（法解釈論あるいは法学方法論にあっては、そもそも両者を分つことさえ困難であるかもしれない）、論者の主観的意図を探ることは微妙な場合が少なくないであろう。

（9）アルトゥール・カウフマンは、今日もなお意味があるように見える法理論の例として、「生ける」法への方向づけ、具体的なるものへの開放、公共の福祉の見地から規定された内容による、不明確な法概念及び一般条項の補充、全体的考察方法による分裂的思考の克服、等を掲げ、それらの背後には「生の全領域におけるナチズムの浸透」が存在したことを指摘している（A. Kaufmann, a.a.O. S. 15）。

（10）　K・マルクセンはいう。ヴェルツェルは、解釈論を、イデオロギーに対する防塁であったと明言する（Welzel, Zur Dogmatik im Strafrecht, in: Festschrift für Reinhart Maurach zum 70. Geburtstag, 1972, S. 4 を引照）が、著書「刑法における自然主義と価値哲学」の「刑法学のイデオロギー的基礎に関する研究」という副題を見て、ナチス期のヴェルツェルが、刑法学のイデオロギー依存を批判したものと考えたら大きな誤りである。むしろ、彼は、キール学派と軌を一にして、刑法学の政治的使命を力説したのであり、一九三三年の精神革命の中に、刑法学を新たに基礎づけるための材料を見出したのである。演繹的に理路整然と論理を進める学者であるヴェルツェルにあっては、この基本的な規定づけが初期の目的的行為論の形態に影響を与えたということは、火を睹るよりも明らかである、と（K. Marxen, a.a.O. S. 58f.）。また、M・フロンメルも、一九三九年に展開されたヴェルツェルの目的的行為論が、一九三五年の著書による「自然主義」に対する論争と、一貫して連なったものであると捉えている（M. Frommel, Von der Strafrechtsreform zur „Rechtserneuerung", in: ARSP Beiheft Nr. 18, S. 52）。

（11）　本稿四一頁以下〔本書五九頁以下〕参照。

二　ヴェルツェルに於ける「新ヘーゲル主義」

国家社会主義（ナチズム）の時期に法学上一世を風靡した思想は、K・ラレンツを中心にして展開された「新ヘーゲル主義」(12)と、C・シュミットによって高唱された「具体的秩序思想」(13)であった。前者の立場は、「具体的概念」における実在的存在を肯認し、後者の立場は、生ける存在としての「具体的秩序」を承認した。いずれも、論理、知性又は理性に先行して妥当する存在秩序を承認する点において共通する。ヴェルツェルの法思想の軌跡を追究するためには、彼の「存在論」的立場と右の二つの立場との異同を解明することが重要である。

まず、ヴェルツェルは、一九三五年、「刑法に於ける自然主義と価値哲学」を著わし、K・ラレンツ等と呼応して「実証主義」思想を排撃した。[14] しかも、新カント主義をも実証主義の補充理論として位置づけ、[15] 西南ドイツ学派に属すると称されるH・リッケルトやE・ラスクの「科学主義」に対して、概ね以下のごとき批難を浴びせたのである。科学主義は、歴史や自然から現存在の存在的性格（der ontische Daseinscharakter）を奪い、概念を存在的存在(das ontische Sein)に優越させた。[16] 科学主義的根本態度の現われである自由主義的学問は、生(das Leben)や現実（die Wirklichkeit）から遊離したものであり、[17] 例えばH・リッケルトにおいて、価値世界は、存在的に直接的なるもの、即ち「生」に敵対するにいたる。[18] しかし、生の現実こそが、学問にとって唯一の拠り所なのであり、感覚主義の、現実の生からの乖離ないし非実在的―中立的概念世界への逃避は、特定の歴史的状況の「非政治的」自由主義的態度の理論的表現に他ならない。[19] かかる概念形成説の根底に潜むものは、生に対する敵対であり、理論ひいては価値をも、生ける存在（das lebendige Sein）から遊離せしめる態度である。実証主義において、実在的生（das reale Leben）は、物理的もしくは心理的過程の機械的―因果的経過へと堕落せしめられたのである。[20] このように、科学主義にとって、理念及び価値は、原理的に非実在的なものとして捉えられ、これに対して、実在的なもの、即ち種族及び民族は、文化に対する関与の展開が多少なりとも基礎をおく「基盤」を形成し得るに過ぎない、「単に自然的なるもの」と化したのである、[21] と。

以上のごとき「実証主義」＝「科学主義」批判に発して、ヴェルツェルは、価値をも存在の内に基礎づけることを試み、次のように言う。学問上の概念は、同一の没価値的素材を種々のものに「変形したもの」ではなく、自らの内に法則的構造と価値差を内在させている複合的な存在的存在（ontisches Sein）の断片を「再生産したもの」である。[22] 価値は、存在的なるものに根差しており、非実在的意味形成として存在に単に表面的に付着しているわけではない。このように認めてこそ初めて、我々は、歴史及び真正な文化の現実に到達するのである。ところが、抽象的価値概念にあっては、豊かな存在的差違が捨象されている。[23] また、抽象的価値概念が「つねに」「妥当する」ものと称されるのに対して、具体的価値存在は時代制約的なものである。具体的生が価値ありと表明する生の「様式」(Lebens „stil") が重要なのであり、価値の絶対性の本質は、肉体的及び霊的―精神的な生の表現の基礎に斉しく在る人間的存在の、形而上学的本質構造との深い関わり合いの中にある、[24] と。それ故に、ヴェルツェルによれば、我らの存在の価値や我らの生の価値にそぐわない芸術、世界観ないし文化は、誤りあるもの、堕落したものなのであり、[25] 新たな生の潮流に即応する具体的価値、即ち、現実的価値のみが真に価値なのであって、未だに「現存在 (Dasein)」を有しこそすれ、生ける現実 (lebendige Wirklichkeit) を有しないものは、堕落した生の残滓に過ぎないのである。[26]

そして、注目すべきことに、ヴェルツェルは、右の叙述の直後において、「理性的であるものは現実的であり、そして、現実的であるものは理性的である」というヘーゲルの著名な一文（同一性テーゼ）を、極めて深い意味をもつ言葉であるとして引照する。当時、ヴェルツェルが、ヘーゲル哲学及び新ヘーゲル主義に対して、いかなる理解及び評価をしていたのか、これはかなり微妙な問題であると思われる。[27] そこで、ナチス期において、彼が、ヘーゲル哲学もしくは新ヘーゲル主義のいかなる点を評価し、またいかなる点に批判を加えたのかを、仔細に検討する必要が生じるであろう。

二　ヴェルツェルに於ける「新ヘーゲル主義」

ヴェルツェルはまず、新カント主義を実証主義の補充理論と決めつけ批難したのに対して、ロマン主義者及びヘーゲルと実証主義との間が深淵によって隔てられていることを認め、法及び国家を、理念に担われた現実態であると解し、それを産み出したのが、泰然と存在する民族精神もしくは客観的精神である、と言明するヘーゲルの理論を、肯定的に援用している。[28] ただ、その際、ヴェルツェルは、ヘーゲルの弁証法を、自分たちの時代にとって既にその魔力を失ったものであると評し、ヘーゲルの言葉の客観的意味を考究することが課題であるとする。[29] ヴェルツェルはいう。「私見によれば、弁証法の使用は全く歴史的なものであり、また、或る範囲では『客観的精神』の概念も全く歴史的なものである。これらの概念は、我らにより探究されている価値―現実の綜合を指し示しているとしても、我らが問題状況から要求される哲学的人間学、並びにそれに基づいて構築される形而上学的価値論に代わることはできない[30]」と。ここで、ヴェルツェルは、ヘーゲルの弁証法及び客観的精神の概念を、歴史的なものであり、ヘーゲルが生きた時代からはかけ離れた時代状況の現代には通用しないものとして否定しているのである。[31] ヴェルツエルが、ヘーゲルの弁証法の中に、ナチス的現実を否定、止揚する契機を内包する変革的要因を既に見出していたために[32]、ヘーゲルの弁証法的論理を歴史的なものとして葬り去ろうとしたのではないか、と考えるのは穿ち過ぎかも知れないが、ただ、少なくとも、ナチス期において弁証法を否定することは、ナチス的現実をさらに止揚する動的発展を否認し、ナチス的現実を究極の到達点として絶対化するという客観的意味を持ち得たものであったと称し得よう。

以上述べたように、ナチス期にあっては、「新ヘーゲル主義」に対して、明確な態度表明に幾分欠ける憾みのあったヴェルツェルであるが、戦後にいたるや、彼は、ヘーゲルにおける自然法及び人倫をめぐる理論[33]と関連して、弁証法及び理性＝現実の綜合の問題につき、注目すべき明瞭な論評を新たに加えたのである。即ち、ヴェルツェルは言う。「ヘーゲルは、理想法や理想国家を構成しようとしたのではなく、現実的国家（der wirkliche Staat）をそれ自体理性的なるもの（ein in sich Vernünftiges）であると捉えようとする。……『現実的であることは理性的である』。たしかに、これによって、事実的なもの総てが、ただ事実的であるという理由だけで、直ちに理性的であるとして正当化されるべきだ、というわけではない。それより寧ろ、現存在（das Dasein）は、その一部しか、現実的なるものという高い響きを有する名に値しないのである。現存在のその他の部分は、現象（die Erscheinung）に過ぎず、『可能なるもの以上の価値を有さず、現に在るもの以上のものではあり得ない』、『堕落した実在（faule Existenz）』なのである。理念の歴史発展過程において地歩を占めるもののみが現実的なのであり、哲学の任務はそれを把捉することである[34]」と。戦後、ヴェルツェルは、全体主義一辺倒の思想を戒めたが[35]、ナチス国家が、理念の歴史的発展過程上、「現実的なもの」であったのか、それとも「堕落した実在」に過ぎなかったのかについての明確な言及はない。[36] ただ、ナチス期に、ヴェルツェルは、ヘーゲルにおける法及び国家を「理念になわれた現実態」であるとし、また、それらは泰然と存在する民族精神又は客観的精神により産み出されるものと解し、新たな生の潮流（即ち、ナチス的な時代の要請）にそぐわない「堕落した生の残滓」を排斥し、ナチス的存在こそが「生ける現実」であるとして、ナチス的現実を絶対的なもののごとく讃美したにも拘らず、[37] ナチス国家が崩壊するや、彼が、ナチス的現実さえも理念の歴史的発展の検証に付されるがごときヘーゲル観を突如として展開していることは、驚くべきことと言わなければなるまい。彼の戦後のヘーゲル観は、「理性＝現実の同一性のテーゼ」を、いわば倦むことなき変革の理論とする理想主義的ヘーゲル観であると言ってよい。[38] これは、少なくとも、ナチス期にはびこった、ナチス的現実を普遍妥当的なものとして承認する「新ヘーゲル主義」に、真っ向から対立するものであるが、前に述べたように、ナチス期には、彼が右の見地に立脚して「新ヘーゲル主義」を批判したという事実はない。このように、ナチス期と戦後におけるヴェルツェルの言述を比較すると、かなりの不整合性ないし不透明さがつきまとっている。そして、このことは、ヘーゲルの「同一性テーゼ」に対するヴェルツェルの態度にも現われているのである。彼は言う。国民生活を支配する精神的力が、実質的にも正当で理性的であるということを正当と認めさせるのは、現実的なものが同時に理性的であるとする同一性命題である。この「歴史に関する前提」、即ち、「理性が世界を支配し、それ故に、世界史においても事は理性的に進展してきたという」前提が、何ものによっても根拠づけられていないヘーゲルの公準（Postulat）であると判明するときには、なるほど普遍的なものの内実こそ変わらないが、その普遍的なものをこの世に妥当せしめるとなると、その妥当は、各時代に支配的である諸々の文化観や法律観という全くの事実性へと成り下がるのである。即ち、後期カント主義（M.E. Mayer）における行為の実質的内容の問題が歩んだのが、この道なのである、[39] と。彼のこの叙述は、「同一性命題」を学問的に検証不可能な命題であるとする批判を含むものであるが、まさにこの批判は、ナチス期の「新ヘーゲル主義」にこそ当て嵌るものである。「新ヘーゲル主義」に対する以前の彼の好意的態度[40]と比較すると、根本的な変化が目を引く。

最後に、法実証主義に対する批判の内容におけるヴェルツェルの豹変も見過ごすことができない。ナチス期において、ヴェルツェルは、実証主義ならびにその申し子である法実証主義に対して、概念や理論に先行して存在する存在的存在を不当に軽視し、学問を生及び現実から遊離せしめるものであるとの批難を加え、生の現実としての具体的生活秩序、即ち、ナチス的国家秩序の中に絶対的な価値を認め、それを学問の唯一の拠り所とすることの重要性を高調した[41]。この立場、K・ラレンツの「新ヘーゲル主義」や、C・シュミット、G・ダーム等の説く「具体的秩序思想」と軌を一にするものであり[42]、ナチス的思想に即応しない既存の法制度ないし法規定を、超法律的見地から掘り崩していくことを可能にした。つまり、これらの立場は、法実証主義の生命とも言うべき法治国家原理を否認し、制定法に対する裁判官の拘束を弛緩させることによって、立法に基づかない「法革新」、即ち、恣意的な法の解釈適用によるナチス法思想の浸透に資するものであった[43]。刑法においては、右の傾向は、罪刑法定主義の原則を侵し、法律の基礎に在る法思想及び健全な民族観に基づく刑罰法規の類推適用を許容するドイツ刑法二条の規定となって、立法上いちはやく結実したが[44]、ナチス法制が未だ整備されない時期もしくは領域においては、「具体的秩序思想」は、「法革新」機能をいかんなく発揮したのである[45]。ここに、ナチス期に行われた法実証主義批判の第一の核心がある[46]。

第二に、ヴェルツェルも、他のナチス法学者と同様に、実証主義的国家理念が個人主義的、自由主義的であることを批難し、「民族共同体の理念」を高く掲げた[47]。即ち、彼の理論が、全体主義的、反自由主義的法思想を積極的に推進しようとするものであったことは疑いない。ところが、戦後に至るや、再生自然法論の論者たちによる法実証主義—価値相対主義批判[48]と歩調を共にして、ヴェルツェルもまた、ナチズムの全責任を、法実証主義—相対主義に転嫁する議論を展開するのである。ラートブルフの見解を引用して、ヴェルツェルは言う。「法を貫徹し得る者は、それによって、法を制定する権限があることを証明している」。「裁判官にとっては、制定法の有する妥当意志を妥当せしめ、自己の法感情を権威ある法命令のために犠牲にし、……何が合法的であるかだけを問題にし、それが同時に正義に適っているか否かなど決して問題にしないということが、その職業的義務である」(Radbruch, Rechtsphilosophie, 1932, S. 83f.)。かかる教説の中で教育されて、ドイツの法律家たちが「第三帝国」へと引き摺り込まれたという事実を、我々は忘れてはならない！　第三帝国は、法実証主義から言質を取ったのである。国家は……「あらゆる任意の法内容を――たとえ全く非人倫的なものであろうと――制定することができる」、との実証主義的教説を、第三帝国は真に受けたのである(49)、と。たしかに、法実証主義―相対主義に、右のような側面があることは否定できない。その意味で、法実証主義ならびに「信仰告白」を軽視する一部の価値相対主義にも、ナチズム到来を阻止し得ぬ精神的土壌を醸成したとの消極的責任を帰することができるかもしれない(50)。しかし、ナチス期にはかかる内容の批判を一切展開せず、むしろ、法実証主義の有する法治国家的機能を否定し、また、個人主義―自由主義を排撃することによってナチス法思想の浸透に積極的に加担したと考えられるヴェルツェルが、法実証主義―相対主義に全責任を転嫁するがごとき発言を繰り返すのは、不可解きわまりないことであろう(51)。「新ヘーゲル主義」や「具体的秩序思想」と軌を一にして、ナチス的法思想の貫徹のために積極的な牽引力を果たしたヴェルツェル自身の責任を、むしろ自問すべきではなかったであろうか。

以上、ヴェルツェルの法思想の一部に対して、その外在的なイデオロギー批判に終始した観がなきにしもあらずであるが、ヴェルツェルの理論の特殊なイデオロギー性を少なくとも認識しておく必要があることを強調しておきたい。本節では、ヴェルツェルの見解に見出される、ヘーゲル哲学及び「新ヘーゲル主義」に対する評価における不連続性と、法実証主義批判の批判内容における不連続性とが判明すれば、それで十分であろう。

(12)　岡本「ヘルムート・マイヤー刑法思想序説（上）」法学四七巻五号一五四頁以下、一六一頁注(7)、一七九頁注(7)、一八〇頁注(8)〔本書二頁以下、九頁注(16)、三一頁注(48)、三二頁注(49)〕参照。

(13) 岡本・前掲論文一七九頁注(5)〔本書三〇頁注(46)〕参照。

(14) 岡本・前掲論文一七五頁以下〔本書二三頁以下〕参照。

(15) H. Welzel, Naturalismus und Wertphilosophie im Strafrecht, 1935, S. 42. なお、藤尾彰訳・ハンス・ヴェルツェル「刑法における自然主義と価値哲学——刑法学のイデオロギー的基礎の研究——」法政理論五巻一号（昭四七）六七頁。

(16) H. Welzel, a.a.O. S. 48f. なお、藤尾訳七六頁。

(17) H. Welzel, a.a.O. S. 5f. ヴェルツェルはいう。直接的に存在しているもの、即ち「現実的なるもの」はカオス的混沌であるとの感覚主義的テーゼによれば、存在的なるもの(das Ontische)は秩序及び本質的意味(Ordnung und Sinn)を本来的に内含するわけではないため、コスモス、即ち、形成され秩序づけられたるものは、必然的に、「カオスの観点からは既に力を加えられ変形されたもの」（リッケルト）であり、それ故に、現実的存在から遊離した非現実的概念世界を形成せざるを得ないのである、と（H. Welzel, a.a.O. S. 50f.）。

(18) H. Welzel, a.a.O. S. 53f.

(19) H. Welzel, a.a.O. S. 58.

(20) H. Welzel, a.a.O. S. 70.

(21) H. Welzel, a.a.O. S. 72. 彼は、リスト的「社会主義」には、あらゆる階級を包摂する「民族共同体」という理念が全く欠けており、ナチスの力溢れる綱領が、はじめてその理念を追求するのだと述べる（a.a.O. S. 36）とともに、科学主義の問題点の一つは、国家的に形成された民族の真正な国家理念及び真正な価値が、この民族自体に根差す必要のあることを忘れていた点に在ると指摘する（a.a.O. S. 72）。

(22) H. Welzel, a.a.O. S. 49. なお、藤尾訳七七頁。

(23) H. Welzel, a.a.O. S. 55.

(24) H. Welzel, a.a.O. S. 56. しかもヴェルツェルは、この生の様式を、矛盾と闘争の中で己が現実性を保持又は確立しようとする実在的な生ける人間存在であると規定し(a.a.O. S. 57)、さらに、この人間存在を、ドイツ人の存在のような具体的な人間存在であると捉え、それは、肉体的には血の絆によって特徴づけられるものであることを力説する(a.a.O. S. 56)。ただ、戦後まもなく、彼は見解を変えた(H. Welzel, Über die ethischen Grundlagen der sozialen Ordung (aus: Süddeutsche Juristenzeitung, 1947, S. 410ff.), in: Abhandlungen zum Strafrecht und zur Rechtsphilosophie, 1975, S. 247)。

(25) H. Welzel, Naturalismus a.a.O. S. 56. ヴェルツェルは、時代制約的な具体的価値存在を強調することによって、一見矛盾するかにみえるが、「我らが」ナチズムの諸要請を化体した価値の絶対性を説こうとしたのではないか。また、彼は、文化価値やこれによって方向づけられる理想のごときは、生の放射ないし凝結物に過ぎず、ときには「死せる化石」に過ぎない (a.a.O. S. 56) として、ナチス的生 (Leben) を謳歌したのである。

(26) H. Welzel, a.a.O. S. 57. しかも、この場合には、具体的歴史的時代の生の「様式」に賛否を投じる決断だけが重要である、と言う (a.a.O.)。

この部分のヴェルツェルの叙述の趣旨は、当時なお現存してはいるが最早ナチス的観念にそぐわないものとなった理論、思想、文化、制度等を否認することに在ったのであり、決して、ナチス的価値現実をも否定し止揚し得る歴史の発展を予定してのものではないと考えられる（なお本稿四〇二頁注(21)〔本書五四頁注(32)〕参照)。少なくとも、彼の著作の中に、当時、彼がナチス的現実を止揚されるべきものと考えていたことを窺わせる記述は存在しない。

(27) 青井教授は、当時のヴェルツェルの姿勢を、「当時流行し始めた新ヘーゲル主義（たとえばラーレンツ）に対しては、同情的な理解を示しつつも、基本的にはこれをきっぱりと否定している」ものとみる（青井秀夫「カール・エンギッシュの法哲学の基礎（二）――『事物の本性』論を中心として――」法学四三巻三号（昭五四）八八頁)。

(28) H. Welzel, a.a.O. S. 10. なお、藤尾訳・新潟大学法経論集一七巻三＝四号（昭四二）一一九頁。

(29) H. Welzel, a.a.O. S. 57 u. Anm. 74. しかも、彼は、K・ラレンツの「ドイツの法革新と法哲学」(K. Larenz, Deutsche Rechtserneuerung und Rechtsphilosophie, 1934) について、ヘーゲルとの数多くの歴史的結びつきにも拘らず大幅にヘーゲルには依存していない点を評価し、我らの課題を極めて実り豊かに推し進めるものと称揚するのである。ここに、ヴェルツェルの思想が、ナチス的思想の浸透をはかる理論として、その手法こそ違え、K・ラレンツの「新ヘーゲル主義」と同腹のものであったことを認めることができる。とくに、ヘーゲルの哲学（とくに、弁証法や客観的精神の概念）を批判してはいるが、ヘーゲル哲学を「発展」させたK・ラレンツの「新ヘーゲル主義」を、決して否定してはいないことに注目しなければならない。なお、後注(20)〔本書後注(31)〕参照。

(30)　H. Welzel, a.a.O. S. 57 Anm. 74 a.

(31)　ヴェルツェルは、著書「刑法における自然主義と法哲学」の最後を次のように締め括っている。「我らの将来の研究は、自然主義的実証主義の、かの本質的意味を見失った粗雑な現実構成を克服するために、我らをして存在(das Sein) へと回帰せしめるであろう。新しい形而上学、なかんずく、生物学、心理学及び歴史学の現代的個別科学的諸成果の上にうち立てられる形而上学的人間学及び形而上学的価値論が、右の目的のために、我らに極めて大いなる助力の手を差しのべるであろう。未だ我らはそれらを有しておらず、せいぜいそれらへの単なる手掛りを有するのみである。しかるに、古き形而上学的体系の復興をしてそれらに代えようと欲する者は、その体系がよしんばヘーゲルの体系ほどに力強いものであったとしても、次のことを見誤るものである。即ち、一九世紀及び二〇世紀初頭の巨大な産業主義及びそれが有した政治的影響の浸透した、まさに自然科学的知識の力強い普及を含みもった時代は、ヘーゲルがその身をおいた時代からは理解できないものである、という事実である。にも拘らず、偉大なドイツ形而上学体系（それについてヴェルツェルは、K.Larenz, Rechts- und Staatsphilosophie im deutschen Idealismus und ihre Gegenwartsbedeutung, in: Handbuch der Philosophie, Abt. IV Staat und Geschichte, 1934, S. 89ff. を引照する――筆者注）の時代は、我らに、思惟と存在、価値と現実との間の深く刻まれた亀裂を超えて、一層深い統一的なるものへと到達しようとする勇気と力とを奮い起させるのであり、それは、『最も深きことを思惟せし者、最も生あるものを愛するなり』とのヘルダーリンの言葉が、学者としての我らの将来の態度をも指し示し得るところの、かの時代なのである」と (H. Welzel, a.a.O. S. 89)。

(32)　もとより、ナチス期に、ヴェルツェルが、かかる変革志向的なヘーゲル哲学観に基づいて、ヘーゲル哲学ないし「新ヘーゲル主義」を批判したことはない。ただ、憶測に過ぎないが、ヴェルツェルがヘーゲルの弁証法を否定したのは、それが「歴史的である」というような単純で皮相の考えだけによるものではなく、K・ラレンツの「新ヘーゲル主義」による「弁証法」の解釈とは異なり、ヘーゲルの弁証法的論理を承認する限り、ナチス的現実をも否定することになりかねないのではないかということを危惧していたためではなかろうか。

この点につき興味深いことは、ヴェルツェルが、「刑法に於ける自然主義と価値哲学」においてヘーゲルの「同一性テーゼ」を引照するにあたり、C・A・エムゲの「ヘーゲルに於ける理性と現実」と題する小稿を、参照すべき唯一の文献として引用していることである（H. Welzel, a.a.O. S. 57 Anm. 732）。本論文において、エムゲは、あたかもヘーゲルが規範的考察を余すところなく事実確定に依存させようとしたかのごとくに解されてきた「同一性テーゼ」の解釈に疑問を呈し（C.A. Emge, Vernunft und Wirklichkeit bei Hegel, Abhandlungen des Herder-Instituts (hrsg. v.d. Herder-Gesellschaft zu Riga), Bd. II., 1926, S. 3f. u. 11）、ヘーゲルの言う「理念以外の何物も現実的ではない」との命題の真意は、論理的―存在的根源現象が、両領域の対立関係の統一の中に見出され得るということであり、ヘーゲルは、この統一を理念と称したのだと解した(C.A. Emge, a.a.O. S. 4ff., insb. 8)。また、エムゲは、ヘーゲルが、現実(Wirklichkeit)と、現存在(Dasein)、実在(Existenz)及び偶然事(Zufälliges)とを概念上区別し、偶然的実在を、「現実的」との名に値しないものと解していたことを指摘し、それ故に、ヘーゲルが理性的であると主張した現実が、理念の存在的側面であることを力説した（C.A. Emge, a.a.O. S. 9ff.）。また、エムゲによれば、ヘーゲルにおいては、有限なる存在物はすべて、弁証法的発展の無限なる全体という理念の一モメントであり、理念に内在する要求の個別的担い手なのであるという（C.A. Emge, a.a.O. S. 13f.）このようなヘーゲル観は、「新ヘーゲル主義」とも、「具体的秩序思想」とも相容れないものであろう。ここに、ヴェルツェルが、ヘーゲル観をめぐって「新ヘーゲル主義」と袂を分った真の理由と、ヘーゲルの弁証法的論理を承認し得なかった隠された理由とを見出し得るのではあるまいか。エムゲの論文の然りげ無い引用が、この間の事情を物語るように思われてならない。

(33) ヴェルツェルは、まず、ヘーゲルの自然法論につき次のように論じる。「個別的なものを抽象化し固定してしまうこと、即ち、有機的人倫の分裂せしめられた諸要素を特殊の存在として固定化してしまうこと、これが、自然法の回避されるべき根本的誤謬である。それ故に、ヘーゲルは、自然法論に於て、有機的人倫の分裂せしめられた諸要素を、人倫という絶対的理念の統一体へと還元するという課題を自らに課している。……ヘーゲルの法哲学は、正しく理解されるならば、実質的自然法論の最も完成した形なのである」(H. Welzel, Naturrecht und materiale Gerechtigkeit, 3. Aufl., 1960, S. 172)。「ヘーゲルは、第二に、旧来の自然法論の明白な誤りである非歴史性を避ける。アリストテレスが、自然法の本質的基準を、その時空を超えた普遍妥当性の中にしかと見出して以来、この基準は、歴史的現実に於ける自然法の具体化にとり極めて重大な障壁を形成してきた。……ヘーゲルは、非時代的概念性と歴史的変遷とを融合しようとする偉大な試みに取りかかる。この試みは、彼が、概念自体の中に内的動因を発見し得てはじめて、即ち、この過程を通して概念の発展が時代的発展と同列となったところの、非時間的現今に於て進行する一過程を発見し得てはじめて成功し得たのである。時間的進行と同様に概念の発展を支配するこの動的構造法則を、ヘーゲルは弁証法の中に見出した。まさに人倫の概念の規定にとって、実に弁証法は、特にこれを解明する機能を営むのであり、人倫の概念ほど弁証法が非常によく当て嵌り得る概念は他に存在しない」(a.a.O. S. 173) と。

さらに、ヴェルツェルは、ヘーゲルの「人倫」概念の考察へと赴く。「如何なる行為が人倫に適うものであるかの問いは、客観的人倫法則から出発しなければならない。……それ故に、人倫の概念における出発点は、客観的『実体的』人倫である。しかし、人倫上命じられていることを行う際の心情が非難されるべきものであったときには、その単なる外面的な合法的行為は人倫に適うものではないから、人倫のこの全く客観的な要素は、それ自体として考えると、真実のものではないということが直ちに判明する。……人倫の二つの要素、即ち、客観的要素と主観的要素〔道徳性〕との綜合がはじめて、完全な『具体的』人倫を明らかにする。具体的人倫に於て、二つの対立する要素は、より高次の統一へと『止揚』されるのである」と(a.a.O. S. 173)。こうしてヘーゲルは、「具体的人倫」を、義務の内容を述べる客観的実質的側面と、客観的義務に対する人格の心情的関係にかかわる主観的道徳的側面とから成るものであると捉えることによって、自然法の専ら実質的な社会倫理と、カントの形式的な心情倫理とが有している一面性を、少なくとも超克する端緒を開いたのである、とヴェルツェルは評価する（a.a.O. S. 175)。

これに対して、K・エンギッシュは、ヘーゲルの「人倫」概念に対して、否定的評価を下している。いわく、「ヘーゲルの法哲学は、或る見地からはドイツ法哲学の頂点を示すものであるとしても、とくに法と人倫との種差に留意した考察であるかどうかの点に於て、若干後退したものと言ってよかろう。否、それどころか、法を人倫の中へと埋め込んでしまうこと、即ち、カント及び彼の理論の継承者たちが原理として掲げた、人倫に対する法の独立を、再び後退させること、これがヘーゲルの意図であった」と(K. Engisch, Auf der Suche nach der Gerechtigkeit, 1971, S. 88; H.-L. Schreiber, Der Begriff der Rechtspflicht, 1966, S. 61)。この批判は、まさにヴェルツェルの理論〔本稿四一七頁以下〔本書六四頁以下〕参照〕にも当て嵌るであろう。

(34)　H. Welzel, a.a.O. S. 172 u. 58.

(35)　H. Welzel, a.a.O. S. 175; ders., Über die ethischen Grundlagen der sozialen Ordnung (aus: Süddeutsche Juristenzeitung, 1947, S. 410ff.), in: ders., Abhandlungen zum Strafrecht und zur Rechtsphilosophie, 1975, S. 274.

(36)　H・ヴァーグナーは言う。ヘーゲルによれば、ナチスの現実は、歴史の必然的発展に即応しない「悪しき現実」であるはずであり、従って、社会を発展史的に方向づける弁証法的方法によることなく、具体的普遍的概念を捉えたラレンツの方法は、ヘーゲル主義的ではないのである、と(H. Wagner, Kontinuitäten in der juristischen Methodenlehre am Beispiel von Karl Larenz, in: Demokratie u. Recht, 1980, S. 260)。

(37)　本稿三九七頁以下〔本書四五頁以下〕参照。

(38)　戦後ヴェルツェルは、ヘーゲルにおける「国家」概念についても、その観念論的性格を強調する。「ヘーゲルは、主体を普遍的なものへと同化させるが、その普遍的なものというのが国家なのである。国家は、『人倫的理念の現実態』であり、否それどころか、地上の神ですらある。だが、ヘーゲルにとって、国家というものが、今日の我々の前に現われているが如き権力組織とは異なるものであり、また、それ以上のものであるということを看過してはならない」と(H. Welzel, a.a.O. S. 177)。このヴェルツェルの理解も、いわば「地上の神」を現実のナチス国家の中に見たナチス期の「新ヘーゲル主義」とは、明らかに袂を分つものであることに注目しなければならない。

(39)　H. Welzel, a.a.O. S. 177. M・E・マイヤーについては、さらに、H. Welzel, a.a.O. S. 179f. 参照。

(40)　本稿三九九頁、四〇一頁注(18)、四〇二頁注(20)、(21)〔本書四七頁、五三頁注(29)、五四頁注(31)、(32)〕参照。

(41)　本稿三九七頁以下〔本書四五頁以下〕参照。

(42)　岡本「ヘルムート・マイヤー刑法思想序説（上）」法学四七巻五号一五二頁以下〔本書一頁以下〕参照。

(43)　岡本・前掲論文一五六頁注(2)〔本書四頁注(2)〕参照。更に、Arthur Kaufmann, Rechtsphilosophie und Nationalsozialismus, in: ARSP Beiheft Nr. 18, 1983, S. 13ff. を参照のこと。

(44)　Vgl. H.-L. Schreiber, Gesetz und Richter, 1976, S. 191ff.

(45)　B. Rüthers, Die unbegrenzte Auslegung. Zum Wandel der Privatrechtsordnung in Nationalsozialismus, 1968, 2. Aufl., 1973. その他、本稿三九五頁注(2)〔本書四三頁注(2)〕に掲げた文献を参照のこと。

(46)　K・ラレンツやC・シュミットの理論が、制定法に対する裁判官の拘束を弛緩させ、ナチズムの精神に基づく解釈を助長するものであることを認めるアルトゥール・カウフマンは、さらに、次のように述べる。一体、実証主義が、ナチス国家における法の倒錯（Rechtspervertierung）に対して主たる責任を有するのか、それとも、逆に、実証主義からの離反が主たる責任を負うべきなのか。ナチス法学においては、ナチス革命前の制定法が問題となったときには、実証主義の厳格さは全く軽視され、また、ナチス的制定法が問題となったときには、その制定法が甚だしく不正なものであった場合でも、裁判官はそれに従わなければならなかった。このことは、勿論、倒錯した実証主義を意味したのである、と（Arthur Kaufmann, a.a.O.）。

(47)　岡本・前掲論文一七六頁、一八〇頁注(8)〔本書二四頁、三二頁注(49)〕参照。

(48)　なお、田中成明「ハンス・ヴェルツェルの人格主義法哲学」法学論叢八八巻一＝二＝三号（昭四五）一六八頁、一七一頁、一七四頁注②参照。

(49)　H. Welzel, Naturrecht und Rechtspositivismus (aus: Festschrift für H. Niedermeyer, 1953, S. 279), in: ders., Abhandlungen zum Strafrecht und zur Rechtsphilosophie, 1975, S. 274（なお、金沢文雄訳・政経論叢一

六巻三号七四頁); auch: ders., Naturrecht und materiale Gerechtigkeit, S. 284; ders., Wahrheit und Grenze des Naturrechts, 1963, S. 8f. u. 22 (なお、金沢訳・政経論叢一五巻三号七九頁、九一頁); 大野平吉訳「現代と自然法の問題(一)――『自然法と実質的正義』第五部――」熊本法学二一号一一五頁(但し、筆者が参看し得た Welzel, Naturrecht und materiale Gerechtigkeit, 3. Aufl., 1960, S. 179 には、かかる叙述は未だ見あたらない)。

(50)　田中教授は言う。「再生自然法論者の大多数は、Hans Kelsen の『純粋法学』と自然法論に対するイデオロギー批判、あるいは、ナチズムの政権獲得以前の Gustav Radbruch の価値相対主義法哲学における自然法否定などを例にあげて、価値相対主義と法実証主義との理論的結びつきを当然視していたといえるが、法実証主義や価値相対主義の多面的で複雑な主張内容からして、両者の関係をどのように理解するかについては、なお慎重な検討を要するであろう」(田中・前掲論文一七五頁注⑥)。「ナチズムの責任をこのように一方的に法実証主義や価値相対主義に負わせることがはたしてナチズムの精神的基盤や支配構造の冷静な分析に合致するか否か、また、法実証主義や価値相対主義の多面的で複雑な主張内容がこのようなナチズムとの連関だけで評価し尽しうるものか否かについては、当初から根強い疑問があった」と(同・一六八頁)。

(51)　青井教授も、「彼が、戦後になってから、法実証主義に対して、それは結局は『力』に全てをゆずりわたすことになる、という反論を加えているが、それは、彼自身のこうした戦前の言動とどう結びつくのであろうか」との疑問を呈している(青井「カール・エンギッシュの法哲学の基礎(二)――『事物の本性』論を中心として――」法学四三巻三号(昭五四)九二頁)。

三　ヴェルツェルに於ける「具体的秩序思想」

既に考察したように、ナチス期において、K・ラレンツ等と軌を一にして、実証主義思想に対して、機械的因果的、個人主義的又は自由主義的であるとのレッテルを貼って論難した(52)ヴェルツェルは、K・ラレンツ等の主張する

「新ヘーゲル主義」に対しては、何ら明確な対決の姿勢を示すことなく、終始好意的態度を保持してきた。[53]しかし、ヴェルツェル自身は、「新ヘーゲル主義」を標榜してはおらず、むしろ、当時の彼の「存在論」的思想は、C・シュミットやキール学派の主張した「具体的秩序思想」と同質的であったと称すべきであろう。[54]それは、次のような彼の主張をみれば明らかである。彼は言う。「具体的生活秩序の下に於ける思想は、具体的生活事実及びこれに内在する多くの価値関係から発するのであり、そしてまた、これらの具体的生活事実及び価値関係が如何なる綜合の姿をとって自己の制定法的規範化を見出したのかを、右の具体的生活事実及び価値関係を基点として確定するのである」[55]。「存在（das Sein）は、もともと秩序と形態とを自己のうちに内在させており、非実在的形式により被覆されてはじめてそれらを獲得するわけではない。そして、同様に、人間の意思共同体存在は、本源的に備わっている秩序と規則（Ordnungen und Bedingungen）にその本質を有するのであって、これら秩序と規則は、未だ形態を備えない現存在に対する理論的な概念形成行為による変形を俟ってはじめて明らかにされるわけではない」[56]。「制定法、裁判官及び学者の概念形成は、形態を備え本質的意味に充ちた実在的世界を既に前提しており、この世界の概念は、……形態を備えた存在的存在（ontisches Sein）の記述なのである」[57]。「価値を備えた存在は、人間の存在的本質構造（die ontische Wesensstruktur des Menschen）によって、即ち、形而上学的なものに根差す、世界に対する具体的人間存在の態度によって、およそ総ての理論及び概念に先だって措定されている」[58]。「従って、来るべき我らが法学は、制定法上の概念を貫通して、具体的実在的生活形態にまで降りていかなければならない」[59]。「新たな法律的思考も、具体的生活秩序の下に於ける思考として、その最高の指針を見出すのであり、この指針がないならば、思考は全く統一を欠くものとならざるを得ないであろう」[60]。「具体的生活秩序は、大いなる統一体の中に看取されなければならず、この統一体に於て具体的生活秩序は自己の現実性を有し、また、この統一体は、この統一体によって限界づけられた権利と相互関係とを、具体的生活秩序に対して与えるのである。即ち、具体的生活秩序が見出されるこの大いなる統一体とは、具体的歴史的状況の要請を伴った民族共同体（Volksgemeinschaft)なのであり、この具体的歴史的状況の要請は、法の領域ではなかんずく、表明されている総統の意思たる法律の中に、その可視的な凝結物を見出す。かくして、具体的秩序思想も、法律の中に最も価値ある足場をもつのであるが、具体的秩序思想は、法律の中や法律を貫通して常に具体的民族共同体の現実的で生ける価値を遡求するが故に、法律に対して、技術的実証主義的思想が立った関係とは異なる関係に立つのである[61]」と。以上のように論じて、ヴェルツェルは、「具体的秩序思想」に依拠して自己の「存在論」的思想を基礎づけたのであり、また、さらに、解釈論が本質的に存在へと関係づけられている例証として、行為論及び責任論を展開したのである。つまり、ナチス期に於けるヴェルツェルの存在論的思想は、「具体的秩序思想」と表裏一体であり、否、まさに同一物であると言っても過言ではない。そこには独自の論拠が殆ど提示されていない。ここに、ヴェルツェルの存在論的思想とそれに基づく目的的行為論の、原型と本質とがあるのではないだろうか。

ところで、戦後、ヴェルツェルは、彼の存在論的思想について、「具体的秩序思想」に依存しない新たな基礎づけを行い得たのであろうか。彼は、戦後、労作「自然法と実質的正義」を著わし、古今の著明な思想家の実質的倫理学ないし価値論に対して、鋭い分析と評価を加えている。しかし、そこでは、神的自然法論から、スコラ哲学に対する闘争を行ったS・プーフェンドルフを経て、現代の実質的法倫理学に至るまでの経緯が綿密に辿られてはいるものの、彼自身の「存在論」的主張は、右の著作の巻末において唐突に述べられているに過ぎず、彼の根本思想に関する積極的論証はなされていないとの感を免れない。そこで、次には、戦後におけるヴェルツェルの「存在論」的思想の内容を顧みることにしよう。

三　ヴェルツェルに於ける「具体的秩序思想」

戦後におけるヴェルツェルの見解の発展には、微妙ながら、若干の紆余曲折が認められるので、その軌跡を辿りながら、その問題点を指摘したい。

まず、彼は、「事物論理構造」による拘束について、次のように主張する。「実際、立法者は、常に実定法の一定の内在的限界へと拘束されている。立法者は、法素材全体に点状に浸透し、立法者に対して一定の性質の規制を命じる事物論理構造に、その第一の制約を見出す」[62]。「法素材に於ける事物論理構造は、立法者にさえ予め与えられているため、彼の規制を当を得たものとしたりしなかったりできるのであるが、この事物論理構造を解明することが、実際、きわめて重要な課題として学問に期待されている」[63]。「刑法総則は、特に高度に論理構造によって貫徹されている法領域である。なんとなれば、人間の行為（Handlung）の範疇的法則性というものが、あらゆる実定的規範化に前置されているからである。……行為を規範として定めようとする者は、人間の行為の範疇的構造を前提としなければならない。いかなる立法者も、行為の範疇的構造に変更を加えることはできない。しかるに、行為の範疇的構造、とりわけ、その目的的な法則性については、普遍妥当的な言明をなすことができる。行為の個別的要素とそれらの相互の地位について、一定の解釈論的帰結が、行為のこの目的的な法則性から引き出されるのである」と[64]。

しかし、以上のようなヴェルツェルの主張に対しては、直ちに疑問が湧くであろう。まず第一に、彼の存在論的な「事物論理構造」論は、果たして根拠あるものなのか否かである。これについては、「具体的秩序思想」への再度の接近[65]が注目されるものの、納得し得る新たな論拠は全く提示されていないと言わざるを得ないであろう。その意味において、彼の主張は、宣言的な言明に過ぎないと言うべきである。さらに、ヴェルツェル及び彼のシューレによる「事物論理構造」論又は「事物の本性」論に対して、「価値相対主義」の基本的見地から綿密な考察を加えたK・エンギッシュは、正当にも、いわゆる「事物の本性」概念には評価又は規範の要素がどうしても入り込んでいるという事実を明らかにするとともに[66]、当概念が、思い思いの命題に対するレッテルとなる危険があると警告する[67]。また、エンギッシュは、当概念が、逆に、正義に適った合目的的な規則を定立することを妨げる桎梏と化し得ることを指摘した上で、次のことを訴えるのである。彼は言う。「事物の本性」の過度の進入に対して境界杭を打つことは、決して諦観やあきらめの行為ではなく、解放の行為なのであり、しかも、それは、矯正のきかない「事物の本性」へと組み込まれることを強いられるのではなく、法理念に即して我々の正義感覚を充たすと同時に合目的的でもある規則を創造する自由（Freiheit）を有する立法者を、解放する行為なのである、と。[68] 蓋し、正当である。我々も、「法の理念」をめぐる議論を封じ込めてしまう危険を潜ませている「事物論理構造」論に、た易く与するわけにはいかないであろう。

第二には、仮に、「事物論理構造」論を承認することができたとしても、目的的法則性という行為の範疇的構造その他が、存在的に普遍妥当なものとして論証され得るのか、という疑問である。ヴェルツェルは、行為の存在論的事物論理構造として、「人間の目的活動の構造及びそれに於ける故意の機能」を挙げ、[69] 共犯の事物論理構造として、「本質上（事物論理的に）、目的活動的（目的的）な正犯の所為へと関係づけられている」点を挙げ、[70] また、責任の事物論理構造として、「行為者が、より良く、即ち、規範に適って行為し得たであろう」こと、それ故に、「行為者が、自己の行為が違法であることを認識していたか認識し得た」ことを挙げる。[71] しかし、これらも宣言的に述べられているにとどまり、その論拠は必ずしも明らかではない。右のヴェルツェルの所説に対して、エンギッシュは、「事物の本性」に基づきながら多様な変種をもった目的的行為の存在的構造が考えられているのは、そこで様々の評価が行われているためであるとし、[72] また、故意の概念やその体系的地位は、もはや事物論理構造の枠内にはなく、共犯についても同様であると主張する。[73] 即ち、エンギッシュによれば、例えば、アルミン・カウフマンの説く「不法故意」のごときは価値概念であり、[74] また、他人の行為への関与には様々の存在的形態が存在するのではないか、[75] というわけである。ヴェルツェル又はヴェルツェル・シューレの事物論理構造論に依拠する行為論、故意論、錯誤論、未遂論、共犯論に対するエンギッシュの疑問は、[76] 大いに理由のあるものと言えよう。惟うに、ヴェルツェルの説く「事物論理構造」は、対象となる事物の一部分、一側面又は一形態を恣意的に抽出したものに過ぎず、それを事物の本質として位置づけるためには更に論証が必要である。しかし、その場合、存在論的見地から根拠を提示することは不可能であって、法理念に基づく評価が不可避であることに思い到るは必至であろう。わが国において、金沢教授は、ヴェルツェルの目的的行為論を次のように高く評価する。いわく、

「目的的行為論はその基本思想たる目的的行為構造と責任原理においては全く不動である。この基本思想に関してはわれわれは目的的行為論の正しさを率直に認めるべきであろう。なぜなら、それは、単に一学派の創造物ではなく、ヴェルツェルのいうとおり、自然法論からの『永遠の真理』であるからである(77)」と。しかし、果たして本当にそうなのであろうか。

以上考察したように、ヴェルツェルは、行為等の事物論理構造による立法者の拘束を主張したが、ここで注意すべきことは、戦後まもない彼においては、その拘束が「相対的」なものに過ぎなかったという事実である。彼は言う。「それら（事物論理構造——筆者注）が有する限界引きの機能は、相対的なものに過ぎない。即ち、立法者が一定の性質の規制を行おうとするときにのみ、それらは立法者を拘束する。その場合、立法者は単に論理的に拘束されるに過ぎず、要するに、立法者による規制が事物に即するものであるべきときにのみ拘束されるに過ぎない(78)」。つまり、「これら総ての事物論理構造は、立法者を相対的に拘束するにとどまる。即ち、これを尊重しないときには、制定法上の規制は、なるほど事物に反し矛盾に満ち瑕疵あるものとはなるが、しかし無効なものとはならない(79)」と。ヴェルツェルは、ここでは、事物論理構造による拘束を、相対的なものであると明言しており、これに対して、「絶対的性質の」原理としては、「一つの原理」が存在するに過ぎないものと考えている。ところが、その後にいたり、ヴェルツェルは、次のように改説したのである。彼は言う。立法者さえ拘束され、立法者さえ変更できない恒常的構造が存在するという主張こそ、目的的行為論の基本命題である(81)。恒常なるものと無常なるものとは共同して刑法の対象を規定しているが、行為型（die Handlungsmuster）及び立法者によるその選択が無常なる構成要素に属するのに対して、これらの全行為型を貫いている行為の構造的法則性(die Strukturgesetzlichkeit der Handlung）と、責任の規準となる責任の諸原理とは、変化する行為の形態には関わりなく、刑法の恒常的構成要素を形成する(82)。人間の行為の構造的法則性に立法者は端的に拘束されるのであり、彼はそれを踰越することはできない。即ち、それを変更することも制限することもできないのである。これに対して、歴史的に変化し得る行為型に対しては、立法者は単に「相対的に」拘束されているに過ぎない[83]、と。相対的であるはずの行為の事物論理構造による拘束が、何の論証もないままに相対的ではなくなり、代わって、行為型による拘束が相対的であると述べられていることに注意したい。また、行為の事物論理構造による拘束の絶対化に、根本的な疑問があることは言うを俟ない。

ところで、ヴェルツェルが「絶対的性質の」原理と称した前述の「一つの原理」とは、「人間の尊厳」の原理であった。即ち、「人格は、自己の人倫的自律の故に、およそいかなる目的達成にも依存しない固有の価値を獲得するので、人格のこの固有価値は、他のあらゆる人格によって尊重されるべきである[84]」というものである。かくして戦後まもない時期において、ヴェルツェルは、以前には個人主義的であるとして排撃したカント倫理学の再評価にかかったのであるが、彼は、主観主義的であるという、カントの「自律」概念に対する誤解を解くと称して、「心情倫理」から「答責倫理（Verantwortungsethik）」への拡張を説き[86]、「答責的な人格（die verantwortliche Person）」の概念を強調する[87]。彼は言う。「カントの自律は、英知的な『事物の秩序』、英知的な『目的の王国』、即ち、『共同体的客観的法則による理性的存在者の組織的結合』を前提にしている。個人の意志は、この共同体的客観的法則に服する[88]」。「自律は、人倫に適った行為に於ける拘束と自由との特有の関係を表している。即ち、自律とは、意志が要求を、他者による外的命令として盲目的に受容する——もし、このようなことがなされるとすれば、それは他律であろう——のではなくて、意志が、要求の正当性と妥当性を洞察することに基づいて、その要求を受容し自分自らに命じるというような、客観的に人倫的な法則に対する自由な自己拘束なのである。意志がそれにより人倫的命令に自ら自己を服させることによって、意志は、人倫的世界秩序の答責的な共同主体となる[89]」と。以上のように、ヴェルツェルは、カントの「自律」概念を援用することにより、共同体秩序に対する答責を絶対的原理として高唱するのであるが、彼が人間を人格として承認したのは、人間の自由を確保するというよりも、法規範たる、倫理を義務づける命令を、人間を名宛人として発するということに力点があったと言っても過言ではない[90]。このことは、我々に、ナチス法思想に於て高唱された「共同体に対する人格的人倫的答責[91]」の観念を想起させるであろう。ここに、ヴェルツェルの「人格主義法哲学」の本質の一端があるように思われてならない。

たしかに、自律といえども、人倫（法及び倫理）の実質的内容を前提しているであろう。ただ、ヴェルツェルに於ける問題は、法と倫理の対象(Gegenstand)が原理的に同一であると解されているために、人倫的法則を、義務の内容により倫理的（道徳的）法則と法的法則とに区別することが不可能になるという点にある[92]。即ち、彼においては、法と倫理（道徳）とに全く共通の「共同体的客観的法則」の存在が肯認されているのである。しかし、第一に、この「多元的社会」にあって、ヴェルツェルの主張するがごとき「客観的法則」なるものが果たして存在し得るのかどうか、疑問と言わざるを得ないであろう。そして第二に、法と倫理とが、果たして、その対象及び内容を共通にしなければならないのか、それも疑問であろう。まず、第一の問題について、K・エンギッシュは正当にも次のように主張している。唯一でそれ自体完結し絶対的に妥当する道徳のごときは、信仰の見地からであればいざ知らず、学問的に証明可能な規範複合体としては存在しない[93]。我々は、絶対的に妥当し、その意味において「客観的」である道徳律を援用することはできない[94]。同一の法律圏の内部においてさえ人倫的観念が揺らいでいるという事実に直面すると、法規定の妥当を、人倫ないし一定の人倫的観念と法規定との合致という積極的証明に依存せしめるということは、全くもって不可能なことと言わざるを得ない[95]、と。また、第二の問題につき、同様にエンギッシュは言う。法と倫理[96]とは、概念上、（規範及び当為という同一の高次の概念の下に属するが故に）一致することもあり、また、（種差によって区別されるが故に）相違することもある。そればかりか、概念の背後にある実在の現象の見地から考察しても、法と倫理とは、あるときは合致し、あるときは相違するのである[97]。法と倫理との実在的関係を問うときには、事実問題と法律問題とは峻別されるべきであるが[98]、法と倫理とがいかなる範囲に於て重複し、いかなる範囲において相反すべきかという法律問題は、我々をして法理念の問題領域へと踏み入らせるのである。というのは、何が正法かという法理念の問題は、法が倫理に仕えることを目的とすべきか、即ち、倫理を保護、強化、涵養することを目的とすべきか、それとも、逆に、法が倫理的領域から遠ざかり、倫理的領域を法的に自由な領域となすべきか、というような姿をとり得るからである。[99] だが、これは、まさに評価の問題であり、[100] 法を倫理に結びつけるのは、法の実質的内容の形骸化を望まない場合の実践的必然性に過ぎないのであって、論理的必然性ではないのである、[101] と。法と倫理の問題にこれ以上立ち入ることはできないが、エンギッシュの主張は、基本的に正当であると言ってよかろう。法の領域に於ける「客観的人倫法則」の貫徹を図るヴェルツェルの立場には到底与することができない。[102]

(52)　岡本「ヘルムート・マイヤー刑法思想序説（上）」法学四七巻一七五頁以下、一八〇頁注(8)〔本書二三頁以下、三二頁注(49)〕参照。

(53)　本稿三九七頁以下〔本書四五頁以下〕参照。

(54)　同旨、荘子邦雄「刑法解釈論と存在論――ヴェルツェルの未遂＝既遂同置論を機縁として――」井上正治博士還暦祝賀・刑事法学の諸相(上)（昭五六）二二頁以下。

(55)　H. Welzel, Naturalismus und Wertphilosophie im Strafrecht, 1935, S. 73. ここにおいて、ヴェルツェルは、C. Schmitt, Ueber die drei Arten Rechtswissenschaftlichen Denkens, 1934 を引照している。

(56)　H. Welzel, a.a.O. S. 74. この注において、ヴェルツェルは、自説が、C・シュミットの法実証主義批判と全く同旨であると述べ、C・シュミットが、旧い抽象的「規範主義的」思考に替えて「具体的秩序に根差す思考（das Denken in konkreten Ordnungen)」を要求しているとして、彼の前掲書を引用する。

(57)　H. Welzel, a.a.O. S. 74.

(58)　H. Welzel, a.a.O. S. 75. なお、「具体的人間存在」については、本稿四〇一頁注(13)〔本書五二頁注(24)〕参照。

(59)　H. Welzel, a.a.O. S. 75.

(60)　H. Welzel, a.a.O. S. 76.

(61) H. Welzel, a.a.O. S. 76.

(62) H. Welzel, Naturrecht und Rechtspositivismus (aus: Festschrift für H. Niedermeyer, 1953, S. 279), in: ders., Abhandlungen zum Strafrecht und zur Rechtsphilosophie, 1975, S. 283（なお、金沢訳・政経論叢一六巻三号八六頁）. さらにヴェルツェルは、次のようにも述べる。「およそ総ての考えられうる評価を拘束し、それ故に、あらゆる評価に対して堅牢な限界を設定する一定の存在論的根本所与（ontologische Grundgegebenheiten）が、実質的価値問題に関する論争や疑念にはかかわりなく、現に存在している。神はなるほどユダの魂を救うことはできたであろうが、だが、石ころを救済することはできまい、とするドゥンス・スコトゥスの命題は、右の本質要素的な事態を示すものである。……立法者は、決して物理的自然の法則に拘束されるだけではなく、立法者が規制しようとする客体に内在する一定の事物論理構造をも尊重しなければならない。さもなければ、立法者の規則は、必ずや誤りあるものとなってしまうからである」と（H. Welzel, Naturrecht und materiale Gerechtigkeit, 3. Aufl., 1960, S. 197）。このように、彼の理論は、「ユダと石ころ」の粗雑な例証に依拠しており、その他には、彼は、立法者が肉体的に可能な事柄に拘束される例として、妊娠期間や男女の肉体的相違を引き合いに出すにとどまる（H. Welzel, Abhandlungen a.a.O. S. 283）。

他の個所において、また、彼は言う。「……解釈されるべき存在構造からも、意味構想にとって内在的限界が定められている。なぜなら、存在事態は、意味解釈に先立って与えられているからである。従って、意味解釈は存在事態に拘束される」と（H. Welzel, Wahrheit und Grenze des Naturrechts, 1963, S. 14. なお、金沢訳・政経論叢一五巻三号八四頁）。

(63) H. Welzel, Abhandlungen a.a.O. S. 284（なお、金沢訳八八頁）.

(64) H. Welzel, a.a.O. S. 285.（なお、金沢訳八八頁以下）また、「行為の存在論的構造は、あらゆる評価や規則に先行して存在している」とも言う（H. Welzel, Naturrecht a.a.O. S. 197）。

(65) ヴェルツェルは、近時、K・リュッデルセンの共犯論（K. Lüderssen, Zum Strafgrund der Teilnahme, 1967）の中に、「体系的思考を、完全に若しくは部分的に、『問題的思考』若しくは『トピク論』のために後退させ、そして、『抽象的思考に基づく体系を、具体的—記述的な体系に替え』ようとする現代的傾向」を認め、「字句の選択にいたるまで、抽象的分裂的思考に対する具体的秩序思想の闘争が、体系に対するトピクの闘争のかたちをとって繰り返されている」と述べて、抽象的分裂的思考に対する具体的秩序思想の闘争の新たな始まりに注目している（H. Welzel, Das Deutsche Strafrecht, 10. Aufl., 1967, S. 111; 11. Aufl., 1969, S. 116; vgl. M. Frommel, Die Rezeption der Hermeneutik bei Karl Larenz und Josef Esser, 1981, S. 201f.）。因みに、後にリュッデルセンは、問題的思考、トピク論及び具体的秩序思想という三者の結合を批判的に考察するにいたった(K. Lüderssen, Dialektik, Topik und „konkretes Ordnungsdenken“ in der Jurisprudenz, in: Festschrift für Richard Lange zum 70. Geburtstag, 1976, S. 1019ff.）。そこで、リュッデルセンは、ヴェルツェルの「事物の本性」論が、具体的秩序思想に対するヴェルツェルの論争から人が考えるほどに、具体的秩序思想と袂を分かつものであるかどうか疑わしい、と述べて、ヴェルツェルの「事物の本性」の現象形態としての「事物論理構造」論と「具体的秩序思想」との類似性を看破している（K. Lüderssen, a.a.O. S. 1020)。

（66） K. Engisch, Zur “Natur der Sache” im Strafrecht, in: Festschrift für Eberhard Schmidt zum 70. Geburtstag, 1961, S. 237f., 243 u. 263 (in: Die ontologische Begründung des Rechts (hrsg. v. Arthur Kaufmann), 1965, S. 204ff.). エンギッシュは、「事物の本性」概念を、経験的概念として理解すべしと言う（K. Engisch, Auf der Suche nach der Gerechtigkeit, 1971, S. 238)。

（67） K. Engisch, N.d.S. a.a.O. S. 236 u. 116f.

（68） K. Engisch, a.a.O. S. 121.

（69） H. Welzel, Naturrecht a.a.O. S. 197.

ヴェルツェルの目的的行為論の原型と称し得るものは、構成要件論の硬直性を排斥し、「因果ドグマ」を根底から否定しようとするナチス刑法思想を背景にして成長した（ただ、ナチス期以前に、彼は、志向性の法則に基づく、結果と主体との間の関連が、刑法的評価の対象的存在基盤である旨を主張していた〔H. Welzel, Kausalität und Handlung (aus: ZStW Bd. 51, 1931, S. 703ff.), in: H. Welzel, Abhandlungen a.a.O. S. 7ff.〕ので、その論調に、既に、目的的行為論の萌芽を認め得るかもしれない)。ヴェルツェルは言う、「行為者が、一定の範囲に於て自己の行為のあり得る結果を観念上予期し、それにより外界に対する自己の介入を意味深く統制し得るということが、その他の事象の盲目的『機械的』因果連鎖と比較して、因果要因たる意思の、比較にならぬほど唯一無比なるところである。……事象の因果経過を意味深く統制する意思の具体的能力がおよぶ限りに於てのみ、事象は、右の特別の意味に於て『意思的（willentlich）』なのであり、また、その限りに於てのみ、意思により惹起されたことは、意思の所業（Werk）として意思に帰属するのであり、本来の意味に於ける『行為（Handlung）』なのである。なぜならば、意思により惹起されたことの現存在と存在形態とは、意味ある—統制可能な因果要因たる意思に依存するからである」と（H. Welzel, Naturalismus und Wertphilosophie im Strafrecht, 1935, S. 79）。そして、彼は、かかる行為概念を基盤として、主観的構成要件要素論を基礎づけ、また、主観的未遂論を展開するのである（H. Welzel, a.a.O. S. 82f.）。このように、全般的に主観化の傾向を帯びた解釈論的帰結は、ナチス刑法思想と調和し得るものであった。現在なお、目的的行為論は、かかる解釈論的帰結と無縁ではない。

(70) H. Welzel, a.a.O. S. 197.
(71) H. Welzel, a.a.O. S. 198.
(72) K. Engisch, N.d.S. a.a.O. S. 104.
(73) K. Engisch, a.a.O. S. 95.
(74) K. Engisch, a.a.O. S. 102.
(75) K. Engisch, a.a.O. S. 109.
(76) 紙幅の都合上、詳密な検討は他の機会に譲りたい。
(77) 金沢文雄「ヴェルツェル」矢崎光圀編、現代法思想の潮流（二十世紀の法思想家たち）一八三頁。
(78) H. Welzel, Abhandlungen a.a.O. S. 283f（なお、金沢訳八六頁以下）.
(79) H. Welzel, a.a.O. S. 286（なお、金沢訳九〇頁）; ders., Naturrecht a.a.O. S. 197f.
(80) H. Welzel, Abhandlungen a.a.O. S. 287（なお、金沢訳九一頁）. それは、「いかなる国家的命令もそれを侵すことが許されず、侵せば直ちに命令が無効かつ非拘束的なものとなり、また、法たる性格を喪失するような、内在的で実質的な」原理である（H. Welzel, Abhandlungen a.a.O. S. 286. なお、金沢訳九〇頁）。

(81)　H. Welzel, Vom Bleibenden und vom Vergänglichen in der Strafrechtswissenschaft, 1964, in: ders., Abhandlungen a.a.O. S. 346（なお、金沢訳・政経論叢一五巻五・六号一〇〇頁）.

(82)　H. Welzel, a.a.O. S. 362（金沢訳一二〇頁）. 他の箇所では、行為の「対象的構造」と称する（H. Welzel, a.a.O. S. 361. なお、金沢訳一一九頁）。

(83)　H. Welzel, a.a.O. S. 365（なお、金沢訳一二四頁）.

(84)　H. Welzel, Abhandlungen a.a.O. S. 286（なお、金沢訳・経済論叢一六巻三号九〇頁以下）; ders., Naturrecht a.a.O. S. 196.

(85)　K・ラレンツも、主観的法（権利）を論じるにあたって、権利を否認することが、カントの倫理的個人主義の首尾一貫した否認に繋がると考えている（K. Larenz, Rechtsperson und subjektives Recht, in: Grundfragen der neuen Rechtswissenschaft, 1935, S. 230f.; vgl. Arthur Kaufmann, Rechtsphilosophie und Nationalsozialismus, in: ARSP Beiheft Nr. 18, S. 7）。

(86)　H. Welzel, Über die ethischen Grundlagen der sozialen Ordnung, in: Abhandlungen a.a.O. S. 241ff. ヴェルツェルは、カントの「心情倫理」論を、人倫の客観面を看過する一面的な倫理観であると捉え、M・ヴェーバーの「心情倫理と責任倫理」との対置に示唆を受け、人格は、己の心情の純粋性に対してのみならず、行為の客観的な（sachlich）正当性に対しても責任を負う（verantwortlich）と主張して、「社会的領域に於ける責任倫理」への展開を高調する（H. Welzel, a.a.O. S. 241ff.）。しかし、M・ヴェーバーの引用は不適切であろう。ヴェーバーは、自己の行動の結果に対して責任を負うべしという、政治に携わる者の責任のあり方を力説したのであって、ヴェルツェルのごとき倫理学上の命題を提示したものではないからである（vgl. M. Weber, Politik als Beruf, 1919, in: Gesammelte Politische Schriften von Max Weber, 1920, S. 441f.）。

(87)　H. Welzel, Macht und Recht（aus: Festschrift für Hugelmann, Bd. II, 1959, S. 833ff.）, in: ders.,

Abhandlungen a.a.O. S. 296（なお、金沢訳・政経論叢一六巻一号一〇頁）; ders., Wahrheit und Grenze des Naturrechts, 1963, S. 9f（なお、金沢訳・政経論叢一五巻三号八〇頁以下）.

(88) H. Welzel, Gesetz und Gewissen (aus: Hundert Jahre Deutsches Rechtswesen, Bd. I, 1960, S. 383ff.), in: ders., Abhandlungen a.a.O. S. 305（なお、金沢訳・政経論叢一八巻三・四号一四三頁）; ders., Vom irrenden Gewissen, 1949, S. 14f（なお、金沢訳・政経論叢二二巻三・四号一八九頁以下）.

ヴェルツェルは、次のようにカント倫理学を批判する。カントの「主観的道徳性」という人倫の主観的原理も、客観的実質倫理学的「事物の秩序」を前提にしている。この意味において、カントは、純然たる倫理学的主観主義からかけ離れている。ただ、カントは、実質的倫理学的問題と幸福主義とを混同したために、人倫の実質倫理的側面を正しく評価することができなかった。カントは、主観的な形における道徳的問題（人倫的行為の「あり方（Wie）」）に対して、実質倫理的問題（人倫行為の「実体的内容（Was）」）に帰属すべき独自の意義というものを見誤っている。実質倫理的行為内容の客観的妥当性が、自律を可能ならしめる前提なのであり、自律からその客観的妥当性が引き出されるというようなものではない、と（H. Welzel, Naturrecht a.a.O. S. 167; ders., Abhandlungen a.a.O. S. 242f.）。カントが、果たして、道徳において、人倫的行為の「実体的内容」を問題にしなかったと断言し得るかどうか、問題の残るところであるが、カント倫理学に対する本格的な考察は、他の機会に譲らざるを得ない。

(89) H. Welzel, Abhandlungen a.a.O. S. 305（なお、金沢訳・政経論叢一八巻三・四号一四四頁）; vgl. Welzel, Naturrecht a.a.O. S. 167; ders., Abhandlungen a.a.O. S. 241f.

(90) Vgl. H. Welzel, Wahrheit a.a.O. S. 9f.（なお、金沢訳八〇頁以下）; ders., Abhandlungen a.a.O. S. 296（なお、金沢訳一〇頁以下）. ヴェルツェルにおいては、この前提として、経験的人間と人倫的人格との完全な分断が存在する。ヴェルツェルは言う。カントに従えば、道徳的律法の拘束の根拠は、人間の本性とか人間が存在する現世の諸情況とかの中に探求することはできず、それは、全く先験的に純粋理性の概念の内に存在する。かくして、カントは、人倫の形而上学と実際の人間学とを峻別するのである（H. Welzel, Naturrecht a.a.O. S. 166）。その上で、カントは、一つの実質的目的、即ち、人倫的人格に対して先験的妥当性を附与した。つまり、自由の自律によって、人格は、人倫的世界秩序の共同主体なのであり、このことによって、道徳的律法の主体として目的それ自体なのである（H. Welzel, Naturrecht a.a.O. S. 168)。しかしながら、カントは、人倫的人格を経験的人間に代え、かくして、倫理学に人間学を再び持ち込むという旧い自然法によって犯された誤ちを、まさに繰り返している。だが、祖国のため若しくは人類の救済のために生命を捧げることは、「人間の実存から見て、人倫の根絶」などではなく、人倫的人格の最高の確証なのである。要するに、経験的実在の形をとっている人格は、専ら、自己の行為又は受忍が、人倫的人格自体の行い又は実現であるべく、手段として用いられ得るのである、と（H. Welzel, Naturrecht a.a.O. S. 170f.）。

このように、経験的存在としての人間と観念的な存在としての人倫的人格とを完全に分断することは、実際的帰結として、現実の人間の生命という価値をも越える超個人的価値の存在を安易に承認し、現実の人間に対して「人倫的人格」たる実証を迫ることによって、自発的意志によらない犠牲的死を強いることにもなりかねない。また、ヴェルツェルによる法と倫理（道徳）との同一視とも相俟って、「人倫」の名の下、不当な義務づけや自由制限を正当化する虞れも認められる。このようなヴェルツェルの「答責的人格」論を、K・エンギッシュのように、G・ラートブルフ、W・マイホーファー、H・リュッフェル、その他の法思想家の「人間の尊厳」論ないし「人権」論と同列に論じ扱うこと（K. Engisch, Auf der Suche nach der Gerechtigkeit, S. 273f.）は、ヴェルツェルの理論の本質を見誤るものではないかと考えられるが、詳論は他日に譲りたい。

(91)　K. Larenz, Von Wesen der Strafe, in: Zeitschrift für Deutsche Kulturphilosophie, Bd. 2, 1936, S. 30f.; Hellmuth Mayer, Das Strafrecht des Deutschen Volkes, 1936, S. 51 u. Anm. 5. なお、岡本「ヘルムート・マイヤー刑法思想序説（上）」法学四七巻五号一五九頁以下〔本書七頁以下〕参照。

(92)　ヴェルツェルは言う。プーフェンドルフと同様に、カントも、義務の内容によって法（Recht）と倫理（Sittlichkeit）（ヴェルツェルは、Recht と Sittlichkeit とを対置させるが、カントは、徳論と法論との上位概念として、「人倫（Sitte）」の形而上学を据えているはずであり、ここに、両者の用いる概念のずれが認められよう――筆者注）とを区別したわけでもなければ、義務づけの仕方によってそれらを区別したわけでもない。義務の差異というよりも、命令を遵守する際の動機の相違によって区別したのである、と（H. Welzel, Naturrecht a.a.O. S. 164)。しかし、ヴェルツェルによって、単に動機の相違で済まされている問題は、法又は道徳の義務の内容自体に深い関わりを有していることを認めなければならないであろう。人倫に単に外面的に違反するなと命じることと、内面的（心情的）にも違反するなと命じることとは、命令の内容において既に相違するはずであるからである。

(93) K. Engisch, a.a.O. S. 93f.

(94) K. Engisch, a.a.O. S. 110.

(95) K. Engisch, a.a.O. S. 108.

(96) エンギッシュは、「客観的人倫」と「道徳（Moral)」とを区別することなく、Sittlichkeitを、倫理（道徳）の意味に用いていると言ってよい（vgl. K. Engisch, a.a.O. S. 82ff.)。

(97) K. Engisch, a.a.O. S. 83.

(98) K. Engisch, a.a.O. S. 95.

(99) K. Engisch, a.a.O. S. 83.

(100) K. Engisch, a.a.O. S. 103.

(101) K. Engisch, a.a.O. S. 105f. ただ、エンギッシュは、「客観化し得る」「社会道徳」を、換言すれば「社会的エートス（通念）に属する倫理的規範」を模索しようとする（vgl. K. Engisch, a.a.O. S. 109ff. u. 279ff.)。

(102) アルトゥール・カウフマンは、法実証主義のもつ危険を指摘しながらも、他方において、「それにも拘らず、法と道徳との同一性は、とくに権威主義的体制のドグマであったし、今なお、そうである、という事実を見失ってはならない」と警鐘を打ち鳴らす（Arthur Kaufmann, Recht und Sittlichkeit, 1964, S. 8. なお、宮沢＝渋谷＝原訳・現代法哲学の諸問題一六九頁）ことを忘れない。

四　むすびにかえて

本稿において、私はナチス期から戦後に至るH・ヴェルツェルの法思想の連続性と不連続性につき、ヘーゲル哲学ないし「新ヘーゲル主義」、法実証主義、「具体的秩序思想」、カント的「人格」思想などに対する彼の態度を素材として瞥見した。その結果、戦後に至ってもなお、彼の法思想が、本質的部分において「ナチス期」のものと連続性を保ちつつ主張されていることが判明したであろう。とくに、彼の「存在論」的思想は、「存在論」の背後に潜む「評価」を隠蔽し、法解釈者に、「事物論理構造」を自明の前提として受容することを強いるものであり、法理念をめぐる論争を不当に回避しようとするものである。しかし、我々は、むしろ、法理念をめぐる立場の相違を直視するとともに、人類に不幸な歴史を繰り返させることのないよう、人類の歴史に対する責任をたえず自覚しつつ、責任ある法解釈論を展開することに努めなければならないであろう。

第三章　「危険犯」をめぐる諸問題

一　はじめに――危険犯の意義――

犯罪を、保護法益に対する侵害又は危殆化の角度から「実害犯（侵害犯）」と「危険犯」とに分ける考え方は、一九世紀のドイツ刑法学において誕生し、確立されたものである。(1) しかし、犯罪の実質の捉え方として「法益侵害説」を一応の前提とするこの考え方は、現在にいたるまで、その前提自体が非難されたり（五(二)参照）、「単純不服従犯」（ビンディング）、「単純挙動禁止違反」（フィンガー）、「不真正危険犯」（H・ヘルマン）もしくは「形式犯」なる犯罪群がともに認められたり、又は、「非本来的危険犯」もしくは「抽象的危険犯」概念の浸透によって「危険犯」が「形式犯」化されたりすることにより、あるときは否認され、またあるときは本質的修正を余儀なくされたのである。他方、最近では逆に、「法益侵害説」による違法限定機能を評価しようとの見地から、危険犯の成立を実質的に限定し得る理論を提示すべしとの考えが展開され、あるいは、より精緻な分類が探究されつつある。そこで、本稿においては、最近の学説及び判例の動向を踏まえて、「危険犯」につき論究してみたい。「危険犯」とは何か。危険犯における「危険」とは何か。未遂犯は、果たして「危険犯」なのか。

未遂犯論における「具体的危険説」によれば、未遂犯の処罰根拠は、行為が結果（法益侵害）発生の具体的危険を有する点にあり、それゆえ、未遂犯は「具体的危険犯」であると解されている。(2) だが、この考え方には、実質的に、未遂の処罰範囲を不当に拡大する虞れがあるのみならず[3]、論理的にも問題がある。法益侵害の具体的危険又は抽象的危険がないとして「危険犯（既遂）」の成立が否定される場合には、つねに、未遂犯の処罰根拠たる「法益侵害の具体的危険」の発生も認め得ないがゆえに、未遂犯が「具体的危険犯」であるとすると、具体的危険犯や抽象的危険犯の未遂犯は論理的に存在し得ないことになるからである。未遂犯を「具体的危険犯」と称する見解は、「具体的危険犯」概念を厳密に用いていない憾みがある。「具体的危険説」の主張が、「具体的危険犯」概念ないしは「危険」概念の混乱を招来していることは否めないであろう。

未遂犯を既遂犯と同列に論じようとする思考自体に、根本的に問題がある。かかる思考は、本来の「具体的危険犯」の既遂の成立に要する「具体的危険」と、未遂犯の成立に要する所謂「具体的危険」とを混同して論じる誤りを犯しやすい[4]。我々は、刑法が既遂犯処罰をその本則とし、未遂はとくに重大な犯罪につき例外的に違法とされる処罰拡張事由であることに思いをいたし[5]、「危険犯」概念の規定も、まず、既遂犯を念頭においてなすべきであろう。

次に、本来の「具体的危険犯」における「具体的危険」が、当該犯罪構成要件が予定する保護法益に対する危険であるのに対し、未遂犯における所謂「危険」は、既遂犯構成要件実現の蓋然性を意味し、必ずしも法益に対する直接的な危険であるわけではない。未遂犯の成否をめぐる所謂「危険」判断は、本来の危険犯の成否をめぐる本来の危険判断とは異なり、処罰拡張事由としての未遂の処罰範囲を合理的且つ謙抑的に画するとの目的に導かれつつ、判明した具体的事情を各犯罪類型に応じて合理的に抽象化することによって、既遂犯構成要件実現の蓋然性の存否につき下す判断であるといわなければならない。事後的に判明した具体的事情に殊更「抽象化」を施して判断せざるを得ないところに、「抽象化」の基準などにつき微妙且つ困難な問題を含むが[6]、特定の因果要因を捨象して判断すること又は特定の要因を仮定的に付加して判断することが合理的であるか否かを、犯罪類型ごとに、具体的事態に即して考量していく必要がある。その場合、未遂犯を「危険犯」と称することは、徒に事の本質を見誤らせ、また、本来の危険犯についての議論を混乱させる虞れがある。

本来の具体的危険犯もしくは抽象的危険犯においてなすべき危険判断は、あらゆる専門的知識及び最高の認識能力を有する者が、行為時に客観的に存在した事情を判断基底に据え、判断時までに判明した因果要因及び因果法則に基づいて下すところの、実害（法益侵害）発生の可能性についての判断である。それは、一般人の不安感とか印象というものではなく、また、一般人が行う危険判断でもない。一般人・通常人[7]に認識不可能な危険な事情が存在する場合に、物理的に危険であるにも拘らず、客観的に危険でないと判断するのは、あまりにも客観的事実から遊離するものであろう[8]。実害結果の不発生にいたる因果経過を専門家の見地から究明しようとしたにも拘らず、結果の不発生に導いた決定的要因が解明されぬまま、不発生がいかにも偶然と考えられるべき場合や、予測し得ない条件[9]が、経験則上付加される可能性が強く認められる場合には、実害発生の危険が客観的に生じたものと考えるべきである。判明した因果要因を安易に抽象化せず、人間の判断能力・理性の許す限界において判断を下す点に、危険判断の客観性の一つの拠り所がある。

以上、具体的又は抽象的「危険犯」の本来の意義を弁えたうえで、次節以下では、危険犯の諸類型とその意義について考究することにしよう。

（1）　危険犯概念の生成につき、岡本「『抽象的危殆犯』の問題性」法学三八巻二号六三頁以下参照。

（2）　平野・刑法総論II三一一頁以下。同旨、大沼・上智法学論集一八巻一号一一一頁以下、野村・現代刑法講座三巻一二七頁注一一。しかも、平野・I一一九頁及び大沼・一一三頁は、危険判断を、一般人の立場に立った判断であるとする。

（3）　岡本「『爆発物取締罰則』における諸問題(二)」警察研究五二巻五号四〇頁注一六参照。

（4）　山口・法学協会雑誌九七巻一〇号一頁以下、一二号一頁以下、九八巻二号九三頁以下、三号一一七頁以下、五号一頁以下も、これにつき明確な認識を欠いている嫌いがある。

(5) なお、荘子・刑法総論〔新版〕三八三頁以下。

(6) 未遂の成否を「危険」判断により決定すれば、未遂の処罰範囲は自ずと客観的に確定され得るのだ、というような幻想を抱いてはならないであろう。

(7) この概念自体「抽象化」の産物であり不明確なものである。

(8) 行為者が特に認識していた事情を判断基底に含ませる立場においても然りである。それはより大きな判断対象の主観化を招来しよう。

(9) 例えば、自然的状況の変化や人間の行為の介入などである。

二 危険犯をめぐる動向

「危険犯」の成立に要する危険は、特定の犯罪構成要件が予定する保護法益に対する侵害の危険である。保護法益に対する危険の発生(それと酷似した標識をも含む)を構成要件要素としていると解し得るかによって、危険犯は「具体的危険犯」と「抽象的危険犯」とに分けられ、「具体的危険犯」とは、犯罪の成立(完成)に個別的場合における具体的な危険の発生を要するものであり、他方、「抽象的危険犯」とは、犯罪の成立に具体的な危険の発生を要せず、構成要件中に記述されている挙動が行われたことを確定することによって、危険が当然に発生したものと看做される(擬制される)ものであると解されてきた。[10] かかる「危険の擬制」を本質とする「抽象的危険犯」概念は、一九世紀前葉のドイツの学説において誕生して以来、刑法解釈論上定着した観を呈してきたが、しかし、最近では、わが国の学説・判例においても、根本的な疑問が提出されるにいたった。[11] その問題提起は、蓋し正当であろう。「危険の擬制」の思想に基づく「抽象的危険犯」論は、危険犯の実体を形骸化し、危険犯の成立に「実質的な」危険の発生を要求しようとする思考を封じる機能を客観的に果たしてきた。危険犯の実質的な処罰根拠を語っているようで、実は、それは空虚な言葉によるものでしかなかったのである。行為客体や行為態様のいかにカズイステッシュな列挙といえども、決して「危険の擬制」を基礎づけるものではない。構成要件の罪刑法定主義的保障機能を尊重しつつ、しかし、「全能なる理性的なる立法者」が定立した実定法規定の形式性を徒に絶対視することなく、真の具体的事態を直視して、実質的に合理的な法適用を可能にする刑法理論を構築しなければならない。

(10) なお、岡本・前掲論文（前注1）一〇二頁以下参照。

(11) 例えば、岡本・前掲論文、佐伯・法律時報四九巻一〇号八一頁以下、内田・刑法Ⅰ（総論）九八頁、一〇一頁以下、最決昭五五・一二・九刑集三四・七・五一三における団藤、谷口両裁判官の補足意見、他。なお、後述**五**(二)参照。

三 「具体的危険犯」について

保護法益に対する危険の発生を明示的な構成要件標識とする真正な「具体的危険犯」としては、「人の生命、身体又は財産に危険を生じさせ」ることを要件とする「火炎びんの使用等の処罰に関する法律」二条違反の罪や、「公衆の生命又は身体に危険を生じさせ」ることを要件とする「人の健康に係る公害犯罪の処罰に関する法律」二条一項違反の罪などがある。これらの犯罪において、構成要件上必要とされているのは、まさに「保護法益に対する危険」である。

それに対して、「危険」という文言が構成要件中に使用されてはいるが、その「危険」が保護法益に対する危険であるとは解し得ない場合がある。かかる犯罪は、厳密には「具体的危険犯」ではない。例えば、往来危険罪（一二五条）では、立法者が殊更に「往来ノ危険」の発生を構成要件標識としていることから、構成要件標識としての

「往来ノ危険」は、車船（汽車、電車及び艦船）の往来に対する相当高度の具体的な危険（「具体的危険」）を意味し、「具体的危険」が発生しない場合には、当該構成要件を充足しないものと解すべきであるが、[12]それは、車船の衝突、顛覆等の事故発生の具体的危険であるに過ぎず、保護法益たる「人の生命、身体」に対する「具体的危険」を必ずしも意味しない。それゆえ、往来危険罪は、真正な「具体的危険犯」であるとはいえず、所定の手段による「往来の危険」の惹起によって、人の生命・身体に対して「抽象的危険」を生じさせることを違法根拠とする「抽象的危険犯」であるといわなければならない。

刑罰規定中に明示的に規定されている「危険」の発生が、構成要件要素であるか、それとも、客観的処罰条件又は結果的加重犯における加重結果であるかが争われている犯罪もある。まず、刑法一〇九条二項は、「但公共ノ危険ヲ生セサルトキハ之ヲ罰セス」と規定するが、この「罰セス」の意味をめぐり、本罪を、公共の危険の発生を構成要件要素とする具体的危険犯と解する説[13]と、客観的処罰条件であると捉える説[14]とが対立している。「之ヲ罰セス」という文言は、刑法典上、種々の法的性質を与えられて用いられており、[15]一〇九条二項但書にいう「罰セス」も、その形式だけから意義・性質を判断することはできない。一〇九条二項の罪の実質を考慮しなければならない。一〇九条二項の罪において、公共の危険の発生は、行為の外部に存する条件ではなく、放火行為と直接的に関係し、違法の実質（法益に対する危険）を形成するものであるから、本罪を「具体的危険犯」と解する方が、本罪における違法及び責任を正当に把握するものである。[16]次に、刑法一一〇条及び一一六条二項は、「因テ公共ノ危険ヲ生セシメタル」と定めるが、判例（大判昭六・七・二刑集一〇・三〇三）及び少数説は、「因テ……生セシメタル」の文言に拘泥する余り、結果的加重犯又は結果責任を規定したものと解しているように思われる。だが、かかる立法形式を採っていればただちに結果的加重犯であると断ずるのは妥当でない。[17]これらの罪における違法の実質を正当に把握する場合には、これらの罪を、公共の危険の惹起を構成要件要素とする真正な「具体的危険犯」であると解し、具体的公共危険が生じないときには、たかだか建造物等損壊罪（二六〇条）又は器物損壊罪（二六一条）が成立し得るに過ぎないと解すべきである。[18] 刑法一八一条一項の罪も「具体的危険犯」である。

最後に、保護法益に対する「危険の発生」その他類似の文言を明示的な構成要件標識として含まない構成要件を、「具体的危険犯」構成要件であると解することは妥当であろうか。従来、遺棄罪や公安条例違反の罪などにつき、具体的危険犯と解すべしとの主張が展開された。[19] ただ、「危険の発生」を「記されざる構成要件要素」と解するのか、それとも、構成要件中に記述されている何らかの「概念」の解釈をとおして、具体的危険の惹起を概念要素として読みこむのか、必ずしも明らかではない。後者の方法（構成要件標識の限定解釈）には、自ずと限界がある。被遺棄者の生命に対して具体的危険を生じさせない場合には「遺棄シタ」に該当しないとか、審判を誤らせる具体的危険を生じさせない場合には「虚偽ノ陳述ヲ為シタ」に該当しないと主張することは、いかにも恣意的である。さりとて、「記されざる構成要件要素」としての危険の発生を、限定解釈を施すべき危険犯成立の要件とすることは、それにもまして恣意的な解釈であろう。「具体的危険犯」を捏造するものであるとの批判を免れまい。[20] また、危険の発生を構成要件標識として明記していない犯罪を徒に「具体的危険犯」化すると、その反動として、真正な「具体的危険犯」の成立に要する「具体的危険」の内容を稀薄化してしまうという現実のなりゆきを助長する危険が生じよう。構成要件における「危険」概念の有無という「形式」を重視し、真正な「具体的危険犯」とその他の危険犯とを区別し、前者の成立に高度の危険の発生を必要とする姿勢こそ、罪刑法定主義の原則の精神に適うものであろう。真正な「具体的危険犯」であるか否かは、保護法益に対する「危険」の発生の要否についての構成要件の規定形式に基づいて判断すべきである。

(12) 反対、最判昭三六・一二・一刑集一五・一一・一八〇七、藤木・総合判例研究叢書刑法⑱五五頁、山口・法学協会雑誌九八巻三号四六四頁、他。ちなみに、「往来ノ危険」を、不特定の車船に対する危険として抽象的に捉える（山口・前掲論文）べきではなく、鉄道の損壊等の手段たる行為が行われた地域を往来し又はまさに往来しようとした特定の車船に対する具体的危険であると解すべきである。

三 「具体的危険犯」について

(13) 団藤・刑法綱要各論一七三頁、他。
(14) 香川・学習院大学研究年報一三号一頁以下。
(15) 例えば、三五条ないし三七条、三八条一項本文、三九条ないし四一条、二三〇条二項、二三〇条ノ二第二項。
(16) なお、平野・刑法概説二四九頁、内田・刑法各論下巻四五三頁以下。
(17) ちなみに、刑法一二七条の罪を一二五条の結果的加重犯であると解する通説にも疑問がある。
(18) なお、斉藤(誠)・Law School 三〇号九四頁参照。もとより、放火罪の未遂が成立する場合はある。
(19) 後者につき、岡本・刑法判例百選I総論(初版)六一頁参照。
(20) 詐欺罪における財産的処分行為(交付)や、公務執行妨害罪における公務の適法性などが、よく「記されざる構成要件要素」であるとされるが、前者は、「騙取」という構成要件標識の解釈から導き出されるのであり、後者は、保護法益の適格性の問題に解消されるべきである。「記されざる構成要件要素」をむやみに認めることは好ましくない。

四 「抽象的・具体的危険犯」について

西ドイツ刑法三〇八条一項後段は、自己の所有に係る非現住建造物等に対する放火を、放火物件の性質及び位置から見て、三〇六条所定の物件(現住建造物等)に延焼させるのに適している(geeignet)場合に限って処罰しているが、全具体的事情中一定の限定された事情(物件の性質及び位置)のみを考慮して延焼の危険の存否を判断すべしと構成要件自体が明定するかかる犯罪類型を、シュレーダーは、「抽象的・具体的危険犯」と称した。[21] 本罪においては、天候、風向、風力などその他の事情は、適当性判断(本罪の場合は危険判断といってもよかろう)にあたり、判断基底から除外(抽象化)されるのである。わが刑法には、これに酷似する刑罰規定は存在しない。

次に、右の類型と異なり、適当性判断の判断基準に制約こそ付されていないが、法益侵害に適した「行為」又は「行為手段」によることを明文をもって必要としている構成要件がある。西ドイツ刑法では、「公然と憤激の念を喚起するのに適した報道をする」ことを定める旧一八四b条（秘密審理報道罪）は前者であり、「毒物又はその他健康を破壊するのに適した物質を与える」ことを定める二二九条一項（投毒罪）、「毒物又は人の健康を害するのに適した物質」を水道等に混入することを罰する三二四条前段（公共危険的毒物混入罪）、「人に軽蔑され又は社会的評価を低下させるのに適した事実を主張又は流布する」行為を罰する一八六条（名誉毀損罪。一八七条もほぼ同様）及び「他人の利益に反する官庁の手続又はその他の官庁の処分を招来し又は続行させるのに適した事実に関するその他の主張」をなすことを罰する一六四条二項（誣告罪）などは後者に属する。かかる立法形式は、他国の立法例にも数多く見出される。(22)

わが国の刑法においても、九六条ノ三第一項（「公ノ競売又ハ入札ノ公正ヲ害スヘキ行為ヲ為シタル者」）、及び一二三条（「其他水利ノ妨害ト為ル可キ行為又ハ溢水セシム可キ行為ヲ為シタル者」）は、法益侵害に適した「行為」を規定したものである。(23)この種の犯罪を、「……に適した」（又は「……スヘキ」）行為であるか否かを全具体的事情を基礎にして判断すべき真正な「具体的危険犯」であると解することも不可能ではないが、しかし、「…に適した」（又は「…スヘキ」）の文言は「行為」を直接に修飾（限定）しているに過ぎないので、「行為」の性質以外の事情を考慮して判断することは、構成要件上要求されてはいないのである。その点において、「…ヲ為シ……ノ危険ヲ生セシメタル」と規定する真正な「具体的危険犯」とは、その本質を異にするものと考えざるを得ない。

他方、わが刑法一四四条及び一四六条は、「毒物其他人ノ健康ヲ害ス可キ物ヲ混入シタル者」と定め、法益侵害に適した（その危険のある）「行為手段」の限定を行っている。ドイツ連邦裁判所判例（BGHSt. 4 278）及びシュレーダーなどの有力説は、ドイツ刑法二二九条一項の罪（前出）につき、健康を害するのに適しているか否かを、抽象的可能性の視点からではなく、投与された物質の質量のみならず、被害者の身体状態、物質の使用方法などその他の具体的諸事情をも考慮して判断すべしと解するが、(24)しかし、「……に適した」という文言は、「物質」を限定しているに過ぎず、物質の性質以外の事情を考慮して適当性判断を行い得るかどうか疑問なしとしない。これらの罪は、一応「抽象的・具体的危険犯」と称し得るが、究極においては、「人の健康を害すべき物」を「混入」することによって構成要件が充足される「抽象的危険犯」であると解すべきである。

(21) なお、岡本・前掲論文(前注1)一〇〇頁以下、平野・公法の理論下II(田中古稀)二四二二頁以下参照。

(22) 例えば、オーストリア刑法一一一条、一二一条一項、等。

(23) ただし、後者の規定は、実質的には、水利妨害罪及び溢水罪の未遂犯的類型を規定したものであり、厳密には、法益侵害に適した行為を定めたものではないが、しかし、客観的に水利妨害又は溢水の危険ある行為を定めている点においては、両者とも共通している。

(24) シュレーダーは、「生命を危うくするような取扱いにより」と定める二二三a条の罪(危険な傷害)をも、「具体的危険犯」と解すべしと主張して、生命に対して一般的に危険であるとの意味において生命を危うくするのに適していれば十分であるとする判例(BGHSt. 2 160)の立場に反対する。

五 「抽象的危険犯」について

(一) 「抽象的危険犯」論と法益侵害説

旧来、多数説によれば、「抽象的危険犯」とは、犯罪の成立に具体的な危険の発生を要せず、構成要件中に記述されている行為がなされたことが確定されることによって、保護法益に対する危険(所謂「抽象的危険」)が当然に発生したものと擬制(反証不可能に推定)される犯罪であるとされ、その意味で「形式犯」に接近するものと解されてきた。この「抽象的危険犯」概念は、ドイツ普通法時代に放火罪をめぐって展開され[25]、一九世紀後葉にビンディングやウルマンなどの正当な批判を浴びたにも拘らず、帝国刑法典成立以後、ますます刑法理論に浸透し定着した。[26]当概念は、擬制をその本質とするがゆえに、実定刑罰法規における処罰根拠を説明し易い「利点」を有していたのである。しかし、それが、「形式犯」的処罰に途をひらき、また、超実定的見地から究明された犯罪の実質に即して犯罪を限定していこうとする理論に対しては、厚い障壁と化したことも否めないであろう。実定法の文言、形式を徒に絶対視することなく、犯罪内容の実質的妥当性を追求することが必要であるとするならば、まず第一に、旧来の「抽象的危険犯」論を再検討することこそ肝要である。

「抽象的危険犯」論に対しては、全く逆方向からの批判も存在した。古くビンディングは、「危険の擬制」の思想を排撃すると同時に、「規範に対する不服従」を犯罪の本質と解した。[27]また、ナチズムの時代に、シャッフシュタインやガラスらは、個人を優越する価値を民族や共同体自体に認める全体主義的国家観に基づき、「法益侵害説」を、個人主義的自由主義的思考方法の結果あるいは古典的自由主義の国家イデオロギーの産物であると非難し、とくにシャッフシュタインは、それに代えて「義務違反説」を展開したのであったが、[28]その鋒先は、犯罪を法益危殆化の観点から説明せんとして止まない「抽象的危険犯」論の基本的態度に対しても向けられたのである。例えば、H・ヘルマンは、一九三九年に公刊した著書において、法益侵害説に反対する基本的立場から、公共の安寧秩序の攪乱を本質とする「不真正危険犯」なる犯罪群を提示し、それらの犯罪に、擬制又は一般的危険の観念によって、真正な抽象的危険犯の装いをさせることの誤謬を高調した。

法益侵害説への立脚を標榜する「抽象的危険犯」論に対しては、法益侵害説に立脚した超越的な分類原理によって実定法上の犯罪規定を拘束する結果を招来するとの批判もある。[29]確かにそうであるが、可罰的違法性の理論や期待可能性の理論などと同様に、「理論」による拘束を目指すことは不当ではない。また、刑法の目的が法益保護にあることを承認しながら、その手段としての「保護技術」に独自の意義、機能を認め、保護技術の選択は立法者の合理的な判断に委ねるべしとする見解[30]からの批判も予想され得るが、[31]憲法一三条が謳う「個人の尊重」、「人間の尊厳」の理念[32]は、人間の自由な人格的自己展開のために必要な諸条件を、刑法による保護の対象となすべきことを要求するのみならず、保護法益を侵害又は危険に曝す行為のみを違法となすべきことをも要請するものといわなければならない。(33)

旧来の「抽象的危険犯」論は、法益侵害又は危殆化の見地から犯罪の実質を究明しようとした点においては正当であったが、危険の擬制を承認することにより、「法益侵害又は危殆化」概念の形骸化を齎し、当概念の違法限定機能を喪失せしめたところに、むしろ重大な問題があったというべきであろう。

（二）「具体的・抽象的危険犯」

一部の「抽象的危険犯」にあっては、犯罪の成立を限定するために、「行為」や「行為手段」などを記述する構成要件標識を、法益侵害の危険（又は適当性）の観点から限定を加えて解釈するという方法がとられてきた。まず、「行為」を限定解釈するものとしては、例えば「暴行脅迫」概念の解釈がある。騒擾罪（一〇六条）にいう「暴行脅迫」は、一地方の公共の平和を害するに足りる程度のものであることを要し、(34)公務執行妨害罪（九五条）にいう「暴行脅迫」は、職務執行の妨害となるべきものであることを要するとなすがごときである。(35)さらには、車船顚覆・覆没・破壊罪（一二六条）にいう「破壊」についても、単に、車船の実質を害して、その交通機関たる用法もしくは航行機関たる機能の全部もしくは一部を不能ならしむべき程度に損壊することであるとする見解(36)に対して、同時に人の生命・身体に危険を及ぼすことを要するとの見解(37)や、本罪の法定刑の重さからみて、航行能力の喪失及び人命への危険を明らかに徴表し、これを予測させるような重大な行為に限定すべきであるとか、(38)人の生命・身体に危険を及ぼすに足りるものたることを要するとの見解が対立している。(39)最近、補足意見としてではあるが、最高裁の団藤判事も、「自力離礁の不可能な坐礁は、それが航行能力の喪失にあたるからといって、ただちに艦船の『破壊』にあたるものと解するのは早計であり、それが艦船内に現在する人の生命・身体に対する危険の発生を伴うようなものである場合に、はじめてこれにあたるものといわなければならない」（最決昭五五・一二・

九刑集三四・七・五一六）と判示するにいたった。注目すべきことといわなければならない。

次に、「行為手段」を限定解釈するものとしては、爆発物取締罰則一条にいう「爆発物」の解釈などをあげ得よう。(40)

これらの犯罪は、保護法益に対する危険の発生を構成要件標識として含まないがゆえに、究極的には「抽象的危険犯」に属するが、構成要件該当判断にあたり（構成要件標識の限定解釈をとおして）、法益を侵害「するに足りる」（「するのに適した」、「すべき」）行為又は行為手段を必要とする点において、「具体的・抽象的危険犯」であると解されているといえよう。この考えは、当該構成要件が予定する違法の実質（法益侵害又は危殆化）を考慮しながら「抽象的危険犯」を実質化し、その成立範囲を限定しようとする点で、基本的には妥当であるが、しかし、それを、構成要件標識の解釈によって処理しようとするところに、まず問題がある。構成要件の文言及び規定形式からみて、かかる処理が困難であり又は不充分なものとしかなり得ない「抽象的危険犯」も存在するのであり、また、構成要件標識の恣意的で不当な解釈につながる危険も少なくないからである。さらに、保護法益に対する危険を重視して構成要件標識の解釈を施すと、放火罪における「焼燬」概念に関する独立燃焼説(41)や、車船破壊罪にいう「破壊」概念に関する木村説(42)のように、犯罪の成立を不当に拡大することにもなりかねないのである。さらに、「足りる」か否かの判断自体、その構造が明らかでないばかりか、判断基底たる「行為それ自体の性質」が包含し得る諸事情の範囲が明らかでないため、判断が恣意的なものになりやすい。また、仮に、判断基底を行為の一般的性質に明確に限定し得たとしても、それ以外の諸事情を捨象して判断するのが何故に合理的であるとされるのか。艦船破壊罪（一二六条二項）に関していえば、例えば、艦船破壊行為が危険な厳寒の北洋海域において行われたという事情（最決昭五五・一二・九前出）は、「破壊（行為）」の外部に存し又はその一般的性質には属さない事情であるが、かかる決定的な事情を捨象した「危険」判断は無意味であり、さりとて、人の生命・身体に対する危険の存否を左右する全事情を、構成要件標識としての「破壊」の概念規定に取り込むこともまた不可能で

あろう。(43)

右のような「具体的・抽象的危険犯」論に象徴されるように、構成要件標識の解釈によりすべてを処理しようとする感覚は、学説・実務上根強いものがあり、この感覚の背後には、一概には否定し難い実務的解決があることも否めないが、しかし、理論的には、「具体的・抽象的危険犯」的解釈自体に、本質的な問題があることを指摘しておきたい。全具体的事情を基礎にして行われない危険判断は、無意味であるばかりか、有害でさえある。

この「具体的・抽象的危険犯」論的傾向は、刑法における違法判断が、構成要件該当判断から独立した固有の違法限定機能を営み得なかったことに基因するといってもよい。旧来の構成要件論及び違法阻却論は、構成要件該当性と違法性との関係につき、構成要件に該当した行為は、例外的事由たる違法阻却事由に該当しない限り、直ちに違法な行為であると考えるべきである（構成要件の違法推定機能の肯認）とする傾向にあった。しかし、形式的・類型的に構成要件に該当したに過ぎない行為が、何故に、制限的に列挙された違法阻却事由に該当しないだけで、実質的・具体的に違法な行為と化するのか、論理的に疑問であるばかりか(44)、違法判断のもつ体系的意義（機能）を見誤り、違法判断の矮小化を招来する考え方と評せざるを得ない。違法判断においては、まず、構成要件に該当した行為が、当該構成要件が一般的に予定する「違法な」行為（相当の法益侵害又は危殆化を惹起した行為）であるか否かを、具体的状況を具に検討することによって判断しなければならない。この考えは、「抽象的危険犯」の解釈にとって、とくに意味をもつ。「抽象的危険犯」においては、構成要件に該当する行為を認定しただけでは、いまだ「違法な」行為をも認定したことにはならない。構成要件該当行為が違法であるためには、保護法益に対する危険の発生が、改めて実質的に必要であるからである。具体的危険犯においては、相当高度の危険の発生が必要と考えられたため、違法な危険の発生が類型的に殊更に構成要件に明記されているだけであって、それが明記されていないからといって、違法であるために、実質的な危険の発生を全く要しないというわけではない。しかし、構成要件中に明記されているか否かの差異は、軽視し得ないから、具体的危険犯の成立には「具体的危険（高度の危険）」の発生を要するが、抽象的危険犯の成立には「抽象的危険（ある程度の具体的危険）」の発生で足りると解すべきであろう。それゆえ、抽象的危険犯といえども、危険が殆ど生じなかった場合には、「違法な」行為を認めるべきではない。例えば、母親が乳児を病院の新生児室内のベッドに捨ててくる行為は、遺棄罪にいう「遺棄」にあたると解さざるを得ないが(45)、保護法益たる被遺棄者の生命に対して殆ど危険を及ぼさなかったと認められるときには、それは「違法な」遺棄であったと考えることができない(46)。また、艦船破壊罪の予定する保護法益は艦船内に現在する人の生命と解すべきであるから、たとい「艦船ヲ……破壊シタ」といい得るだけの、艦船の構造・機能上重大で大規模な損壊が行われたとしても、その行為が違法であるためには、艦船内に現在する人の生命に対してある程度の具体的危険を及ぼすことが必要である。人の現在する漁船の船底部約三分の一を厳寒の千島列島ウルップ島海岸の砂利原に乗り上げさせて坐礁させたうえ、同船室内の海水取入れパイプのバルブを開放して同室内に約一九・五トンの海水を取り入れ、自力離礁を不可能ならしめたが、救助役の漁船が行動を共にしており、犯行時に接舷させて、坐礁した漁船の乗組員を移乗させる態勢にあった場合、仮に、船底に穴があくなどの事態に対する救助態勢がほぼ万全であったとすれば（接舷作業が困難な場合は微妙であるが）、「違法な」破壊を認めることができないであろう。同様の思考は、一〇八条、一〇九条一項の放火罪、偽証罪、爆発物取締罰則一条違反の罪など、他の抽象的危険犯にも一般的にあてはまる。

かかる「抽象的危険犯」論は、危険の不発生を理由に違法性を阻却するわけではなく、また、違法強弱論を必ずしも前提にしていない点において、違法阻却的可罰的違法性の理論とは袂を分かつものであることを付言しておきたい。

（三）　抽象的危険犯における既遂時期——とくに、放火罪にいう「焼燬」の概念と既遂時期——

「抽象的危険犯」についての以上のような理解には、「抽象的危険犯」における既遂時期を考えるときにも実益がある。従来、「抽象的危険犯」の既遂時期は、構成要件該当行為の完了をもって論じられたために、構成要件該当行為の解釈と既遂時期の確定とが不必要なまでに結合してきた。

刑法一〇八条の放火罪を例にとろう。本罪構成要件に該当するためには、本条所定の客体を「焼燬」しなければならない。それゆえ、「焼燬シタ」といえない限り、本罪は成立（完成）せず、たかだか未遂犯が成立し得るにとどまる。しかし、「焼燬」の概念規定と、本罪の成立（既遂）時期の論定とを混同して、「焼燬」の概念規定にあたり本罪の公共危険犯たる性質を考慮せよと主張することは妥当でない。旧来、目的物を「焼燬」した時に、本罪は「既遂」に達するものとされ、既遂時期を画すべき「焼燬」概念をめぐって見解が対立してきた。まず、独立燃焼説は、火が媒介物を離れて焼燬の目的物たる建造物等に移り、目的物が媒介物の火力を借りなくとも独立に燃焼を継続する状態に達したときに、放火罪は既遂に達するという。(47) 放火罪の公共危険犯としての基本的性格を重視し、目的物が独立燃焼の程度に達すれば危険がすでに生じていることや、(48) 失火罪についても適切な結論を導き得ることを論拠とする。(49) だが、例えば、天井板約一尺四方が燃え上がり、独立に燃焼を営み始めたからといって、「建造物を焼燬した」といえようか。また、その時すでに「既遂」を認めることも、時期尚早であるといわざるを得ない。そこで、効用喪失説は、火力により目的物の重要部分が焼失し、その効用が失われた時に焼燬の事実を認める。(50)「焼燬」概念の規定においては、効用喪失説が基本的に妥当である。ただ、「重要部分」の意味するところが必ずしも明らかでない。俗にいわゆる「燃え上がった」こと、即ち、物の重要な部分が燃焼を始めたことであるとする折衷説(51)もある。しかも、その中には、重要な部分であるかどうかを、その建造物の効用という視点からではなく、公共の危険という視点から判断すべしとするもの(52)さえ存在している。かかる学説の混迷は、「焼燬」の時期と「公共の危険の発生」の時期とを結合して展開せざるを得なかった旧来の「抽象的危険犯」論に、その原因を有するのである。(53) 本罪において、構成要件要素としての「焼燬」と、違法要素としての所謂「公共の危険の発生」とを区別する立場に立脚してはじめて、「焼燬」を、基本的に効用喪失説にのっとり、目的物の構造・機能上その本質的部分が相当の範囲で焼失（毀損）することと解することが可能となろう。[54] ついで、「焼燬」行為が実質的に違法な行為であるためには、それによって、建造物等における居住者又は現在者の生命に対してある程度の具体的危険（「抽象的危険」）を生ぜしめることが必要である。[55] かかる危険を生ぜしめない場合には、既遂犯たる本罪の違法性を欠くことになる。要するに、本罪の既遂時期は、本条所定の客体を「焼燬」し、居住者又は現在者の生命に対して「抽象的危険」を生ぜしめた時期に求めなければならない。

かくして抽象的危険犯における、罪刑法定主義の原則に即した構成要件標識の解釈と、実質的で合理的な既遂時期の論定とが可能となるのである。

(25) 岡本「放火罪における保護法益について（二・完）」刑法雑誌二二巻二号二二二頁以下参照。
(26) 岡本・前掲論文（前注1）七九頁以下参照。
(27) 岡本・前掲論文（前注1）七一頁以下、九五頁以下参照。
(28) ちなみに、ナチス新ドイツ刑法綱領は、犯罪を、専ら民族的誠実義務違背であると言明した。
(29) 荘子・前掲書一〇八頁以下。
(30) ハッセマー。阿部・Law School 二三号一〇頁は、ヴェルツェルが、目的たる法益保護の手段として、社会倫理維持を主張したことを力説する。
(31) 「法益保護の原則」という表現がよく用いられるが、この表現は、法益保護を目的としさえすればよいとの誤解を招きやすい。
(32) C・シュタルクは、ボン基本法二条一項の解釈をめぐり、とくにカントの「自由」論、「意志の自律」論に示唆をうけるべきであることを説く。
(33) 詳論は、別稿に譲りたい。M・マルクスの見解も、「人間の尊厳」の理念から「法益概念の実質化」のみを引き出す点において、一面的である。なお、岡本「『法益侵害説』に関する一考察(上)」法学六二巻六号二五頁以下。
(34) 牧野・刑法各論上巻七九頁、団藤・一五三頁、仙台高判昭三三・六・三最刑集一四・一三・一八六一所収、東

京高判昭四七・一一・二七高刑集二五・五・四七九、他。なお、平野・概説二四二頁。それに対して、最判昭二八・五・二一刑集七・五・一〇五三は、一地方における公共の静謐を害するに足りる程度の暴行脅迫をするのに適当な多数人たる「多衆」が、聚合して暴行又は脅迫をしたときは、その行為自体が当然に地方の静謐又は公共の平和を害する危険性を包蔵するものと認める「抽象的危険犯」説に立つ。そこでは、二重の適当性判断が「行為主体」を限定しているが、かかる限定がいか程の意味をもつのか疑問であろう。「抽象的危険犯説」に対しては、小野・六八頁、香川・新版刑法講義各論一〇〇頁、中山・口述刑法各論第二版三一四頁などの「具体的危険犯」説も存在するが、いずれも妥当でない。

(35) 団藤・四九頁、大塚・刑法各論下巻五八七頁、最判昭三三・九・三〇刑集一二・一三・三一五一、他。

(36) 泉二・日本刑法論(各論)一八三頁、小野・一八三頁、最判昭四六・四・二二刑集二五・三・五三〇、他。

(37) 大場・下巻一八七頁以下、牧野・上巻一一一頁、平野・法学セミナー二二一号四八頁。

(38) 中山・判例評論二六九号五〇頁、五二頁注一四。

(39) 村井・警察研究四七巻二号六〇頁。

(40) 詳細は、岡本・警察研究五二巻四号二八頁以下参照。

(41) **五**(三)〔本書九一頁以下〕参照。

(42) 木村・刑法各論二〇〇頁は、公共の危険を生ぜしめるに足りるものであれば、損壊の程度は問わないとする。

(43) なお、騒擾罪につき、岡本・刑法判例百選II各論(初版)四六頁、公務執行妨害罪につき、北野・法学四五巻一号一〇九頁以下参照。

(44) なお、小暮・法学協会雑誌八〇巻五号六三四頁参照。さらに、本書一五三頁以下参照のこと。

(45) 平野・総論I一二〇頁以下、同・法学セミナー一二六号三七頁は、遠い具体的危険がない場合には、もはや「遺棄」ともいえないとする。同旨、野村・刑法学4八七頁。

(46) 同旨、内田・上巻九一頁。

(47) 草野・刑事法判例研究二巻一三八頁、藤木・注釈刑法(3)一七〇頁、最判昭二三・一一・二刑集二・一二・一四

四三、他。
(48)　大判大七・三・一五刑録二四・二一九。
(49)　団藤・一六九頁、他。
(50)　牧野・上巻八五頁、泉二・一四二頁、他。
(51)　小野・七五頁、井上＝江藤・全訂刑法学〔各則〕二〇七頁、他。
(52)　平野・概説二四八頁。
(53)　なお、内田・下巻四四七頁参照。
(54)　なお、中山・刑法各論の基本問題二〇六頁は、「公共の危険を念頭におきながらも、客体物件自体の毀損の程度によって焼燬の成否を判定することがより安定的な基準たりうるように思われる」という。
(55)　その危険は、特定少数人に対する危険で足り、その意味において、一〇八条の罪は真正な「公共危険犯」ではあり得ない。

六　「公共危険犯」と「個人危険犯」

危険犯は、その成立に「公共ノ危険」の発生を要するか、それとも「特定少数人（個人）に対する危険」の発生で足りるかによって、「公共危険犯」と「個人危険犯」とに分けられてきた。騒擾罪、放火罪、溢水罪、往来危険罪、車船顛覆等罪、毒物混入罪等は前者に属し、遺棄罪、堕胎罪等は後者に属するとされてきたが、この区別自体、必ずしも厳密なものではなかった。多数説によれば、「公共ノ危険」とは、不特定又は多数の人の生命、身体又は財産に対する危険を意味するが、「公共危険犯」に属せしめられてきた犯罪は、その常態として「公共ノ危険」を惹き起こしこそすれ、「公共ノ危険」の惹起を、厳格にその成立要件（処罰根拠）とするものばかりではない。「公共ノ危険」を当該犯罪の成立要件とするものを、「真正公共危険犯」と、また、単に常態として「公共ノ危険」

を惹き起こすに過ぎないものを、「不真正公共危険犯」と一応名づけ、両者を区別しなければならない。「公共ノ危険」の概念規定にも関連するが、各犯罪がいずれの群に属するかは、危険の擬制を認めない立場にあっては重要となる。ここでは、紙幅の都合上、放火罪を中心に論究しよう。

通説は、「公共危険犯」としての放火罪を、「抽象的公共危険犯」と「具体的公共危険犯」とに区別する。しかも、放火罪の全類型が「公共ノ危険」の発生を、具体的にであれ抽象的にであれ処罰根拠として予定するものであることを認めている。しかし、「公共ノ危険」の意義をめぐる旧来のいずれの説に拠ろうとも、放火罪の全類型が「公共ノ危険」の発生を予定するものとはいい難いであろう。例えば、一〇八条所定の客体がたとい孤立して立っており、しかもその居住者又は現在者が特定且つ少数であったとしても、人が居住又は現在する建造物等への放火は、一〇八条の構成要件が本来予定するところといわなければならないからである。そこで、「公共ノ危険」の観点から本条の適用を説明するため、一個人たりとも「公衆の代表者」たりうるとの論理が用いられるが、かかるかたちで「公共」概念に「不特定性」の要素を持ち込むことは、本末を転倒するものと評さざるを得ない。放火罪各類型における保護法益を、一概に「不特定又は多数の人の」「生命、身体又は財産」であると定義することは、種々の点から批判を免れないのである。一〇八条における違法の実質は、本条所定の客体の居住者又は現在者(特定少数人で足りる)の生命を危険に曝す点にある。一〇八条の放火罪は、「真正公共危険犯」ではないのである。それに対して、一〇九条は、人の生命に対する危険の発生を予定しておらず、[56] 建造物等の多数人の財産に対する大規模な危険(財産に対する真正な「公共ノ危険」)の惹起を違法根拠とすると解すべきであろう。本条にいう「公共ノ危険」は、火が燃焼物を伝幡して拡大していく危険、すなわち、多数人の相当広範囲の建造物等の重要な財産に対する危険を意味するのである。「真正公共危険犯」としては、本条の罪のほか、一二〇条の現住建造物以外浸害罪をあげ得るが、その他の「公共危険犯」の多くは、実は、「不真正公共危険犯」又は「個人危険犯」であるといえよう。[57]

(56) 反対、明治四二・五・二二法曹決議・判例体系三二・三二九。

(57) なお、詳論は、岡本・前掲論文(前注25)、ならびに、岡本「放火罪と『公共の危険』」法学四七巻二号四一頁以下、五二巻四号一頁以下、五七巻五号一頁以下に譲りたい。

七 小 括

紙幅も尽きたが、その他にも、論ずべき点が少なくない。「実害犯」と「危険犯」との分類についても、思わぬところに問題が潜んでいるし、「目的犯」と「危険犯」との関連、「抽象的危険犯」における故意なども、問題とならないわけではない(58)。特別刑法上の危険犯的規定の存在も興味深い。

(58) なお、これらについては、岡本・警察研究五二巻四号三二頁、三四頁以下、四三頁注(50)参照。

第四章　不真正不作為犯における構成要件と違法

一　はしがき

遺棄罪は刑法総論と各論とが実際に交錯してきた代表的な犯罪である。とくに「不作為による遺棄」をめぐる問題は、総論における不真正不作為犯論と各論における遺棄罪論とがまさに有機的関連を保って展開してきた領域である。この意味において遺棄罪は不真正不作為犯論における中心的な犯罪となってきた。現在、不真正不作為犯論の発展と深化に伴い、また、「遺棄」概念に関する近時の種々の提言を踏まえて、「不作為による遺棄」につき論じるべきことが少なくない。私は、まず、遺棄における不作為の実体と意義を明らかにし、次いで、単純遺棄罪における「遺棄」に不作為による形態が含まれ得るか否かを論じ、最後には、不真正不作為犯における構成要件と違法につき考察を加え、以上の考察を十分に踏まえた上で、単純遺棄罪における作為義務と保護責任者遺棄罪における「保護ス可キ責任」との異同如何、換言すれば、不作為による遺棄においていかなる場合に単純遺棄罪が成立し、またいかなる場合に保護責任者遺棄罪が成立するのか、という問題を考究し、一提言を試みたいと思う。

二　遺棄における作為と不作為

遺棄の罪を不作為によって実行することは可能か。つまり、「不作為による遺棄」を認め得るか。このことにつき、不真正不作為犯の処罰が罪刑法定主義の原則に反する虞れはないかとの或る意味において重要な問題[1]を別にすれば、一定の不作為が遺棄罪にいう「遺棄」の観念にあてはまり得ることを疑う者は誰ひとりとしておるまい。それでは、「遺棄」に該当し得る不作為とはいかなるものか。

周知のように、旧来、遺棄は「移置（移棄）」と「置き去り（放置）」とに分けられ、それらが「作為による遺棄」と「不作為による遺棄」とに対応するものと考えられていた[2]。これに対して近時、移置にも不作為の形態があり得[3]、また置き去りにも作為の形態があり得ることが[4]正当にも指摘され[5]、より厳密な行為態様の分析が試みられている。しかし、最近の動向にも問題がないわけではない。それは「置き去り」の作為性、不作為性をめぐってである。例えば、平野博士は、置き去りの場合、立ち去るのはやはり作為であると主張する[6]。この見解に従うと、立ち去り行為を伴わない（「不保護」以外の）置き去りは殆どあり得ず、置き去りは殆ど作為による遺棄であることになろう。しかし、作為による遺棄は二一七条に基づいて罰せられるとの前提に立った場合、右の立場は、理論的にせよ政策的にせよ、置き去りを二一七条の遺棄として処罰すべきでないとする立場と矛盾することになりはしないか。それとも論者は、作為・不作為概念と不明瞭な関係に立つ「置き去り」概念を依然として維持すべしと主張するのであろうか。さらに問題なのは、置き去りを作為と解すると、違法な不作為に必要な作為義務の有無を厳密に検討する必要がなくなるという帰結が生じることである。即ち、作為義務の存否によって違法な置き去りを限定することが不可能となるのである[7]。かかる実践的帰結に止目するとき、立ち去る点に作為性を見出し「置き去り」を作為と規定することには疑問があると言わざるを得ない。惟うに、「置き去り」行為は、場所的変更を伴わない「不保護」に対して、場所的離隔を伴う放置であるが、[8]場所的離隔の有無は、「不作為」としての「置き去り」の規定にとって非本質的であると解すべきであろう。「不作為」であるという意味において、通常の置き去りと不保護とはその本質を同じくするものと解したい。置き去りの作為性・不作為性に関連しては、行為者が立ち去ろうが、たまたま動きだした列車の中にそのまま残ろうが、あるいは他の行為に夢中になっていようが、それらは非本質的な要素なのである。学説・判例は、因果関係論や不真正不作為犯論において、作為の要素がどこかに見出されるときは作為によるものとして処理すべしとする傾向にあるが、[9]不真正不作為犯論においては、それは必ずしも妥当ではない。作為義務の存否ないし作為義務違反の存否を厳密に検討して犯罪の成立を充分に限定すべき場合には、たとえ現象としてどこかに作為性が見出されようとも、不作為による場合(不真正不作為犯)として擬律することが、犯罪の成否の厳格な認定という法の理念に即して適切であることもあり得るのである。[10]この意味においても、単に立ち去る「置き去り」は、刑法上「不作為」として論じられるべきであろう。

　以上をもって、遺棄における作為と不作為の形態が判明したであろう。即ち、一定の不作為による移置及び不作為による置き去りが、不作為による「遺棄」に該当し得るのであり、遺棄罪として処罰され得るのである。そこで、次には、いかなる不作為による遺棄が二一七条または二一八条の遺棄罪を成立せしめるのかという問題の考察に先立ち、二一七条及び二一八条の「遺棄」の観念をめぐる学説・判例の状況につき瞥見しておく必要があろう。

(1)　「殺ス」とか「火ヲ放ツ」という文言が、罪刑法定主義の原則の一内容である(立法の次元における)刑罰法規の明確性の要請に違反するものとは言えないが、その法の解釈適用の次元では、文言の日常用語的意味を逸脱しない厳格な解釈が必要である(解釈の次元における厳格解釈の要請)。この厳格な解釈による安定した法の適用を担保するためにも、構成要件に該当する不作為の類型化を追求することが肝要であろう。

　しかし、誤解に基づき、いかなる不作為も作為犯として規定された犯罪類型には該当しないと論じることや、一定の不作為が作為犯構成要件に該当することを承認する立場を明確性の要請に反するものと論難することは、むしろ作為犯構成要件における作為を日常用語として有する意味よりも不当に狭く解釈することである。例えば、母親が嬰児を殺害しようとして食物を与えないで餓死させることは、まさに「殺ス」行為以外の何物でもないからである。阿部教授は、作為義務の範囲を作為と同価値性のある場合に限定することが明確性の要請に沿うものであると主張する（阿部「作為義務をめぐって」法セミ三二七号（昭五七）一一二頁）が、要は、作為義務に限らずその他のすべての要件についても、例えば「殺ス」という文言につき一般国民が観念し共有している意味内容を逸脱することのないように解釈されなければならないのである。それが充たされれば、作為の規定の文言が具体的に一定の不作為を包摂し得ることを認めても、刑罰法規の明確性の要請から派生する厳格解釈の原理（アメリカ法にいう厳格解釈とは異義）にもとるものとは言えない。なお、荘子邦雄・刑法総論（昭四四）二二一頁参照。

（2）例えば、団藤重光・刑法綱要各論（昭三九）三六二頁。

（3）例えば、たまたま子どもを乗せておいたトラックが動きだしたのにそのまま遠ざかるにまかせておく場合や、間違った行先のバスに乗った子供を放置しておく場合である。このような場合を不作為と考えると、作為義務の存在が遺棄罪成立のための要件となるが、このことに異論はあるまい。

（4）例えば、子供が降りられないように、掛けてある梯子をはずしてしまう場合、戻れないよう橋を落としてしまう場合、島に閉じ込めようと繋いである舟を沖へ流してしまう場合、救助に向かおうとする者を作為により妨害する場合などである。この場合、梯子をはずすとか、橋を落とすとか、舟を沖へ流すという行為は、遺棄状況の作出にとって決定的な要素であり、遺棄行為の本質的部分を形成するものといえよう。

（5）大塚仁・刑法各論上巻（改訂版）（昭五九）一五七頁、内田文昭・刑法各論（昭五九）八七頁、平野龍一「単純遺棄と保護責任者遺棄」警研五七巻五号（昭六一）八頁、他。

（6）平野・前掲論文八頁。酒井安行「遺棄の概念について―作為・不作為概念との関係を中心として―」早大大学院法研論集二八号（昭五八）七九頁以下も同旨であろう。これらにおいては、遺棄と不保護とが場所的離隔の有無によって区別される以上、遺棄たる置き去りには立ち去るという作為が必然的であると解するのである。

（7）　酒井・前掲論文八七頁以下は、「単に置き去ることによって危険を惹起しうる者は、事実上一定の者、つまりそれまで被害者と一定の保護関係があった者に〝概念必然的に〟限られるはずである」というが、置き去りの概念に右のごとき要素が概念必然的に内在するものとは思われないし、仮に内在するとしても、右の「保護関係」の限界は極めて広漠かつ不明瞭である。例えば、恋人或いは親友と一緒に飲みに出かけた場合、「一定の保護関係」は認められるのであろうか。

（8）　因みに、「場所的変更」、「場所的離隔」という概念も、厳密に考えると、不分明な概念である。置き去りと不保護の境界は何メートルの離隔なのか。

ドイツ刑法においては、Aussetzen と Verlassen とが処罰され、単なる「不保護」が処罰されていないように見えるため、Verlassen に「場所的離隔（räumliche Trennung）」を要するか否かの問題は、Verlassen が場所的離隔を伴わない「不保護」を含むか否かという問題として、より実益のある争点となり得る。判例の主流は必要説に立ち（RG 10 184; RG 38 378; BGH 21 47）、例えば、看護婦が病室内で患者に付添いながらもその保護を行わなかったという事案において、Verlassen に該当しないものとして遺棄罪の成立を否定した（BGH 21 44;これに賛同する学説として、E. Dreher, Straf- und Strafprozeßrecht, in: JZ 1966, S. 577; B. Geilen, Entscheidungen: Strafrecht. Strafregisterrecht, in: JZ 1973, S. 324; E. Horn, Systematischer Kommentar Bd. 2., 1983, §. 221 Rdn. 7)が、学説には異論を唱えるものが多い（場所的離隔を不要と解するものとして、Schönke＝Schröder, StGB §. 221 Rdn. 7A〔Eser〕; H. Blei, Strafrecht, Bes. T., 12. Aufl., 1983, S. 64; Maurach＝Schroeder, Strafrecht, Bes. T., Tb. 1., 6. Aufl., 1977, S. 55f.; H. Welzel, Das Deutsche Strafrecht, 11. Aufl., 1969, S. 296; J. Wessels, Strafrecht, Bes. T., 10. Aufl., 1986, S. 44）。不要説に従うと、付添いしながら保護を行わない（im Stich lassen）こともまた Verlassen に該当することになる。わが刑法とは異なり「不保護」を独立に規定していない西ドイツ刑法において、Verlassen に場所的離隔を必要と解する必要説の主たる根拠が、Verlassen の語感によるものなのか、それとも沿革的理由によるものなのか定かではないが、Verlassen は日本語の「置き去り」よりも「不保護」をも含み得る「放置」という語感をもつ言葉ではないかと思われるので、西ドイツ刑法においては場所的離隔を必要と解する理由に乏しいのではあるまいか。

(9)　例えば、無銭飲食に関する最判昭三〇・七・七（刑集九・九・一八五六）。

(10)　例えば、高松高判昭和四五・一・一三（判時五九六・九八）は、農業協同組合の預金払戻等の業務に従事している者が、同農協の預金者たる農業共済組合の組合長が業務上管理している共済組合の預金を擅に農協から払戻を受けて横領しようとしていることを知りながら、同組合長からの払戻請求に応じて払戻したという事案につき、「預金の払戻義務に従事する者としては、たとえその払戻請求が手続上の形式的要件を完備しているとしても、その払戻目的が刑事上不法なものであることを知った以上、これに応ずべきでないことは条理上当然であ」り、「右の拒絶義務は単に道義上の義務に止まらず法律上の義務というべきであるから、右の義務に違背して払戻請求に応じ、払戻請求者の犯罪行為を容易ならしめた場合には、その犯罪行為の幇助犯が成立するものといわねばならない」と判示して、拒絶義務の有無を検討した上で幇助犯に問擬した。判文を素直に読む限り、不作為による幇助を認めたものといえよう。しかし、払戻請求に応じて金員を交付する行為はまさに作為であり、作為による幇助と解すれば、作為義務たる拒絶義務の有無の検討など不要であったはずである。それにも拘らず、右判決は、犯罪認定を厳格かつ慎重に行うために、拒絶しなかったという不作為に止目し、拒絶義務の有無を論じたのであろう。結論として、本判決は条理から法律上の拒絶義務を引き出しているが、作為義務の発生を否定することも可能な事案だったのではあるまいか。このように、現象的には作為性が認められるときでも、不作為を重視して作為義務の存否を論じ犯罪成立を限定することが適切な場合も存在するのである。

三　刑法二一七条及び二一八条における「遺棄」

周知のように、刑法二一七条（単純遺棄罪）及び二一八条（保護責任者遺棄罪）にいう「遺棄」が不作為による遺棄を包含し得るものか否かについては近時争いがある。旧来の通説は、二一八条にいう「遺棄」が移置（作為による遺棄）と置き去り（不作為による遺棄）双方を含むのに対して、二一七条にいう「遺棄」は前者しか含まないものと解してきた。これに対して平野博士は、二一七条の「遺棄」を二一八条の「遺棄」と同義と捉えるのが自然であるとし、また遺棄罪に関する日独法制間の異同を正当にも指摘し、さらにわが法における学説の推移を的確に分析された。(11)にも拘らず平野博士は、「二一七条の置き去りの処罰」に踏み切ってはいない。その理由は、裁判所が置き去りを二一七条で処罰してはこなかったという法律状態を簡単に無視すべきではなく、二一七条の置き去りは処罰しなくともよいという実質的な考慮をかなりの程度に尊重すべきである、とする点にある。一方、二一七条に基づく「不作為の遺棄」の処罰を強力に主張しているのが内田教授(12)である。内田教授は、平野博士と同一の観点から「すでに安定した不真正不作為犯の成立範囲をこれ以上広げることはさけるべき(13)」であるとする中山教授等の見解を批判して、二一七条に基づく不真正不作為犯の処罰を説く。論理一貫した態度と評しなければなるまい。これに対して平野博士は、現存の「法律状態」を尊重すべしとしながら、他方で「保護責任」を広く認め過ぎると論じて「法律状態」を批判する。(14)このずれをいかに処理されるのか不明瞭であると言わざるを得ない。その保護責任者遺棄罪から排除されるべき置き去りを、「法律状態」に反して不可罰とする趣旨なのであろうか。その点、内田教授は、結論において、堀内教授の見解と同様に二一七条に基づく処罰を説くのである。(15)

それはさておき、平野博士や内田教授らが論じるように、同じ遺棄という概念を用いている以上、二一七条と二一八条における「遺棄」概念は特段の理由がない限り同義であると解すべきであり、また、基本類型（二二一条一項）における遺棄（Aussetzen）には置き去り（Verlassen）を含まないとするドイツ刑法の解釈も、論者が指摘するように、基本類型としての置き去りを同一法条で独立に規定するドイツ刑法の特殊性によるものであり、さらに基本類型と加重類型の構成も日独間では本質的に異なっており、ドイツ刑法における解釈をそのまま導入することはできない。二一七条及び二一八条の「遺棄」を同義と解し、二一七条の遺棄も不作為による遺棄（又は置き去り）を含むと解することにこれ以上の理由は不要であろう。極めて明快かつ正当な主張というべきである。かかる主張に立脚するときには、二一七条の単純遺棄罪は同条の予定する作為義務に違反することによって実現され、他方、二一八条の保護責任者遺棄罪は同条の予定する作為義務たる「保護ス可キ責任」を懈怠することによって実現される、と解するのが理論的である[16]。しかるに、平野博士や中山教授は、先に述べたように、不作為による遺棄（又は置き去り）を二一七条に基づいて処罰することに対して消極的である。彼らの主張を理論的に整理すれば、二一七条及び二一八条の遺棄を同義と認めた上で法政策的な理由から二一七条の遺棄に該当する置き去りの不可罰性を主張しているか、それとも、結論において両条の遺棄を同義と認めず二一七条の遺棄にそもそも置き去りは含まれないと解しているのか、そのいずれかであることになろう。ただ、後者の立場はまさに不可解であるから、前者の見解に立脚せざるを得ないのではなかろうか。さらに、法政策的な考慮は前述したように矛盾を含み、また直観的で不透明でもある。また、右の処理が、不真正不作為犯の成立範囲の拡大を避けるという妥当な法政策を実現し得る唯一の解決方法であるとも考えられない。理論的な問題は更にある。それは、少なくとも保護責任者遺棄罪は身分犯であるが[17]、共犯と身分の問題が関連する場合の擬律において、平野博士等の見解が明らかな刑の不権衡を招来することである。例えば、行きずりの男が共同正犯として（狭義の共犯でも構わない）幼児を置き去る実母の遺棄行為に共同加功した場合、二一七条の置き去りは罰せられないとする平野説に立脚すると（旧来の通説に立っても同様であるが）、置き去りに関する限り二一七条は二一八条の基本類型ではあり得ない（両条は基本・加重の関係に立たない）から、行きずりの男を六五条二項の適用により通常の刑たる二一七条の刑で処断することは不可能である[18]。さすれば、置き去りよりも移置の方が概して犯情が重いにも拘らず、実母と行きずりの男が作為による遺棄（又は移置）を行った場合には行きずりの男が二一七条の刑で処断されることと比較すると、甚だしく刑の権衡を失するものと言わざるを得ない[19]。

以上の考察から、少なくとも、二一七条に基づく不作為の遺棄の処罰を肯定すべきであることが承認されるであろう。次に残された重要な課題は、平野博士や中山教授の感覚にも同調できるものがあるので、二一七条に基づく不作為の遺棄の処罰が、遺棄罪における不真正不作為犯の処罰範囲の拡大と直結しないようにするにはいかなる理論を構成すべきか、という問題である。そこで、次節においては、二一七条の作為義務と二一八条の「保護ス可キ責任」との関係を考究する前提として、不真正不作為犯における構成要件と違法の問題、とくに作為義務違反の体系的地位の問題につき考察を加えたい。

(11)　平野龍一「刑法各論の基本問題」法セミ一九九号（昭四七）七五頁。なお、より詳しくは、同「単純遺棄と保護責任者遺棄」警研五七巻五号三頁以下。

(12)　内田文昭・刑法各論（第二版）（昭五九）八二頁以下、同「不作為の遺棄について」研修四一〇号（昭五七）三頁以下。

(13)　中山研一・口述刑法各論第二版（昭五〇）七五頁。

(14)　平野・前掲論文・法セミ七五頁、同・前掲論文・警研九頁以下。

(15)　内田・前掲論文九頁以下。

(16)　内田・前掲論文九頁以下、同・前掲書（昭五九）八七頁以下、堀内捷三・不作為犯論二六二頁以下。

(17)　因みに、平野博士によれば、保護責任は置き去りと不保護については構成的身分であるが違法身分ではなく、移棄の場合と同様に責任身分であるという（平野・前掲論文・警研一〇頁）。一般に、かかる「違法身分」と「責任身分」との区別は疑問なしとしない。まず、「違法」身分及び「責任」身分という概念が、犯罪論体系上の「違法」及び「責任」とは必ずしも対応しないものである点において、概念の使用が客観的でない。さらに、「違法身分」と「責任身分」への区分けも、身分の効果を連帯的に作用させるか個別的に作用させるか、換言すれば、刑法六五条一項を適用すべきか同条二項を適用すべきか、の結論を先取りしたトートロジーであると言わざるを得ない。堀内教授の見解に対する内田教授の疑問（内田・前掲論文一〇頁）も、右の意味において、もっともなもののように思われる。

(18)　それとも、置き去りは二一七条では処罰されないが、二一七条は置き去り類型を含んではいる、と解するのであろうか。しかし、平野博士が保護責任を置き去りと不保護については構成的身分であると明言している（平野・

前掲論文一〇頁）ことに鑑みると、やはりかように解する余地はあり得ない。

（19）現行刑法を前提にすると、この問題は不保護（二一八条後段）の事案においては不可避である。しかし、遺棄の事案においてもこの不権衡を残存させたままでよいということにはなるまい。

四　不真正不作為犯における構成要件と違法

不真正不作為犯が成立するためには刑法上課される（より厳密には当該構成要件が予定する）作為義務に違反することが必要であるということには今日異論をみないと言ってよかろう。しかし、作為義務違反の意義・実体もさることながら、作為義務違反が犯罪論体系上いかなる地位を有するかという問題も、多くの関心を惹き論議の的になってきた。周知のように、メッガーは、作為義務違反の体系的地位を違法性の段階に求めた結果、不真正不作為犯においては違法判断が構成要件該当判断に先行するものと考えた。[20] この説は犯罪論体系の論理の順序を乱すなどの理由から大方の賛同を得るには至らず、他の学説は、不真正不作為犯においても違法に先行すべき構成要件を探求したのである。

その一つが、ナークラーの創唱にかかるといわれる「保証人説」である。[21] 本説の骨子は、被害法益と緊密な関係に立ち、差し迫る危険を回避すべき一定の地位に立つ者を「保証人」と名づけ、「保証人」の不作為のみが構成要件上作為と同価値であり、また「保証人的地位」こそが構成要件の問題なのであるというものである。この保証人説はその後の西ドイツにおいて多様な発展を遂げ、その基調において学説・判例上定着するに至ったと言ってよかろう。[22] わが国においても、学説間に微妙な相違は認められるものの支配的となりつつある。[23] ただ、その微妙な相違が犯罪論体系上は重要である。

例えば、木村博士は、「作為義務の違反をもって構成要件該当性の問題と解」すべしとした上で、「結果発生の

四　不真正不作為犯における構成要件と違法

防止という作為義務の存在すること、換言すると、不作為に出た者の『保証人的地位』(Garantenstellung) は因果関係とは別個の構成要件の要素であり、作為義務違反は構成要件該当性の問題である」と説く[24]。即ち、木村博士は、作為義務を負う地位を「保証人的地位」と同視し、具体的な作為義務違反の存否を全面的に構成要件該当性の問題と解するのである。これはまさに構成要件の非類型化ないし肥大化を承認する目的的行為論者の犯罪論体系であればこそ可能な立論であろう。

それに対して、保証人説に明確に立脚するわけではないが、不真正不作為犯における構成要件該当判断と違法判断とを論理的に区別すべしと説きつつも、作為義務を規範的構成要件要素と解する説がある。荘子教授はいう。「真正不作為犯および不真正不作為犯における作為義務は規範的構成要件要素である。この作為義務違反の不作為により、違法という評価判断の根底が形成される。しかし、『根底』が形成されたに止まり、違法性そのものの存在を結論づけたわけではない。作為義務違反の不作為は『違法な』不作為であるが、この違法は違法類型としての構成要件に該当するか否かという構成要件該当判断の要素としての法的・規範的要素に過ぎないのであり、違法判断に際して確立される行為の違法性そのものではない[25]」と。かかる論理は、違法評価の根底を形成するのが構成要件該当事実であり、評価それ自体が違法判断であるとするものであり、それゆえ、違法評価の根拠となり得る非類型的事実(要素)をも構成要件該当判断の対象に取り込む結果を招来する。即ち、この論理を徹底すると、構成要件該当事実とは別の具体的な違法「事実」をそもそも認めない論理と整合性を有するのである[26]。これは、構成要件と違法との峻別を説く[27]「類型としての構成要件」論から見ると、大幅な後退であると評さざるを得ない[28]。さらに、作為義務を規範的構成要件要素と解すると、それはとりもなおさず、例えば「殺シタ」とか「遺棄シタ」というような構成要件要素が、作為による作為犯の場合には記述的なものであり、真正不作為犯や不真正不作為犯の場合には規範的なものであることになるが、それでよしとされるのであろうか。

ところで、近時の西ドイツの多数説及びわが国の有力説は、不真正不作為犯における構成要件と違法との関係の把握に腐心し、構成要件要素としての「保証人的地位」と違法要素としての「保証人的義務」（又は「作為義務」）とを区別すべしと主張する。[29] 例えば、最近内藤教授は、「保証人的義務」そのものと、保証人的義務を生じさせる事実的・法的事情としての「保証人的地位」とを区別しようとしている西ドイツの保証人説に学ぶべしと述べて、次のように論じる。「構成要件は違法行為類型であり、構成要件該当性は価値に関係した類型的事実判断であるとみる本書の立場からいっても、右のような『保証人的地位』は構成要件要素であり、『保証人的義務』そのものは違法要素であると解すべきであろう。……『作為義務』の根拠として、その義務を生じさせる『事情』と『作為義務』そのものとを区別し、前者は構成要件要素とし、後者を違法要素と理解すればよい」と。[30]

右のような「保証人説」に立脚する論者の論調が微妙に違いこそすれ、[31] 右の「地位・義務区別説」の基調にはいくつかの疑問を抱くのを禁じ得ない。まず、「保証人」なる概念の内容が明らかでない。[32] さればこそ論者は「保証人的地位の類型化」の必要性を力説するのであろう。また、「保証人」なる概念を殊更に用いる意義と目的が理解できない。義務の主体の身分性、行為者性を強調するためであろうか。「保証人的地位」とは、結局「作為義務が課されるべき地位」と単に同義なのではないかとの疑問もある。さすれば、ドイツの学説・判例の多くに見られるように、実際上「保証人的地位」の存否の確定と「保証人的義務（作為義務）」の存否の確定とが同一の判断と化し、後者によって違法判断に、違法阻却事由に関するもの以上の何かが付加されるわけではない。[33] 即ち、この場合には「保証人的地位」の内容に個別具体的非類型的事情も全面的に取り込まれているのである。[34] これでは、「類型としての構成要件、類型的判断としての構成要件該当判断」の思想に矛盾することになろう。そこで、中森教授は、「保障人的地位の類型化を追求」すべしと説き、[35] さらに、「類型づけを追求して後になお残る諸事情（同価値性の判断に服するもの――筆者注）」を「通常の可罰的違法性の判断と同じく考え、違法性に移す方がより妥当」であると論じている。[36] ここでまず問題とすべきは、構成要件においては「保証人的地位」の類型化が追求されるべきなのではなく、「違法な不真正不作為犯」の類型化、しいて換言すれば、「作為義務違反」の類型化が追求されるべきだということである。作為義務の生じる状況下における違法な行為の類型化がまさに重要であると言わなければならない。しからざれば、構成要件を違法（有責）行為類型と解する立場を前提とする限り、何故に「保証人的地位」と「保証人的義務（作為義務）」が構成要件と違法に対応するのか。内藤教授の言葉を借りれば、作為義務を生じさせる事情としての保証人的地位がなぜ構成要件要素で、保証人的義務（作為義務）そのものがなぜ違法要素なのか、その関係が判然としない。両者の関係は類型的なものと具体的なものの関係とは異質のものであり、そこでは違法（有責）行為の類型であるべき構成要件と違法とが分裂するに至っているとの感を禁じ得ない。中森教授の見解の第二の問題は、非類型的な事情の吟味を、「同価値性」の判断のみに集約している点にある。「同価値性」に解消し得ない非類型的要素は存在しないのか。あるいは、あらゆる非類型的要素を直観的になりやすい「同価値性」の判断に服させてよいのか。「同価値性」に解消し得ない、あるいは解消することが不適当な非類型的要素も存在するはずであり、違法判断の対象を同価値性に関するもののみに限定するのは妥当でない。さらに中森教授のいう「可罰的違法性の判断と同じく考えて違法性に移す」ということの意味がいまひとつ定かではないが、作為義務違反における非類型的要素を実質的（可罰的）違法判断の対象として考えようとするのであれば、筆者の主張するような「構成要件―違法」論[37]に立脚せざるを得ないのではないか。このように、「地位・義務区別説」を突き詰めていくと、それが「構成要件の違法推定機能を維持しうるという利点[38]」を有しているといえるかどうか疑わしくなっていくのである。

「保証人説」のもう一つの問題は、「義務者の社会的地位[39]」というような身分的・行為者的要素を強調する点にある。そして、「保証人的地位」という概念自体がその方向に赴くのを助長する響きを有していることである。作為義務を負う地位を安直に「身分」と解することに対しては、わが学説上も既に異論が唱えられてきた。まず第一には、身分犯概念に徒に混乱を生ぜしめる点に対する批判である。即ち、保証人的地位を身分と解し不真正不作為犯を「真正身分犯」化することは、例えば不作為による殺人罪を身分犯と解することである。しかし、規定上、主体を特定の身分者に限定しているとは解し得ない非身分犯構成要件が、不作為により実行されるときは身分犯と化してしまうことを認めるのは、身分犯概念に無用の混乱を招くものであろう。さらに、本来の真正身分犯を不作為により実行する場合や、本来の不真正身分犯を不作為により実行する場合は、一体いかなる身分犯になるのかも釈然としない。[40] 異なる次元において二重の身分犯を承認することは、身分犯概念の無用の混乱以外の何物でもない。第二には、刑法六五条の適用の可否と関連した問題がある。即ち、例えば、保証人的地位に立つ者とそうでない者とが共同加功した場合、保証人的地位を身分と解すると、刑法六五条一項に基づき後者に対してもいとも容易に不真正不作為犯の共犯が成立してしまうが、これは、刑法六五条一項の適用範囲の不当な拡大であり、安直過ぎる処罰の論理となるのではないか、との疑問である。[41] そして、第三は（第二点とも関連するが）、保証人的地位も「行為定型の一要素であって、不作為者の身分そのものが独立に、直接的に論ずべきものではない[42]」との指摘である。先に述べたように、不真正不作為犯を論じるにあたっても、犯罪とは何か、構成要件とは何か、等の原点を忘れるべきではない。保証人的地位を身分と解し、保証人的地位（又は義務）いかんとの角度から不真正不作為犯における構成要件や違法を論じると、行為者的要素、義務違反的要素が不当に強調される虞れがある。不真正不作為犯においても、構成要件の段階においては違法行為類型を問題にし、さらに違法の段階においては具体的・実質的な違法行為の存否を問うことが肝要である。この意味で、作為による場合も不作為による場合も犯罪論体系における基本的思考は変わらないと言うべきであろう。

「犯罪論体系上の構成要件（換言すると、構成要件該当判断において問題とすべき構成要件）は違法類型であり、したがって、構成要件該当判断は、文言、概念等の日常用語法を基準として、構成要件によって提示された違法行為類型に該当するか否かを問う一般的、抽象的、類型的判断に過ぎない。即ち、違法性の段階で行うべき、個別具体的事情に基づく終局的な違法判断（具体的な実質的違法判断）とは異なり、構成要件該当性の段階では、適法・違法からは中立的な、類型に抽象的にあてはまるかどうかの一応の判断を行えば足りる。不真正不作為犯における構成要件該当判断と違法判断の構造も右の原則の例外をなすものではない。即ち、構成要件該当判断においては、違法な不作為（しいて換言すれば作為義務違反）の類型にあてはまるか否かを吟味し、更に違法判断においては、構成要件に該当し類型的に違法な不作為が、個別具体的な事情を考慮してもなお実質的に違法な（作為義務違反の）行為であるか否かにつき終局的な違法判断を下すべきである。

そこで、不真正不作為犯における構成要件該当判断において違法な不作為（作為義務違反）の類型にあてはまるか否かを吟味するためには、まず、作為義務が発生し得る類型を提示しなければならない。この意味において、作為義務発生根拠となるべき事情の類型化は重要である。類型化にあたっては、適切な内容を有する細分的カズイスティッシュなものを探究すべきであろう。下位類型の共通項としての上位概念を求めることは、実質の理解に資しこそすれ、むしろ各下位類型を他類型へと拡大してゆく機能・危険を孕んでいるからである[43]。では、いかなる類型を提示すべきか。通説・判例、堀内説、西田説の順に考察を加えていきたい。

旧来の通説・判例は、作為義務の発生根拠となる事情の類型として、法令に基づく場合、法律行為（契約、事務管理）に基づく場合、慣習・条理（社会通念、公序良俗）に基づく場合を掲げ、最後の類型に「一般条項」的機能を営ませてきた。そこで近時においては、最後の類型の無限定性、不明確性に対する疑問[44]から、この類型をより分析的に類型化しようとの試みがなされてきた。細分された類型の表現は区々であるが、先行行為に基づく場合、事実上の引受けが認められる場合、取引上の慣習により真実告知義務が生じる場合、建物等の管理者たる地位に基づく場合、支配領域性が認められる場合、等々である。後述するように、条理等に基づく作為義務を認めた裁判例の中には、疑問のあるものも少なくない。より限定的な細分化された類型を提示することが急務である所以である。

右のような類型の細分化の方向に対して、従来の諸類型を一元的な又は二元的な類型に集約、解消をはかる見解も最近有力に展開されている。例えば、堀内教授はいう。「母親による食物の不供与による子供の生命という法益の侵害が刑法上禁止されるのは、民法八七七条により母親が子供に対して扶養義務を負担することに基づくのではない。母親の食物供与という行為に子供の生命の保持が依存していることによる。……そして、この依存性は、母親の子供に対する食物供与行為の反復・継続性を媒介として成立した食物供与行為の通常性及び排他性に基づき発生する。換言すれば、依存性は、母親が子供に対する食物供与行為を引受けているということ、すなわち引受的行為に基礎を置く[45]」と。その上で堀内教授は「依存性を基礎づけるこのような『引受的行為』は、さらに、従来のような規範的関係に基礎を置くものではなく、具体的な事実関係に基づき判断される」と主張するが、直ちに根本的な疑問が湧くであろう。第一に、「規範的関係に基礎を置く」ことと「具体的な事実関係に基づき判断される」こととは両立し得ることではないかということである[46]。第二に、事実関係に基づき判断されるとする「引受的行為」の存否も、不合理な結論を避けようとすると、所詮、規範的視点に立脚した擬制に陥り、事実関係による限定を無内容なものにしてしまうのではないかという疑問である。このことは、堀内教授が提示する認定基準に対する疑問に連なる。まず、堀内教授は、(事実上の引受けを必要とする限り自然な帰結であろうが)「結果条件行為」の開始を必要とする[47]。しかし、それでは、母親が出産直後から食物を一度も供与せず放置した場合[48]には「引受的行為」は認められないから、不当にも不可罰と解さざるを得ないであろう[49]。次に、堀内教授は、善意の隣人が時折食物を供与したに過ぎない場合は、行為の反復・継続性の要件が欠如するために事実上の引受けは認められない[50]と主張するが、「時折」の意味が定かではないが、時折ではあれ食物を供与しているのであれば、この要件で排除するのは困難ではあるまいか。また、善意の隣人がしばしば食物を供与している場合には作為義務が生じ、時折の場合には生じないというのも、あまり妥当な結論とは言えまい。さらに、堀内教授は、法益に対する排他性の確保を第三の要件として掲げ、他の者による介入の可能性が「排除」ないし「減少」している状態の成立を必要とするが[51]、これも甚だ曖昧な要件と言わざるを得ない。例えば、この要件によると、母親が自宅内で食物を与えない場合には作為義務を生じるが、子どもに食事を与えず繁華街で物乞いをさせている場合には一般に作為義務が生じないことにもなりかねない。[52]「事実上の引受的行為」という類型だけで処理しようとすること自体に無理があるのであり、また、類型的判断と具体的（実質的）判断とを重畳的に行い得る理論構成によることなく、一元的に「引受的行為」の存否による類型化と実質化を行っている点に問題があるのである。その結果、類型としてかえって不明確、不精確なものになってしまっている。最後に、この「引受的行為説」には、事務管理に基づいて作為義務が生じる場合に対する根本的な懐疑が欠けている点も疑問なしとしない。

西田教授も、作為義務の発生根拠を類型的に明確化すべし[53]としながら、「作為と不作為の同価値性を担保する要素」を「事実上の排他的支配」と「支配領域性」に見出し、両者の相違を支配の意思の有無という主観的要素により説明する。[54]しかし、これらの類型も決して明確とは言えないであろう。また、従来の範囲よりも拡大して作為義務が認められてしまう虞れすら存在するように思われる。西田教授は「事実上の排他的支配」につき、「要は、自己の意思によって、因果経過を事実上排他的に支配したか否かが重要なのであり、法律、契約上の義務が存在したか否か、故意または過失による先行行為が存したか否かという規範的要素は問題とならない[55]」と主張するが、例えば、山中で迷った幼児の所在を知っており、その山道に精通している者が、「支配の意思」をもってその幼児を救助しない場合には、その幼児の親でなくても、その幼児を山に連れてきた者でなくても、また、その幼児の保護を引受けたわけでなくても、その幼児に対する事実上の排他的支配を有するものと認められてしまうのではないか。他方、「支配領域性」の類型では規範的要素を考慮すべしと主張するが、何故に規範的要素の考慮の要否を「支配の意思」という主観的要素を基準として決すべきなのか、判然としない。規範的要素のうち先行行為は作為義務の根拠から除外すべしとする理由[56]も決して承服し得るものではない。[57]

惟うに、作為義務の発生根拠の実質の解明（違法判断において重要な意味を有する）の重要性もさることながら、構成要件該当判断において問題とすべき作為義務の発生根拠の類型としては、より分析的でより明確な細分化された類型を提示すべきであろう。その意味では旧来通説・判例が掲げてきた類型にも尊重すべきものが少なくない。まず第一に、法令に基づいて作為義務が生じる類型である。この類型においては、明確に法令に基づくことを要する点において限定的な意義・機能を営み得る。例えば、民法八二〇条に基づく親権者の監護義務[58]、民法八七七条に基づく扶養義務、道路交通法七二条、一一七条に基づく救護義務[59]、警察法二条に基づく逮捕義務などである[60]。もとより、これらの類型に該当すれば直ちに実質的にも刑法典上の犯罪の作為義務が生じるわけではない。類型に該当した行為を実質的にも違法と断ずるだけの特別の具体的事情が存在していなければならないのである。次に、第二の類型は、契約に基づいて作為義務が生じる場合である。例えば、看護人が病人看護の契約に基づき病人を看護する場合や、ベビーシッターが乳幼児を預かる契約に基づき乳幼児の世話をする場合などがこれに該る。通説は、明示の契約によると黙示の契約によるとを問わないとするが、あくまで被害者の保護につき法的契約が厳密に存在すると認められる場合でなければならないであろう[61]。第三の類型は、いわゆる事務管理（又は事実上の引受け、引取り）により作為義務が生じる類型である。しかし、この類型を無限定に承認することは妥当でない。即ち、単なる事務の管理の開始（民法六九七条）のみをもって類型的に作為義務が生じるものと解することには疑問がある[62]。事務管理の形態をより類型的に限定すべきであろう。単なる事務管理（又は保護）の開始ではなく、作為義務を類型的に義務づけるだけの排他的かつ継続的な引受けないし引取り行為が認められて初めて、この第三の類型に該るものと解すべきである[63]。さらに、この類型に該当する場合には、違法判断において慎重かつ限定的に違法な不作為の存否を判定する必要があろう[64]。第四の類型は、先行行為に基づいて作為義務が生じる類型である。行為者自身（共犯及び共同危険行為者を含ませてよかろう）の行為によって事故発生（法益侵害）の危険を生じさせた場合には、危険な先行行為を行ったことを理由に事故発生を防止すべき作為義務が生じることがある。これは、先行行為を二重に処罰するわけではなく、先行行為が動因となって進展する、更なる法益侵害の危険を孕んだ状況の下における不作為を問題にする。かかる先行行為による場合を類型として掲げることは不当ではあるまい。もとより、なんらかの先行行為が存在すればその一事をもって直ちに当該不作為が実質的に違法な不作為（作為義務違反）となるわけではない。違法判断において（非類型的事情も含めて）違法性を基礎づける事情の存否が詳さに吟味されなければならないのは他の類型の場合と同様である。「先行行為」は、類型的に違法な行為で[65]、それ自体更なる法益侵害の危険を有する行為であることを要するが、有責な行為には限定されない[66]ものと言うべきであろう。先行行為による場合の類型に該当して作為義務の発生が認められたものと解すべき判例としては、殺人罪[67]、保護責任者遺棄罪[68]及び放火罪[69]に関するものがある。ただ、第一類型と本類型とが競合する場合には、判例は第一類型に該当することを主たる根拠とする傾向にある。第五の類型は、建物、船舶等の所有者、事実上の占有者又は管理者たる地位に基づいて作為義務が発生する類型[70]である。類型的にみて当該領域・空間、対象物をいわば排他的に支配していることが多いという実質的理由に基づく。当類型に代わる類型として「支配領域性」を掲げる見解[71]もあるが、「支配領域性」という基準は類型としては明確性に欠ける憾みがある[72]。支配領域性の程度に関する考慮は究極においては第三者による救護の可能性の程度として法益侵害の切迫した危険がいか程存在していたかの判断に集約されるべきであろう。その具体的実質的判断は違法判断において行われるべきである。本類型についても、違法判断において十分な絞りがかけられなければならないことは言うを俟たない。自己の占有する場所内に扶助を要すべき者を発見した者は、通例は軽犯罪法一条一八号所定の作為義務を負うに過ぎない。さらに遺棄罪が成立するためには遺棄罪に問うだけの実質的根拠がさらに必要である。先行行為等の他の事情が存在しない場合には排他的支配の程度が極めて強く、また立場上管理者としての責任が社会的に特に強く要求されていることが必要であろう。最高裁判例には、放火罪に関するものが存在するが、すべて先行行為などの他の類型と競合する場合である。遺棄罪についても本類型に該当するだけで遺棄罪の成立を認めた判例は見当たらないが、考え得る事例としては、「潜伏した密航者が餓死の危険にさらされているのを発見した船長」が「自己の支配領域内に入り込んできた者」に対して保護責任を負うような場合[73]であろうか。熊本地判昭和三五年七月一日の事案[74]との限界は極めて微妙である。航行中の船舶の場合には排他的支配の程度が極めて強く、かつまた船長には社会的にそれだけ強く管理者としての責任が求められていると解すべきであろうか。仮に作為義務を肯定するとしても刑法二一八条の「保護ス可キ責任」を認めるべきか否かも疑問である。少なくとも「保護責任」を認めるのは行き過ぎではなかろうか。第六の類型は、取引上の信義誠実の原則に照らして真実告知義務が生じる場合である。[75]とくに詐欺罪において問題となる。最近は、本類型を掲げない学説が多い[76]が、不可罰と解する趣旨でなければ掲げる必要があろう。最後に、以上掲げた諸類型の他に、一般条項的類型として、「条理、社会通念、公序良俗」に基づく類型を承認することには疑義がある。「社会通念」や「条理」を援用して作為義務を認めた裁判例が少なからず存在するが、右に掲げた他の類型に該当しない限り、構成要件に該当する不作為と認めるべきではなく、また認める必要もないように思われる。[77]

以上、不真正不作為犯における構成要件該当判断で問題とすべき作為義務の根拠の類型について考察を重ねてきた。不作為は、類型的に基礎づけられた作為義務に類型的に違反することによって、構成要件に該当する不作為となる。しかし、それは、類型的に違法な不作為に過ぎず、個別具体的に(実質的に)違法であるとの判断まで加えられたわけではない。さらに実質的違法判断において、類型的に一応違法な構成要件該当の不作為が、非類型的な事情も含めて全具体的事情を考慮してもなお違法であるかどうかが終局的に判断されなければならない。その際には、第一に、作為義務発生根拠に関するより具体的な事情、例えば、法令が要求している義務に関する事情(親族関係の状況、等)、契約の形態、契約上の義務の内容、引受け・引取りの形態と程度、先行行為の内容、建物等の領域・空間、対象物に対する管理責任の強弱、支配の排他性の形態・程度、等に関する諸般の事情が実質的に考慮される必要がある。第二には、被害者に関する具体的事情、例えば、年齢、発育ないし老化の程度、性別、傷病の進行状況、身体的物理的不自由の形態・程度、等に関する諸般の事情が考慮されねばならない。第三には、犯行がなされた日時、場所に関する事情である。第四には、第三者による発見・救助の可能性の程度に関する事情も重要であろう。これらの事情を中心として全客観的事情を十分に斟酌して、法益侵害の危険がどれ程存在し増大しつつあったか、さらには、被告人がその危険な状況をどれ程支配しており、それを防止すべき状況にあったかを判断して、具体的状況に基づいた実質的な作為義務の存否と実質的な作為義務違反の存否とを終局的に判断しなければならない[78]。これが、不真正不作為犯における違法判断の一局面である[79]。

以上、不真正不作為犯における構成要件と違法の実体が明らかになったところで、次には、単純遺棄罪における作為義務と保護責任者遺棄罪における「保護ス可キ責任」との異同について瞥見して、本稿の結びにかえることにしたい。

(20) E. Mezger, Strafrecht, 1931, S. 130ff.; 3. Aufl., 1949, S. 136ff. M.E. Mayer, Strafrecht, Allg. T., 1923, S. 189 ff.も、原則と例外の逆転、即ち構成要件と違法の逆転を認めた。

(21) 中谷瑾子「不真正不作為犯の問題性に関する一考察（一）（二・完）」法学研究三〇巻四号（昭三二）三一頁以下、一二号（昭三三）四〇頁以下、中森喜彦「保障人説について」法学論叢八四巻四号（昭四四）一頁以下、堀内捷三・不作為犯論——作為義務の再構成——（昭五三）五三頁以下、参照。

(22) Schönke = Schröder, StGB Kommentar, 23. Aufl., 1988, §. 13 Rdn. 2 [Stree]; H-H. Jescheck, Lehrbuch des Strafrechts, Allg. T., 4. Aufl., 1988, S. 561 ff.; BGH 16 158 usw.

(23) 木村亀二 = 阿部純二・刑法総論（増補版）（昭五三）一九六頁、大塚仁・刑法概説（総論）改訂版（昭六二）一四一頁、福田平・全訂刑法総論（昭五九）八九頁、内田文昭・刑法総論Ⅰ（昭五二）一二八頁、内藤謙・刑法講義総論（上巻）（昭五八）二二九頁、他。

(24) 木村 = 阿部・前掲書一九六頁。さらに木村博士は、「保証人的地位をもって構成要件の要素として故意の対象となるものと解し、従って、作為義務に関する錯誤は構成要件的錯誤であって、禁止の錯誤（法律の錯誤）ではない」と論じる。しかし、いわゆる「構成要件的錯誤」のみが故意を阻却するとの見解は、ドイツ刑法にあっては格別、わが刑法三八条一項の解釈としては妥当でない（岡本「『爆発物取締罰則』をめぐる諸問題（二）」警研五二巻四号（昭五六）四三頁注50参照）。わが刑法においては、違法な事実の存在に関する錯誤も違法阻却事由をめぐる事実の不存在に関する錯誤も故意を阻却すると解すべきである。従って、いわゆる「区別説」の狙いを、「保証人的地位の錯誤と保証者義務の錯誤について違った取扱いをしようとすることにある」と捉える見方（例えば、大塚・前掲書一四二頁注（八）、西田典之「不作為犯論」刑法理論の現代的展開（昭六三）八〇頁注(5)。なお、日高義博・不真正不作為犯の理論（昭五四）二〇八頁以下）は、ドイツの区別説及び日本の区別説の一部にはあてはまるが、私見のごとき故意論に立脚する者には妥当しないことになる（なお、堀内捷三「作為義務の錯誤」法セミ三三三号（昭五七）五四頁以下参照）。

(25)　荘子邦雄・刑法総論〔新版〕（昭五六）一五〇頁。

(26)　構成要件要素とは異質の違法「要素」の存在を認めないとなると、違法阻却事由（違法性を阻却する事実・要素）の位置づけも問題となろう。この理論は、不法構成要件論あるいは消極的構成要件要素の理論に赴く動因を蔵しているのではないだろうか。

(27)　荘子邦雄・犯罪論の基本思想（昭五四）第一編参照。

(28)　荘子教授は、以前、「一般的・抽象的な作為義務違反の存否と具体的個別的な作為義務違反の存否との区別をおこなうことは、容易ではない」としながらも、構成要件の段階では具体的個別的なかたちで作為義務の存否をもとめるべきではなく、型にあてはまるかどうかという角度から行為の一般的客観的意味を問うべきであることを強調していた（荘子・刑法総論（昭四四）二二一頁以下）。私見はこれに示唆を得て展開したものである。

因みに、作為義務を「記されざる構成要件要素」と解する見解もあり得るであろう（例えば、西田教授は、「『記されざる構成要件要素』としての作為義務」という表現を用いている（西田・前掲論文七九頁））。しかし、この捉え方は正しくない。「殺シタ」とか「遺棄シタ」という形において類型的に記されていると見なければならないからである。

(29)　H. Welzel, Das Deutsche Strafrecht, 11. Aufl., 1969, S. 219 f.; Jescheck, a.a.O.; Schönke = Schröder, a.a.O. [Stree]; H.J. Rudolphi, Systematischer Kommentar, Bd. 1., 2. Aufl., 1977, S. 80; Dreher = Tröndle, StGB 44. Aufl., S. 77 f. u. 97 f.; BGH 16 155 usw. 中森・前掲論文三三頁以下、大野平吉「不作為

犯」福田＝大塚編・演習刑法総論四三頁以下、内田・前掲書一二五頁以下、内藤・前掲書一二九頁以下、他。

（30）内藤・前掲書一二九頁以下。

（31）内田教授は、保証人的地位を規範的構成要件要素と解しながらも、違法要素たる作為義務の存否によってより実質的・具体的な「しぼり」をかけようとしている（内田・前掲書一二八頁）。

（32）平野龍一・刑法総論Ⅰ（昭四七）一五二頁、中森・前掲論文三一頁、他。

（33）Armin Kaufmann, Die Dogmatik der Unterlassungsdelikte, 2. Aufl., 1988, S. 127 ff. u. S. 306 f.; Welzel, a.a.O., S. 205; Schönke＝Schröder, a.a.O., §. 14 Rdn. 62 [Stree]; H. Henkel, Zumutbarkeit und Unzumutbarkeit als regulative Rechtsprinzip, in: Festschrift für Edmund Mezger, 1954, S. 280; BGH MDR/D 71, 361, usw. なお、中森・前掲論文三五頁注⑮参照。

（34）内藤教授が、構成要件該当判断を類型的事実判断であるとしながら、保証人的地位を構成要件要素として捉えるとき、作為義務を生じさせる「事情」としての事実的要素のみが強調され、それに対して類型的性格が欠落してしまっている。同様の傾向は、作為可能性をめぐる構成要件と違法の関係の把握にも見出される（内藤・前掲書二三四頁）。即ち、作為可能性を基礎づける非類型的事情も構成要件の中へ取り入れるのである（これに対して、内田・前掲書一二九頁注(4)は、非類型的事情が違法要素であることを示唆している）。内藤説に対する疑問は、他にもある。作為義務の発生事情は類型的に存在しても、類型的に作為義務違反（行為）が存在しないと判断され得る場合があるだろうが、その場合の処理はどうするのか。構成要件に該当するが違法ではないと考えるのだろうか。しかしながら、作為義務の発生事情が類型的に認められ得るか否かの判断は、作為義務違反の類型に類型的に該当するか否かの判断の一内容を形成するものとして考えるべきであり、したがって、右に述べたような場合には、違法行為の類型に該当せず構成要件該当性を欠くものと解すべきではあるまいか。

（35）中森・前掲論文三一頁以下。同旨、大野・前掲論文四四頁、他。

（36）中森・前掲論文三三頁、三五頁注⑮。

（37）岡本「特別刑法犯と可罰的違法性」伊藤＝小野＝荘子編・注釈特別刑法第一巻（昭六〇）三〇六頁以下〔本書

一六一頁以下〕参照。

(38) 西田・前掲論文七九頁。

(39) 中森・前掲論文三〇頁、大野・前掲論文四三頁以下。

(40) 同旨、香川達夫・刑法講義（総論）第二版（昭六二）一二〇頁以下。

(41) 刑法六五条に関連する問題は他にもある。中谷・前掲論文・法学研究三〇巻一二号五八頁、香川・前掲書一二一頁参照。

(42) 中谷・前掲論文五七頁。

(43) 同旨、西田典之「不作為犯論」刑法理論の現代的展開（昭六三）八四頁。

(44) 内藤謙・刑法講義総論（上）（昭五八）二三〇頁以下、他。

(45) 堀内捷三「不作為犯論」現代刑法講座第一巻（昭五二）三〇八頁以下。

(46) 法令という規範的視点から母親に作為義務が類型的に生じると解しても、その判断は母親であるという事実の存否につき下されるのである。引受的行為を問題にする場合でも、引受的行為の存否という事実に基づく判断の前提には、引受的行為が存在するときは作為義務を生じさせるべきだとの規範的視点が存在しているのである。「規範的関係に基礎を置く」という表現の内容も多義的であり、一概にすべてを否定することはできない。

(47) 堀内・前掲論文三〇九頁。

(48) 那覇地裁石垣支部判決昭和五七年三月一五日（刑裁月報一四巻三＝四合併号二五九頁）の事案は、このような場合であろう。なお、その上告審決定につき、後注(77)〔本書一三六頁〕参照。

(49) 同旨、西田・前掲論文八九頁。

(50) 堀内・前掲論文三〇九頁。

(51) 堀内・前掲論文三〇九頁以下。

(52) 母親であることは、通常の場合、法令に基づき、作為義務が生じる一類型であると解すべきであろう。法令に基づく監護義務の中身は扶養義務であり、犯罪行為阻止義務を含まない。この点に、法令に基づく類型と解するこ

は作為義務が生じてしまうということにもなりかねない。一般に、犯罪行為阻止義務はないと解したい。
前掲論文三一〇頁）をするとなると、例えば、他人の物を盗んではならないと普段厳しくしつけをしている母親に
との限定的意義がある。法令を離れて、「犯罪行為阻止という点に関する母親の引受け的行為の存否の判断」（堀内・

(53)　西田・前掲論文八九頁。
(54)　西田・前掲論文九〇頁以下。
(55)　西田・前掲論文九〇頁。
(56)　西田・前掲論文九一頁参照。
(57)　西田教授の掲げる第一の理由は、「先行行為は多くの場合、過失犯、結果的加重犯として処罰されているから、これを根拠に、より重い罪責を問うことは、二重処罰となり不当である」というものである。先行行為を「根拠に」処罰するものと言うが、「根拠に」の意義も多義的であり、先行行為を二重に処罰するわけではない。先行行為を契機として、新たに結果発生の危険が生じたにも拘らず結果発生回避のための作為義務を尽くさなかった点を処罰するのである。それを二重処罰と言うのは精確ではなかろう。西田教授の掲げる第二の理由は、先行行為の類型における作為義務の事実的前提としての支配領域性は、具体的事情に応じて変化するものであり、その状況の中に置かれた不作為者の立場は極めて不安定なものとなり、法的安定性を害するから、というものである。その意味するところ必ずしも定かではないが、具体的状況に応じて変化するとは、親子や建物の管理者の場合も同様であり、また、犯罪の成否を決するにあたっては具体的諸事情を詳さに検討して、作為義務の発生の有無を判断し、違法な作為義務違反の存否を判断しなければならず、さらに、それに即応する行為者の主観的側面は責任における故意などの要件の吟味として具体的に考慮されなければならないのである。「一時的、偶然的にその状況のなかに置かれる」ということの意味が明らかではないが、かかる具体的事情は、違法判断、責任判断において、考慮すべきものは考慮し、考慮する要なきものは考慮しなければよいだけであろう。先行行為のみを除外するだけの理由に乏しいと思われる。
(58)　例えば、大阪高判昭和五三年三月一四日判タ三九六号一五〇頁。ただし、子の不法行為に対する責任は民法七一四条の民事上の責任の限度に止まるものと解すべきである。

(59)　この類型は、先行行為に基づいて作為義務が発生する類型と競合することが多いであろう。この類型を承認することには批判もあるが、あくまで類型として掲げておくことはあながち不当ではあるまい。例えば、福岡地裁久留米支判昭和四六年三月八日判タ二六四号四〇三頁の事案も、法令に基づく類型と、便槽に産み落としたという先行行為に基づく類型とが競合し、更には行為者による排他性（他者による救助の期待困難さ）が実質的に考慮されたものであろう。なお、後注(67)参照。

(60)　生活保護費の不正受給につき、生活保護法六一条所定の届出義務に基づいて不作為による詐欺罪の成立を認めた判決がある（東京地判昭和四七年八月四日刑裁月報四巻八号一四四三頁）。因みに、同法八五条但書の解釈にかかるが、「正条」の中には、文書偽造行為などは格別、八五条本文所定の犯罪行為と殆ど重複する詐欺罪は含まれないと解する立場からは、詐欺罪の成立を認めた右判決は疑問である。

(61)　大判大正八年八月三〇日（刑録二五輯九六三頁）は、同居の雇人が悪性流行感冒及び急性肺炎に罹り扶助を要するに至ったにも拘らず突然解雇の申入れをし即時強制的に被告人方を立去らせたという事案につき、「雇主及ヒ同居雇人間ノ関係ニシテ或ハ一般慣例ニ従ヒ或ハ当事者間ノ黙契ニ依リ」雇主に雇人を保護すべき責任を認めた。被害者を強制的に立去らせた点に着目すると、作為による遺棄であると考えることもできるが、不作為による遺棄と解するのであれば、黙示の契約があったか否かを厳密に吟味すべきであったろう。また、契約の存在が肯定されるときでも、本事案において具体的に「保護ス可キ責任」を認めるべきかは疑問である。単純遺棄罪の成立を認めれば足りたのではあるまいか。

次に、二歳の男児をその祖父から養子としてもらい受け自宅に引取った事実上の養父母が、その幼児に対し不適当かつ不充分な食物しか供与せず、夏期蚊帳を使わせず、屋外土間の犬の側に寝臥させたりして、その結果甚だしく栄養に障害を生じさせたという事案に対し、「契約其他ノ事由ニ依リ」保護すべき責任を認めたものと解し得る判例（大判大正五年二月一二日刑録二二輯一三四頁）がある。この事案を、契約による場合に該ると解する説（大塚・刑法各論上巻改訂版（昭五九）一六七頁）と、慣習上保護責任を認めたものと解する説（瀧川＝竹内・刑法各論講義（昭四〇）五七頁）とがあるが、その祖父から養子としてもらい受け自宅に引取った点に着目すれば、契約に基づいて保護すべき責任が生じる類型に該るものと解すべきであろう。

(62)　荘子教授は、作為義務の根拠を単に「事務管理の法理」に求める判例を批判して次のように言う。「判例のいう『法理』とは、自発的に、或いは、暗黙の承諾のもとに事実上の保護を開始したという先行事実が根拠となり、一旦保護を開始した者は具体的状況により『条理上』の保護責任を負うという意味に解すべきであろう」と(荘子邦雄・刑法総論〔新版〕一五二頁及び注(2))。「事務管理の法理」の安直な援用に対する批判として正当である。ただ、それを限定する基準を「条理」に求めるだけでは、限定する論理としては十分ではあるまい。具体的状況を可及的に類型化し、その上で具体的事情を詳密に考慮する際のより分析的な実質的基準を考究すべきであろう。

(63)　例えば、山道で捨子を拾い上げて単に短時間、短距離を歩いたり、町で迷子の手を引いて周辺を短時間、短距離歩いただけでは、事務管理の開始、保護の開始には該るかもしれないが、排他的かつ継続的な引受け、引取りとはいえず、この類型に該当しない。自宅に引取ることはせず孤児に食物を与えているに過ぎないような場合も排他的な引取りを認め得ないがゆえに、この類型には該らない。他人の自動車事故による被害者を極めて短時間、短距離自車に引入れ、その後車外に放置するような場合にも(作為による遺棄として認められる場合は格別)、原則として排他的、継続的な「引受け」の類型には該当しない。

大判大正一五年九月二八日(刑集五巻三八七頁)は、「病者ヲ引取リ自宅ニ同居セシメタル場合」には、「法律上継続シテ保護スヘキ義務アルモノト論定スルコト民法事務管理ノ法理ニ照シ正当ナリ」と判示する(本事案は、或者から酌婦たる被害者の仕替方を依頼された被告人が、一旦被告人方の隣家に同女を預けその仕替方に尽力していたところ、同女が腎臓炎に罹りまた梅毒症のため大小便を漏らすようになったので、隣家より同女を引取り自宅に同居させたというものである)。本判決が「事務管理ノ法理」を安易に援用している点は不当であるが、被害者を自宅に引取ったという事実が存在するので、(「保護ス可キ責任」を肯定し得るかどうかは別として)少なくとも作為義務の根拠の第三の類型に該るものと認め得るであろう。自宅への病人の引取りの類型に関しては、この他に、保護責任を認めたものとして大判昭和一二年三月二八日(判例大系刑法三四巻六〇〇頁)がある(ただし、本件事案は、被害者を自動車に乗せて捨ててきた作為による場合である)。

最決昭和四三年一一月七日（判時五四一号八三頁）も、「事務管理の法理に照して」被害者に対する保護責任を肯認した原判決を是認・維持した（事案は、高度の酩酊により身体の自由を失っている被害者（情婦）をその家に連れて帰ろうとしたところ、同女が路上に座り込んで動こうとしないので酔いを醒させるために順次衣類をはぎ取りながら同女を引きずっていったが、全裸にしても動こうとしないので終にこれを田圃中に放置して被告人だけ帰宅したというものであった）が、「事務管理の法理」の安直な援用を承認するのであれば失当である。本件においては、被害者が被告人と一緒に出掛けた情婦であったこと、衣類をはぎ取りながら全裸にしてしまった先行行為、厳寒の冬の夜であったこと、等々の事情が競合して保護責任が認められたものと解すべきであり、類型としては、事務管理というよりはむしろ先行行為の類型に該当するものと考えるべきであろう。当該先行行為がなかったとしたら、いかに一緒に出掛け引きずってきた情婦とはいえ作為義務を認めるべき類型に該るかどうか疑問であるからである。

（64）　例えば、山道で捨子を拾い遠く人里まで下りて来て人家の前に放置した場合には、引受けの類型に一応該当するが、具体的事情に基づき、拾われる以前の状況よりも放置されたときの状況の方が被害者の生命に対する危険が少ないものであるときは、いかに引受けの類型に該ろうとも違法な不作為と解すべきではない。違法判断においては、具体的な全事情（例えば、山道に子を捨てた者が立ち戻ってくる可能性なども含めて）を考慮して、違法な遺棄と評価し得るか否かを判断しなければならない。明らかに、被害法益に対する危険が減少している場合には、実質的に違法な遺棄と解すべきではない。

　周知のように、検察官による「事務管理（乃至条理）」に基づく保護責任者遺棄罪の主張を、「被告人においてM〔嬰児の母親〕のため或は嬰児のために生存に必要な監護行為を開始したものとは認められ」ないとして斥けた下級審判決（熊本地判昭和三五年七月一日下刑集二巻七＝八合併号一〇三一頁）があるが、引受けないし引取りの類型に該当しないと断言し得るかどうかは微妙である。具体的事情に基づき違法な作為義務違反の存在を否定した判決と解したい。建物等の管理者たる地位に基づき作為義務が生じる類型に該るか否かも問題となるべき事案である。

（65）　同旨、内藤・前掲書二三二頁。類型的に違法であれば足りるゆえに、場合によっては「明らかに適法」とは言えないような適法な場合を含むであろう。したがって、例えば正当防衛によって危険な状態を成立させたときには作為義務を負わない（木村＝阿部・刑法総論（増補版）一九八頁、荘子・前掲書一五六頁）ものと断定することはできない。例えば、軽微な法益を防衛するために相当な防衛行為に出たところ偶然に相手方の重大な法益に重大な危険を生ぜしめたような場合には、正当防衛が成立するときでも、例外的に重大な結果発生を防止する作為義務を課すべき場合があるであろう。

(66)　たとい無過失であれ自車を衝突させて被害者に傷害を与えた者は、類型的には作為義務を負うべきであり、また、無過失により鍵を掛けて室内に被害者を閉じ込めてしまった者は、鍵を掛けた直後から被害者を開放する作為義務を負うものと解すべきである。因みに、荘子教授は、「閉じ込められたことを知った時から、開放の義務をおう」と主張する（荘子・前掲書一五五頁以下）が、しかし、被害者が閉じ込められていることを知っているかどうかは作為義務者の故意の有無として考慮すれば足り、違法な作為義務違反は客観的に鍵をかけた先行行為の直後から発生するものと考えるべきであろう。

(67)　主要な判例としては、福岡地裁久留米支判昭和四六年三月八日（前注(59)）の他に、轢き逃げに関するものがある。まず、東京地判昭和四〇年九月三〇日（下刑集七巻九号一八二八頁）においては、第一に、被害者が骨盤骨複雑骨折及び頭蓋骨骨折等の相当の重傷を負っており、また出血も相当見られ出血多量や外傷性ショックなどにより生命に非常に危険な状態にあったという点、第二に、助手席に引き入れられたため車の震動等により死期がかなり早められたと認められる点、第三には、走行中の自動車は排他性の強いいわば密室であるため、車に引き入れられたことにより第三者による救護の可能性が殆ど絶無に近かったという点、第四に、山林まで約二九キロという長い道のりを何ら救護措置をとらずに走行し車中で死亡させた点、などの具体的事情が殺人罪の予定する作為義務を実質的に基礎づけるものとして大きく作用したものと思われる。平野博士は、これらの諸事情のうち「引受け」行為の存在及び被害者が「管理下」にあったことを強調する（平野・刑法総論Ｉ一五七頁以下）が、しかし、本件事案における「引受け」又は「管理下」は第三者による救助の可能性の極めて低いことを表す一形態に過ぎず、引受け等がなされぬ限り殺人罪の作為義務が発生しないものと解するのは妥当ではない。本件で見られる「引受け」は、被害者を自己の支配下におくことによって第三者による救護の可能性（更なる法益侵害の阻止の可能性）を排除している点で重要な意味をもつに過ぎず、したがって、「引受け」という形態自体は必ずしも要件ではない。「引受け」がなされない場合にも、第三者による救護の可能性の排除という意味において「引受け」に匹敵し得る客観的状態が存在する場合（例えば、死亡する危険の高い重傷の被害者を人車の通行が殆どない山道に放置するような場合）には、殺人罪の作為義務が発生することも十分あり得るのである。

次に、一応「引受け」はあったが、途中で被害者を降車させて放置した（車内で死亡したわけではない）事案について、浦和地判昭和四五年一〇月二二日（刑裁月報二巻一〇号一一〇七頁）がある。本件において殺人罪の成立が肯定されたのは「引受け」がなされたからではなく（仮に「引受け」て後、病院の前に放置したような場合には殺人罪の成立は認められまい）、傷害の部位・程度、遺棄が行われた日時・場所（深夜の寒気厳しい、たやすく人に発見されにくい陸田）等の事情から、放置すれば死亡する極めて高度の蓋然性が認められたからである。本件控訴審判決（東京高判昭和四六年三月四日高刑集二四巻一号一六八頁）も原判決を維持した。ただ、控訴審判決は、故意の不存在を主張した弁護人の控訴趣意に応えたためか未必の故意の認定に力点をおいており、作為義務の存否を直接に論じてはいない。

車内に運び入れて被害者を車内で死亡させた事案につき、因果関係及び故意の証明がないとして殺人罪の成立を否定し、保護責任者遺棄罪の成立を認めるにとどめた判決（盛岡地判昭和四四年四月一六日刑裁月報一巻四号四三四頁）もある。仮に「因果関係」が認められたとしたら、殺人罪の作為義務の存在も肯定されたであろうと予想される事案である。因みに、「因果関係」を否定することによって殺人罪及び保護責任者遺棄致死罪の成立を否定した本判決は、因果関係（とくに条件関係）に関する誤解に基づくものであろう。本判決は、条件関係を必然的条件関係の公式（コンディチオ公式）の適用により確定したために、本来「作為可能性（ないし結果回避の難易性）」の問題として論じるべき事柄を、因果関係の問題と誤解してしまったのではあるまいか。また、保護責任者遺棄致死罪の成立を否定する場合にも、本来なら相当因果関係における相当性の有無もしくは結果的加重犯における加重結果に対する過失の有無の問題として論じるべきであったのである。

(68)　周知のように、最判昭和三四年七月二四日（刑集一三巻八号一一六三頁）は、「本件の如く自動車の操縦中過失に因り通行人に自動車を接触させて同人を路上に顛倒せしめ、約三箇月の入院加療を要する顔面打撲擦傷及び左下腿開放性骨折の重傷を負わせ歩行不能に至らしめたときは、かかる自動車操縦者は法令により『病者ヲ保護ス可キ責任アル者』に該当する」と判示して、被告人を保護責任者遺棄罪に問擬した。本判決に対して多数の学説は、法令に基づいて保護責任を認めたものとして、道路交通法上の救護義務と刑法二一八条の保護責任とは規定の趣旨を異にするから両者を同視するのは不当であるとの批判を加えている（平野・前掲書一五二頁、大塚・前掲書一六八頁、福田「ひき逃げと不作為による遺棄罪・殺人罪」研修三五四頁（昭五二）五頁以下、内藤・前掲書二三二頁、他）。本判決が法令にのみ基づいて保護責任者遺棄罪を認めたのだとすれば批判は正当であろう。道路交通法違反に加えて保護責任者遺棄罪に問われるだけの実質的根拠が必要であることは言うまでもないからである。他方、本判決を、先行行為に基づいて保護責任を認めたものと解する学説（大野真義「遺棄罪と保護義務」法セミ二二九号（昭四九）一〇〇頁、荘子・前掲書一五五頁注(2)）もある。判文中の「法令により」という箇所に着目すれば、道路交通法に基づいて保護責任を認めたものと解するのが素直であるが、「……に至らしめたときは」という限定を重視すると、法令を援用する前提として先行行為等の諸事情をも考慮しているものと解することが可能であろう。本件事案は類型としては、法令による場合と先行行為に基づく場合とが競合しているものと言うべきである。もとより、作為義務発生の類型に該るからといって直ちに実質的に違法な作為義務違反が存在することにはならない。当該不作為が実質的に違法か否かは、個別具体的な事情を綿密に検討して確定される必要がある。本件において二一八条の予定する保護責任の懈怠を認める根拠となり得た事情は次のようなものであったと思われる。第一に、被害者は身体の重要な部位に対して相当重大な傷害を負っており歩行不能になっていたこと。第二に、遺棄の日時・場所は、二月一二日午後八時三〇分、人通りの少ない薄暗い車道上であったこと。この事情は、寒さによる凍死の可能性、さらには、他の通行車輛による轢過の可能性が存在したことを意味する。第三に、被告人は被害者を事故現場の繁華街から人通りの少ない場所にことさら運んで下車させ放置したこと（作為的要素が含まれている）である。これらの事情を考慮すると、保護責任者遺棄罪の成立を認めた右判決も、あながち不当なものとは言えないであろう。

また、本判決において保護責任者遺棄罪の成立に踏み止まらせたものは、主観的に殺意が認められないばかりでなく、客観的状況としても人通りが少ないとはいえ第三者による被害者の発見救助がさほど期待困難な状況ではなかったという事情があり、殺人罪の予定する作為義務が発生しているとは考えられなかったためであると推測される。その意味においても妥当な判決であろう。これに対し、平野博士は、「被害者を自分の自動車に乗せたことにより、保護責任者としての身分が生じたといえなくもないかもしれない」と述べながらも、結論としては、保護義務までは生じるとはいえないと主張する（平野・前掲論文一一頁）。しかし、自車に乗せる行為（いわゆる引受行為）が決定的な意味をもつ（小暮、他編・刑法講義各論七二頁以下〔町野朔〕）のではなくて、重要なことは、被告人の自動車に引き入れると第三者による被害者の発見・救助を期待することが困難となり、それだけ被害者に対する更なる法益侵害の危険が増大するという点にあると言うべきである。その意味では、仮に引受行為がなされなくとも、被害者の生命に対する危険が増大しつつあるにも拘らず、発見・救助が困難な状況の下で被害者を放置するときには、危険の程度に応じて保護責任又は殺人罪の作為義務が生じ得るものと解すべきである。ただ、本件事案において若干問題なのは、被告人が傷害直後被害者を自車に収容した際に下腿部骨折の重傷に気づいていなかった点である。被害者が歩行不能であるとの認識なく下車させたとすれば、被害者の生命に対する抽象的危険の発生に対する認識・予見を欠くがゆえに、それは保護責任者遺棄罪の故意の存在に影響を及ぼし得る事情と言わなければならない。

右最高裁判決に倣い、東京高判昭和三七年六月二一日（高刑集一五巻六号四二二頁）も道路交通法七一条一項を援用して保護責任者遺棄致死罪の成立を認めている。その事案は次のようなものであった。被告人は昭和三五年一二月一八日午後一〇時頃、大宮市大成町三丁目付近で過失により自車の一部を被害者に接触させ、左前額部に長さ約五センチ深さ骨膜に達する挫創、左眼瞼部外側に長さ三センチの骨膜に達する挫創などの傷害を与え、そのために被害者は脳震盪を起こして意識障碍に陥り独力による正常な動作が不可能となったが、被告人は何ら救護措置をとることなく、被害者を車道から歩道上に運搬して放置したまま立ち去った。その結果、被害者は意識障碍のまま歩道上を反転するうち放置場所から約二・一メートル東方に隔たった幅四〇センチ（水深約二〇センチ）のコンクリート製側溝内に身体を転落させ側溝内の汚水に顔面をつけて溺死するに至った。本件の場合には「引受け」は存在しないが、傷害の部位・程度がかなり重大であること、遺棄された日時が真冬で深夜に向かっていること、側溝に転落するなどの更なる事故の発生も考えられないわけではないこと等の具体的事情が、実質的な作為義務違反を基礎づけるものと考えることができる。場所的状況がいまひとつ不明であるが、人通りの多い繁華街でもない限り午後一〇時となると第三者による発見・救助の可能性もさほど大きくなかったのではないかと推測される。限界線上の事例ではあるが、保護責任者遺棄罪の成立を認めた結論はあながち不当とはいえまい。ただ、致死罪の成立まで認めるべきかどうかについては疑問が残る。本件は、「引受け」がないにも拘らず保護責任が認められた好個の事例といえよう。

下級審判決の中には、安易に保護責任を肯定したと考えられるものもある。大阪高判昭和三〇年一一月一日（高刑裁特報二巻二二号一一五二頁）は、被告人は昭和二九年九月二四日午後一〇時五〇分頃、神戸市兵庫区中道通一丁目付近で過失により酒に酔って道路を横断中の被害者（当年五五歳）に自車を接触させ被害者を顚倒させ、同人に治療日数約一〇日を要する左上眼部挫創、左腕関節及び膝関節部打撲傷等の傷害を負わせたが、当時泥酔していた被害者を自車に一五分乗せて、墓地や火葬場に近く付近には人家がなく池畔である上寂しい場所で、特に夜間は通行の人車も稀である共同墓地下の池の端付近に連れて行き、そこで被害者を降車させ、地面に手をついて吐瀉を続け次いで道端にすわりこんで容易にその場から動きそうにない被害者を放置して立ち去った、という事案に対して、「たとえ被害者の傷害の程度が重傷といいえないにしても、泥酔していたことと相まって、被害者は他人の扶助を要する状態にあったものというべきであり、されば、被告人に本件被害者を保護すべき責任があったことは論をまたない」と判示して、保護責任者遺棄罪の成立を認めた。しかし、被害者が他人の扶助を要する状態にあるからといって、直ちに被告人に保護責任を課する理由にはならないのであって、傷害の部位・程度が重大ではなかったこと、傷も軽度の打撲傷で、出血多量による死亡などの更なる法益侵害の危険も認められないこと、酔いが醒めるまで放置されたとしても時期は九月であり生命に対する危険（身体に対する重大な危険さえも）は生じないこと、放置場所も車の通行が稀で轢死の危険も殆ど考えられないこと、などの事情を考慮すると、たとい「引受け」があったとしても、被告人に保護責任を課するのは極めて不当である。わざわざ人通りの稀な場所に連れていって放置した点を考慮するとしても、たかだか二一七条の単純遺棄罪の成立しか考えられない事案である。本件は、「引受け」があっても保護責任を認めるべきではない好個の事例であるといえよう。

　自動車運転者が歩行者（女性）を誘って助手席に同乗せしめて走行中、しきりに下車を求められたにも拘らず走行を継続したため、身の危険を感じた同女が左側ドアを開けて路上に飛び降り瀕死の重傷を負ったという事案において、東京高判昭和四五年五月一一日（高刑集二三巻二号三八六頁）は、先行行為に基づき保護責任を認めた。本判決に対し、町野教授は、「ここでは、引受けのないことはもちろん、女性を車に乗せることはその死を惹起する危険のある先行行為でもないのだから、誤解にもとづいた判例というほかあるまい」と批判する（小暮、他編・前掲書七三頁）。しかし、この批判は必ずしも当たるまい。右判決はおそらく、しきりに下車を求めたにも拘らず走行を継続されて身の危険を感じている女性を助手席に同乗させたまま自動車を時速約四〇キロで走行し続ける危険な行為を、先行行為と認めたのであろうと思われるからである。更に、町野教授は、「引受けのないことはもちろん」と述べるが、その点も微妙である。即ち、控訴趣意における弁護人の主張は、被告人は被害者がかなりの負傷をしているのを発見し同女を病院に収容するため抱き上げたところ、道路の向かいから人が出てくる気配がしたので、同女を抱いたまま畑の中に入り隠れたが、自分が発見されそうになったため、悪く誤解されては困るので、同女をその場に置いたまま車に乗って立ち去ったのだ、というものである。これに対し、本判決は、「畑内の窪みに移したのは……一時人目をのがれるためであったとも考えられる」として、弁護人の主張を完全には否定していない。仮に弁護人の主張が真実であるとすれば、病院に収容するため抱きかかえたまま窪みまで三メートル移動しており、論者の言う「事実上の引受け」が認められる事案だったのではないか。本件行為が先行行為による類型に該当すると考えられること、また、具体的事情を考慮しても、遺棄の日時が四月一四日午後九時三〇分頃であるとはいえ、被害者が瀕死の重傷を負っており、また、遺棄の場所が畑内の窪みであり、被害者の生命侵害の高度の危険が発生していることに鑑みると、保護責任者遺棄罪の成立を認めた本判決は妥当ではないかと思われる。

　「引受け」を重視する見解には、殺人罪の作為義務を基礎づける「引受け」と保護責任を基礎づける「引受け」とをいかに区別するのか、等の問題も残っている思われる。

(69)　放火罪に関しても論ずべきことが多いが、とりあえず、小暮、他編・刑法講義各論（昭六三）二八三頁〔岡本〕を参照されたい。
(70)　荘子・刑法総論（旧版）（昭四四）二二六頁以下参照。
(71)　内藤・前掲書二三二頁、西田・前掲論文九一頁。
(72)　前述二一頁〔本書一一五頁〕参照。
(73)　荘子・前掲書〔新版〕一五五頁。
(74)　前注(64)参照。
(75)　荘子・前掲書一五三頁、同（旧版）二二六頁、西原春夫・刑法総論（昭五二）二六四頁、大塚・前掲書一四四頁。
(76)　木村＝阿部・前掲書一九七頁以下（あるいは「その他の場合」に含ませる趣旨か）、平野・前掲書一五一頁、香川・前掲書一一八頁、内藤・前掲書二三〇頁以下。
(77)　社会通念、条理等を援用して保護責任を認めたと解し得る裁判例の主要なものの適否と、条理等の根拠を援用する必要性の有無を検討しよう。

　まず、横浜地判昭和三六年一一月二七日（下刑集三巻一一＝一二合併号一一一一頁）は、被害者を自宅に招いて清酒三升を提供して酒席を設け、約一升を飲酒した参会者が泥酔状態となり扶助を要すべき病者となった場合には、社会一般通念上被告人において扶助を要せざるにいたる程度に肉体的精神的健康を回復するまで被害者をとどめておく等その生命身体に対する危険を排除、又はこれを避けその安全を確保するに相当と認められる手段方法を講じ保護にあたるべきである、と判示して被告人に保護責任を認めた。本件の場合は、自宅で酒を提供して泥酔させた（泥酔のため不測の事故に遭う危険を生じさせた）という先行行為があり、さらには、途中から被害者を他の同行者と抱きかかえ同行したという引受けも存在するので、社会通念を援用せずとも、他の類型に該当する事案であったと言えよう。他方、本判決は、酒席を設けた雇主及び同僚の被害者から同行を求められて承諾した他の参会者に対しても、「扶助を要すべき病者との同行を承諾し、これと同行したものは少なくとも社会一般通念上暗黙にこれが保護をなすべきことを承諾したものというべきであるから、〔被害者を〕保護すべき義務があるものというべきであり」「仮にしからずとするも……〔被害者と〕同行して前記踏切迄現実に〔被害者の〕保護にあたっていたものであるから事務管理の法理に照らしても……保護にあたる義務があるものという」べきであると判示して、保護責任者遺棄致死罪の成立を求めた。同行を承諾して同行することが、社会一般通念上保護をなすべきことを承諾したものであると断言している点に疑問が残るが、同行者たる被告人が現実に被害者の保護をなすことを承諾していたという事実が認定できるのであれば、本件事案は引受けの類型に該当するものと言えよう（ただし、単なる同行の承諾だけでは引受けに該るとは言えまい）。しかし、通常の場合であれば、かかる事情だけで「保護ス可キ責任」が発生すると考えるのは妥当でない。遺棄の日時も五月三日午後一一時二〇分頃であり、これでは単純遺棄罪の作為義務が生じるかどうかも疑問である。本件事案で保護責任が肯定された決定的な理由は他の事情にあったと言うべきであろう。即ち、それは、放置場所が、なお電車の通行されている時間の踏切内という、泥酔し独力による歩行が不能な被害者の生命にとって極めて危険な場所であったという事情である（結果的にも被害者はその後まもなく進行してきた急行電車に接触して死亡するにいたっている）。この事情が、被告人の行為を実質的に違法な保護責任者遺棄を認める決定的な理由となっていると解すべきである。かかる事情がなければ、単純遺棄罪さえも成立し得ない事案だったのではないだろうか（町野教授は、「先行行為に加えて泥酔者の保護を開始していたという引受行為があった」から保護責任者遺棄罪を認めた判決は妥当であるという。だが、同行を承諾し被害者を抱きかかえながら同行したという「引受行為」がさほど決定的な事情であるとは思われない）。

次に、保護責任の根拠を明示することなく、飲食に同行しその途中で重傷を負った会社の同僚に対する保護責任を肯定した判決（岡山地判昭和四三年一〇月八日判時五四六号九八頁）がある。飲食のための単なる同行が「引受け」の類型に該当するものとは考え難いし、本件の場合、被害者と共に飲食した行為を法益侵害の危険を有する先行行為と目することもできず、また、同一会社に勤務し同一の社員寮に起居していることも作為義務を基礎づけ得る類型に何ら該るものではない。本件判決は条理又は社会通念に基づいて保護責任を認めたものと推測されるが、疑問である。保護責任を課するのであれば、被害者に重傷を負わせた者に対して、先行行為に基づく作為義務を認めれば足り、飲食のために同行した被告人が保護責任を負う謂は無いものと言わなければならない。単なる飲食のための同行は「引受け」の類型には該当せず、また、実質的にも保護責任者遺棄罪を成立せしめるような事情はなかったと考えられるからである。

　幼児を連れた女性と同棲して間もない男性に対して条理上ないし社会通念上、幼児に対する保護責任を肯認した判決（東京地判昭和四八年三月九日判タ二九八号三四九頁）にも疑問がある。本判決は、一〇月二三日より同棲生活を始めた被告人Ｔ女及び同Ｋが、Ｔ女の実子Ｈ子（当時三年三月）を遺棄することを共謀し、Ｋが運転しＴ女が同乗する自動車にＨ子を乗せて東名高速道路に入ったが、一〇月二九日午前五時三〇分頃Ｋが小用のため自車を停車した際Ｈ子が目をさまして小用を訴えたのを機に捨ててしまおうと考え、Ｋにその旨依頼したところＫも右意図を察知しＨ子を抱きかかえて停車場所から約二三〇メートルもどったところの路肩外側で小用をさせた後その場に置き去りにした、という事案に対して次のように判示した。「Ｔ女と同棲関係に入って数日とはいえ共同生活を営んでいる同Ｋは、右Ｔ女の連れ子であるＨ子に対し、条理上ないし社会通念上これを保護すべき責任を有すると解するのが相当である。ちなみに、右の判断にあたっては被告人両名の同棲が、……一時的な野合ではなく、同棲を開始した後の日こそ浅いが将来の婚姻を前提とした、いちおう永続的な関係であると考えられること、幼児を連れた女性が新たな男性と結婚したというだけでは、右幼児と男性との間には、法律上当然には親子関係を生じないけれども、右幼児を施設その他の第三者に預ける等特段の措置を講ずることなく、右幼児を含めて新たな共同生活を始めた場合においては、社会的にも、右夫婦と子どもを含めた全体が一個の家族として扱われ、右幼児と男性との間の関係は、いわゆるまま父・まま子の関係として正規の親子関係に準じたものとみるのが一般であること等の諸点が参照されるべきである」と。しかしながら、いかに将来の結婚を前提にしていたとはいえ、たった数日の同棲生活でありまだ内縁関係とも言い難く、また、被告人Ｋには被害者を子として育てていく（引受ける）意思も殆どなかったこと、遺棄に際しては保護責任者たる母親Ｔ女も同行しておりＴ女が保護しようと思えば容易に保護し得たこと、等の事情を勘案すると、被告人にも保護責任を課した本判決は不当である。むしろＫ自身に対しては保護責任を認めずに、Ｔ女の保護責任者遺棄罪に対する共犯として、刑法六五条一項及び二項を適用して単純遺棄罪の刑で処断すべきであった。仮に旧来の通説、判例に従って二一七条の遺棄には不作為の形態が含まれないと解したとしても、Ｋの行為には作為性が認められるので、作為による保護責任者遺棄罪の共犯として、Ｋを二一七条の刑で処断し得たのではあるまいか。Ｋに対する刑としてはそれで十分であろう。

ところで、最決昭和六三年一月一九日（刑集四二巻一号一頁）は、妊娠第二六週に入った胎児の堕胎の結果出生した未熟児を自己の医院内に放置したまま死亡するに至らしめた医師に対して、「右の事実関係のもとにおいて、被告人に対し業務上堕胎罪に併せて保護責任者遺棄致死罪の成立を認めた原判決は、正当としてこれを肯認することができる」と判示して、保護責任を認めた。しかし、「右の事実関係のもとにおいて」と判示するに止まり、保護責任を認めた根拠を明示していない。岡山地判昭和四三年一〇月八日（前出）同様、不当である。

因みに本決定が是認した原判決が正当と認めた原々判決（那覇地判昭和五七年三月一五日刑裁月報一四巻三＝四合併号二五九頁）は、「母親を退院、帰宅させ、自ら本件嬰児を預かり、引き取って自己の管理下に置いていること」を保護責任を肯定する一事情として掲げている。しかし、町野教授はなぜか本決定に反対している（小暮、他編・前掲書七二頁）。

(78)　例えば、祖父母が孫を引取って独占的に養育しているような場合には、いかに父母とはいえ第一次的には保護責任を負わないことが多いであろう。なお、引受け、引取りに関しては、前注(64)及び(77)、先行行為に関しては、前注(63)、(67)及び(68)参照。

(79)　当該不作為が違法であるためには、さらに、客観的に作為可能性があることが必要である。これらは作為義務を課する前提であり、作為義務それ自体とは論理的に区別して考えるべきものであろう。

さらに当該不作為が有責であるためには、故意（構成要件該当事実及び違法事実の認識ならびに作為による場合に匹敵する犯罪実現の意思、決意）、その他の責任の要件を充たさなければならないことは言うを俟たない。

五　刑法二一七条の作為義務と二一八条の「保護ス可キ責任」――むすびにかえて――

刑法二一七条の作為義務と二一八条の「保護ス可キ責任」の異同を論じるに先立って、我々は、まず不作為による遺棄の意義・実体を明らかにし、置き去りをも不作為による遺棄に含め、置き去り、その他作為性の極めて明白ではない場合には作為義務の有無を厳格に認定すべしと論じ(二)、さらに、刑法二一七条における「遺棄」にも不作為による形態があり得ることを論じた(三)。以上の考察の結果、不作為による遺棄には、単純遺棄罪(二一七条)が成立する場合と保護責任者遺棄罪(二一八条)が成立する場合とが存在し得ることになる。では、両者はいかなる基準に基づいて区別されるのか。両者の異同いかんが問題となろう。そこで次には、不真正不作為犯における構成要件と違法に関する私見(四)を踏まえながら、単純遺棄罪に問擬されるべき不作為の遺棄と保護責任者遺棄罪が成立すべき不作為の遺棄との異同、特に両者をいかに区別すべきか、について一試論を展開したいと思う。

両者の異同を考えるに際し銘記しておくべきことは、旧来は二一七条の「遺棄」に関する誤解から二一七条の作為義務が「保護責任」化されてきたわけであるから、従来の「保護責任」が認められた範囲を超えて「作為義務」を認めることがあってはならないということである。つまり、「不作為による遺棄」に対する二一七条による処罰が、従来の保護責任者遺棄罪としての成立範囲を拡大することがあってはならない。そのためには、保護責任者遺棄罪の成立範囲を現在よりもより限定して捉えることによって、従来保護責任者遺棄罪として処罰されてきたものの一部を単純遺棄罪の成立範囲に解消することが肝要であろう。かかる原則を明確に確認した上で両者の区別を行うことが必要である。

次に重要なことは、**四**において既に述べたように、不真正不作為犯の成立は、構成要件該当判断及び違法判断双方において夫々独自の角度から限定されなければならないが、不作為による単純遺棄と保護責任者遺棄との区別を考える場合にも、構成要件該当判断と違法判断の両段階において問題にしなければならないことである。即ち、不真正不作為犯としての保護責任者遺棄罪の成否を論定するに際しても、構成要件の段階において「保護責任者遺棄（保護責任懈怠）」の類型に該当するか否かを検討し、さらに違法判断において実質的な保護責任懈怠の存否を確定するという、いわば累積的・重畳的な犯罪の限定が構想されなければならない。両判断を論理的に分析・分離し累積的に行うことをしないと、類型的判断であるべき構成要件該当判断が違法判断へと引き寄せられて非類型的要素をも判断対象へと取り込み、構成要件該当判断と違法判断とが一体化せざるを得なくなるか、あるいは、具体的事情に基づいた実質的な判断であるべき違法判断が類型的な構成要件該当判断へと引き寄せられて個別具体的事情の考慮が不十分になるか、いずれかの傾向に陥りやすいことは最近の諸説の示す通りである。それを回避するためには両判断のそれぞれの意義と機能を弁えた上で、分析的に不真正不作為犯の成立を確定していかなければならない。

まず、構成要件該当性の段階においては、類型としての区別の限界を認識しつつも、刑法二一七条の予定する作為義務違反と二一八条の保護責任懈怠とを類型として区別すべきであろう。二一七条に該当する類型は、不真正不作為犯一般における類型と同様であるから、法令に基づいて生じる作為義務に違反する類型、契約に基づいて生じる作為義務に違反する類型、事実上の引受け・引取りにより生じる作為義務に違反する類型、建築物等の所有者・管理者等の地位から生じる作為義務に違反する類型、ならびに、先行行為に基づいて生じる作為義務に違反する類型がこれにあたる(80)。もとより、右の類型にあてはまることによって当該不作為が構成要件に該当したからといって、直ちに刑法二一七条上違法な不作為となるわけではない(81)。

これに対して、保護責任者遺棄罪は行為者が「保護ス可キ責任」を有することを理由とした単純遺棄罪の加重類型であり、類型としても、二一七条のそれよりも重い作為義務違反、即ち「保護ス可キ責任」の懈怠が予定されているものと解すべきである。典型的には親が嬰児や幼児を不作為により遺棄する場合がこの類型に該るであろう。西ドイツ刑法二二一条一項は、所定の遺棄及び放置を遺棄罪の基本類型として規定し（法定刑は三月以上五年以下の自由刑）、更に、二項は、親が自分の子に対して一項所定の行為を行ったときに六月以上五年以下の自由刑に処すると定める。二項は一項と比較すると刑の下限を引き上げているに過ぎないが、一応二項所定の類型を一項の加重類型と称してよいであろう。しかし、西ドイツ刑法二二一条一項と二項とを、それぞれわが刑法二一七条と二一八条とに単純に対応させることはできない。法定刑に着目しても、両者は同列に論じ得る関係に立つものとは言えない。即ち、わが刑法二一七条の刑（一年以下の懲役）の上限はかなり低く、また、二一七条の刑と二一八条の刑（三月以上五年以下の懲役）との間には大幅な開きがあるのに対して、西ドイツ刑法二二一条一項と二項の刑は下限がわずかに異なるに過ぎず、その上限はいずれも、わが刑法二一八条の上限（五年）と同一である。遺棄罪の法定刑のみを単純に比較して一概にものを言うことはできないが、まず、わが刑法二一七条の下限が低いことを、西ドイツ刑法二二一条一項よりも幅広く遺棄を処罰しようとするものと捉えるべきではなく、遺棄に対して寛刑をもって臨む態度の表れと解すべきであろう。また、わが刑法と西ドイツ刑法との間の条項の対応関係は、概ね西ドイツ刑法二二一条一項の遺棄の重いもの及び二二一条二項の遺棄が、わが刑法二一八条の遺棄に対応し、西ドイツ刑法二二一条一項の遺棄のうち軽いものがわが刑法二一七条に対応するものと考えることができよう。わが刑法二一八条の遺棄を西ドイツ刑法二二一条二項の類型に限定することは困難であり、二一八条の遺棄は、西ドイツ刑法二二一条一項の遺棄のうち二二一条二項の遺棄に準じる重い類型をも含むものと解さねばならない。

それでは、二一八条の保護責任者遺棄罪に該当し得る不作為の遺棄の類型[82]にはいかなるものがあるか。不真正不作為犯一般について認められた類型をさらに細分化して考察してみる必要があろう。まず、法令に基づいて「保護スル可キ責任」の生じる類型としては、子に対する親権者の監護義務（民法八二〇条）に基づく場合があげられる。父母に対する扶養義務（民法八七七条）[83]や配偶者に対する扶助義務（民法七五二条）もこれに含めてよいであろうが、配偶者の父母や自己又は配偶者の祖父母、自己の兄弟姉妹については、他の類型（例えば引取り）と競合すれば格別、保護責任者遺棄罪の類型に該らず、たかだか二一七条の類型に該当するにとどまるものと解すべきであろう。孫に対する祖父母の扶養義務も、第一次的な保護責任者たる父母のいずれかが現在する場合には、引取りなどの他の類型に該当するような特別の事情がない限り、たかだか二一七条の作為義務に類型的に該るに過ぎないと考えたい。先行行為の類型と競合して初めて二一八条の類型に該当し、[84]警察官職務執行法三条一項の規定する警察官の救護義務からも類型的に「保護ス可キ責任」が生じ得る。次に、契約に基づく場合も類型としては「保護ス可キ責任」が生じ得る場合である。ただ、明示的な契約に基づくベビー・シッターによる幼児の保護や看護人による病人の看護のような場合にはさほど問題はないが、黙示の契約の存在しか認めることができない場合には、違法判断においてより強く保護責任者遺棄罪の成立に絞りをかけるべきであろう。[85]事実上の引受け・引取りの類型についても、引受け・引取りの類型に該当するか否かを厳格に認定するとともに、違法判断において十分に限定を加えるべきである。[86]先行行為に基づく類型においても同様である。[87]最後に、建物等の所有者・管理者等の地位に基づいて作為義務が生じる類型については、単にその類型に該るだけでは「保護ス可キ責任」を類型的に基礎づけ得ず、[88]たかだか二一七条の作為義務を類型的に生じさせるに過ぎないものと解すべきであろう。

以上、遺棄罪の作為義務を基礎づけるべき類型の中で、より重い「保護ス可キ責任」（二一八条）を基礎づけ得る類型につき考察してきた。かかる類型に該当する場合には当該不作為は二一八条の構成要件に該当するものと考えられる。しかし、再三強調してきたように、構成要件該当的不作為はあくまで類型的に違法であるにとどまり、非類型的なものも含み得る全具体的事情に基づいてもなお実質的に作為義務に違反し違法なものであるか否かは、次の違法判断を俟たなければならない。違法判断においては、個別具体的場合における客観的状況が実質的に保護責任または作為義務のいずれを基礎づけ、当該不作為がそれに実質的に違反するものであるか否かが綿密に認定されなければならない。即ち、作為義務発生に関する具体的事情、被害者個人に関する具体的事情、遺棄の日時・場所に関する具体的事情、ならびに、その他、発見・救助の可能性に関する具体的事情に基づいて、被害者にとって法益侵害の危険がどれ程発生し増大しつつあったかを判断して、保護責任者遺棄罪として違法か、単純遺棄罪として違法かを論定する必要がある。(89) 類型的に作為義務に違反する作為が認定され、さらに、具体的客観的状況から被害者の生命侵害の相当高度の危険が発生しており、かつ、被告人がその結果発生の危険ある状況を高度に支配しており、その結果、生命侵害という結果の発生を防止することが強く要求されるにも拘らずそれを怠ったと認められる場合には、違法な保護責任者遺棄行為を認めるべきであろう。(90) それよりも軽度の場合には、たかだか違法な単純遺棄行為を認め得るに過ぎない。(91)

本稿の目的は、不真正不作為犯論における構成要件該当判断の意義(類型化と類型へのあてはめによる犯罪の限定)と違法判断の意義(具体的事情に基づいた実質的に違法な作為義務違反の確定)とを踏まえて、不作為による保護責任者遺棄と単純遺棄とを区別し、従来の保護責任者遺棄罪の成立範囲の一部を、単純遺棄罪成立へと解消し、また、一部を不可罰と解すべく、一試論を提言することにあった。最近では、ひき逃げなどの擬律においてより画一的、類型的な区別を試みる学説(92)も散見されるが、それらは未だ形式的過ぎるとの感を否めない。本稿は小稿ゆえ「覚書」と題することにした。どうやら紙幅も尽きたようなので、理論の一層の深化は他日を期して、ひとまず稿を閉じることにしたい。

(80)　本稿二二頁以下及び注(16)以下〔本書一一五頁以下及び一二三頁注(58)以下〕参照。
(81)　本稿二五頁以下〔本書一一八頁以下〕参照。
(82)　保護責任者遺棄罪の類型に該当しても具体的事情に基づき当該不作為が実質的に違法であると言えない場合には、さらに軽い罪である単純遺棄罪の成否が吟味されることになる。その意味では、保護責任者遺棄罪の構成要件に該当する不作為は同時に単純遺棄罪の構成要件にも該当しているのであり、より重い罪から軽い罪へと順次その成否が確定されることになる。

(83) 現行刑法の規定（二一八条二項）によれば、この類型はさらに加重して処罰されることになるが（配偶者の父母や自己又は配偶者の祖父母等に対しても同様）、二一八条二項における加重根拠は実質的に不合理であり憲法一四条違反の疑いが濃い。本稿では、同条項を視野の外において論を進めることにしたい。

(84) 道路交通法七二条一項前段は、「当該車両等の運転者その他の乗務員」に対して救護義務を課しているが、先行行為者とは認められない乗務員（例えば、交通事故の発生に共同関与したとは認められない車掌や助手）に対しては遺棄罪における作為義務の発生を類型的に認めるべきではあるまい。

この類型に該当する場合でも、具体的事情によっては実質的に二一七条の作為義務違反が認められることがある（本稿三四頁以下注(26)〔本書一三二頁以下注(68)〕参照）。その場合には、救護義務違反の罪と単純遺棄罪とが観念的競合の関係に立ち、三年以下の懲役に処されることになる。

(85) 本稿二八頁注(19)〔本書一二四頁注(61)〕参照。

(86) 本稿二九頁注(21)〔本書一二五頁注(63)〕参照。

(87) 本稿三二頁注(26)〔本書一二九頁注(68)〕参照。

(88) 本稿二四頁以下〔本書一一七頁以上〕参照。

(89) 本稿二五頁〔本書一一八頁〕参照。

(90) 例えば、大判大正五年二月一二日の事案（本稿二八頁注(19)〔本書一二四頁注(61)〕）、最決昭和四三年一一月七日の事案（本稿二九頁注(21)〔本書一二六頁注(63)〕）、最判昭和三四年七月二四日の事案（本稿三二頁注(26)〔本書一二九頁注(68)〕）、東京高判昭和三七年六月二一日の事案（本稿三三頁注(26)〔本書一三〇頁注(68)〕）、横浜地判昭和三六年一一月二七日の事案（本稿三六頁注(35)〔本書一三三頁注(77)〕）などがこれに該る。

(91) 例えば、大判大正八年八月三〇日の事案（本稿二八頁注(19)〔本書一二四頁注(61)〕）、大判大正一五年九月二八日の事案（本稿二九頁注(21)〔本書一二五頁注(63)〕）、大阪高判昭和三〇年一一月一日の事案（本稿三四頁注(26)

（本書一三一頁注（68））がこれに該ろう。

（92）　学説の概況については、神山敏雄「ひき逃げ」法セミ三三三号（昭五七）六一頁以下参照。

第五章　可罰的違法性の理論の意義と体系的地位

一　「可罰的違法性」をめぐる一般理論

(一)　総　説

特別刑法とは、普通刑法に対する概念である。[1]だが、両者を区別する実質的基準につき、一般的な基準を提示することは困難であると言わざるを得ない。したがって、狭義の刑法（刑法典）に属するか否かという形式的基準によって区別するのが相当である。この区別によれば、特別刑法とは、刑法典所定の刑罰法規以外の刑罰法規の総称となる。

刑法典第一篇「総則」は、刑罰法規一般に関する一般的法則を定めたものであるが、特別刑法もこの一般的法則に服すべきは当然であるから、特別刑法犯といえども、総則規定の適用が一般的に排除されるわけではなく、総則の一般的法則に則り、「特別ノ規定」（刑法八条）を定めたものと解し得る限り、総則の適用が排除されるに過ぎない。罪刑法定主義の原則、可罰的違法性の理論、期待可能性の理論等、総則の実定法規に明示的根拠を有しない一般的法則、理論についても、それに準じて理解することができよう。

「可罰的違法性の理論」とは、一般に、犯罪が成立するためには刑罰を科するに値する程度の違法、即ち「可罰的違法」を認め得なければならないとする主張であると定義し得るが、さらに、それが、「構成要件該当性阻却的」

なものと、違法阻却を主とするものとに大別されることは周知のとおりである。(2) だが、可罰的違法性の理論を排撃しようとする傾向も実務界においては根強く、(3) 最高裁判所も、「可罰的違法性」概念を殊更に用いず、「刑法上の違法性」又は「実質的違法性」なる概念を多用する。(4) 最近では学説においても、「可罰的違法性」概念を不要とし、「実質的構成要件解釈」ないし「実質的違法阻却判断」への解消を唱える見解が有力である。(5) しかしながら、「可罰的違法性の理論」に抗するこれらの立場は、いずれも、犯罪論体系上の論理的見地ならびに実践的見地から考察して、疑義なしとしない。これらの見解は、構成要件と違法との関係を誤認し、積極的な違法判断を封じ、違法判断の矮小化を許す理論に他ならないからである。(6)

（二）　違法一元論及び多元論と「可罰的違法性」

旧来、学説・判例において、違法一元論と違法多元論の立場が基本的に対立してきた。これら二つの基本的な立場も、さらに多岐に分かれ、そのいずれの立場に与するかにより、「可罰的違法性」の概念も極めて多義的な性格を帯びるにいたっている。即ち、前田助教授の言を借りれば、「一方では、違法の相対性を前提とした刑法独自の違法性という意味での『可罰的違法性』概念が用いられ、他方では違法一元論を前提として、刑法上の違法性の内の処罰に適する程度（質）の違法性という意味での『可罰的違法性』が有力に主張された」(7) と言えよう。ただ、この両説は、違法多元論をその前提とするか否かにおいて相違するに過ぎず、後説にいう「可罰的違法性」の内容を、前説の「可罰的違法性」に盛り込むことはもとより可能である。

1　違法一元論と「可罰的違法性」

違法一元論にも徹底した内容のものと修正された内容のものとを認め得る。最近、これらの立場は、「厳格な違法一元論」ならびに「やわらかな違法一元論」と称されているが、(8) 前説は、全法秩序を通して単一なものとして違法性を捉え、一法域において違法な行為は必然的に他の法域においても違法であると解して、違法を一元的に把握する立場であり、したがって、この説によれば、例えば「公労法上違法とされた行為が刑事法上違法性を欠くというがごときは理論上あり得ない[9]」ことになる。しかし、違法一元論を徹底して貫くと、例えば緊急避難の違法性を民事・刑事を通じて同一のものと解さざるを得ず、その不合理さは直ちに判明するであろう。東京中郵事件判決を判例変更した名古屋中郵事件上告審判決でさえ、違法一元論に徹底して突き進むことはかなわなかったのである（平野龍一・犯罪論の諸問題（上）総論五二頁参照）。右判決は、四つの他説に対して批判的検討を加えている[10]。その一節にいう。「刑罰を科するための違法性は、一般に行政処分や民事責任を課する程度のものでは足りず、一段と強度のものでなければならないとし、公労法一七条一項違反の争議行為には右の強度の違法性がないことを前提に、労組法一条二項の適用があると解すべきである、とする見解がある。確かに、刑罰は国家が科する最も峻厳な制裁であるから、それにふさわしい違法性の存在が要求されることは当然であろう。しかし、その違法性の存否は、ここに繰り返すまでもなく、それぞれの罰則と行為に即して検討されるべきものであって、およそ争議行為として行われたときは公労法一七条一項に違反する行為であっても刑事法上の違法性を帯びることがないと断定するのは、相当でない。……その禁止に違反する争議行為は、国民全体の共同利益を損なうおそれのあるものというほかないのであるから、これが罰則に触れる場合にその違法性の阻却を認めえないとすることは、決して不合理ではないのである。」と。まず、本判決にいう「それぞれの罰則と行為に即して」とはいかなる意味か。それは、必ずしも個別的事情に即して具体的に判断することを意味するものではなく、それ故、本判決は、違法性の有無を罰則の存否により抽象的・画一的に決することを許す点において、「公労法一七条一項に違反する行為」にも画一的には論じ得ない多様なものがある事実を、不当に看過するものであろう。さらに、公労法違反の争議行為の多様性に思いを到すならば、形式的に罰則に触れたこと一事をもって、抽象的・画一的に違法性の阻却を認め得ないと断じることが、果たして不合理でないと言い得るかどうかも甚だ疑問である。

ところで、前田助教授によれば、名古屋中郵事件上告審判決の多数意見は、「憲法次元の違法一元論」を採用したものであるという。(11) なるほど、全農林警職法闘争事件上告審判決(12)における石田、村上、藤林、岡原、下田、岸、天野の八裁判官の補足意見は、「(争議行為の)正当性の有無は、単に『刑法の次元』における判断ではなく、まさに憲法二八条の保障を受けるかどうかの憲法の次元における問題なのであるから、その保障を受けうるものであるかぎり、民事上、刑事上一切の制裁の対象となることはない」と説示して、「違法強弱論」に立脚した全司法仙台事件上告審判決(13)を批判したが、しかし、名古屋中郵事件上告審判決は、判決理由中、三(1)において、「争議行為が憲法二八条によって保障される権利の行使又は正当な行為であ」り、「当然に労組法一条二項の適用を認めるべき」である(傍点筆者)とする見解を否定しているに過ぎない。三(4)の判示を併せ読む限り、「憲法次元の違法一元論」に単純に立脚するものとは速断し得ない。ただ、右多数意見の孕む重大な問題は、憲法上の権利の保障を単に一面的に捉え、憲法の規定がいかなる権利に対していかなる形及び程度の保障を与えるものと解すべきかという、より微視的な考察を怠ったところに在る。「かりに、争議行為が憲法二八条によって保障される権利の行使又は正当な行為であることの故に、これに対し刑罰を科することが許されず、労組法一条二項による違法性阻却を認めるほかないものとすれば、これに対し民事責任を問うことも原則として許されないはずであ」るとの三(1)の判示も、一面的且つ部分的に妥当するに過ぎない。また、「刑法の次元」の問題ではなく「憲法の次元」の問題であるとする前記全農林警職法闘争事件上告審判決における補足意見も、「憲法の次元」を踏まえた「刑法の次元」という、いわば「綜合の次元」が、究極において問題になることを忘れた議論と言わざるを得ない。

ところで、違法一元論の基礎には、一般に「法秩序の統一性」の観念が存在すると考えられているが、しかし、この「統一性」は、全法秩序に妥当する法規範・法概念の内容の「画一性」ではもとより有り得ない。それは、全法秩序における多様な内容を有する法規範・法概念の調和ないし綜合の意味における「統一性」であると考えなければならない。(14) それ故、右の意味における「法秩序の統一性」を肯認することは、必ずしも、違法の相対性を否認する違法一元論に赴くことを意味しない。憲法を頂点とした全法秩序における刑法規範の内容を論じることが肝要であるが、この場合には、少なくとも、全法秩序を共に形成する他の法規範が担うべき機能を見据えつつ、それらとの有機的連関を保ちながら、当該刑法規範の意義と機能を、ひいては違法の実質を考究しなければならない。

「やわらかな違法一元論」は、違法一元論に基本的に立脚しながら、「罰すべき程度の違法性」なる概念を介して、刑法における違法性を独自のものとして構成しようとした。それによれば、刑法上の違法性は、「(単なる)違法性」と「罰すべき程度の（可罰的）違法性」との二重構造をとる。[15] しかし、「単なる（一般的）違法性」を究明しても、「厳格な違法一元論」が主張したような、全法域に普遍的・画一的に妥当し得る違法性の実質的規準を獲得することは不可能であるから、畢竟、実質のない抽象的・形式的な内容のものにとどまるか、あるいは、各法域における最大公約数的な内容のものに甘んぜざるを得ないであろう。さすれば、「やわらかな違法一元論」を高唱することは、違法一元論を基盤に据えることにより、違法の相対性といえども憲法を頂点とする統一的な法秩序の内部における相対性であることを自覚せしめる意義を有しこそすれ、[16] 抽象的・一般的な違法性を論じることにより、その狙いが達成され得るわけではない。前田助教授が正当にも指摘するように、[17] 抽象的に法秩序に反するか否か、あるいは「単なる違法性」が存在するか否かを論じる意味は、殆ど無きに等しいものと言えよう。前述した意味における「法秩序の統一性」を踏まえながら、「違法の相対性」を肯認する見地へと赴くべきである。

2　違法多元論と「可罰的違法性」

違法多元論（違法相対性論）に依拠する「可罰的違法性の理論」の中にも、「違法の相対性」と「違法の程度（強弱）」との関係をいかに把握するかにおいて、種々の形態のものを認め得る。その第一は、違法の相対性を基礎づけるために違法の程度の観念を援用して、各法域に即応した程度の違法（刑法の領域であれば、「刑罰を科するに値する程度の違法」あるいは「刑事罰をもって臨むべき違法」、等）を要求する立場である。例えば、荘子教授はいう。「労働法上の違法と刑法上の違法とは区別しうるし、また、区別しなければならない。……この立論をささえるためには、その根抵に、それぞれの違法には強弱の度あいがみとめられるという考えをすえなければならない。」また、「(刑罰法規相互のあいだに違法の程度の強弱をみとめうるばかりでなく、)ことなる法規相互のあいだにも、違法の程度の差違をみとめうる」と。[18] そして、刑法上要求される「刑罰を科するに値する程度の違法性」を、「可罰的違法性」と同質のものと解するのである。[19]

「やわらかな違法一元論」に立脚するにせよ、違法多元論に立脚するにせよ、違法の相対性を「可罰的違法性」に含める学説の大勢[20]に対して、両者を区別した上で、いわゆる「可罰的違法性」の概念を「違法の相対性」の概念に解消すべしとする学説[21]もある。前田助教授はいう。「違法一元論に立脚して違法の相対性の効果を求める為に用いられた『可罰的違法性』の概念は、もはや用いる必要はないし、むしろ用いるべきではないと考える」と。[22] しかし、問題は、まさに、「可罰的違法性」の理論を「違法の相対性」論に全面的に解消し得るか否かであり、さらには、解消することが妥当か否かなのである。「可罰的違法性」を「刑法上の違法性」と改称することによって、「可罰的違法性」の理論の包蔵する根本的な問題が、全面的に解決するとは到底考えられない。

「可罰的違法性」の理論の意義、機能は、右に述べた第一のものに尽きないと言うべきである。即ち、法域の相違による違法の相対性に含まれ得ない「違法の程度」が存在し得る。それは、さらに、第二に、同一法域における諸規定の構成要件化の動機として働く、抽象的意味における違法の程度と、第三に、具体的な違法判断に際して考慮すべき、同一法域に属する各規定の予定する違法の程度とに分けることができる。[23] 荘子教授はいう。「刑法は、法益および法益侵害の態様に即応して、法定刑の軽重をあきらかにする。この法定刑の軽重をとおし、国家の犯罪行為に対する評価、犯罪行為に対する違法の強さをわきまえることができる。……刑罰法規相互のあいだに違法の程度の強弱をみとめうる……」と。[24] この見解が、第二の場合の「違法の程度」を念頭におくものであることは明らかであるが、構成要件に該当した行為につき、具体的な違法判断にあたり、必要とすべき「違法の程度」に達していないことを理由に違法性の具有を否定し得る理論であるか否かについては、詳らかにし得ない。

これに対して、平野博士は、「違法性が法益の侵害だと考えると、どの法益の侵害として違法であるかが問題なのであるから、当然相対的になる」との理由により、「刑法的違法である場合でも、およそなんらかの意味で可罰的違法であれば、他のすべての点で可罰的違法だというわけではない」と明言して、刑法という同一法域に属する法規間においても、「違法の相対性」を肯認する。[25] 方向として正当と言うべきであろう。ただ、平野博士によれば、法益が同質の場合には、違法性の相対性の他に「違法の程度」を「可罰的違法性」の問題として論ずべしという。即ち、「刑法的にも違法ではあるが、その違法性が軽微であるために、可罰的でないとされる場合」を「狭義の可罰的違法性」の場合と称し、「一応は『他人の財物を窃取する』行為にあたる」警察犯処罰令第二条二九号違反よりも「占有の形態および客体の価値などの点で、もっと重い場合に」窃盗罪の可罰的違法を限定する佐伯博士の見解に同調する。[26] しかし、法益の質的異同の見地から「違法の相対性」と「違法の程度」とを区別し、後者に関連して「違法の二重構造」を殊更に論じる意味があるのであろうか。例えば、窃盗罪の成否が問われるときには、窃盗罪としての違法の存否を論定することが問題なのであり、当該構成要件が一般的に予定している実質的違法性の存否を問題にすれば足りる。平野博士は、狭義の可罰的違法性を問題とすべき事例として「一厘事件」をあげるが、[27] 一厘事件においても、旧煙草専売法四八条一項における実質的違法性の存否を吟味すれば足り、前提として「刑法的違法」を一般的に論じることは、意味がないばかりか適切でもないであろう。

これまでの考察から判明したことは、単に法域ごとの違法の相対性に着目して「刑法的違法性」を論じる立場や、刑法的に違法な場合の一部につきさらに違法の相対性を論じる立場のいずれに立脚したとしても、前述の第三の場合[28]があり得ることを認める限り、「違法の程度」を含んでいる「可罰的違法性」を「法域による違法の相対性」に全面的には解消し得ないということである。とくに、単なる「刑法的違法性」のみを論じる見解は、「法域ごとの違法相対性」論の他に、「違法の強弱（程度）」論に幅広く立脚せざるを得ない。即ち、「刑法的違法」の中にも、弱い（軽微な）違法と強い（より重い刑を科するに値する）違法とがあり得るとの、刑法的違法の二重構造を認める見解へ赴かざるを得ないのである。[29]

ところで、判例においても、「可罰的違法性」をめぐる表現は、「刑法上の（刑法的）違法性[30]」、「刑事法上の違法性[31]」、「実質的違法性[32]」、「……条の罪の違法性[33]」等々、区々である。「可罰的違法性」の概念は、従来、下級審判決において多く用いられてきたが、最高裁判決の多数意見においては、いまだ市民権を獲得するには至っていない。

「刑法上の違法性」及び「刑事法上の違法性」の概念は、労働法上の違法と刑法上の違法との関係（法域を異にする違法の相対性）が争われた場合に多く用いられている。しかし、この場合においても、一般的な「刑法上の違法性」ではなく、当然、特定の罰条を前提にした「刑法上の違法性」が問題にされているものとみる余地はある。その点、暴力行為等ノ処罰ニ関スル法律第一条違反の罪につき、「前記罰条をもって処罰しなければならないほどの違法性」即ち「実質的違法性」を欠くと判示した原判決[34]に対して、単に、「被告人らの各行為は、法秩序全体の見地からこれをみるときは、……到底許容されるものとはいい難く、刑法上違法性を欠くものではない」と述べるにとどまった最判昭和五〇・一二・二五（刑集二九・一一・一〇〇七）は、いかなる罰条の予定する違法性を論じたものか定かでない点において、不明確であるとの謗を免れまい。

次に、判例において見出される「実質的違法性」概念は、他の違法性概念よりもまして不明確なものである。例えば、最判昭和五〇・一〇・二四（刑集二九・九・八六〇）は、「許可条件違反のジグザグ行進は、それ自体、実質的違法性を欠くようなものではな」いと判示して、憲法上保障されるべき思想の表現にとり不可欠ではないジグザグ行進を禁止することと、実質的違法性を肯認すべきこととを、短絡的に結びつけた。右判決が「形式的違法性（又は構成要件該当性）」と単に表裏の関係にある「実質的違法性」概念を使用したとは速断し得ず、また、「可罰的違法性の理論」の適用を原理的には否定していないと解する余地があるとしても、まず第一に、憲法の保障が及ばない場合に「実質的違法性」概念を使用していること、第二に、「原判決認定の事実を前提とするにしても、これをたやすく実質的違法性を欠くものと認めることはでき」ないとの右判決における傍論が、具体的事情によっては「実質的違法性」を具有しないジグザグ行進があり得ることを認める趣旨ではなく、ジグザグ行進の「実質的違法性」を一般的に肯認する趣旨であるとすれば、この「実質的違法性」の実質は、あまりに抽象的・形式的なものにしか過ぎないこと、これらの点に注意しなければならない。判例に現われている「実質的違法性」概念は、犯罪における違法の実質を具体的事情に即して十分に考慮することを許すものではなく、また、具体的事情に即応した基本的人権の十分な保障を可能にするものではあり得ないと言わざるを得ない。(35)したがって、「可罰的違法性」の概念に替えて判例に現われている「実質的違法性」の概念のみを用いることが、違法論の発展にとり実践的・政策的に妥当であるとする見解(36)には、必ずしも与することができない。ただ、後述するように、(37)下級審判決における「実質的違法性論」の動向には注目すべきものがあると言えよう。

(三) 構成要件と違法

「可罰的違法性」の犯罪論体系上の位置づけを検討するにあたっては、構成要件と違法、構成要件該当性と違法阻却との間の関係を考察することが必要である。

1 「構成要件の違法推定機能」論

周知のように、かつてM・E・マイヤーは、構成要件を、いかなる文化規範がいかなる範囲で法の保護の下に承認されているのかを認識するための根拠と解し、構成要件は違法性の徴表であり、まさに反証がなされるに至るまでは構成要件該当性から違法性を推論するのは正当であると論じた。(38)しかし、第一に、構成要件に先行して違法性が存在すると解した点、第二に構成要件の違法認識根拠説と違法徴表説とを結合させた点については、疑問を挟む余地があろう。

これに対して、E・メッガーは、構成要件に該当する行為をなす者は、違法阻却事由が存在しない限り違法に行為するものであり、それ故、犯罪構成要件は、刑法上重要な違法性の存在につき考え得る限りの幅広い意義を有するものであり、このことが、構成要件を違法性の妥当根拠及び実在根拠となす所以であると主張した[39]。彼が構成要件を違法の実在根拠と解したことは、違法が構成要件に先行して在るわけではなく、構成要件の定立を俟って初めて違法を観念し得ると考えた点においては正当であろう。しかし、メツガーの下においても、構成要件の違法推定機能が宣言的に前提とされているだけで、構成要件の違法推定説と実在根拠説との結びつきの根拠が明らかでない。

わが国における学説の大勢は、右のマイヤーやメッガーの見解に倣い、「構成要件の違法推定（徴表）機能」を承認してきた。即ち、構成要件該当と違法阻却との関係を、「原則・例外」の関係として捉え、行為が構成要件に該当する場合にはさらに違法阻却事由にあてはまらない限り違法であるという意味において、構成要件該当行為は一応違法なのであるとの説明がなされてきた[40]。ただ、団藤博士によれば、「法律は法令または正当な義務による行為……を定型的な違法性阻却原由として規定しているが、違法性が具体的・実質的なものである以上、その阻却原由もこれらに限定されるはずはな」く、例えば、労働組合法一条二項に基づいて刑法三五条が援用される場合にとどまらず、被害者の承諾等の場合には、「社会的相当行為」として刑法三五条により行為の違法性が阻却されるという[41]。荘子教授も、「動機、目的、手段、方法ならびに法益較量の見地から是認し得る行為は、刑法三五条により行為の違法性を阻却する」と述べて、自救行為、被害者の承諾に基づく行為及び労働争議行為を、「狭義の正当行為」の例として掲げる[42]が、刑法三五条の機能を幅広く認める見地に立つものと言える[43]。しかし、右にあげたすべての場合を、刑法三五条の解釈・適用によって解釈することが、本条の解釈として適当かどうか、また、「可罰的違法性」の存否を十分に考慮し得る方法かどうか、さらには、構成要件該当性と違法阻却の犯罪論体系上の位置づけが果たして妥当であるかどうか、の点において疑問がないわけではない。第一に、刑法三五条において認められるべき「正当行為」に関し、業務関係に基づかない正当行為の範囲を無制限に拡大すべきでないとする法感覚[44]にも根強いものがあるからであり、第二に、労働基本権を十分に保障すべしとする見地からは、刑法三五条を既に援用している労働組合法一条二項の解釈をめぐり、若干の困難な問題が生じるからである。それは、労組法一条二項但書が、「暴力の行使」に及んだ場合を、同法一条二項に基づく刑法三五条の適用の範囲から明示的に除外していることに基因する。そのため、「平和的説得の論理」にとどまるか、「暴力の行使」を字義よりも限定して解釈するかの選択に迫られるのである。荘子教授は、「(労組法一条二項を)当然の注意的規定と解するかぎり、但書にいう『暴力』とは、刑法三五条の適用が排除される性格をそなえる暴力でなくてはならない」と解して、「暴力」の行使から「正当な力(実力)」の行使を除外し、「暴力の行使」を「不当な力の行使」に限定すべしと主張するが[45]、労組法一条二項が、いかなる内容の労働基本権の尊重を前提とする注意的規定であるかがまさに問題であるから、「暴力の行使」の限定解釈の根拠はさほど明らかなものではない。労組法一条二項本文及び但書の解釈に伴う右の困難さは、可罰的違法阻却の範囲を、労組法一条二項に基づく刑法三五条による違法阻却の範囲に限定したことから生じるものと言わざるを得ない。

以上のように、構成要件の違法推定機能を肯認し、実質的(可罰的)違法阻却を、刑法三五条ないし三七条に明定された違法阻却事由に基づくものに限局する通説の立場には、犯罪論体系の見地からも、また、具体的帰結の見地からも、与することができない。

2　「積極的な実質的違法判断」の必要性

右のような通説の立場に対して、近時、平野博士は、「推定」たる観念を用いることを失当とし、「犯罪が成立するためには、窮極においては常に違法だという積極的な判断がなされなければならない」ことを高唱した[46]。ただし、平野博士は、「原則・例外」の図式を根本的に放棄することはせず、「構成要件に該当すれば『原則として』違法だというのは、常に思考の順序を示すにとどまり、例外を限定的に、あるいは狭く解釈すべきだという意味まで含むものではない」(平野・総論二二五頁)と主張するに過ぎない。「積極的な実質的違法判断」を実際には行わない点において、一環しない憾みがある。

内藤教授も、「『類型』という以上、構成要件は、あくまで一つの『形象』、『形式』であって、『実質』を示すものではない」とし、構成要件該当行為は、「違法であることを事実上推定（推測）さ」れるに過ぎないとしながらも、「原則・例外」の図式を維持し、「構成要件と違法阻却事由との関係を、原則と例外の関係とみることは、実質的な違法阻却判断の必要性を否定するものではない」とする。(47) しかし、事実上の推定を認めることが、何故「原則・例外」の図式の維持に繋がるのか、その理由が定かでない。

このような平野博士、内藤教授に代表される所説は、実質的違法阻却の範囲を、刑法三五条ないし三七条所定の明文上の違法阻却に限定すべきでないと明言する点において、通説と立場を異にするが、ただ、「原則・例外」の図式を体系論理上否認するには至らず、実質的違法判断を全て違法阻却の形態で行うべしと主張する点において、通説と軌を一にするものである。

最近、町野教授も、構成要件を不法・責任類型と解しながら、原則的違法論を維持し、「構成要件該当行為が合法たりうるためには、法益侵害を止揚する要素が存在しなければなら」ず、その場合には（超法規的）違法阻却として処理すべしと力説する（町野朔・犯罪論の展開Ｉ六五頁）。しかし、この論理は、非類型的事情一般を専ら違法阻却判断として考慮すべしとする考えに帰着し、かつ、非類型的要素の考慮に、優越的利益維持と結び付いた、構成要件該当性を「止揚する要素」を殊更に要求する点において不当である。(48) いかなる程度ではあれ「プラス」を要求するときは、単に違法ではない場合（いわゆる絶対的軽微性の場合。私見によれば一般的実質的違法性のない場合）には違法阻却を否定せざるを得ないであろう（「構成要件該当性の否定」を以てこれに代えても、犯罪の成立を限定する上で不十分であり、場合によっては不適切でもある）。だが他方において、町野教授は、「構成要件該当性の否定（構成要件該当性阻却）」に加えて、「超法規的違法阻却事由（可罰的違法阻却事由）」の吟味を通して実質的違法阻却判断を「寛大に」行うことによって、私見にいう「積極的違法判断」による犯罪の限定を十分にカヴァーし得るがごとき口吻も示している[49]。必ずしも定かではないが、これが、例外的事由[50]を非制限的に、即ち、論理的に無限に認めるべしとの趣旨に出たものとすれば、原則―例外の関係が逆転するに至り、そもそも「原則的違法」論の放棄につながるものと言わざるを得ない。構成要件を「類型」と解する限り[51]、構成要件該当判断においても、また、制限的に存在する違法阻却事由の存否の判断においても考慮し得ない非類型的事情を、「積極的違法判断」において考慮してはじめて、当該構成要件該当行為は個別具体的に(実質的に)違法な行為となり得るのである。

右のように、「原則・例外」の図式に則り違法判断を違法阻却判断に限局する旧来の定説に対して、内田教授は、従来の「過重な重荷を負わせられ」た構成要件論に対する反省から、「違法性の確定に、実質的違法性の見地から、積極的な無価値判断を要請しようとする」[52]。ただ、内田教授は、「構成要件が違法類型そのものであるとするならば、構成要件に該当した行為は、とりもなおさず違法な行為でもあることにな」る[53]として、旧来の「原則・例外」論を、構成要件を違法性の認識根拠ないしは実在根拠として捉える見解の一帰結と解して[54]、構成要件を「違法類型」となす見解自体に疑問を呈している[55]。しかし、「認識根拠ないし実在根拠論」あるいは「違法類型」説から、「原則的違法」論(「原則・例外」論)が論理必然的に帰結するものとは解し難い[56]。構成要件は、あくまでも違法「類型」に過ぎず、それ故、構成要件該当判断は、「型」への当て嵌めであって、類型的・型態的判断にとどまる。したがって、類型的・型態的に(この意味において形式的に)構成要件に該当したに過ぎない行為が、制限的に列挙された例外事由たる違法阻却事由に該当しないだけで、実質的・具体的に違法な行為と化するなどということは、論理的にあり得ない。例外を網羅的に掲げ得るものとは、到底考えられないからである。批判すべきは、違法類型説それ自体ではなく、「原則・例外」論であると言わなければなるまい。構成要件は、構成要件該当行為が違法「類型」に当て嵌まるとの意味において、類型化された違法という限度で違法性の実在根拠であると解すべきであろう[57]。

3　「実質的構成要件解釈」論

「積極的な違法判断」を犯罪論体系の一角に据える内田説を批判して、中山教授はいう。「安定的な犯罪認定論のためには、違法性や責任は積極的な形では援用されてはならず、常に阻却論の形で姿をあらわさなければならない」のであり、「形式的な構成要件該当性のあとで加えられるべき積極的な違法判断……こそ実定法的基礎を欠く不明確・不安定なものたらざるをえ」ず、「構成要件の保障的機能を弱めるおそれがある」と。(58) その意味するところ必ずしも定かではないが、もとより、構成要件の恣意的解釈を許したり、構成要件に該当しない行為についてまで違法・有責のレッテルを貼るようなことがあってはならず、罪刑法定主義の原則を堅持し、構成要件の保障的機能を十分に尊重しながら、理論を展開しなければならないことは言うを俟たない。惟うに、罪刑法定主義の原則は、国民に理解し易く明確な表現による刑罰法規の定立を要請することを通して、国民に「予測（計算）可能性」を保障し、予告された範囲を逸脱する刑罰権の発動を禁じるものである。したがって、その目的は、文言・概念に関する専門的で複雑な解釈よりも、その言葉・概念が日常の社会生活上有し得る可能な意味の限界を分析・提示することにより、より達成されるものと言わなければならない。(59) 中山教授は、「実質的な違法性を原則として徴表しうるような構成要件の形式を……事実化した形で示」すことによって、構成要件の保障的機能を担保し得るがごとき論を展開するが、かかる限定解釈を施されるべき構成要件概念を「拡大適用」した場合、果たして、かかる解釈が罪刑法定主義の原則に悖るものと解し得るかどうか、疑問なしとしない。構成要件該当性を判断するにあたっては、構成要件における概念・論理は厳格に解釈されるべきであり、概念等への当て嵌めも厳格に行われることを要する。これが、「構成要件の形式による保障」の意味である。構成要件を限定的に解釈することで、それが達成されるかどうかは問題である。現代社会において、法治国家主義、罪刑法定主義あるいは法的安定性の要請の基盤に在る「法の形式的合理性」の要求と、具体的妥当性あるいは衡平の原理の根底に在る「実質的合理性」の要求とは、ともすると相矛盾する要請として立ち現われるが、犯罪論体系を構築するにあたっては、右の相反する要求を相互に掘り崩す危険のある体系ではなく、正しい姿で綜合・調和し得る体系を探究しなければならないであろう。[60] 即ち、構成要件該当性や違法性は、分析的な犯罪論体系における体系内要素として、それぞれの目的原理に即応した機能を担い果たすことによって、実質的正義の実現に資するのである。実質的合理性を追求すべき違法判断において、形式による保障に徒に拘泥し、違法判断の矮小化を招来するようなことがあってはなるまい。[61]

さて、「積極的な実質的違法判断」を否認する中山教授は、この判断に替えて、実質的違法性を徴表し得る構成要件の形式を事実化した形で示すことによって、構成要件の限定解釈を行うべしと提唱するが、限定解釈の方法・形態が、さほど明確とは言い難い。例えば、騒擾罪に関して、「具体的危険を、結果要素としてではなく、暴行・脅迫行為そのもののレベルで考慮」すべしと主張する一方において、「結果的に危険がなかったという場合も考慮しよう」とするが、その場合の理論構成が明らかでない。[62] また、通貨偽造罪においては、「既遂犯では行使への危険が、……具体的に論定されなければなら」ず、「全く危険のないような場合は、犯罪不成立の可能性が留保されている」と述べるが、[63] 通貨偽造罪構成要件との関連において、その限定方法が提示されていない。偽証罪については、客観説を妥当とし、「そのことは、……虚偽の陳述が……客観的な危険を含む行為であることを意味する」と述べるが、[64] 本罪における「虚偽ノ陳述」を、審判作用を害する危険のある行為に限定して解釈する趣旨であろうか。しかし、「虚偽ノ陳述ヲ為シタ」と言えるかどうかを問う構成要件該当判断において、審判作用を害する危険を基礎づけるあらゆる事情を考慮することは困難であると言わざるを得ない。[65] さらに、中山教授は、公務執行妨害罪では、「妨害となるべき程度の」暴行・脅迫を、遺棄罪では、「生命・身体への危険を予測させるような」遺棄行為を構成要件上必要と解することによって、[66] 限定解釈を試みるが、行為の属性に含まれない具体的事情を十分に考慮し得るかどうか疑問であろう。[67] しかし、以上のごとき「具体的・抽象的危険犯」論的解釈は、構成要件標識を、言葉の意味から余りにも遊離して「自由に」限定する理論に他ならず、その限定方法も、極めて不安定で恣意的な性格を帯び易い。恣意的な構成要件解釈及び構成要件該当判断を招来する危険が認められる。(68)それのみか、適切な限定が困難になる場合も生じるであろう。例えば、中山教授は、刑法一〇八条及び一〇九条一項にいう「焼燬」の概念につき、基本的には効用毀滅説に立脚しながら、次のように言う。「建造物の焼燬によって公共の危険の発生が『推定』され、あらためて危険の立証は要求されないが、抽象的危険もないような場合には、この推定が破れて、結局、焼燬の結果は否定される」と。(69)これによれば、構成要件要素でない抽象的危険の発生の有無に対する判断を間に挟んで、「焼燬」に関する二重の構成要件該当判断が行われていることが明らかであろう。また、所論の「推定」も、「推定」が破れた場合には「違法な」焼燬であるとは認められなくなるという趣旨であるならば理解し得るが、さもなければ、その性格を詳らかにし得ない。以上のように、中山教授の見解が論理的に成り立ち得るものか疑問なしとしない。他方、この論理的破綻を回避しようとすれば、限定解釈自体が不適切かつ不十分なものとならざるを得ないのである。

前田助教授も、中山教授とほぼ同様の見地から、構成要件該当・違法阻却の体系に立脚し、構成要件の実質的解釈を通じて、構成要件該当判断において実質的違法行為の選別を行うべしと力説する。(70)ただ、中山教授と前田助教授との間には、その実践的意図・感覚において、大幅な隔りがあることは否定できないであろう。前田助教授は、実務に受け容れられ易い理論を提出すべしとの「実践的」見地から、(71)判断構造の複雑さを避けるべしと説いて、違法判断を、「絶対的軽微性判断」（実質的構成要件解釈）と「相対的軽微性判断」（実質的違法阻却）とに区別する。しかも、「絶対的軽微性判断の過度の振幅を防ぐには、……各構成要件の用いる概念、例えば『傷害』『財物』等の解釈で賄える範囲に限定することが合理的であろう」と主張して、(72)中山教授と較べると、構成要件の広汎な限定解釈には極めて抑制的である。また、判断基準の「機能的な明確化」を追求する余り、基準の数量化による判断の硬直化に陥ってしまった観がある。その意味で、前田助教授の「可罰的違法性」論は、全具体的状況に即応した柔軟な実質的違法判断を封じる客観的機能を果たす理論に他ならない。

（四） 違法判断の構造

既に考察したところから明らかなように、構成要件該当判断にいう「構成要件」とは、客観的・抽象的要素から成る違法行為の「型」、「類型」であり、単なる「観念形象」に過ぎない。それ故に、構成要件該当判断は、事実に対する具体的・実質的な価値判断たる違法判断ないし責任判断とはその性質を異にし、抽象的な「型」、「観念形象」への具体的事実の「当て嵌め」ないし「包摂」の可否を訪ねる類型的・型態的判断にとどまり、したがって、当該行為が抽象的・類型的に違法であるとの言明を含むに過ぎず、個別的・具体的に違法であるとする評価を一切含むものではない。この意味において、構成要件該当判断は、実質的判断ないし責任判断に対して、「中性的」性格を帯有するものであるから、制限的に列挙された例外事由たる違法阻却事由に該らないだけで、構成要件該当行為が具体的・実質的に違法な行為と化するということは論理的にあり得ず、「原則的違法」を語ることは不当であろう。違法を終局的に確定するためには、刑法三五条ないし三七条所定の事由による違法阻却の可否の判断とは別に、実質的に違法であるとの積極的な評価、ならびに、憲法を頂点とする全法秩序の見地からの違法阻却の可否が判断されなければならない。この意味において、広義の実質的違法判断は、狭義の実質的違法判断と実質的違法阻却判断とから成るものである。

1　各構成要件が一般的に予定する実質的違法性（「一般的（実質的）違法性」）

狭義の実質的違法判断とは、特定の構成要件が単に刑法規範として一般的に予定している実質的違法性（以下「一般的違法性」と略称する）の存否を尋ねる判断である。既にみたように、相異なる法域間においてのみ違法の相対性を認める論者は、同一法域における違法の強弱（程度）を承認せざるを得ず、また、異質の法益侵害を予定する刑罰法規の間において違法の相対性を認める平野博士は、法益が同質の場合に「強度の違法」を「狭義の可罰的違法性」と解した。(73) これらの「違法強弱（程度）論」ないし「可罰的違法性論」が、「強度の違法」を予定する犯罪を限定的に捉える立論を、自覚的に展開させる実践的意義を有することは認めなければならないが、しかし、

「弱い違法」あるいは「単なる違法性」は、その内容が明らかでないばかりか、当該犯罪とは全く無縁の代物であり、それを論じる理論的意味と根拠に欠ける。むしろ、究極的には、刑罰法規における構成要件（法条）ごとの違法性の相対性を肯認すべきであり、当該構成要件が予定する実質的違法性の存否を問うことが肝要であると言わなければならない。

特定の構成要件が一般的に予定する実質的違法性を考察するにあたっては、当該構成要件が予定していると解される保護法益の解明と、そこで必要とされる法益侵害又は危殆化の実質の究明が重要である。第一に、行為が構成要件に該当した場合でも、憲法を頂点とする全法秩序の見地から考えて、保護すべき適格性又は価値を具有しない法益[74]を害したに過ぎないときには、その行為は、実質的に違法な行為であるとは評価できない。

第二に、構成要件に該当した行為が、保護法益に対して、当該構成要件が予定する相当の侵害又は危険を生ぜしめないときには、その行為は実質的に違法な行為と認められない。例えば、爆発物取締罰則一条にいう爆発物使用行為が違法であるためには、爆発物の性質・性能のみならず、その使用態様、爆発を生じさせた日時、場所、四囲の状況等の具体的事情に基づき、人の生命に対して「抽象的危険（ある程度の具体的危険）」の発生が認められなければならない[75]。また、一厘事件[76]のように、被害法益が軽微な場合も、この類型に属すると言えよう。

右の意味において、「保護法益」に対する「侵害又は危殆化」（「結果無価値」）を欠く犯罪の存在を認めることはできない。但し、結果無価値が違法の本質的要素であるとしても、違法を構成するあらゆる要素を「結果無価値」に解消し得るかどうかは疑問と言わなければならないであろう。例えば、窃盗罪と詐欺罪における違法の差違を、法益に対する危険のような「結果無価値」の相違に見出すことは困難であり、窃取と欺罔による騙取という行為（攻撃）態様の相違しか認められないと思われるからである。「行為無価値」も違法を規定する要素であることを承認せざるを得ない[77]。したがって、第三に、結果無価値がさほど軽微とは認められない場合でも、行為態様の当罰性が軽微なときには、実質的違法性を認め得ない場合がある。

以上、第一、第二及び第三の場合に場合分けを試みたが、もとより、三つの場合が必ずしも截然と区別し得るわけではなく、また、それぞれの要素が競合する場合もあり得ることは言うまでもない。

2 「綜合的（実質的）違法性」又は「綜合的違法阻却」

旧来の犯罪論体系に立脚する場合、構成要件該当性の判断に次いで、違法阻却事由の存否により違法阻却の可否が吟味されることになるが、そこで阻却される違法性とは、「原則・例外」論によれば、構成要件に該当することによって「推定」された違法性であった。しかし、既に述べたように、「原則・例外」論に拠ることは妥当でない。阻却される違法性は、違法性を阻却すべき「具体的な場」を捨象して得られた「一般的違法性」（特定の構成要件が一般的に予定している実質的違法性）であると解すべきである。例えば、行為が、法令による行為、正当業務行為、正当防衛又は緊急避難として為された場合には、右の「一般的違法性」が阻却される。法益ないし権利が衝突した場合で、刑法三五条ないし三七条所定の違法阻却事由が存在するときには、狭義の「刑法」の次元において違法阻却が行われるわけである[78]。しかし、法益ないし権利が衝突する場を考慮すべき場合は、狭義の「刑法」が明定する場合に尽きない。荘子教授は、かつて、刑法三五条にいう「法令」に、狭義の法律、命令その他（刑訴三七九条、四一一条一〇号、四五四条、四五八条）の他に憲法をも含めたが[79]、むしろ、違法阻却は、狭義の刑法に例示的に明定された場合に限定される必要がないと言うべきであろう[80]。法益ないし権利が衝突する具体的な場を考慮して、憲法を頂点とする全法秩序の綜合的な見地から、単なる刑法規範に実質的な修正を施すところの、さらに高次の「綜合的な違法（阻却）判断」を加える必要が生じる。即ち、憲法が表明する価値理念に則り、当該行為によって獲得・保全されるべき法益ないし権利が、侵害された法益よりも価値的に優越すると認められる場合には、憲法を頂点とする「綜合的」見地から、行為の実質的違法性（「綜合的違法性」）が阻却されるべきである。とくに、行為が、憲法が保障する基本的人権の行使・実現として為された場合には、人権保障の理念を尊重しつつ、「綜合的違法判断」が行われなければならない。即ち、憲法二八条が保障する勤労者の団結権、団体交渉権その他団体行動権の行使として行われた場合、[81] 憲法二一条が保障する集会、結社及び表現の自由の権利の行使として行われた場合、[82] 憲法二三条が保障する学問の自由（ないし大学の自治）の権利行使として行われた場合、[83] 憲法二〇条が保障する信教の自由の権利行使として行われた場合、[84] 憲法一九条が保障する思想及び良心の自由の実現のために行為が行われた場合、[85] 憲法二二条が保障する居住、移転、職業選択、外国移住、国籍離脱の自由の権利行使として行った場合、[86] 憲法二六条の保障する教育を受ける権利の実現のために行為がなされた場合、[87] 等々である。しかも、さらに、一般的・包括的権利として、憲法二五条が保障する国民の生存権、ならびに、憲法一三条が規定する個人の尊重・人格権（生命、自由及び幸福追求に対する権利）を加え得る。

以上、法益ないし権利が衝突する場合には、刑法総則所定の事由に基づく違法阻却にとどまらず、憲法を頂点とする全法秩序の「綜合的」見地から、「綜合的違法阻却」の余地が原理的に肯認されなければならない。

そこで、次節においては、既述の一般理論を踏まえて、特別刑法に関する裁判例における「可罰的違法性」論につき考究したい。

（1）　なお、内田文昭・注釈特別刑法第一巻第一章参照。
（2）　なお、学説の詳細は、前田雅英・可罰的違法性論の研究参照。
（3）　例えば、臼井滋夫・Law School 三号一三頁以下、河上和雄・警論二七巻六号八七頁、等。
（4）　後述二九六頁以下〔本書一五二頁以下〕参照。
（5）　後述三〇二頁以下〔本書一五八頁以下〕参照。
（6）　一(三)参照。
（7）　前田・前掲書三四〇頁。
（8）　前田・前掲書三四一頁、阿部・法学四七巻五号五九九頁以下。
（9）　東京中郵事件上告審判決における奥野、草鹿、石田各裁判官の少数意見。
（10）　判決理由第二三(1)―(4)。

(11) 前田・前掲書四一九頁。
(12) 最大判昭四八・四・二五刑集二七・四・五四七。
(13) 後出三一九頁〔本書一七七頁以下〕。
(14) なお、荘子邦雄・労働刑法（総論）〔新版〕一五五頁以下参照。
(15) やわらかな違法一元論の系譜につき、前田・前掲書五八頁以下、三八一頁以下参照。
(16) なお、中山研一・刑法総論二三三頁以下注(1)参照。
(17) 前田・前掲書七九、八五、九一、九七注(35)、一七五、三八三、三八六頁。ただ、前田助教授は、「やわらかな違法一元論」がとる違法性判断の二重構造が、複雑でその実務上の必要性が疑わしいことを批判の根拠とするが、合理的で精緻な論理を提供し得る理論であれば、現時点における実務上の必要性あるいは受容性に拘泥する必要はない。研究者にとり、学説と実務との関係をいかに踏まえて自説を展開するかということは微妙な問題ではあるが、実務に対する影響・実践的効果を狙う余り、政策的判断を徒に先行させ実務に盲従するようなことがあれば、それは、学説の本来の責務を忘れたものと言わざるを得ないであろう。
(18) 荘子・前掲書一三六、一三八、一五八頁以下。
(19) 荘子・前掲書一五九、一六四頁。なお、同・刑法総論〔新版〕二〇一頁以下。
(20) 団藤重光・刑法綱要総論〔改訂版〕一七五頁以下、平野龍一・刑法総論II二一七頁以下、等。
(21) その場合、論者は、刑法の領域で相対的に観念される違法性を、「刑法上の違法性」と称する。前田・前掲書二六、一六八、三四〇、三八六、三八九頁注(41)。
(22) 前田・前掲書三八六頁。なお、同一七頁。
(23) 第三の場合は、違法の強弱を比較する規定が、同一法域に属する点において、第一の場合と相違する。
(24) 荘子・労働刑法（総論）一三七頁以下、一四七頁。同・刑法総論〔新版〕二〇四頁注(11)。
(25) 平野・刑法総論II二一九頁。その例として、法益が異質と思われる医師法上の無免許医業罪と傷害罪をあげる。
(26) 平野・前掲書二一九頁以下。

(27) 平野・前掲書二一九頁。
(28) 前出二九五頁〔本書一五〇頁〕。
(29) 例えば、刑法二〇四条の傷害罪と暴力行為等ノ処罰ニ関スル法律一条の二の加重傷害罪、軽犯罪法一条七号違反の罪と刑法一二四条の往来妨害罪、軽犯罪法一条三一号の罪と刑法二三三条以下の業務妨害罪、軽犯罪法一条三三号の罪と刑法二六〇条以下の器物・建造物損壊罪、軽犯罪法一条三四号の罪と刑法二四六条の詐欺罪、等々を掲げ得る。
(30) 例えば、全農林警職法反対事件上告審判決（最大判昭和四八・四・二五刑集二七・四・五四七）、岩教組学力テスト闘争事件上告審判決（最大判昭和五一・五・二一刑集三〇・五・一一七八）、光文社事件上告審判決（最判昭和五〇・一一・二五刑集二九・一〇・九二八）、東北大学自治侵害事件上告審判決（最判昭和五〇・一二・二五刑集二九・一一・一〇〇七）は、「刑法上違法性を欠くものではない」と述べる。
(31) 例えば、名古屋中郵事件上告審判決（最大判昭和五二・五・四刑集三一・三・一八二）。
(32) 例えば、最判昭和五〇・一〇・二四刑集二九・九・七七七、同刑集二九・九・八六〇、最決昭和五三・五・三一刑集三二・三・四五七、仙台高判昭和四六・五・二八刑集二九・一一・一〇七四。
(33) 例えば、最判昭和五二・二・二四刑集三一・一・一。
(34) 仙台高判昭和四六・五・二八刑集二九・一一・一〇七四。
(35) 岡本「許可条件違反のデモ行進」別冊ジュリ五七号六〇頁以下参照。なお、最判昭和五三・五・三一刑集三二・三・四五七（後出三一八頁〔本書一八八頁以下〕）にいう「実質的違法性」も、刑法三五条における業務行為の正当性と単に同義の概念である。
(36) 前田・前掲書四二二頁。
(37) 第二節参照〔本書一七一頁以下〕。
(38) M・E・マイヤー・ドイツ刑法総則五二頁、一〇頁。
(39) E・メツガー・刑法第三版一八二頁以下。

(40) 小野清一郎・犯罪構成要件の理論二四頁、団藤・総論一八二頁以下、荘子・総論一九〇頁以下、中山・総論二二三頁、他。
(41) 団藤・総論一九一頁以下。なお、小野・新訂刑法講義総論一三〇頁以下。
(42) 荘子・総論二五六頁以下、二六三頁以下。なお、荘子・総論一九五頁は、一厘事件判決につき、「『軽微な違法』なるが故に……実質的違法性を否定した」ものと解すべしとするが、「動機、目的……の見地から是認し得る行為」と言い得るかどうか疑問がないわけではない。被害法益の軽微性だけを根拠にして、実質的違法性の存在を否定すべき場合もあり得よう。なお、後述三一一頁〔本書一七二頁〕。
(43) 荘子・研修三四五号一二頁以下は、更に、「集会、結社、表現の自由を規定した憲法二一条または学問・思想の自由を規定した憲法二三条にのっとった『権利』の正当化機能を『緊迫』した場と関連させて、『刑罰を科するに値する程度の違法』をみとめうるかどうかを判断」して可罰的違法阻却を認めた判決として、いわゆるポポロ劇団事件控訴審判決〔東京高判昭和三一・五・八高刑集九・五・四二五を考慮すべき場合として、公安条例違反の事例をあげる。
(44) 荘子・総論〔旧版〕三一五頁参照。
(45) 荘子・労働刑法〔総論〕一〇五頁以下。
(46) 平野・総論二二四頁以下。
(47) 内藤謙・刑法講義総論〔上〕一九六頁以下。
(48) 町野教授は、さらに、最判昭和六一・六・二四〔後出三五四頁〔本書二一〇頁〕〕に関する評釈〔刑法判例百選Ⅰ総論・第三版四〇頁以下〕において、「構成要件は少なくとも類型的不法である。構成要件該当性が肯定されたにもかかわらず、何らの違法性も肯定されていないということはできない。その違法性が否定されるとするなら、それを止揚するに足りる優越利益が存在しなければならない」と述べるが、しかし、構成要件に該当することで肯定される「何らかの違法性」は「類型的な」違法性であるに過ぎず、具体的・実質的違法性を否定するためには、個別具体的に「違法でない」ことを確定すれば足り、優越的利益の存在を必要とする謂れは毫も存しない。

(49)　町野・前掲書六五―六七頁。
(50)　私見においても、これを法規的違法阻却事由に限定する必要はない。町野・前掲書六五頁注九六における私見の引用は誤解に基づくものである。また因みに、前掲書六六―六七頁における私見に対する批判も、全くのきめつけの憾みなしとしない。
(51)　因みに、構成要件は類型として「閉じられている」ことが重要であり、必ずしも全くの非類型的要素をも含んだ上で閉じられている必要はない。さもなければ、「類型」と解することと自家撞着を犯すことになろう。
(52)　内田文昭・刑法解釈論集（総論Ⅰ）七三頁。かつて、筆者も、「抽象的危険犯」につき、実質的違法判断の必要を主張した。岡本・法学三八巻二号二一七頁、警研五二巻四号三三頁以下、Law School 三九号四五頁以下〔本書九〇頁以下〕。
(53)　内田・前掲書七一頁。
(54)　前掲書六六頁。
(55)　前掲書六八頁注(7)。さらに、内田・前掲書六九頁は、「違法類型」に替えて、「処罰に値する行為の型」という観念を提示する。
(56)　前述二九八頁以下〔本書一五三頁以下〕参照。
(57)　なお、荘子・総論一九一頁。
(58)　中山研一・刑法総論二〇九頁以下。なお、前田・前掲書四四五頁。
(59)　実質的違法性や法律の趣旨等を顧慮することによって、日常用語上有し得る意味を処罰の方向に拡大する「専門家的」解釈を、むしろ恐れるべきであろう。
(60)　この意味において、いわゆる実体的デュー・プロセスの理論も、犯罪論体系との関連で、より精緻な論理を提示する必要があろう。
(61)　なお、荘子邦雄・犯罪論の基本思想三八頁以下参照。
(62)　中山・刑法各論三七三頁注(1)。なお、同・口述刑法各論三一四頁以下。

(63)　中山・各論四一七頁。
(64)　中山・各論五三七頁。
(65)　なお、偽証罪につき、福山道義・法学四七巻五号一四一頁以下、同・月刊法学教室四三号一三四頁参照。
(66)　中山・各論五〇七頁、八六頁注(2)。
(67)　中山教授は、また、公職選挙法上の戸別訪問罪については、「投票依頼目的および不正行為の危険を含みうるような戸別訪問行為という形での限定方法」（判時一〇六三号一六頁）を、文書頒布罪については、「具体的に『選挙の公正』が害される危険……を要するとする限定」（判時一一一五号五頁、一一一八号一〇頁）を提唱する。
(68)　なお、岡本・Law School 三九号四三頁以下〔本書八八頁以下〕参照。
(69)　中山・各論三八二頁以下。さらに、刑法一二六条にいう「破壊」につき、中山・各論四〇六頁注(1)、判例評論二六九号五〇頁、五二頁注14。
(70)　前田・前掲書三二八頁、四四五頁は、構成要件該当判断には「一定の実質的・評価的判断が不可欠である」ことを、構成要件を「実質的に」解釈すべき一論拠とする。確かに、概念や言葉自体が既に「評価」を包含するものとも言えるから、言葉が表示する「型」・「類型」に対する当て嵌めである構成要件該当判断が、この意味における「評価」と無縁であり得ないことは勿論であるが、右の「評価」と、違法行為の実質的選別に要する「評価」との間には、かなりの懸隔が存することを忘れてはならない。構成要件該当判断において、前者の意味における「評価」が不可避であるからといって、後者の意味における「評価」を行うべしと推論することは、論理の飛躍に他ならない。なお、内藤・総論（上）一九六頁以下参照。
(71)　なお、これに対する批評として、西村克彦・判時一〇七五号一四頁参照。
(72)　前田・前掲書四三五頁。
(73)　前出二九五頁〔本書一五一頁〕。
(74)　例えば、社会的に認容できないほどの危険性がある核兵器製造などの「業務」の遂行――仙台地判昭和五一・五・一三女川原発闘争第一審判決参照、違法な公務の執行、等々。

(75)　岡本・警研五二巻四号三三頁以下参照。
(76)　後出三一〇頁〔本書一七一頁〕。
(77)　ただし、「行為無価値」といえども、心情的・主観的無価値を違法の要素と解することは疑問であり、あくまで、法益を害する行為の客観的態様が示す「結果関係的」かつ「客観的」無価値に限り、違法を規定する要素たる「行為無価値」たり得るものと解すべきであろう。
(78)　労組法一条二項に基づく違法阻却も、刑法三五条に拠る点では同様であるが、ただ、憲法二八条を究極の根拠にする点において異質である。
(79)　荘子・研修三四五号一一頁。
(80)　前述二九九頁以下〔本書一五四頁以下〕参照。
(81)　労組法一条二項但書にいう「暴力の行使」に該る場合であっても、さらに憲法二八条に直接に基づく綜合的違法阻却の可否が、労働基本権を十分に尊重しながら、相対する法益侵害との具体的な較量・調整に拠り吟味される必要がある。なお、前出二九九頁以下〔本書一五四頁以下〕参照。国家公務員法一一〇頁一項、地方公務員法六一条四号に違反する違法な争議行為のあおり等の罪（後出三一三頁以下〔本書一七四頁以下〕）や、公共企業体等労働関係法七条違反の争議行為についても同様である。
(82)　いわゆる公安条例に違反する集会、集団行進及び集団示威運動、国家公務員法一一〇条一項一九号違反の公務員の政治的行為（後出三三二頁以下〔本書一九一頁以下〕）、名誉毀損、公然猥褻行為ないし猥褻物販売等。
(83)　暴行・監禁、暴力行為等ノ処罰ニ関スル法律一条違反（後出三四四頁以下〔本書二〇二頁以下〕）、等。
(84)　神戸簡判昭和五〇・二・二〇判時七六八・三は、教会牧師が牧会活動として行った犯人蔵匿行為に対して、正当な業務行為に該ると判示した。まずもって「業務行為の正当性」を吟味したことは正当である。ただし、右判決が、違法阻却の余地を、牧師が業務として行った場合だけに限る趣旨を含むとすれば、違法阻却判断の矮小化の危険を孕むものと評さざるを得ない。牧師等、宗教活動を業務とする者に限らず、何人といえども、信教上の信仰、信念に基づき、「魂を救済すべき」相当の行為を行った場合には、信教の自由を保障する憲法の趣旨に照らし、違法阻却の余地を認めるべきである。
(85) 現行憲法下ではあり得ないことではあるが、いわゆる良心的兵役拒否などはこれに該るであろう。
(86) 出入国管理令違反(後出三七一頁〔本書二二六頁〕)、旅館業法違反(最判昭和四二・一二・二一刑集二一・一〇・一四四一)等において、問題となる余地がある。
(87) 後出三四八頁以下〔本書二〇五頁以下〕。

二 裁判例に現われた「可罰的違法性」論

前節における考察によって、「可罰的違法性」ないし「実質的違法性」と称されてきたものの中にも、第一に、法益ないし権利が衝突する「場」を考慮することなく、当該構成要件が一般的に予定している実質的違法性(「一般的違法性」と称する)と、第二に、憲法を頂点とした全法秩序の見地から、実現される権利と侵害される法益との間の具体的衡量を行うことによって「綜合的に」得られる実質的違法性である「綜合的違法性」(ないし「綜合的違法阻却」)とが、混在していたことが判明したであろう。判例も、両者を峻別した上で「可罰的違法性」ないし「実質的違法性」の概念を用いているわけでは決してない。判例は、いかなる「可罰的違法性」論を展開しているのか。これを分析することは、甚だ興味深い課題である。

(一) たばこ専売法違反の罪と「可罰的違法性」

判例における「可罰的違法性」論の展開は、いわゆる一厘事件判決(大判明治四三・一〇・一一刑録一六・一六二〇)をもって嚆矢とする。本判決は、煙草耕作者が政府に納めるべき葉煙草七分、価格にして一厘のものを手刻みとして自己消費したという事案につき、「零細ナル反法行為ハ犯人ニ危険性アリト認ムヘキ特殊ノ情況ノ下ニ決行セラレタルモノニアラサル限リ共同生活上ノ観念ニ於テ刑罰ノ制裁ノ下ニ法律ノ保護ヲ要求スヘキ法益ノ侵害ト認メサル以上ハ之レニ臨ムニ刑罰法ヲ以テシ刑罰ノ制裁ヲ加フルノ必要ナク立法ノ趣旨モ亦此点ニ存スル者ト謂ハサルヲ得ス……従テ此種ノ反法行為ハ刑罰法案ニ規定スル物的条件ヲ具フルモ罪ヲ構成セサルモノト断定スヘク其行為ノ零細ニシテ而カモ危険性ヲ有セサルカ為メ犯罪ヲ構成セサルヤ否ヤハ……健全ナル共同生活上ノ観念ヲ標準トシテ之ヲ決ス」と判示して、零細な反法行為であって特にこれを危険視すべき何等の状況も存しない本件につき、罪を構成しないものと判断した。犯罪の成否をめぐり、「犯人の危険性」を問題にした点に疑問が残るが、法益侵害の軽微性を主たる理由として無罪を言渡したことについては、現在、肯定的に評価する学説が多い[88]。ただ、本判決にいう「罪ヲ構成セ（ズ）」の意味については、「構成要件該当性を欠くとした」ものと解する立場と、「僅少な被害などの具体的状況を総合的に判断し、旧煙草専売法四八条一項に該当した行為の違法を阻却するものと解した」ものと見る立場[89]とが対立している。判決自体は、「罪ヲ構成セ（ズ）」と述べるに止まり、右の何れの立場に与するものか判然としないが、ただ、現代的に理解するならば、右判決にいう「刑罰法条ニ規定スル物的条件」とは構成要件を指すと解するのが自然であろうから、そもそも構成要件に該当しないと判示したものと解することには疑問がある。また、構成要件不該当説は、旧煙草専売法四八条一項におけるいかなる標識に当て嵌まらないと主張するのか定かでない。「財物」を構成要件要素とする窃盗罪と同列に論じることはできない[90][91]。右判決は、旧煙草専売法四八条一項に該当する行為の違法性を認めなかったものと解するのが妥当である。かく解する限り、右判決の判断は正当である。ただ、右判決を、刑法三五条に基づいて行為の違法性を阻却したものと捉えることは、疑問なしとしない[92]。刑法三五条による違法阻却を持ち出すまでもなく、旧煙草専売法四八条一項の一般的に予定する実質的違法性をそもそも具有しないと判示したものと解したい。

たばこ専売法に関するものとしては、いわゆる長沼温泉旅館煙草買置き事件上告審判決（最判昭和三二・三・二八刑集一一・三・一二七五）にも注目すべきであろう。本判決は、旅館業を営む被告人が、宿泊客からの依頼を予想して予め小売人から定価で煙草少量を買置きし、帳場押入れの硝子壜に入れて客の依頼の都度取り出して客に交付し、定価に相当する金銭を受け取っていたとの事実につき、以下のように判示して、罰金五〇〇〇円に処した原判決を破棄した。「右のごとき交付又は所持は、たばこ専売法制定の趣旨、目的に反するものではなく、社会共同生活の上において許容さるべき行為であると考える。従って、同法二九条二項にいわゆる販売又は同法七一条五号後段にいわゆる販売の準備に当るものとは解することができない。」と。

本判決については、「『たばこ専売法制定の趣旨、目的』などを考慮し、『社会共同生活の上において許容』しうる行為として判断しうるかどうかという点に焦点を置いて、いまだ『販売』または『販売の準備』にあたらないと判断したのであり、およそ『販売』または『販売の準備』の文言にあたらない社会的相当行為として構成要件該当性を否定したと解することはできない。」と見る論者(93)が存在する一方、端的に構成要件解釈によって処理したとして賛意を表する論者(94)もいる。本判決の内在的理解としては、「販売」又は「販売の準備」という構成要件に該らないと判示したものと解するのが最も自然であろう。しかしながら、本判決は、宿泊客への煙草の売渡し行為を「販売」ではなく「交付」と称し、また、宿への売渡しを目的とした買置き行為を「販売の準備」ではなく単なる「所持」と称しているが、「販売」概念を熟考した場合、販売の要素に営利の目的を必要と解すれば格別、「販売」を継続反覆的な有償的譲渡と捉えるときはもとより、不特定多衆に対する有償的譲渡と捉えるときでも、本件行為を「販売」に該らないと解することはかなり困難であると言わざるを得ない。また、例えば、「……の罪に該らない」と判示するのであれば格別、違法であるかどうかの価値判断を濫に持ち込むことにより「販売」に該当しないと論じることも問題であろう。厳密に表現すれば、むしろ、たばこ専売法二九条二項で予定されている「違法な販売行為」には該らないものと判示すべきであった。不特定多数に対するものか、継続反覆的なものであったか、大量に譲渡したか、等の「販売」概念に関わる事情のみならず、全事情を具に吟味して、たばこ専売法の趣旨、目的に照らし、当該法条の予定する違法な行為と評価し得るか否かを検討しなければならない。当地は冬は寒冷の地であり、六〇〇米先に在る煙草屋も午後一〇時以降は閉店してしまうこと、客に対するサービスとして社会生活上相当と認められること、小売人から定価で購入して客に定価で販売していること、保管状態もさほど劣悪ではなく品質の悪化した煙草を販売したわけではないこと、等の具体的事情に照らして、軽微な法益侵害ならびに行為態様の軽微な当罰性に鑑みると、無罪とした結論は極めて妥当である。

(二)　国家公務員法及び地方公務員法上の罪と「可罰的違法性」

1　国家公務員法一一〇条一項一七号違反及び地方公務員法六一条四号違反の「あおり」等の罪と「可罰的違法性」

全逓東京中郵事件判決（最大判昭和四一・一〇・二六刑集二〇・八・九〇一）が、公共企業体等労働関係法一七条違反の争議行為をめぐる郵便法七条一項の罪の教唆犯の成否につき、旧来の判例を変更して労組法一条二項の適用を肯定したことは[95]、国公法又は地公法違反の争議行為の「共謀、そそのかし、あおり及びこれらの行為の企て」の罪（以下、「あおり等罪」と略）をめぐるその後の下級審判決の動向に、多大の影響を及ぼすに至った。[96]それまでの下級審判決には、激しい見解の対立が認められた。例えば、福島地判昭和三八・三・二七下刑集五・三・四・三〇九[97]、和歌山地判昭和三八・一〇・二五下刑集五・九＝一〇・九一〇[98]、東京高判昭和四〇・一一・一六高刑集一八・七・七四二[99]、長崎地判昭和四一・七・一下刑集八・七・九七五[100]、ならびに、盛岡地判昭和四一・七・二二刑集三〇・五・一五〇八[101]は、「あおり」等の意義につき、最大判昭和三七・二・二一（刑集一六・二・一〇七）の定義を踏襲したに止まり、さらに限定を施しはしなかったが、大阪地判昭和三九・三・三〇判時三八五・三二[102]は、右定義を採用しながらも、「ここに勢いのある刺激を与えるというのは、主として相手方の感情に訴える方法により、その感情の興奮昂揚を惹起させて合理的判断を困難ならしめることを指すもの」と解し、本件指令伝達を「あおり」に該当しないものと判断した。[103]これに対して、右の定義にさらに限定を加えた判決も存在する。例えば、佐賀地判昭和三七・八・二七判時三二〇・六[104]、高知地判昭和三九・一一・二八下刑集六・一一＝一二・一三一二[105]は、あおり行為の対象となるべき「争議行為」に合憲的限定解釈を施し、また、東京地判昭和三七・四・一八判時三〇四・四[106]、東京地判昭和三八・四・一九下刑集五・三＝四・三六九[107]、仙台高判昭和四一・三・二九刑集二三・五・八四二[108]は、「あおり」行為を限定的に解釈したのである。

このように区々の態度を示していた下級審判決も、前記最大判昭和四一・一〇・二六が出現するにおよび様相を一変させ、依拠する論理こそ違え、あおり罪の成立を限定する方向において収斂していった。その場合、福岡高判昭和四二・一二・一八判時五〇五・二一[109]のように、「違法な争議行為」を限定しようとする判決は少数であり、多数は「あおり」行為の限定解釈を試みたのである。例えば、京都地判昭和四三・二・二二判時五二〇・一八[110]は、「少くとも争議行為の目的完遂のために、必要不可欠か、もしくは争議行為に通常随伴する行為であって、その手段、方法等において、正当性の限界を超えないものと認められるものは、地方公務員法六一条四号に規定する煽動の概念から除外して考察するものと解すべきである」との見地に立脚して、「一般的な意義における煽動行為に該当するもののうち、その行為の性質、手段、態様等に照して強度の違法性を帯びると認められるもの」のみが「地方公務員法六一条四号に規定する争議行為の遂行を『あおる』行為に該当」するとの論理に基づき、無罪判決を下したが、「地方公務員法六一条四号に規定する……『あおる』行為に該当しない」（傍点筆者）と判示していることから、あおり罪の構成要件にそもそも該当しないものと解した可能性が強い。その点、福岡高判昭和四三・四・一八判時五一八・二九[111]の判示は、極めて微妙である。即ち、右判決は、判例の立場を踏襲して、「被告人等は、まさに、共謀して国家公務員に対し同盟罷業を遂行させる目的でこれを実行する決意をさせるとともに、これを助長させるような勢ある刺激を与えたものと認められ、争議行為をあおったという概念範疇に一応あたる行為をしたものと認めざるをえない。」としながらも、「本件争議行為は政治目的に出たり、あるいは暴力を伴ったような、もともと労働法秩序外にあるものとは異なり、しかも、職種業態においても、また事務の停滞の点についても国政の停廃を生じ国民生活に重大な障害をもたらす具体的危険が明白であったとは認められず、また被告人等の前記説示のごとき具体的行動は争議行為等に通常一般的に随伴し、これと不可分の関係にあるものと目せられるばかりか、その具体的言動が争議行動を上記意味における不当性をもつものまでに進展させるほどの激越なものであったとも認めることはできないのであるから、これを国家公務員法第一一〇条第一項第一七号に該当するあおり行為であると認めることをえない」と判示した。「……号に該当するあおり行為」と称し、かつまた、該当するか否かの判断基準に、国民生活への重大な障害の招来の存否を据えている点に止目すると、少なくとも、右判決が当該行為をあおり罪の構成要件に該当しないと判断したものと速断することはできないであろう。むしろ、構成要件該当性以外の要件を充足しないとした趣旨と解するのが妥当である。以上のような「あおり」概念の限定を主軸とする論理に対して、違法判断の次元における限定の論理を打ち出したのが、東京高判昭和四三・九・三〇高刑集二一・五・三六五[112]である。本判決は、「あおり」概念の限定解釈の見地を排斥して[113]、次のように判示する。「同法第一一〇条第一項第一七号所定の指導行為の違法性は、その目的、規模、手段方法(態様)、その他一切の付随的事情に照らし、刑罰法規一般の予定する違法性、即ち可罰的違法性の程度に達しているものでなければならず、又これらの指導的行為は、刑罰を科するに足る程度の反社会性、反規範性を具有するものに限ることは当然であるといわなければならない。」と。本判決が、非限定的「あおり」行為をして、類型的・画一的に強い違法性を具有するものと捉えた点、ならびに、本件行為を、可罰的違法性の程度に達したものと判断した点[114]において、疑問がないわけではないが、可罰的違法性の存否を、「あおり」に該当するか否かの問題とは分離して論じている点に注目すべきであろう。

大阪高判昭和四三・三・二九判時五二一・一二[115]は、さらに明確に、違法判断の次元における「可罰的違法性」論に立脚する。本判決はいう。「地公法六一条四号において可罰性のあるものとされるのは、前記一般的意味において、同号に掲げる行為に該当するとみられるものをすべて含む趣旨ではなく、そのうち前説示の如く争議行為に必要不可欠か、または通常随伴するいわばその構成分子と考えられ、広い意味において、争議行為等の遂行と同等の評価を受ける行為を除き、それらの行為がその態様、手段等において右の範囲を逸脱し、公共の福祉の見地からもこれを容認し難く、もはや法律上の保護の対象とするに値しないもので、その処罰もやむを得ないと認められる程度に強度の違法性を帯びるものに限ると解するのが相当である。本件指令及びその趣旨の伝達行為は仮にそれが前説示の如く、地公法六一条四号の『あおり』の定義に一応あてはまるとしても叙上の如く強度の違法性をもつものとは考えられず、さきに説示した意味での争議行為の遂行と同等に評価すべきが相当であるから、右の程度では可罰的違法性を欠くものと解すべきである。……被告人らの本件指令及びその趣旨の伝達は可罰的違法性を欠き地公法六一条四号の共謀による争議行為遂行のせん動罪は成立しない」と。[116] 判旨は、概ね妥当と言うべきであろう。ただ、本判決にいう「可罰的違法性」は、私見によれば、国公法・地公法上の争議行為自体の不可罰性などとの権衡から、国公法・地公法の法律の次元における論理的な解釈に基づき、国公法一一〇条一項一七号及び地公法六一条四号について判明する違法性であり、換言すると、同法条が一般的に予定する実質的違法性であることに留意すべきである。したがって、純然たる「政治スト」[117]の場合にも、政治ストに参加した者は不可罰と解さざるを得ないから、右の権衡論に基づき、あおり行為を処罰するためには、その行為が右の「可罰的違法性」を具有することが必要となる。つまり、「政治スト」であるとの要素は、右の「可罰的違法性」の外部に存するものであり、「可罰的違法性」の存否を測る判断基準とはなり得ない。したがって、政治ストたる理由をもって「可罰的違法性」を具有する行為と認めた東京高判昭和四三・九・三〇（前出）には疑問を抱かざるを得ない。因みに、争議行為が労働条件の改善・向上を目的として含む労働基本権の行使として行われた場合には、さらに、憲法二八条に照らし「綜合的違法判断」が行われなければならず、前述の「可罰的違法性」（即ち、「一般的違法性」）に加えて、「綜合的違法性」の存在が、「あおり」罪成立のための要件とされなければならない。

さて、最高裁判所は、都教組事件上告審判決及び全司法仙台事件上告審判決（最大判昭和四四・四・二刑集二三・

五・三〇五及び六八五）において、下級審判決における「可罰的違法性」論の台頭に逆行するように、構成要件該当判断の次元における「争議行為」の限定及び「あおり行為」の限定を図る、所謂「二重の絞り論」を展開した。即ち、都教組事件における多数意見は、「争議行為」について、「地方公務員の具体的な行為が禁止の対象たる争議行為に該当するかどうかは、争議行為を禁止することによって保護しようとする法益と、労働基本権を尊重し保障することによって実現しようとする法益との比較較量により、両者の要請を適切に調整する見地から判断することが必要であ」り、「地公法六一条四号は、……争議行為自体が違法性の強いものであることを前提とし、そのような違法な争議行為等のあおり行為等であってはじめて、刑事罰をもってのぞむ違法性を認めようとする趣旨と解すべきであ」ると説くとともに、「あおり行為」自体についても違法性の程度の強いものであることを要するものと解し、「争議行為そのものを処罰の対象とすることなく、あおり行為等にかぎって処罰すべきものとしている地公法六一条四号の趣旨からいっても、争議行為に通常随伴して行なわれる行為のごときは、処罰の対象とされるべきものではない。」と論じた上で、本件一せい休暇闘争指令の配布又は趣旨伝達等の行為につき、「労働基本権尊重の憲法の精神に照らし、さらに、争議行為自体を処罰の対象としていない地公法六一条四号の趣旨に徴し、これら被告人のした行為は、刑事罰をもってのぞむ違法性を欠くものといわざるをえない。」と判示した。(118)

しかし、全農林警職法反対闘争事件上告審判決（最大判四八・四・二五刑集二七・四・五四七）における多数意見が、「もし、国公法一一〇条一項一七号が、違法性の強い争議行為を違法性の強いまたは社会的許容性のない行為によりあおる等した場合に限ってこれに刑事制裁を科すべき趣旨であると解するときは、いうところの違法性の強弱の区別が元来はなはだ曖昧であるから刑事制裁を科しうる場合と科しえない場合との限界がすこぶる明確性を欠くこととなり、……このように不明確な限定解釈は、かえって犯罪構成要件の保障的機能を失わせることとなり、その明確を要請する憲法三一条に違反する疑いすら存するものといわなければならない。」と、「二重の絞り論」を激しく論難したのは、「二重の絞り論」が、「刑事罰をもってのぞむ違法性」の存否の判断を「争議行為」

及び「あおり行為」の概念規定にすべて解消しようとしたところに、一見、罪刑法定主義の原則に反する要素を含んでいたためである。[119] ただ、右多数意見は、「不明確な」限定解釈が構成要件の保障機能を損うものと述べているに過ぎず、必ずしも構成要件の次元における限定解釈一般が罪刑法定主義の原則に反するものと断じているわけではない、と解される。[120] そこで、「二重の絞り論」が果たして「不明確な」限定解釈であるか否かを考察すると、最大判昭和四四・四・二[121]のみならず、限定解釈を試みてきた下級審判決は、「違法性の強弱」という抽象的基準をより明確なものにすべく、争議行為への通常随伴性のような具体的な基準を提示しており、さらに、犯罪の成否の境界がさほど明確ではないことの方が常態であることを考慮すると、[122]「二重の絞り論」のみを不明確と非難するのは当たるまい。右多数意見等における憲法三一条に関する主張は、附会とでも評すべきものであろう。多数意見等の主張の主眼は、犯罪成立の限定方法の不当性を指摘することにあるというよりも、むしろ、「あおり罪」を限定すること自体の不当性を明らかにすることにあったと言わざるを得ない。[123]「あおり」罪の処罰根拠につき、右多数意見はいう。「国公法一一〇条一項一七号は、公務員の争議行為による業務の停廃が広く国民全体の共同利益に重大な障害をもたらす虞れのあることを考慮し、公務員たると否とを問わず、何人であってもかかる違法な争議行為の原動力または支柱としての役割を演じた場合については、そのことを理由として罰則を規定しているのである。……何人であっても、この禁止を侵す違法な争議行為をあおる等の行為をする者は、違法な争議行為に対する原動力を与える者として、単なる争議参加者にくらべて社会的責任が重いのであり、また争議行為の開始ないしはその遂行の原因を作るものであるから、かかるあおり等の行為者の責任を問い、かつ、違法な争議行為の防遏を図るため、その者に対しとくに処罰の必要性を認めて罰則を設けることは、十分に合理性があるものということができる。」と。ここでは、限定されない「あおり」等の行為をしさえすれば、直ちに原動力を与えるものとして処罰されるが如き印象を受けるが、右判決は他方において、「あおり」及び「企て」の意義につき、「違法行為発生の危険性が具体的に生じたと認めうる状態に達したものをいう」と解するのである。[124]

地公法六一条四号をめぐり、都教組事件上告審判決に判例変更を加えた岩教組学テ反対闘争事件上告審判決（最大判昭和五一・五・二一刑集三〇・五・六一五）も、「一　２　地公法六一条四号の罰則の合憲性」と題して、「公務員の争議行為が国民全体又は地方住民全体の共同利益のために制約されるのは、それが業務の正常な運営を阻害する集団的かつ組織的な労務不提供等の行為として反公共性をもつからであるところ、このような集団的かつ組織的な行為として争議行為を成り立たせるものは、まさにその行為の遂行を共謀したり、そそのかしたり、あおったりする行為であって、これら共謀等の行為は、争議行為の原動力をなすもの、換言すれば、全体としての争議行為の中でもそれなくしては右の争議行為が成立しえないという意味においていわばその中核的地位を占めるものであり」「国公法や地公法の上記各規定にいう争議行為の遂行の共謀、そそのかし、あおり等の行為は、将来における抽象的、不確定的な争議行為についてのそれではなく、具体的、現実的な争議行為に直接結びつき、このような争議行為の具体的危険性を生ぜしめるそれを指す」と判示する。[125] 争議行為の具体的危険の発生を、「あおり」罪の単なる立法理由又は抽象的な処罰根拠にとどまるものと解する趣旨ではあるまいが、にもかかわらず、右判決は、「一　３　本件地公法違反罪の成否」の項目においては、本件行為が具体的・現実的な争議行為発生の具体的危険性を生ぜしめたかどうかの判断を何ら加えていない。その意味において、右判決の真意の存するところ必ずしも明らかでない。

岩教組学テ反対闘争事件最高裁判決の後、同種事案につき初めて下された下級審判決が、昭和四九年春闘日教組スト事件第一審判決（東京地判昭和五五・三・一四刑裁月報一二・三・一三三――有罪）である。本判決は、「大規模な争議行為の実現をめざす組合活動のなかには、争議の全体の計画の発議、立案、戦術の策定、全体的情勢の把握とこれに基づく全体的争議行為の指導といったような、当該の具体的な争議行為の全体的レベルにおける中核的、指導的役割を担うものと、組織の末端にあって組織の指示・指導に従って行動する大多数の者、さらには、これらの中間にあって連絡・調整にあたる者等々の分担、分化が実際上は生じており、そのいずれに属するかによって違法な争議行為に対する責任の性質・軽重に較差があるという視点が欠落しすぎていた点に弱点があったと思われるからである。したがって、争議行為に通常随伴するものであれば、いかなる指導的共謀、あおり等の行為であっても、同条の処罰対象に含まれないとする解釈は適当ではなく、最高裁五・二一判決がこれを変更すべきものとした趣旨は理解できる」としながら、以下のように判示する。「『共謀し、そそのかし、若しくはあおり、又はこれらの行為を企てた』という条文上の文言を字義どおりに解釈すれば、そのいずれかにあてはまりそうな行為があったとしても、それらのすべての行為に機械的に罰則を適用しようとする趣旨であることまでは考えられない。……参加者が周囲の者に争議への同調や共同参加を求め、参加者間で団体的意思を形成するのに必要な働きかけを伴って参加するという態様の参加行為がありうることは、立法者自身、当初から想定していた筈と考えなければならない。したがって、右のような意味において争議行為への参加に通常随伴すると認められる程度の相互協議、教宣行為等は、全体として、争議の参加行為そのものと評価されるのであり、その範囲内においては、かりに字義どおりに言えば、『共謀し、そそのかし、若しくはあおり……』等にあたるように見える部分があっても、同条の処罰範囲には入らないと考えねばならない。」と。しかしながら、「地公法六一条四号の適用範囲についての右のような限定は、最高裁五・二一判決においても当然前提とされていた筈の事項である」との判例解釈が当を得たものかどうか、疑問が残らないわけではない。また、右の「同条の処罰範囲には入らない」との判示が、いかなる論理に基づき、いかなる意味において為されたものか明らかでない。（その後、本件控訴審判決である東京高判昭和六〇・一一・二〇高刑集三八・三・二〇四は、まず第一に、最判昭和五一・五・二一を引用した上で、「あおり」を、争議行為を「指導的立場において」あおる場合に限定して解し、しかも、「かかる解釈を充たす『あおり等の行為』が行われたときには、それはおのずと争議行為に対する原動力たる性格を帯びる『あおり等の行為』があったといい得る」と説示した。さらに第二に、本判決は、本件全一日ストを指導した被告人らの行為は法益侵害の程度が軽微なものとは到底いえない性質のものであり、法秩序全体の精神に照らし許容される性質のものとは到底判断できないとして、可罰的違法性の存在を肯定した。即ち、「あおり」概念に構成要件の限定解釈を施した上で、法益侵害の軽微性の角度から可罰的違法性の存否を検討した点に、本判決の特色がある。本件上告審判決、最判平成元・一二・一八刑集四三・一三・八八二は、被告人の各行為を「あおり」又は「あおりの企て」に当たるものと認め、これと同旨の原判断を正当であると判示した。しかし、可罰的違法性の存否に言及してはいない。)

その点、盛岡地判昭和五七・六・一一判時一〇六〇・四二（岩教組同盟罷業事件第一審判決――無罪）は、最判昭和五一・五・二一[126]を踏襲することを標榜しつつ、争議行為発生の具体的危険性の存否を具体的に吟味して、「あおり」行為に該るか否かを個別的に判断した。[127]つまり、本判決は、「争議の指令発出、説得的行為ないしその企画等が『あおり』又は『あおりの企て』に当たるか否かについては、各組合その他団体の争議指導形成、決議や指令等の発出状況、実施の日時、方法、幹部の役割、組合員の争議参加の決意、組合活動全般の概況並びに当該被告人の果した役割等の具体的事情を勘案して、その指令、企画等が争議を誘発するほどの具体的な危険を有しているか否か、当該被告人にその行為者としての刑事責任を帰属せしめ得るか否かを吟味、検討」することによって、当該事案については、「各指令伝達にあおり行為性が認められるとしても、その行為主体は、扇動の中核、支柱となった指令発出の原点に立つ日教組本部側に求められ、岩教組本部、支部、分会の役員が機関の業務としてなした伝達関与行為は、争議参加者である組合員に対する中間伝達的な所為に過ぎず、これを目して原動力あるあおり行為とは認めがたい」として、無罪を言渡すに至ったのである。（その後、本件控訴審判決、仙台高判昭和六一・一〇・二四高刑集三九・四・三九七は、岩手県教組第六回中央委員会における各種会議・集会の開催、中央闘争委員会の支部担当オルグの配置、情宣局設置の各決定につき、その内容、経緯態様、影響力等の諸般の事情に徴し、本件争議行為に直接結びつき、その具体的危険性を生ぜしめる行為であるとは到底認め難く「あおりの企て」の構成要件に該当する行為には当たらないと判示し、また、その他の行為は訴因の内容となっていないとして、検察官の控訴を棄却した。これに対し、最一小判平成元・一二・一八刑集四三・一三・一二二三は、「右決定は、指令の伝達などによって同盟罷業の遂行をあおるためあって、同盟罷業発生の危険性が具体的に生じたと認め得る状態に達したものであると認められ、地方公務員法六一条四号にいうあおりの企ての罪を構成するものというべきである」と断じて、原判決を破棄した。本判決は、中央委員会におけるスト戦術の決定という単に純然たる計画準備行為につき「あおりの企て」の罪の成立を肯定した最高裁初めての判決である。しかし、さほど重大な法益侵害を具体的に齎すとは言い難い犯罪にあって、未遂にも至らぬ「企て」自体を罰する刑罰法規は異例であることに鑑みると、本罪の成立は極めて厳格な要件の下に認定されるべきである。本件の場合、争議行為の発生に決定的な影響を及ぼす違法な「あおり」が生じるべき重大かつ高度の危険を包蔵する違法な「企て」として罰すべきかどうか、第一審判決及び控訴審判決の結論を正当とすべきであろう。さらに、この岩手県教組同盟罷業事件第一審無罪判決後、「あおり」及び「あおりの企て」の成否につき判断が示されたものとして、埼玉県教組同盟罷業事件がある。まず、第一審判決（浦和地判昭和六〇年六月二七日最刑集四四・三・三五二所収）は、「あおり」を、「その行為があれば必然的にストライキなどが実行に着手されるであろうといえるような、あるいは、その行為なくしてはストライキ実行が困難となるような意味で、ストライキなどの実行を招来する危険性が高度な行為である」と解し、いわゆる三・二九指令の伝達等の被告人の行動を、「スト中止指令が発動されない限り必然的に同盟罷業が決行されるという性質の行為であってストライキ実施の危険性が高度な行為」であると評価して、「あおり」に該当するものと認めた。また、「（あおりと認められるための）要件を充足し『三・二九指令』がまさに本件ストライキについての最終的な引金と評価されるものである以上、被告人の行為が、『あおり』行為として予定されている可罰的違法性を欠くとは認められない」と判示して、法益侵害ないし違法性が軽微ゆえ可罰的違法性を欠くとの弁護人らの主張を斥けた。他方、「あおりの企て」については、「あおり行為の遂行を計画、準備することであって、違法行為の危険性が具体的に生じたと認めうる状態に達したもの」であると定義し、埼教組第一三〇回中央委員会における被告人の発言、ならびに、あおりの場となるべき校区内対話集会及び全県一斉職場集会を開催する旨の決定につき、「あおりの企て」の罪の成立を否定した。これに対して、検察官・弁護人両側から控訴の申し立てがあったが、控訴審判決（東京高判昭和六三年五月一〇日最刑集四四・三・四一五所収）は、「あおり」を「将来における抽象的、不確定的な違法行為についてのそれではなく、具体的、現実的な違法行為の遂行に直接結びつき、違法行為遂行の具体的危険性を生じさせるおそれのあるそれを指すもの」と解し、いわゆる三・二九指令の伝達等の行為については、「（傘下の）組合員に当該ストライキ参加への決意を生じさせ、または既に生じているその決意を助長させるような勢いのある刺激として、右ストライキに直接結びつきその具体的危険性を生ぜしめるものであることは明らか」であるとして、「あおり」に当たるものと認めたが、「あおりの企て」については、「『あおり』を通じて具体的、現実的な違法行為の遂行に直接結びつき、違法行為遂行の具体的危険性を生じさせるおそれのあるそれをさすもの」と解した上で、第一審判決と同様に、「あおりの企て」の罪の成立を否定した。本件事実関係においては当然妥当な結論であろう。そして、本件控訴審判決に対しては弁護人のみが上告したために、「あおりの企て」の罪の不成立が確定するに至った。他方、「あおり」に関して上告審判決（最三小判平成二年四月一七日刑集四四・三・一六九）における安岡、坂上、貞家裁判官による多数意見は、原判断を正当であるとして是認したが、これにはさらに、坂上裁判官の補足意見及び園部裁判官の反対意見が付されている。坂上補足意見は、原判断を結論において正当であるとしたが、理論的には、公務員の争議行為においても、「争議行為のあおり行為等に刑事制裁を科するに当たっては、当該争議行為が行われるに至った事情と、それが国民生活全体に及ぼす影響との関係において、その違法性の程度につきとくに慎重な検討が要求されるものというべきであり、争議行為の内容いかんによっては、そのあおり行為等が刑事制裁を科するに足る違法性を欠如するものと評価すべき場合もありうる」と説いて、可罰的違法性の理論に立脚することを表明している。他方、園部反対意見は、基本的には「二重の絞り」的可罰的違法性の理論に基づき次のように説示した。「その目的は、主として賃金の大幅引上げの点にあったものと認められること、右同盟罷業がいわゆる単純不作為にとどまるものであって、暴力の行使などの行き過ぎた行為を伴わないものであったこと、学校教育という職務は一定の弾力性を有するものであるから、右同盟罷業によって年間計画の実施に一日間の空白をもたらしたことが、直ちに国民生活に重大な支障を及ぼすこととなったとまではいえないこと等の諸点を考慮すると、右同盟罷業が強度の違法性を帯びたものであったとは認められない。……被告人のあおりの態様が格別強度の違法性を帯びていたとの形跡もない。このように見てくると、被告人の本件行為は、地方公務員法六一条四号にいう争議行為のあおりには該当せず、刑事制裁の対象にならないものと解するのが相当である」と。同盟罷業の規模等の点で微妙な事案ではあるが、結論としては、無罪とする園部反対意見に賛同したい。）

この判決は、最高裁判例を一応前提としながら、「あおり」罪の限定を試みた一例である。しかし、右盛岡地裁判決が提示する危険判断の基底はかなり包括的なものであり、それら全事情を考慮のうえ具体的な危険の存否を判断することが、「あおり」概念への当て嵌めとしての構成要件該当判断に相応しいものであるかどうかについては、なお疑問が残る。[127] たかだか、「争議を現実化させるような」行為であったかどうか、あるいは、「争議を現実化させるに足りる」行為であったかどうかの、「具体的・抽象的危険犯」的判断に止まらざるを得ないであろう。個別的・具体的な全事情を考慮した判断は、むしろ、違法判断に親しむものである。即ち、「あおり」罪（既遂）が一般的に予定する実質的違法性を具有するためには、「あおり」行為が違法な争議行為を行おうとする者の決意を喚起するか又はかなりの程度助長・強化する具体的な危険を含むものであり、かつ、危険の実現として現実にその結果を生じさせたものであることが必要であろう。事後的に判断して、右の危険及び現実の結果が生じなかった場合には、違法な「あおり」を認めることができない。

もとより、右の意味において「違法な」あおり行為と認められたときといえども、憲法規範に照らし「綜合的違法判断ないし違法阻却判断」がさらに加えられなければならない。[128] とくに、労働者の経済的地位の向上の実現を目的として含む争議行為にあっては、憲法二八条に基づく争議権の保障が十分に尊重される必要があろう。この点につき、全農林警職法反対闘争事件上告審判決[129]は次のようにいう。「公務員の団体行動とされるもののなかでも、その態様からして、実質が単なる規律違反としての評価を受けるにすぎないものについては、その煽動等の行為が国公法一一〇条一項一七号所定の罰則の構成要件に該当しないことはもちろんであり、また、右罰則の構成要件に該当する行為であっても、具体的事情のいかんによっては法秩序全体の精神に照らし許容されるものと認められるときは、刑法上違法性が阻却されることもありうることはいうまでもない。」と。違法阻却の余地を原理的に肯認している点では妥当である。(130) これに対して、岩教組学テ反対闘争事件上告審判決(131)は、次のように判示する。「原判決は、右行為が争議行為にあたることを肯定しながらも、その目的が単なる政治的目的にすぎないものとはいえず、その手段、態様も、職場放棄というよりはむしろ教師本来の職務である平常授業を行い、ただ本件学力調査のためのテストを実施しないという消極的な不作為にとどまるものであるとして、そそのかし、あおり行為が違法性を有しないものと認めるべき理由の一つとしているが、それが地公法三七条一項の禁止する争議行為である以上、そのそそのかし、あおり行為が違法性を欠くものとすることができない」と。しかしながら、地公法三七条一項禁止の争議行為であるとの一事をもって違法性を欠くものではないとする論理は、綜合的であるべき実質的違法阻却の論理として不適切であると言わなければならない。即ち、労働基本権たる争議行為権の保障による利益と、争議行為によって生ぜしめられた国民生活への支障の重大さとを、全事情を勘案して比較較量することを要し、地公法上禁止されているとの形式的理由を絶対視すべきではなかろう。その点、本判決は、「前記争議行為は、その目的が文部大臣の文教政策に対する反対という政治的性格のものであり、また、市町村教委の管理運営に関する事項に属する学力調査の実施に対する反対の主張の貫徹をはかるためのものである点において、あるいはまた、その手段、態様が、市町村教委の管理意思を排除して、テスト実施場所である教室を占拠し、テスト対象者である生徒を掌握して、テストの実施を事実上不可能ならしめるという積極的な妨害を行うものである点において、それ自体としても、正当な争議権の行使として憲法上保障される限りではな」いと論じるが、本件ストが教育労働者の教育条件ないし内面的労働条件を守ることを目的としたものであったことに思いを到すならば、原判決判示のごとく、単なる政治的性格のものとは認め難く、また、原判決が、平常授業を行った行為を、テストを実施しない不作為に止まると認定したのに対して、本判決が、市町村教委の管理運営に対する積極的妨害行為であると認定したことについても疑問なしとしない。[132]さらに、原判決説示のごとく「長期にわたり岩手県の県民生活全体に重大な障害をもたらしたわけでもなく、……その手段、方法としても何ら暴力の行使その他不当性を伴わないことに鑑みると」、「可罰的違法性」を具有するものと認めることは困難であろう。東京地判昭和五五・三・一四[133]も、「[二]　可罰的違法性阻却の主張について」と題して、「あおり等の行為に該当する行為であっても、その目的、規模、手段方法、その他一切の具体的附随事情に照らし、右罰条が刑事罰を科するにあたって予定している程度の可罰性をも欠き法秩序全体の精神に照らし許容されるものと認められるときは、違法性が阻却されることがあるとかいう議論には、当裁判所も、一般論としては異論はない。」と判示した。「法秩序全体の見地からみて違法性が阻却される場合にあたる」か否かを問う場合、[134]「本件ストの態様は、単純な労務不提供を内容とし、かつてみられたような積極的妨害行為やこれに類する手段を含むものではなかったこと、被告人ら組合幹部が争議の指導にあたってことさら虚偽・誇大な言動を用いたというわけではないこと等の事実」を認め得る本件において、いかに組合側の主張が国民にとって直ちには納得されにくい問題を含んでいたとしても、また、本件ストの実施規模が局地的なものではなく、全一日ストという極めて強力な手段を用いた争議行為であり、教育現場にもたらされた混乱による県民生活全体への障害があったとしても、ストによる県民生活への障害が、刑事法の領域における争議権の保障の利益に比して、より重大であったとは認められまい。本判決自身いみじくも認めているように、「スト参加校の多くにおいては、当日登庁した教職員を動員して、自習、下校時間の繰り上げ等の措置をとり、当日の混乱回避に努めたようであるが、その実態は、当日格別の事故なく終えることができた」のであるが、それに対して、本判決は、「初等教育の目的・性質に照らし、本件ストライキが教育ないし教育現場に及ぼした悪影響」ないし「一日の授業の欠落が本件のようなかたちで生じること、それが主として低年齢の児童・生徒の教育活動のなかで生じることがもたらす悪影響」を誇張する。しかし、低年齢の児童・生徒といえども、成長にしたがい、社会の様々の仕組み・あり方を学習・理解していくのであって、正当な労働基本権の行使を児童・生徒に毅然と示すことが、何故に「悪」影響をもたらすと断じ得るのか理解に苦しむところである。「法秩序全体の見地」からする「違法阻却」の幅が不当に狭いものと評さざるを得ない。憲法上の労働基本権を十分に尊重し、憲法を頂点とする全法秩序の見地から綜合的に判断して、実質的違法性を欠くとの結論を下すのが妥当ではなかったであろうか。

因みに、岩教組学テ反対闘争事件上告審判決(135)は、さらに道路交通法違反の行為につき、争議禁止規定が合憲であることならびに本件行動が憲法二八条の保障する団体行動権の範囲に属さないことを認めた上で、「その手段、態様において道路上における正当なピケッティングとして是認しうる程度を超えるものがあったといわざるをえないことを考えると、……正当な団体行動権の行使として刑法上の違法性を阻却すべき事由があるとすることはできない。」と判示する。しかも、多数意見は、「憲法二一条の意見の表明の観点からみても、……その手段、態様に照らすときは、同条の保障する意見表明活動として正当化される限度を超えているといわざるをえない」と述べるが、これに対して、団藤反対意見は、「形式的には道交法違反(同法七六条四項二号、一二〇条一項九号)の構成要件に該当することになったとしても、それだけで当然に違法性を認められるものではなく、むしろ原則的には、憲法二一条によって保障される表現の自由の行使として、刑法三五条によって違法性が阻却されるものといわなければならない。」と力説する。「被告人らはもっぱら教育長らを対象として説得行為を繰り返しただけで、一般人は自由に通行できたのであるから」、綜合的に違法性の有無を判断すれば、刑法三五条を援用することの適否を措く(136)と、原判決及び団藤反対意見のように、道交法違反の行為についても違法阻却を認めるのが相当である。

2　国家公務員法一一一条違反の「そそのかし」の罪と「可罰的違法性」

国公法及び地公法上の「あおり」等の罪と同様に、「そそのかし」の罪も、刑法の「構成要件―違法」論に対して極めて興味深い問題を提起した。とくに、外務省機密漏洩事件をめぐる第一審判決（東京地判昭和四九・一・三一刑集三二・三・五三二）、控訴審判決（東京高判昭和五一・七・二〇高刑集二九・三・四二九）及び上告審決定（最一小決昭和五三・五・三一刑集三二・三・四五七）は、その縮図であると言っても過言ではない[137]。第一審判決は、「国家公務員法一一一条所定の『そそのかし』とは、国家公務員法一〇九条一二号、一〇〇条一項所定の秘密漏示行為を実行させる目的をもって、当該公務員に対し、右行為を実行する決意を新たに生じさせるに足りるしょうようをし、これにより相手方である当該公務員が新たに実行の決意を抱いて実行に出る危険性のある行為を意味する」ものと解し、被告人の行為が国公法一一一条所定の「そそのかし」に該当すると認めはしたものの[138]、正当行為性につき吟味を加え[139]、「被告人西山の前記各しょうよう行為は手段方法の相当性に欠ける点があるけれどもこれと目的の正当性の程度及び利益の比較衡量の点とを総合判断してみると、これが処罰されてもなおやむを得ないと断定することができないというべきであり、従って被告人西山の前記各しょうよう行為は正当行為性を具備しているということができる。」と判示した。本判決に対しては、批判[140]もあるが、その骨子において、妥当な法感覚に裏打ちされたものと評すべきであろう。本判決の依拠した論理は、正当行為論であった[141]。

それに対して、控訴審判決は、「合憲的限定解釈の手法」に拠った[142]。しかし、これは、控訴審判決の意図とは裏腹に、「不明確な限定解釈」を排斥する最大判昭和四八・四・二五の趣旨に真っ向から反する虞れを内含する[143]。即ち、右控訴審判決は、「そそのかし」の意義につき、「取材の対象となる公務員が、秘密漏示行為に出るかどうかについて、自由な意思決定をすることを不可能とする程度の手段方法を伴ってなされる秘密漏示行為のしょうよう行為、及び取材者の加えた影響力により、取材の対象となる公務員が、秘密漏示行為に出るかどうかについて、自由な意思決定をすることが不可能な状態になっていることを認識し、その状態を利用してなされる秘密漏示行為のしょうよう行為が、これに該当するもの」と限定的解釈を施した[144]。しかし、ここで提示された限定解釈の基準は、かなり不明確なものと言わざるを得まい[145]。さらに、「今回の判決の真意が、国公法第一一一条、第一〇九条第一二号を報道機関による取材活動に関して適用する場合には限定解釈をすべきであるとするのなら、犯罪主体のいかんによって犯罪構成要件が伸縮するそのような限定解釈自体が憲法第一四条に違反するおそれがある」との批判[146]も甘受せざるを得ないであろう。また、その結論においても、関係文書を頼むとの指示に止まり、何ら脅迫的言辞を弄さなかった本件の場合、蓮見事務官が「どうにも逃げられない気持」になっていたとしても、「自由な意思決定をすることが不可能な状態」を利用したものと称し得るかどうか、甚だ疑問といわざるを得ない。以上の意味において、本判決には、論理及び結論いずれの点においても疑問がある。本判決が採用した限定解釈論が、構成要件の限定解釈によって、具体的場を考慮すべき綜合的違法判断を画一化・矮小化したところに、批判をゆるす根本的な要因が存在したと言わなければならない。

上告審決定は、控訴審判決の論理を容れず[147]、被告人の行為を「そそのかし」に該ると認めるかたわら、「報道機関の国政に関する報道は、民主主義社会において、国民が国政に関与するにつき、重要な判断の資料を提供し、いわゆる国民の知る権利に奉仕するものであるから、報道の自由は、憲法二一条が保障する表現の自由のうちでも特に重要なものであり、また、このような報道が正しい内容をもつためには、報道のための取材の自由もまた、憲法二一条の精神に照らし、十分尊重に値するものといわなければならない」とし、「報道機関が取材の目的で公務員に対し秘密を漏示するようにそそのかしたからといって、そのことだけで、直ちに当該行為の違法性が推定されるものと解するのは相当ではなく、報道機関が公務員に対し根気強く執拗に説得ないし要請を続けることは、それが真に報道の目的からでたものであり、その手段・方法が法秩序全体の精神に照らし相当なものとして社会観念上是認されるものである限りは、実質的に違法性を欠き正当な業務行為というべきである。」と判示した[148]。報道機関に携わる記者の取材活動につき、「構成要件の違法推定機能が働かない正当業務行為」に該るか否かを吟味した点に、本決定の特色がある。惟うに、新聞記者の取材行為に対し、まず第一に、業務行為としての正当性を検討するのは当然であろう。しかし、右の正当業務行為論に依拠することが、正当化される範囲の拡大につながるわけではない。むしろ、本決定が取材行為を正当業務行為と解した客観的意義は、憲法二一条に基づいて尊重されるべき権利・自由の享受を、報道・取材等を業務とする者に限局したところにある。即ち、憲法上の権利に基づいて綜合的に行われるべき刑法上の正当化を、業務行為としての正当化として、いわば全くの刑法の領域を出ない低次元の問題へと矮小化した点に、本決定の本質がある。その結果、法益衡量が、情報源の秘匿、取材方法の倫理性等の、記者たる者の業務行為の正当性の問題の背後へと退いてしまった観を呈している。[150] しかし、記者の業務行為としての正当性を認め得ない場合でも、さらに、「可罰的違法性」の存否を検討する余地を認めるべきである。即ち、さらに、綜合的違法判断が下されなければならない。[151] 本件の場合、記者としての倫理にいささか背いてはいるにせよ、重大な国民的利益を守るために出た行為であり、しかも、外交交渉等にさほどの支障も生じなかったことを考え併せると、違法な行為と断じることはできまい。少なくとも、綜合的違法性を欠くものと解すべきである。[149]

3　国家公務員法一一〇条一項一九号（同法一〇二条一項及び人事院規則一四―七第六項違反）の罪と「可罰的違法性」

国公法一〇二条一項は、「職員は、……人事院規則で定める政治的行為をしてはならない」と規定し、同法一一〇条一項一九号は、右の「政治的行為の制限に違反した者」に対して罰則を定めている。さらに、人事院規則一四―七は、国公法一〇二条一項の委任を承けて、同規則六項一ないし一七号に、禁止すべき政治的行為を列挙する。このことは、第一に、国家公務員の政治的行為を広汎かつ一律に禁止することが憲法二一条に反するものではないか、第二に、国公法が人事院規則に対して一見一般的・包括的に委任していることが憲法三一条に違反するのではないか、等の憲法問題を生じさせた。昭和三〇年代まで、最高裁判例は、右規則が憲法一四条に違反しない旨判示するにとどまっていたことから、[152] 旭川地判昭和四三・三・二五刑集二八・九・六七六[153]が、国家公務員の政治的行為を地位・職務内容等のいかんに拘らず、しかも勤務時間の内外を問わず、広汎かつ一律に禁止し、その違反に対して所定の刑罰を科することを予定する国公法一一〇条一項一九号につき、「非管理職である現業公務員で、その職務内容が機械的労務の提供に止まるものが、勤務時間外に、国の施設を利用することなく、かつ職務を利用し、若しくはその公正を害する意図なしで行った人事院規則一四―七、六項一三号の行為で且つ労働組合活動の一環として行われたと認められる所為に刑事罰を加えることをその適用の範囲内に予定している国公法一一〇条一項一九号は、このような行為に適用される限度において、」憲法二一条及び三一条に違反するとの判決を下すにおよんで、下級審判決には、昭和四〇年代半ばの最高裁判所の自由主義的雰囲気を反映して、いわゆる適用違憲の判断を下すものが少なからず出現した。[154] 同時に、違憲とは断じないまでも、「可罰的（実質的）違法性」の理論に基づいて無罪を言渡したものと解し得る判決も散見される。例えば、東京高判昭和四七・四・五刑集二八・九・八二二[155]は、原審の有罪判決[156]を破棄し、「被告人らの所為は……、所為の態様として勤務時間に近接し、勤務庁施設内の行為であり、この限りにおいて公務員の立場に基づく行為といわざるを得ないのであるが、行為の主体の面からいえば、被告人石井は統計官の地位にあったとはいえ、その職務内容は他の両被告人と共に裁量権のない機械的職務に従事する非管理職と見るべきものであり、行為の態様としては、組合の候補者推薦決定を内容とする文書の配付であって、その方法は組合の日常活動としてとられていたいわゆる朝ビラの配付であるから、たまたまその行為が形式上政治的行為に該当するにせよ、組合活動に随伴する行為として違法性は低いのみならず、原審認定結果も被告人石井は一一枚、同蓼沼は六枚、同金井は一四枚の各同僚に対する配付であり、被告人らの主観においても、割り当てられた組合の日常行動としての意識が主潮をなすもので、違法性の認識において軽度のものというべきであるから、以上を綜合すれば、被告人らの所為は社会生活上行為の通常性を有するものであって、実質的違法性を欠き、刑罰をもって処断するに価する行為とは認められない。」と判示した。仙台高判昭和四七・四・七判時六七一・九九[157]も、「その職務の内容が政策決定や裁量権を伴う行為にたずさわることがなく、もっぱら機械的労務の提供に止まる職員が職務の遂行と認めるに足りる外観的状況もなく、勤務時間外に、しかも国の施設等を利用することなくして行なう前記規則六項七号、一三号所定の政治的行動については、これに対し刑事罰をもってのぞむのを相当とする程度の違法性は見出し難いところであって、かかる行為については、国公法一一〇条一項一九号の適用はないものと解するのが相当である。」と述べて、原審の無罪判決[158]を結論的に是認した。これらの判決は、基本的に妥当と言うべきであろう。国公法一一〇条は、構成要件の実質の定立を人事院規則に一般的包括的に委任している点において、罪刑法定主義の原則、ひいては憲法三一条に違反する疑いが極めて濃厚であり、また、国家公務員の政治活動を広汎かつ一律に禁止し、違反行為に罰則を定める点において、憲法二一条に違反する疑いが濃い。さらに、仮に違憲とは断じ得ないとしても、「可罰的（実質的）違法性」の存否を厳格に論定することによって、表現の自由等の基本的人権を最大限尊重すべきであろう。[159]

昭和四八年に至り、最大判昭和四八・四・二五[160]が出されるに及び、官公労に対する最高裁判所の基本的姿勢の転換に呼応して、下級審裁判所においても、国家公務員の政治活動に対する無罪判決は、影を潜めるに到った。例えば、高松地判昭和四九・六・二八刑集三五・七・七七六[161]は、「行政の中正、能率的継続的安定的運営」と、これに対する国民の信頼の獲得を、「全体の奉仕者」[162]たる公務員に対する、「公共の福祉」からの強い要請として捉え、公務員の政治的活動の制約は立法府の裁量に属すべきものとし、司法的介入はその裁量に甚だしい不合理な逸脱がない限り差し控えるべしと判示して、郵政事務官たる被告人の勤務時間外に行った選挙演説会における応援演説を、「それ自体として公務員の中立性を阻害するもので、ひいては行政の十全な運営を阻害するおそれがあるもの」であると断じた。[163]

昭和四九年一一月六日に出された猿払事件、徳島郵便局事件及び総理府統計局事件に対する最高裁大法廷判決（刑集二八・九・三九三、六九四及び七四三）も、原審の無罪判決をすべて破棄するという極めて厳しい内容のものであった。まず、猿払事件上告審判決は、第一に、行政の中立的運営の確保とこれに対する国民の信頼の維持を憲法の要請として捉え、「公務員の政治的中立性を損うおそれのある公務員の政治的行為を禁止することは、それが合理的で必要やむをえない限度にとどまるものである限り、憲法の許容するところである」と述べる。だが、これに対しては、行政の中立性と公務員の中立性とを区別していない論理の飛躍が認められるとの正鵠を得た批判[164]

がある。さらに、右の「おそれ」は、行政の中立的運営に対する関係において実質的に考察されなければならず、[165]また、客観的とは限らない国民の信頼を濫りに援用することは失当であろう。右最高裁判決は、第二に、公務員の政治的行為の禁止を、「単に行動の禁止に伴う限度での間接的、付随的な制約に過ぎず、かつ、国公法一〇二条一項及び規則の定める行動類型以外の行為により意見を表明する自由までをも制約するものではな」いと言う。しかし、右規則は、公務員の政治的行為を殆ど網羅的に列挙しており、意見を表明する自由はなきに等しいことに注意しなければならない。さらに、いかなる表現方法を選択するかの自由も、表現の自由の本質を形成するものであることに思いを到すべきであろう。第三に、右判決は、「本件において問題とされる規則五項三号、六項一三号の政治的行為は、特定の政党を支持する政治的目的を有する文書の掲示又は配布であって、……政治的行為の中では党派的偏向の強い行動類型に属するものであり、公務員の政治的中立性を損うおそれが大きく、このような違法性の強い行為に対して国公法の定める程度の刑罰を法定したとしても、決して不合理とはいえず、したがって、右の罰則が憲法三一条に違反するものということはできない。」として、適用違憲論を斥けている。だが、本罪の保護法益は、前述のように、「公務員の政治的中立性」ではなく、「行政の中立的運営」であると解さなければならない。[166]即ち、「公務員の政治的中立性を損うおそれ」は、行政の中立的運営に対する関係においては、極めて抽象的かつ稀薄な危険に過ぎず、本罪の合理的な処罰根拠たり得ないものと言わざるを得ない。以上、本罰則を合憲とする判決の論理には、根本的な疑義を抱くものである。

同様のことは、本罪の「実質的違法性」に言及した総理府統計局事件上告審判決についても当て嵌まる。本判決は、実質的違法性論に立脚した原審の無罪判決[167]を、単に、「たとえ原判決の判示するように、本件各行為が、裁量権のない機械的職務に従事する非管理職の公務員により、その職員団体が日常活動として行っていたいわゆる朝ビラの配布の方法で、主として同団体の日常行動として行う意識でなされたものであり、文書の内容が同団体の候補者推薦決定を記載したものであり、各被告人の配布した文書の枚数が六枚ないし一四枚であり、かつ、同僚に対して配布した場合であっても、右のごとき事情は犯情に影響するにとどまり、国公法一〇二条一項、規則五項一号、六項一三号違反による同法一一〇条一項一九号及び公選法一四六条一項違反による同法二四三条五号の各罪の違法性を失わせる事情となるものということはでき」ないと判示して破棄したが[168]、原判決判示の事情は、行政の中立的運営に対する危険の発生の有無を左右し得るものであり、実質的違法性を否定するものたり得ると解すべきであろう。

さて、以上のような判例の立場は、現在もなお踏襲されていると言ってよい。ただ、高松簡易保険局事件上告審判決（最一小判昭和五六・一〇・二二刑集三五・七・六九六）においては、注目すべき補足意見ならびに反対意見が付されるにいたった。まず、団藤反対意見は、「国公法一〇二条一項の人事院規則への委任……を合憲とみるためには、罰則に関するかぎり、特定委任といえる程度に、この規定をしぼって解釈する以外にない」との見地から、「公務員の政治的中立性ないしこれに対する国民の信頼を現実に害するもの、すくなくとも、これを害するような具体的な危険性があるものにかぎって、その内容の規定を人事院規則に委任したもの」と解することによって、「現実の侵害ないし侵害の具体的危険性がないかぎり、国公法一一〇条一項一九号の罪の構成要件該当性を欠く」と説示する。保護法益に対する危険の角度から限定解釈を加えた見解として注目に値するが、保護法益の内容の把握ならびに「具体的危険犯」化の論理には疑問が残る。前者については、谷口反対意見も、「国家公務員のする選挙に関する政治活動が行政の中立性ないしこれに対する国民の信頼をゆるがすおそれがあり、民主的政治過程を不当にわい曲する危険を招くばあいがある」としながら、他方において、「前に述べた国家公務員の政治的中立性ないしこれに対する国民の信頼を保護法益とするもの」と述べ、一貫性を欠く憾みを残す。谷口反対意見は、さらに、「禁止処罰の対象となる行為の違法性は行為の主体が国家公務員であることによるものであって……行為の違法性がその主体の身分的属性により導かれるものである以上、行為がその主体の身分的属性と全く関係なく行われたばあい、すなわち、行為並びに行為の附随事情を通じて行為主体の身分的属性が毫も当該行為と結びついてこないばあいには、抽象的にせよ法益侵害の危険性はないものというべく、」「およそ法益侵害の危険を伴わない行為を違法として処罰することは、刑罰法の基本原則に反する。」と力説するが、政治的行為と主体の身分的属性との結びつきを要求する立論は、保護法益を公務員の政治的中立性それ自体ではなく行政の中立的運営に見出してこそ生まれるもののように思われる。また、谷口反対意見が、抽象的危険の不存在による本罪の不成立を、「国家公務員として選挙に関する政治活動をしたものと断定」し得ない場合にのみ限る趣旨であるとするならば、それは狭きに失する見解と言わざるを得まい。さらに、谷口裁判官の反対意見は、最近有力に主張されている「抽象的危険犯の実質化」の思想と軌を一にするものと解されるが、ただ、その実質化のための解釈を、「法規の文言に拘らず構成要件該当性の判断の作業である。」と明言する点に、根本的な疑念を表明せざるを得ない。[169]反対意見が、本罰則を合憲とみるために構成要件の限定を必要と解したのであれば、率直に「違憲」の判断を下すべきであった。[170]次いで、中村補足意見は、一般論としては、行政の中立性（ひいては行政公務員の政治的中立性）とこれに対する国民の信頼の確保を保護法益と解し、これに対する現実の侵害ないし侵害の具体的危険性の存在を要件とする反対意見に同調しながらも、「多種多様な禁止規定のすべてを同じ基準で処理すること自体」に対して疑問を呈し、「行為自体がその性質上公務員の政治的中立性に強く抵触すると考えられるようなものとか、行政の中立性に格別影響を及ぼさないような場合もないではないが、それは極く例外の場合に限られるというような行為については、抽象的危険の存在をもって足りるとして差支えない場合もありうる」として、「公職選挙における選挙運動に行政公務員が深く結びつき、これに関わること自体が一個の大きな問題をもつものであり、その関与形態が行政公務員の政治的中立性を強くそこなうと認められる前記のようなものである限り、立法者が、これをそれ自体として一般的に行政の中立性とその能率的運営及びこれに対する国民の信頼の確保等行政公務員の政治的中立性を要求する根拠となる公共の利益に対する重大な侵害の危険性を有する行為類型と認め、右法益を保護するためにこれを一般的に禁止する必要性があると判断することには、これを支持する合理的根拠がある」と説示した上で、当該事案については、「演説に際して自己の身分を明らかにしたことがなく、また、それが右候補者らやその属する政党との間の組織的なつながりその他の政治的背景の下でされたものではなく、専ら一書家としての立場からの発言としてされたものであるとしても、また、それが、職務と全く関係なく、かつ、勤務時間外に勤務場所以外の場所でされた行為であるとしても、これにつき規則の上記規定及び法一〇二条一項、一一〇条一項一九号を適用して被告人に刑を科したことになんら憲法及び法令違反の廉はない」と述べるのである。しかし、中村裁判官自ら認めるように、「当該公務員の属する行政主体の事業の内容及び性質、その中におけるその公務員の地位、職務の内容及び性質等のいかんにより、選挙運動への積極的関与が上記法益に及ぼす影響の程度や重要性に相違が生じうることは十分に考えられる」ところである。ところが、中村補足意見は、その個別的測定の困難さや、多数の行政公務員の行為による累積的、波及的効果という面の弊害を強調することにより、「選挙運動への積極的関与という行為自体がもつ」法益侵害の危険性を肯認する。しかし、右の危険は「擬制された危険」に他ならず、具体的行為を直視して得られる「具体的な危険」ではない。人事院規則一四・七第五項一号、第六項八号に関する限り、中村補足意見は旧来の「抽象的危険犯」説と軌を一にする。

以上、判例に現われた諸見解に分析と論評を加えたが、要するに、国公法一一〇条一項一九号（同法一〇二条一項、人事院規則一四・七）は、第一に、国家公務員の政治的行為を広汎かつ一律に禁止・処罰することにより、公務員の私人としての政治活動の自由ひいては思想・表現の自由を不当に制限している点において、憲法二一条に違反することを免れず、また第二に、犯罪構成要件の実質的内容の定立を人事院規則に一般的・包括的に委任するものと考えざるを得ない点において、憲法三一条に違反する疑いを払拭し得ない。猿払事件上告審判決における反対意見(171)を基本的に正当とすべきであろう(172)。

因みに、国公法一〇二条一項及び一一〇条一九号を仮に合憲であると解した場合、刑法上いかなる解釈が提示されるべきか。法益侵害の角度から違法の実質を究明することが肝要である。まず、本罰則において予定すべき保護法益は、公務員の政治的中立性それ自体ではなく、客観的意味における行政の中立的運営であると考えるべきである。[173] そして、この行政の中立的運営を、公務員の偏頗的（党利党派的）政治活動によって侵害したりあるいは侵害する危険が客観的に認められる場合に、当該政治的行為は国家公務員法上違法と解されるであろう。この場合、本罪は、犯罪類型としては「具体的危険犯」ではなく「抽象的危険犯」に属するが、旧来の「抽象的危険」即ち「擬制された危険」の惹起を処罰根拠とすべきではない。「抽象的危険」を実質的に捉え、それを、本罪が一般的に予定する実質的違法性の要素と解すべきである。[174] 即ち、本罪にあっては、当該公務員が現業の非管理職的地位になかったか否か、担当の職務が特段の裁量の余地のない機械的労務ではなかったか否か、勤務時間外に勤務上の施設外の場所で行ったものではなかったか、公務員たる身分を明らかにせず一私人たる立場から行ったものではなかったか、公務員としての地位・影響を利用して行ったものか、等々の事情を総合的に勘案しながら、行政の中立的運営に対して具体的に危険を生じさせ、それによって国民の信頼を害する行為であったかどうかを厳密に吟味すべきであろう。そして、行政の中立的運営に「抽象的危険」すら生じさせない場合には、そもそも本罰則が予定する違法な政治的行為であるとは称し難い。次に、本罰則は、公務員の政治活動の自由、ひいては思想・結社・表現の自由に深くかかわるものであるから、総合的違法判断を行うことによって、行政の中立的運営の要請と公務員の基本的人権たる右の自由との間に更に調和を図ることが必要である。公務員といえども一私人としての政治活動の自由は最大限保障されるべきであるから、行政の中立的運営に対して前述の「抽象的危険」を生じさせるにとどまった場合にまでも本罰則所定の刑罰を科することは、行き過ぎの感を免れまい。行政の中立的運営を重大に阻害するかあるいは重大に阻害する明白な「具体的危険」を生じさせ、それによって国民の信頼を甚だしく害した場合にのみ、その行為は「綜合的違法性」を具有するものというべきであろう。

（三）　軽犯罪法一条三三号違反の罪と「可罰的違法性」

軽犯罪法の罪は、一般に、「国民の日常生活における卑近な道徳律に違背する比較的軽微な犯罪」であるとか、[175]「日常の社会生活におけるいわば最低限度の道徳律に違反するもの、即ち社会倫理的にみて軽度の非難に値いし、その法益侵害による違法性の程度の軽微なもの」[176]であると解されている。しかし、単に道徳律又は社会倫理に違反するものを定めていると考え得るであろうか。各号所定の行為は多種多様であるが、ともに重罰に値する重大な法益侵害とは言えないまでも、公衆その他の被害者に対して何らかの危害もしくは迷惑を及ぼすか又はこれを及ぼす虞のある行為であり、単に「公衆道徳」を保護しようとするものではないと言わなければならない。

軽犯罪法一条三三号は、「みだりに他人の家屋その他の工作物にはり札をし」た者を、拘留又は科料に処する旨定めている。本号につき、工作物及び標示物に関する財産権・管理権を保護するほか、その美観を保護する趣旨を含むものと解する見解[177]があるが、しかし、「禁札その他の標示物を取り除〔く〕」行為の処罰と美観の保護とは必ずしも結び付かず、また、地域等の美観のような公共的利益を独立の保護法益と解することも失当であるから、端的に、所定の物件に対する他人の財産権・管理権を保護するものと考えたい。[178]

さて、本罪については、軽犯罪法が本来軽微な法益侵害を予想しているとの理由に基づき、法益侵害が軽微といえども実質的違法性を欠くものではないとする有罪判決が多い[179]なかで、大森簡判昭和四二・三・三一（判時四七八・五〇）は、「みだりに」の文言を、社会通念上是認し得る理由が存在しないことを意味するものと解し、「行為の動機及び目的と、行為の手段、方法、態様、場所柄及び之によって生じた公益又は私益の侵害度とを比較考量し」て、憲法の保障する表現の自由の権利行使として社会通念上是認されるべきか否かを判断すべしと判示した。しかし、次の控訴審判決を俟つまでもなく、右第一審判決の掲げる諸事情の存在を、「みだりに」の概念の解釈にあたり勘案することは困難であろう。控訴審判決（東京高判昭和四四・七・三一前出）は、正当にも、「みだりに」の解釈が行為の目的・動機の正当性や手段方法の相当性とは関係がないことを認めたが、しかし、違法性の有無をめぐり、不当にも、「公共の福祉のため、必要にして合理的な制限を定めた軽犯罪法一条三三号に違反」するとの一事をもって、いわば形式的に、ビラ貼り行為を、自由の権利の濫用であると断じた。表現の自由の権利行使をより尊重する見地から、総合的違法阻却の余地を探究すべきであった。「はり札をした」という文言を厳格に解釈した判決もある。(180) 付着の態様・程度の観点から、「はり札」を厳格に解釈すべきは当然であろう。

しかしながら、このように本条の構成要件を厳格に解釈したとしても、本罪を合理的に限定し、さらに表現の自由の保障を十分に尊重するためには、自ずと限界があると言わざるを得ない。まず、財産権、管理権を侵害する「みだりにはり札をした」行為に該当する場合でも、付着の態様によりはり札の取り外しが容易であるとか、はり札の数量、貼付された物件の性質、形状、(181) 汚損の程度、状況などの具体的情況に照らして、法益侵害（財産権、管理権の侵害）の程度が極めて軽微であると認められるときには、本罪が一般的に予定している違法性を具有しないものと言うべきであろう。拘留、科料という軽微な刑罰が定められているからといって、例えば電柱に少量のビラを貼るなど極めて被害軽微な行為に対してまで、所定の刑罰を科することが合理的であるとは到底考えることができない。(182) さらに、「はり札」行為が、表現の自由等の基本的人権の行使として為され、かつ法益侵害の程度が比較的軽微な場合には、綜合的違法性を欠くものと言うべきであろう。(183) 高知簡判昭和四二・九・二九(184)（下刑集九・九・一二一九）は、電柱二本に韓日条約反対のビラ四枚を貼付した事案に対し、「市内各所の電柱に雑多なビラ類が貼付され、本件現場である帯屋町筋においても、条例の期待する街の美観風致は、已に、かなり損われていたと認められる当時の状況下においてなされた被告人らの前示はり札行為をみる場合、これにより地域の美観風致の損傷に加うるところは極めて軽微なものと認むべく、また所有者側における迷惑感の程度も、それが住宅・事務所等の場合とは一般に美観についての関心の度合いを著しく異にするとみられる本件対象物―電柱―の性格から考え、ほとんどいうに足りないものと認められ、一方、ビラの内容は前記のとおり一つの政治的意見を表明しこれを世人に訴える趣旨のものであり、また、形状色彩・貼付態様等においても特に醜悪異常の廉も認められないのであって、被告人らの本件行為は、それぞれの立法目的からこれを実質的にみて、屋外広告物取締条例および軽犯罪法において可罰対象とする程度の違法性を有しないものと認めるのを相当と考える。」と判示したが、保護法益に関する理解を除けば、綜合的違法判断に基づいた判示であると解する限り妥当と思われる。さらに、高松高判昭和四三・四・三〇（判時五三四・一九）は、自動車運転試験場建設用地西側のコンクリート製外壁に、丸善石油による廃液たれ流しを糾弾するビラ一九枚を貼付し、また、墓地石垣に同様のビラ三枚を貼付したとの事案につき、被告人が本件行為を為すに至った経過、動機、目的を詳密に検討した上で、「一般的には『みだり』になされたものと解しうる」としながら、「軽犯罪法における構成要件の解釈については、同法の性質上卑近な道徳律違反の行為を加罰化したものであるから、軽微な違法についてもこれを看過すべきものでない点を十分考慮するとしても、その行為の目的、態様、保護法益（個人法益のほか、地域の美観等公共的法益も含めて）侵害の程度等諸般の事情を考慮し特段の事情のある場合は前記承諾を得ていないのにかかわらず、社会通念上正当とせられ同法一条三三号前段の規定に該当しない場合もありうると解すべきところ、被告人が本件ビラを貼付するに至った経過、目的、貼付方法、その場所等を考慮すると、本件においては、被告人が貼付についてそこの工作物の管理人に対し承諾を得ていないけれども、被告人の本件所為につき、前記認定の諸事情は、正に社会通念上、これを正当視せられるべき特段の事情にあたり、同法一条三三号前段の犯罪を構成しないものと解すべきである。」と判示した（無罪確定）。「（軽犯罪法）一条三三号前段の規定に該当しない」とか「同法一条三三号の犯罪を構成しない」という判示の仕方は、表現において明確さを欠く憾みがあるが、綜合的違法判断に基づき、本件ビラ貼り行為が社会通念上是認し得ない違法な行為であるとは評価し得ない、とする趣旨であるとするならば、基本的に妥当である。

（四）　暴力行為等処罰ニ関スル法律一条違反の罪と「可罰的違法性」

暴力行為等処罰ニ関スル法律一条は、いわゆる集団的暴行、脅迫及び毀棄の罪につき、「団体若ハ多衆ノ威力ヲ示シ」、「団体若ハ多衆ヲ仮装シテ威力ヲ示シ」又は「兇器ヲ示シ」もしくは「数人共同シテ」暴行、脅迫又は器物毀棄を行った場合を、刑法典上の暴行罪等よりも加重して罰することを定めている。本罪においては、刑法典上の罪を基本類型として含むために、特別刑法犯固有の色彩は比較的薄い。実際にも、憲法上の基本的人権の行使と関連して、例えば労働争議に際しての集団交渉等の集団行動に伴う暴行、脅迫又は毀棄行為の「可罰的違法性」又は「実質的違法性」の存否が争われることが多い。これは、刑法典上の暴行罪等にも共通する「綜合的違法性」の問題である。

本罪をめぐる判例としては、大阪学芸大事件上告審決定（最一小決昭和四八・三・二〇判時七〇一・二五）をまずあげるべきであろう。本決定は、「違法阻却事由ないし正当化事由に関する刑法の解釈と適用を誤った違法がある」との検察官の上告に対して、「職権で調査するも、いまだ刑訴法四一一条を適用すべきものとは認められない。」と判示して、「本件において学生達が小川巡査を学大内へ強制的に連行するために施用した有形力の行使は、きわめて短時間かつ短距離の範囲であり、殴る蹴る等の悪質苛酷な暴力は全く行使せず連行に必要な最少限度の腕をかかえ引張り、或ひは後ろから押す等の程度に止まっていて法益侵害の程度はきわめて軽微である。」との理由により「本件暴力行為は可罰的評価に値するほどのものとは認められず、これを不問に附し犯罪として処罰の対象としないことがむしろわが国の全法律秩序の観点からして合理的であると考えられ、原判決の結論である超法規的違法阻却の是認も結局これと同趣旨に帰するものと解される。」として無罪を言渡した控訴審判決（大阪高判昭和四一・五・一九判時四五七・一四）を是認した。これに関しては、「いまだ」の文言を重視し、「結局、本決定で被告人の無罪は確定するけれども、一、二審判決の法的見解ないしその本件への適用が最高裁によって全面的に肯認支持されたものと理解すべきではない」と解する向き[185]もあるが、しかし、無罪の結論が維持されたことの意義は大きい。その後、最判昭和五〇・一二・二五[186]（刑集二九・一一・一〇〇七）が出されてもなお、前記判例は生きているわけである。

ところで、本罪の成否をめぐり、「可罰的違法性」ないし「実質的違法性」の理論に実質的に立脚して無罪を言渡す立場は、理論的に次の四類型に大別し得るであろう。[187]

その第一は、刑法典上の暴行罪、脅迫罪又は毀棄罪の構成要件に該当しないことをもって、本罪不成立の理由とするものである。ただ、この立場のものには、京都地判昭和四六・三・三一[188]（判タ二六六・二二六）や名古屋地裁岡崎支判昭和四七・二・三[189]（判タ二七七・三六六）など、後述する第三の類型と融合した形のものが多い。

第二は、刑法典上の暴行罪等の違法性を欠くとする立場である。この立場は、さらに、単に違法性を欠くと判示するもの[190]と、労組法一条二項等による刑法三五条の適用を前提とするもの[191]とに分れる。

第三は、暴力行為等処罰ニ関スル法律一条所定の集団的（共同）暴行罪等の構成要件に該当しないとする立場である。例えば、徳島地判昭和四四・三・二〇（刑裁月報一・三・二六六）は、失対労務者による公共職業安定所に対する団体交渉に付随して行われた軽微な暴行につき、「外形的には一応いわゆる共同暴行罪の構成要件に該当するとみられるが」事件発生に至る経緯、その目的、態様等に照らして、「団体交渉権の行使の手段として是認さるべく、反社会性において極めて軽微であり、昭和三九年法律第一一四号による改正前の暴力行為等処罰ニ関スル法律第一条第一項刑法第二〇八条に定める共同暴行罪をもって処断すべき程度の違法類型にあたらず、実質的には、未だ、その構成要件に該当するに至らないものと解すべきである。」と判示した。[192]しかし、これらの場合になすべき「綜合的違法判断」を、構成要件該当判断へと矮小化してしまうことには、根本的な疑義がある。

第四は、いわゆる集団的暴行罪等の違法性を欠くと解する立場であり、これは、第二の類型と同様に、さらに、刑法三五条の適用を前提とするものとしないものとに分れる。前者の例としては、仙台高判昭和四六・五・二八（刑集二九・一一・一〇七四）がある。[193]本判決は、刑法三五条の趣旨に照らし正当行為とすべき場合があることを認め、被告人らの行為につき、「いずれも暴力行為等処罰に関する法律一条の構成要件に該当すると認め得る」とした上で、目的の正当性、手段の相当性ならびに法益の均衡を考慮して、「法秩序全体の理念に照らし、前記罰条をもって処罰しなければならないほどの違法性があるとは認められない。」と判示した。(194) この立場は、既に述べた荘子説と同様の問題を含んでいる。(195)

次に、後者の例としては、大阪地判昭和四七・四・二一（判タ二八五・三一六）が、市当局と住民団体との集団交渉における被告人らの言動に対して、「右言動は暴力行為等処罰ニ関スル法律一条および一条の三（刑法二二二条）に外形的に該当するとしても、……未だ右法律違反の罪として処罰すべき程度の実質的違法性を有していない」と判示している。また、仙台高判昭和四八・一〇・八（判タ三〇一・二九九）は、ＮＨＫ山形放送局事件に関して、「書面による確約を拒否し、県労評側の要求に俯いて沈黙を続け、まともに交渉に応じようとしない西内局長に対し、交渉に応ずるようにと同人の顎にこぶしをあてて顔をあげさせようとした被告人五十嵐の所為、および確約書を書けと手にした紙片を西内局長の眼前に突きつけて、その一端を俯いている同人の顔面を下から上にすりあげように接触せしめた同被告人の所為は、西内局長の身体に対する有形力の行使として暴行罪の構成要件の充足性を全く否定することはできないが、これらの所為は前示の如き相手方の挑発的で不信義な行動に対し、これを非難してその責任を追及し、現にいまだ行なわれている不当労働行為を阻止すべく誠実な応答と書面による確約を求めてなした正当な団体交渉権の行使に際しこれに随伴してなされたものと解せられるのであって、かかる状況下における右程度の軽微な有形力の行使を、本件の正当な団体交渉の全過程の中から、特にその部分のみを抽出してとりあげ、これをあえて処罰すべきまでの違法性があるものとはいまだ認められない。」と判示した。判文のみを見ると、むしろ第二の立場に接近するが、本判決は他方において、「西内局長らを椅子から立たせ、パイプ椅子で床を叩き、灰皿を机に打ちつけるなどして口々に同局長を非難する野次をとばし、室内が騒然となったことも止むを得ない交渉過程のなりゆきというべく、西内局長らがこれにより威圧を受けざるを得なかったとしても、右の所為が正当な団体交渉の範囲を超える違法な多衆の威力と解するのは相当でない。」（傍点筆者）と説示しているところを見ると、実際は、暴力行為等処罰ニ関スル法律違反の罪の違法性を問題にしたものと解するのが相当であろう。また、本判決が「交渉過程におけるある所為が外形的には多衆の威力や強要等にあたると解せられる場合においても、その行為の違法性は団体交渉の全過程を検討のうえ決定されるべきものである」と強調していることから、第四類型の前者の立場に与するものと解する余地もある。逆に、本判決が、本件行為を労組法一条二項本文の適用範囲内に含まれるとはいえないと解しているものと見る見方もある。[196] しかし、いずれとも断定し難い。

ところで、裁判例には、「可罰的違法性の理論」の適用を認めながら、可罰的違法性を欠くものではないと判断したものも存在すること[197]は言うまでもない。その点において特に注目されるのが、東京高判昭和五七・一・二八（高刑集三五・一・一）である。[198] 本判決は、「被告人の行為が犯罪の構成要件を充足するとしても、実質的違法性がないので、犯罪は成立しない」との弁護人の主張に対して、一般論としてではあるが、「制度は常に社会の進展におくれて改革されるものであるから、この過程において、個人の行為が仮りに形式的に成文法に抵触することがあっても、実質的に違法の評価ができない場合がある」ことを認めた。ただ、被告人の本件行為については、「障害児の総合教育の実現のための運動という目的においては正当なものであるが、その手段としては相当なものとは到底認めがたく、結局被告人の本件行為に実質的違法性がないとする弁護人の主張を排斥した原判断は、結論において正当」であると判示した。「平和的な行動にとどめることが必要であった」とする部分にはにわかには賛同し難い[199]が、被害者の右胸を左手で小突き、右脚部に足をかけて右大腿部を蹴り、そして、ベルトの右脇腹付近を引っ張るなどの共同暴行の点については、微妙ではあるが、本判決の結論を妥当としたい。

以上の裁判例は、殆ど「綜合的違法判断」が前面に現われた場合であるが、もとより、本罪においても、「一般的違法性」の実質を考究することも必要である。[200] 本罪の加重根拠の実質をたずねることにより、本罪の実質的違法の内容を究明しなければならない。

「(本法の)立法理由は、不法な目的のもとに団結した暴力的団体等が不法な団結の威力などを背景として暴行・脅迫・器物毀棄行為をおこない、よって社会不安を醸成することに対処するために制定された」といわれる。(201) ただ、立法当初より既に、本法の規制する団体を必ずしも暴力団体にのみ限る理由はないとする見解が存在した。(202)

労働組合や政治団体も「団体」に含まれ、かつ、暴行行為やビラ貼り等が一般に構成要件に該当し違法たり得る行為であるとすれば、たとえ前述の立法趣旨を勘案したとしても、労働者の団体行動権など憲法上の基本権行使なるの一事をもって本条の適用を排除することは困難であろう。本条の不当な適用を回避するために、違法の実質の究明が不可避なる所以である。そこで、前述の立法趣旨に則り、集団による「力の行使」に基づく行為による社会不安の醸成に実質的な加重根拠を見出す見解(203)があるが、社会不安の醸成の有無が、本条の適用を限定するのに適切な基準でありうるかについては一考を要するであろう。(204) むしろ、基本的には、個人たる被害者の身体、自由もしくは財産に対するより強度又は大規模な危険の有無を基準とするのが妥当であろう。(205) 本条によるより重い処罰に値しない場合には、本罪の予定する「一般的違法性」を欠くものと解したい。

(五)　その他の特別刑法犯と「可罰的違法性」

夥しく存在している特別刑法犯において、「「可罰的違法性」の有無を問題とし得る犯罪は枚挙にいとまがない。そこで次には、「「可罰的(実質的)違法性」の存在を肯定もしくは否定した裁判例の中から、注目すべきものをいくつか摘出して考察を加えることにしよう。第一節における考察から明らかなように、「可罰的違法性」あるいは「実質的違法性」という概念は、学説・判例上多義的に用いられており、それは、特定の犯罪構成要件が一般的に予定している実質的違法性(「一般的違法性」)と、全法秩序の綜合的見地から刑法規範に対して実質的修正を施して得られる「綜合的違法性」とを含むものであった。両者を峻別すべきことは言うを俟ない。(206) 後者については、刑法全般に通じるより一般的な問題であるので、補足的に論及するにとどめ、ここでは、前者をめぐる裁判例を中心に、「一般的違法性」(207)を組成する三要素、即ち、保護法益の適格性、相当の侵害又は危険の惹起、ならびに行為態様の可罰性の角度から考察を加えたい。

二　裁判例に現われた「可罰的違法性」論

1　公職選挙法一四二条違反（法定外文書頒布）の罪及び一六六条一項違反（特定の建物及び施設における演説等）の罪と「可罰的違法性」

仙台高判昭和四九・五・一四（刑集三一・一・六〇）は、仙台市役所労働組合連合会（市労連）及び所属単位組合の役員であった被告人らが、市労連推薦の衆議院議員候補者のため、宮城県スポーツセンターでの市職員家族慰安会の席上で、市職員及びその家族たち約六〇〇〇名（午前の部）及び約五〇〇〇名（午後の部）の入場者に対して、選挙運動のための演説を行った（第一の事実）かどにより、公職選挙法一六六条一号及び二四三条一〇号の罪に問擬され、また、右スポーツセンター建物付近において、慰安会々場に入場しようとしていた市職員及びその家族たち約五〇〇〇名に対し、市労連推薦候補者への投票を依頼する趣旨の文章を含めて印刷記載してある法定外文書約五〇〇〇枚を頒布した（第二の事実）として、公職選挙法一四二条一項及び二四三条三号の罪に問擬された事案に対して、弁護人による憲法二一条及び二八条違反の主張を斥けた上で、「可罰的違法性」の理論に則り無罪を言渡した。(208)公職選挙法上の各罪の処罰根拠を考慮すると、前者の罪に関しては、その成否を左右すべき本件建物の性格、慰安会の性質、被告人らの本件挨拶に至る経緯、挨拶の内容、聴衆の状況等の事情を具に検討し、また、後者の罪に関しては、本件文書の内容及び性質、頒布した場所、態様、相手方等の事情を具に検討した上で、法益侵害の軽微性に基づき「可罰的違法性」の存在を否定している点において妥当である。各罪が予定する法益侵害ないし危険の不存在及び行為態様の可罰性の欠如に鑑み、公職選挙法上の当該法条が一般的に予定する実質的違法性を欠くと判示したものと解し得る。

これに対して、上告審判決（最判昭和五二・二・二四刑集三一・一・一）は、前者の罪に関しては、原判決の是認する第一審認定事実に基づき、「被告人らの各所為は同法一六六条、二四三条一〇号の罪の違法性に欠けるところはなく、原判決の判示する本件建物の性質、慰安会の性質、被告人らが挨拶するに至った経緯、挨拶の内容、その相手等は、右違法性を失わせる事情となるものということはできない。」と判示し、また、後者の罪に関しては、「原判決の是認する第一審判決の認定によると、同被告人らは共謀のうえ、前同様の目的をもって、前記スポーツセンター附近で、前記慰安会午後の部に入場しようとする同市役所職員及びその家族を主とする約五〇〇〇名に対し、前記衆議院議員選挙における市労連の推薦候補者佐々木更三に投票を求める趣旨の文章を含めて印刷記載した同候補の選挙運動のために使用する法定外文書を各一枚ずつ合計五〇〇〇枚頒布したというのであるから、同被告人らの各所為は、同法一四二条一項、二四三条三号の罪の違法性に欠けるところはなく、原判決が判示する本件文書の性質、文書作成の経過及びその費用、被告人らの役割、頒布の相手等の諸事情は、たとえ原判決の判示するとおりだとしても、右の違法性を失わせる事情となるものということはできない。」と判示して破棄自判した。本判決も、「可罰的違法性の理論の論理」を否定してはいないと解し得るが、原判決を破棄した結論には疑問が残る。本件第二の所為が、「その建物等における公務又はその建物等を利用する一般市民の利用に支障を与えるなど、これらの建物等の本来の設置目的を阻害するおそれ」や「これらの建物等を所有し又は管理する国又は地方公共団体等の職務の公共性、中立性に対する国民の信頼を損なうおそれ」が生じさせたか否かを具体的に確定することなく、単に、原判決判示の事情の参酌を否定することは、不当というべきであろう。本件建物の性格、使用の実態、本件慰安会の性質等、原判決挙示の事情に鑑みると、本件行為によって生ぜしめられた「おそれ」は、違法と断ずるに足りない僅小なものであったと言わなければならない。第三の所為に関しては、判断はより微妙であるが、原判決説示のごとく、棄権防止を呼びかける本件文書の主旨等を考慮すると、当該法条によって処罰し得る程に、「選挙の自由公正を害し、その適正公平を保障しがた」いものとしたとは言い難いのではあるまいか。控訴審判決の判断を正当としたい。この場合は、主として、保護法益に対する相当の侵害又は危険が欠如することによって、「一般的違法性」を具有しない類型に該るものと言えよう。

2　有線電気通信法二一条違反の罪と「可罰的違法性」

横浜簡判昭和五七・三・一六は、マジックホン装置を電話回線に取付け使用する行為につき、外形的・形式的には右法条の構成要件に該当することを認めながら、第一に、被告人は、従前から交際があり不義理をかけていた友人からマジックホンの機能及びそれを取付け使用しても法規に抵触するものではないとの説明を受け、その機能についての不安はあったものの、前記不義理の穴埋めあるいは当時窮状にあった右友人の救済として、二台を一四万四〇〇〇円で購入したこと、第二に、被告人は、右のうち一台のみを専ら私用に使う目的の電話に付設したに過ぎないこと、第三に、被告人は、右マジックホンの機能につき概括的な認識しか有していなかったこと、第四に、その機能確認の目的でテストとして一回使用し、これによってはじめて電話料金が無償となる機能を有することを確定的に認識したこと、第五に、右の段階でその使用につき不安を覚え、顧問弁護士に対し意見を求め、その勧告に従って、直ちにマジックホンを取外して以後一切の使用を中止していること、第六に、被告人の本件所属により電電公社に与えた実害はわずか一〇円に過ぎず、取るに足らないもので、厖大な利潤をあげている公社の実態に着目すれば九牛の一毛に過ぎないこと、第七に、本件捜査の経緯として、捜査官において被告人に対し、製造販売業者の取締が主目的であって、被告人には絶対に迷惑をかけない旨公約し、協力を求めたため、被告人も進んで協力したこと、等の事実に基づき、可罰的違法性ないし違法性そのものを阻却するとして、被告人に対して無罪を言渡した。

これに対して、控訴審判決（東京高判昭和五八・三・三一判時一〇九〇・一八〇）は、右第七の事実以外の事実を認めはしたものの、有線電気通信法二一条違反の罪は「危険犯」であるから、有線電気通信に対する妨害の結果を発生させるおそれのある行為がなされれば足りるとの論理に拠って、第五及び第六の事実はいずれも犯行後の情状に関する事実に過ぎないと判断するとともに、その他の事実からも、被告人の本件所為にとり違法性を否定すべき事情を見出し得ないとの判断を引き出したのである。そして、最一小決昭和六一年六月二四日（刑集四〇・四・二九二）も、「（本件のような）事情があったにせよ、それ故に、行為の違法性が否定されるものではないとして、有線電気通信妨害罪、偽計業務妨害罪の成立を認めた原判断は、相当として是認できる」と判示した。大内裁判官の補足意見は、「（これらの罪は）妨害の結果を発生させるおそれのある行為がなされることによって成立する」と述べて、危険犯として捉える論理を肯認している一方、谷口裁判官の反対意見は、可罰的違法性を欠くとの弁護人の主張を基本的に容れて、「違法性・責任性が極めて低い」「被告人の本件所為は、……電気通信法二一条、刑法二三三条に当たる罪を構成するものとしては、処罰相当性を欠き右各罪の構成要件該当性がないものと考える」と述べて、第一審無罪判決を結論において是認している。

しかしながら、「有線電気通信を妨害した者」（傍点筆者）と規定する本罪を「危険犯」（しかも、いわゆる具体的・抽象的危険犯）と解するのは、罪刑法定主義の原則に悖る疑いなしとしない危険な論理と言わざるを得ない。[209] 本罪は実害犯と解すべきであり、したがって、可罰的違法性の存否をめぐり、実害結果の軽微性を考慮する余地を認めるべきである。即ち、実害結果たる有線通信の妨害の程度が軽微で、本罪が予定する程度に達していないと認められる場合には、法益侵害の軽微性を理由に「一般的違法性」を欠くものと解すべきである。電々公社に与えた実害がわずか一〇円に相当する程度の一回限りの使用しか認めることのできない本件において、有罪判決を導き出した控訴審判決は、その論理においても帰結においても失当であったと言うべきであろう。

なお、福岡高判昭和五七・一〇・二一（判タ四八二・一六六）は、マジックホンを使用しておよそ二〇日程の間に約二〇〇回にわたり通信業務を妨害した事実に対して、「被告人の原判示所為は、その動機、手段、方法、態様において明らかに社会的相当性を欠き、刑法二三三条、有線電気通信法二一条の各犯罪構成要件の類型的に予想する可罰的違法性を十分具有するものである。」と判示した。可罰的違法性を具有するものと認めた結論は相当であるが、可罰的違法性の有無の判断にあたり、動機、方法等からみた行為の社会的相当性の欠如のみを強調し、被害法益の程度を軽視している点は批判を免れないであろう。

3　火薬類取締法六一条二号違反の罪と「可罰的違法性」

鈴鹿簡判昭和五六・一一・二六は、「被告人は、……、銃砲火薬店を営み、……一号火薬庫（爆薬庫）及び二号火薬庫（火工品庫）を所有し、火薬類の販売保管等の業務に従事していたものであるが、火薬庫の所有は、火薬庫ごとの出納した火薬類の種類及び数量並びに出納の年月日等を帳簿に記載しなければならないのに、……昭和五五年七月五日ころから同年九月八日ころまでの間、前後二〇回にわたり一号火薬庫に爆薬合計二、五四一キログラム及び二号火薬庫に電気雷管合計二、三四一個を……青木建設小岐須作業所から保管のため収納し、消費のために出庫したのに、これを右火薬庫備えつけの帳簿に記載しなかったものである。」という公訴事実に対して、その構成要件該当性を肯認しながら、被告人の所為は反社会性がなく、火薬類取締法の目的とする火薬類による災害の防止、公共の安全確保の面も満たされており、被告人が同法違反になると考えなかった合理的な理由も認められるから実質的違法性を欠くとして無罪を言渡した。これに対して、名古屋高判昭和五七・六・二八（判時一〇六六・一五八）は、同法四一条一項ならびに同法施行規則三三条一項の立法趣旨が、「火薬類による災害の防止と公共の安全の目的のために監督官庁をして立入検査をさせる際に火薬庫ごとに備え付けられた帳簿を点検することによって、違法な取扱いの有無などを容易に発見させ、行政指導によって火薬類の販売業者や火薬庫の所有者等に危険防止の措置を講じさせると同時に同人らに厳密な帳簿記載の義務を課することによって、危険物取扱者としての自覚を深め、火薬類による事故の発生を未然に防止させることなどにある」ものと認め、次のように判示した。「被告人の各所為が火薬類取締法四一条一項及び同法施行規則三三条一項に違反していることはまことに明らかであり、しかも該違反の態様も違反期間が約二か月の長期にわたっており、違反回数も二〇回の多数回であり、所定の帳簿に記載しなかった物件もきわめて危険性の高い爆薬及び電気雷管等であって、その数量も爆薬総計約二五四一キログラム、電気雷管総計約二三四一個の多量にのぼり、これが軽微な事実であるとはとうてい認められないことなどに徴して、前記公訴事実が実質的違法性を欠くものでないこともまた明らかである。」と。

しかしながら、帳簿を点検することにより違法な取扱いの発見を容易にすることや、厳密な帳簿記載の義務を課すことにより危険物取扱者としての自覚を深めさせることは、副次的効果にとどまり、保護すべき独立の法益たり得ない。本罪における違法の実質は、危険物たる火薬類の十全かつ適正な管理を尽くさないことにより、不測の事故・災害発生の危険を生じさせ、ひいては公衆の生命、身体、財産の安全を脅かす点に見出されるべきであろう。法令上の義務に形式的・外形的に違反しても、具体的に右の実質的な危険が殆ど認められない場合には、「一般的違法性」を欠くものと解すべきである。本件においては「各貯蔵保管期間はそれぞれ一日ないし数日の短期間であり、しかも、青木建設の従業員が残火薬類を被告人方へ運搬して来た時には、その都度青木建設作成の火薬類消費日報（返納伝票）二枚を持参し、うち一枚を残火薬類とともに被告人方へ置いて帰り、被告人方でこれを保管しており、また青木建設の従業員が被告人方からさきに被告人方へ預けていった残火薬類を持ち帰る際には、その都度被告人方で作成した納品書と受領書の各写しの摘要欄等に青木建設の従業員にその氏名を署名させるなどしてこれらをも被告人方で保存しており、他方、青木建設の従業員はさきに被告人方へ預けていった残火薬類全部をその都度そっくりそのまま持ち帰っていたため、被告人は青木建設から貯蔵保管を委託された火薬類については帳簿記載の手間を省くために火薬庫備え付けの帳簿にその収納、出庫の状況を記載しなかったものである」ことが認められ、また、「青木建設作成の火薬類消費日報（返納伝票）の写しを一括してファイルに綴り込んだ預り台帳一冊や、前記受領書の写しを綴り合わせたもの二冊はいずれもその各書類綴りの形式・記載内容等に徴して、火薬類取締法四一条一項にいう帳簿に該当しない」とはいえ、これらの書類が適正に保管・保存されている場合には、収納・出庫の状況を明らかにする事は容易であると考えられ、火薬類の十全かつ適正な管理という見地から、果たして処罰に値する違法性の存在を肯定し得るものかどうか疑問なしとしない。本件控訴審判決は、違反期間、違反回数、物件の種類及び数量の観点からその軽微性を否定しているが、管理の状態の角度から法益に対する危険の有無をさらに実質的に問題にすべきであった。実質的違法性の欠如を認めた原判決の結論も、一概には否定し得ないのではあるまいか。

4　労働基準法六〇条三項違反（年少者の時間外労働）の罪（同法一一九条）と「可罰的違法性」

鹿児島家判昭和四二・三・一三（判タ二二六・二〇七）は、四名の者に、のべ九回にわたり一回につき二分ないし一二分の時間外労働を行わせていた事案に対して、「これら時間外労働時間は二分ないし一二分というものであるところ、もとより、労働者が労働時間の終了と同時に一切の作業から解放されることは望ましいことであるが、作業を終了するについては、作業にある程度の区切りをつけたり、あるいはあと片付けその他の付随的作業が不可避とされる場合もあり、しかもその所要時間は必ずしも一定しているとは限らないのであるから、多少の時間のずれは作業の性質上やむを得ないところであって、労働時間を越えることがあっても、それがわずか一〇分程度の短時間のものは、社会一般に許容されるべきであり、これをとらえて時間外労働として処罰することは相当でないと解される。」（要旨）と述べて、違法性がなく罪にならないものと判示した。妥当である。

これに対して、東京家判昭和四三・二・一〇（判タ二三二・二五一）は、「本件各行為は、『いずれも年少労働者の自発的希望によって行われたものであり、その時間も午前、午後各一五分の休憩時間を控除し、更に休日を除いて起訴された全期間を通算すると、一人一日平均三、四〇分程度の時間で、しかも午前七時前、午後六時以降の労働時間はないこと、その労働内容も軽作業であってなんら年少労働者の健康に影響を及ぼさないこと』等の事実からみると、被告人等の行為は構成要件に当らないか、または実質的違法性を欠き、犯罪は成立しない」との弁護人の主張を、次のように判示して斥けた。「本件各違反行為は、労働基準監督官作成の是正勧告書及び被告人角田の供述によれば、昭和四〇年一二月八日、労働基準監督官より『年少労働者に対し実働八時間を越える時間外労働をさせているが、即時是正されたい』旨の勧告を受けたにもかかわらず、これを是正することなく年少労働者に時間外労働をさせたものであり、しかも前認定のとおり、その時間外労働は、毎週平常的に行なわれ、その時間数も決して無視し得るほど軽度なものではなく、これを年少労働者を厚く保護しようとした労働基準法第六〇条の法意に照らすと、本件違反行為が構成要件に当たらないとか、あるいは実質的違法性がないということはできない。」と。

本件事案は、前事案と比較すると、時間外労働の時間が比較的長いこと、毎週平常的に行われていること、是正勧告に従わないで行われていること等の点において、その法益侵害の程度ならびに行為態様が相当重大であったと認められる。がしかし、是正勧告に対する不服従という形式的事情を強調することは好ましくなく、実質的な法益侵害の程度を直視すべきであろう。年少者の時間外労働を禁止する所以は、長時間の酷使を禁じることにより、年少労働者を偏った生活と過労から保護し、その成長期における精神的身体的健康を保持させ、精神的身体的発達を円滑にすることにある。かような法益に対する侵害が軽微である場合には、刑法上違法な時間外労働であるとは評価し得ない。本件についてみると、一人一日平均三、四〇分程度の時間外労働時間であること、早朝又は深夜に及ぶ労働ではなかったこと、労働内容も軽作業であったこと等に鑑みると、実質的違法性を欠くとの弁護士の主張にも理由があると思われる。

5　船舶安全法一八条一項一号後段（昭四八・法八〇による改正前のもの）の罪と「可罰的違法性」

福岡地裁小倉支判昭和五四・四・一八（判時九三七・一三八）は、船舶安全法違反にかかる公訴事実[210]に対して、本件行為が「一応同法一八条一項一号後段の罪の構成要件に該当する」ものと認めながらも、次のように判示して、船舶安全法違反の罪に関しては無罪を言渡した（確定）。「被告人西尾が真竜丸を航行の用に供した本件行為をみるに、……被告人西尾と乗船した者らとの関係及びその乗船の経緯から明らかなように、乗船者らはいわゆる好意同乗者であって、運送契約を締結した旅客ではなく、航行の場所は港湾区域内であり、航行の時間も短く、……真勇丸は優に二〇人以上の者を乗船させる能力を有することが認められ、これらの事実を併せ考えると、船舶安全法一条にいう船舶の堪行性及び人命の安全の見地からしても、同法五条一項四号の臨時航行検査義務違反の点は非常に軽微であるといわなければならない。」「船舶安全法の改正経過、とくに本件当時真勇丸のような二〇噸未満の漁船に人を乗船させて航行の用に供する行為の可罰性を消滅させる改正法が公布されていたこと、被告人西尾が人を乗船させた経緯及び動機、とくに通常の旅客運送契約に基づくものではなく、好意的に乗船させたもので、旅客運送の類型性が乏しいこと、航行の時間及び航行の範囲等の態様からして危険性が少ないこと、過去において同種の行為につき規制が行われず、放任され、不問に付されたことがあり、被告人西尾に違法性の意識がなかったことなどの具体的諸事情に基づき、法秩序全体の見地から考えると、被告人西尾が真勇丸に人を乗船させて航行させた行為は、臨時航行許可証を受有しない船舶を航行の用に供したとして、船舶安全法一八条一項一号後段により処罰するほどの実質的違法性に欠けるものといわなければならない。」と。

まず、判決も述べるように、本件船舶が、旧三二条但書にいう「旅客運送ノ用ニ供スルモノ」に該当するか否か、消極に解する余地がないわけではない。(211) また、旧三二条但書を削除しようとの法改正が進行中であるなどの特殊な事情も存在した。かような状況の下ではあれ、船舶の堪航性の保持及び人命の安全の保持（船舶安全法一条参照）の見地から、本件航行の場所が港湾区域内であり、また、航行時間も短時間であったという事実に基づき、保護法益に対する危険性が僅小であることを認めて、「船舶安全法一八条一項後段により処罰するほどの実質的違法性」を欠くものと解した本判決は、極めて正当である。

6　外国人登録法一三条一項違反の罪（同法一八条一項七号）と「可罰的違法性」

「可罰的違法性」の理論が、故意犯のみならず過失犯においても適用し得ることを示したのが、高知簡判昭和四二・九・二九（判時五〇八・八二）である。本判決は、被告人の住居まで最も離れた位置でも徒歩五、六分の位置関係にある区間において登録証明書を携帯しなかったに過ぎず、また、同行者が被告人から依頼を受けて右証明書を警察署まで持参するに要した時間が一〇分内であったという、過失による外国人登録証不携帯の事実に対して、次のように判示した。「『外国人の居住関係及び身分関係を明確ならしめもって在留外国人の公正な管理に資する』とする外国人登録法の立法目的に照らして被告人の本件不携帯の行為をみると、これにより生じた実害といえば被告人の居住身分関係の確認が僅々一〇分以内の間遅くれたというに過ぎないのであって、（仮に当夜の被告人のコースの他の位置において呈示が求められた場合においても大差ないであろう）、他方右不携帯が被告人の過失によるものであることを考え合わすと、その実質的違法性は極めて軽微なものということができ、被告人の行為は法の予定する可罰性を有しないものと認めるのが相当である。」と。法益侵害の程度の軽微性を理由に実質的違法性を欠くものと認めた趣旨であるとするならば、本判決は極めて妥当である。本件控訴審判決（高松高判昭和四四・三・二八刑裁月報一・三・二二二）も、右原判決を是認していう。「前一八条一項七号所定の不携帯以外の所為はすべて故意犯であると解せられるし、その法定刑は過失犯も故意犯の場合と同様のものが規定せられていることになるのであるから、過失による不携帯罪として同法条により処罰すべき場合は故意犯よりも限定的に解釈すべきものと解する。即ち、忘却による過失犯として処罰するに値いするものは、法規遵守の精神が普段から欠けているためにか、あるいは、外国人であれば誰でも携帯していることが当然予期されるのに、これを忘れたというような場合で、その過失が極めて明らかなときに該当するものというべきである。したがって、その過失の軽重如何にかかわらず、ささいな過失の場合まで、これを犯情の軽重に過ぎないとして処罰の対象とすべきであるとする所論には疑なきを得ない。被告人はこれまで一度も不携帯罪で処罰を受けたこともなく、本件は、被告人が常時着用していたズボンの中には、事故の登録証明書がはいっていたのであるが、たまたまズボンを着替える際、うっかり忘れたものであり、その過失は所論のように厳しく責められるべきものとは認められない。」「外国人登録法一三条一項の常にこれを携帯しなければならないとの、常時携帯の趣旨は、法の規定する職員から呈示を求められたときは、直ちに呈示できるように所携していなければならないと解せられているが、同法は本邦に在留する外国人の居住関係および身分関係を明確ならしめもってその公正な管理に資するためのものであるから、直ちに呈示できるように所携するとは、常に即座に呈示することを要するというものではなく、時と場所によっては、その呈示に僅少の時間的余裕があっても、右公正な管理に支障のない場合であれば足りると解する。」「このことを、本件について考察すると、被告人が、外国人登録証明書を携帯しないまま通行した区域は、高知市内の前記証明書を置き忘れていた被告人の住居からさほど離れていない場所にすぎず、また、被告人が住居を出発した時間、目的、携帯品から判断しても、出発当初予定していた通行区域は、前記区域より遠く離れた範囲であったものとも認められないし、前記のように被告人の依頼を受けた同行の陳が短時間のうちに前記証明書を持参しているのであって、要するに、過失によることが明らかな右の程度の前記証明書不携帯の所為は、在留外国人の居住関係および身分関係を明確ならしめるという要請に対する実害としてみると、その違法性の程度は軽微なものといわなければならず、過失にもとづく本件不携帯については前述の趣旨にもとづき、前記法条の予定する可罰性がなく、不携帯罪としての構成要件を充足しないものと解すべきである」と。外国人登録法一八条一項七号が過失犯処罰の趣旨を含むものと解する[212]のであれば、処罰の不当な拡大を避けるためには、過失の軽重又は結果（法益侵害）の軽重の視点から限定を加えることが必要であろう。法益侵害の軽微性に止目し、可罰性を否定した右高裁判決の意義は大きい。ただ、過失の軽重と実害の軽重とを関係づける論理が明らかでない。また、過失に基づく場合にのみ法益侵害（実害）の軽微性を考慮すべしとする理由は、果たしてあるのであろうか。故意による不携帯の場合にも、法益侵害の軽微性を理由に、実質的違法性を具有しないことがあり得ることを認めるべきである。過失による場合には、更に加えて過失の重大性を要求すべきであろう。最近、大阪高判昭和六三年四月一九日判時一三〇一・八五は、私見とほぼ同旨の見解に基づき、次のような事実に対して無罪を言渡した。被告人は、午前一〇時から始まる大学の授業を受けるため吹田市の下宿先を出ようとした際、外国人登録証明書が見当たらず、捜してみたものの発見できなかったので、授業時間との関係上、やむなく不携帯のまま外出し、大学で受講した後、午後七時頃友人と落ち合い、下宿から電車で一時間ほどの距離にある大阪市内で電柱にビラ貼りをしていたところを警邏中の警察官から職務質問を受け、外国人登録証明書不携帯の現行犯として逮捕されたが、同行された最寄りの警察官連絡所で、自己の写真が貼付され、学籍番号、氏名、生年月日、住所、学生証有効期間などが記載されている学生証、及び、貼付写真のほか、氏名、生年月日、本籍国籍、住所、交付年月日、有効期間、免許証番号などの記載がある運転免許証を提出した。なお、被告人は、翌日午後四時過ぎ頃釈放された後、下宿に戻り、たまたま数日前友人の結婚披露宴出席の際着用した背広の内ポケットに入れたままであるのを発見し、翌日これを持参して警察署に出向き、係官にこれを提示した。判決はいう。「被告人の行為は外国人登録証明書不携帯の罪の構成要件に該当するが、違法性を欠くものというべきである」と。本判決の理由及び結論は妥当というべきであろう。これに対し、検察官は、判例違反（最二小決昭和三三・一〇・三刑集一二・一四・三一九九、等を引用）及び法令違反（外国人登録法一三条一項の解釈適用の誤り及び違法阻却事由の有無に関する判断の誤り）を主張して上告を申し立てたが、最一小判昭和元・一一・二最高裁裁判集刑事二五三・三四九は、検察官の上告趣意には何らこたえず、直ちに職権により原判決及び第一審有罪判決を破棄し、大赦による免訴を言渡した。上告審判決は実体判決を殊更に避けた観があるが、有罪又は無罪の実体判決に先行するものとして免訴判決が下されたものと解し得るとすれば、原判決が実体的には否定されていないものと解する余地があろう。

過失による安全運転義務違反罪（道路交通法一一九条二項、七〇条後段）に対して、「可罰的違法性」論的思考をあてはめたものと解し得る裁判例もある。松江簡判昭和四三・一一・一八（判タ二三一・二三六）が、本罪の構成要件を「具体的危険犯」であると明言するのに対して[213]、いわき簡判昭和四三・六・三（下刑集一〇・六・六三五）は、「同法七〇条後段により可罰的とされるのは、道路、交通、当該車輛等の具体的状況のもとで、一般的にみて事故に結びつく蓋然性の強い危険な速度方法による運転行為に限られる」として、「速度方法」を具体的状況との関連で危険なものに限定し、また、東京高判昭和四四・一一・五（判時五八八・九六）は、「その過失行為の危険性が具体的に高度であるなどの特段の事情の存するとき」に限るべしと判示する。とくに後者の判決は、過失行為の高度の具体的危険性が、過失による安全運転義務違反罪の違法の実質をなすと判示したものと解し得るであろう。妥当と言うべきである。

7　所得税法二三四条一項違反の罪（二四二条八号）と「可罰的違法性」

東京地判昭和四四・六・二五（刑裁月報一・六・七〇三）は、いわゆる不答弁罪と検査拒否罪について、(214)「当該職員が必要と認めて質問し、検査を求めるかぎり、不答弁や検査の拒否がどのような場合にも一年以下の懲役または二〇万円以下の罰金にあたることになるものとすれば、事柄が所得税に関する調査というほとんどすべての国民が対象になるような広範囲の一般的事項であり、しかも直接公共の安全などにかかわる問題でもないだけに、刑罰法規としてあまりにも不合理なものとなり、憲法三一条のもとに有効に存立しえないことになる」ので、「所得税法二四二条八号の罪は、その質問等について合理的な必要性が認められるばかりでなく、その不答弁等を処罰の対象とすることが不合理といえないような特段の事情が認められる場合にのみ、成立するものというべきである」と解釈して、本件事実に対し次のように判示した。「被告人のように、一般のいわゆる白色申告者である場合には、単に帳簿書類を見せてほしい、得意先、仕入先の住所氏名をいってほしい、工場内を見せてほしいといわれただけで、これに応じなかったからといって、ただちに不答弁ないし検査拒否として処罰の対象になるものと考えることはできない。荒川税務署が、前記(イ)ないし(ホ)の諸点を総合して過少申告の疑いを持ったことが合理的であるとしても、それだけの事由で、刑罰の威嚇のもとに、包括的に帳簿書類一切を見せることを要求し、包括的に得意先、仕入先全部の住所氏名を告げることを要求し、さらには工場内を見せることを求めることが合理的に許されるものとは、到底いいがたいのである。税務署の係官としては、すくなくとも、やはり(イ)ないし(ホ)の諸点を述べて、これに対する被告人の応答を聞くという方法を選ぶべきであった。そのような方法をとれば、その過程で、あるいは、刑罰の背景のもとに、刑罰を警告したうえで、特定の帳簿等の呈示や特定の得意先等の告知を求めることなどがあえて相当性をもつものとして許されるような特段の事情が生れることも、ありえないわけではない。ところが、本件の場合、友井係長も森事務官も、当初森事務官一人で行ったとき以来、ただ調査の必要があるからというだけで、その理由は、被告人らから再三聞かれても、一切意識的にこれを説明していないのである。そもそも、税務当局としては、国税犯則の嫌疑があって真に強力な手段を必要とするならば、国税犯則取締法にもとづき、裁判官の許可状を得て、臨検、捜索または差押ができるのであり、司法官憲の令状発付手続の介在による抑制の作用しないところで、係官の任意の選択により、安易に一般的、包括的に、答弁や検査承諾の間接強制が許されるものと解することは、なんとしても不当である。要するに、本件の場合には、被告人の前記のような行為は、これを処罰の対象とすることが不合理といえないような特段の事情が認められないため、所得税法二四二条八号の罪を構成するに足りないものといわなければならない」と。本判決は、「所得税法二四二条八号の罪を構成するに足りない」と述べるにとどまり、それ以上の論理を提示してはいないが、処罰が不合理といえないような特段の事情が認められない限り、右法条の予定する一般的違法性を欠くとする趣旨と解するのが相当であろう。行為態様、その他、行為の状況に鑑みて、行為態様の当罰性が軽微である場合には、違法な行為と評価すべきではない。

これに対して、控訴審判決（東京高判昭和四五・一〇・二九刑裁月報二・一〇・一〇五七）は、一般論としては、質問、検査要求に対する不答弁ないし拒否が社会通念上やむをえないものとして是認されるような場合には、二三四条一項違反の罪が成立しないことを認めながら[215]、本件においては、税法を憲法違反であると主張し確定申告の事後調査そのものを否定する態度を固執して全面的に調査を拒否する被告人らに対して、事後調査を必要と判断した事由を説明開示する要を未だ認めなかった税務事務官の判断を相当と認め、また、調査要求が概括的なものに終始したこともやむをえないものと認め、原判決を破棄した[216]。そこでは、被告人らの「現行税制度に対する挑戦」ないし「法秩序そのものの無視」の態度が、税務事務官の検査要求の不当性を否定すべき状況として強調され過ぎている観がある。控訴審判決は、「『調査の根拠はなにか』『どこが悪いのか』と問われ、友井事務官が法的根拠を示すだけで、『必要があると認めれば調査ができるのだ。』とかたくなな態度に終始したことを、あながち強く責め咎めることはできない。」と判示するが、「被告人らが基本的に本件調査を拒否する態度をとり、その意思を明らかにしている場合、これを開示説明してみたところで、さらにその反撥を招き事態を紛糾に陥れるにすぎないこと明瞭であり、これを告げることにより、調査を円滑に進めるものでなかったことも明らかである」としても、調査の円滑な遂行いかんに拘らず、事後調査を必要とする事由につき基本的な説明さえも行わなかったことは重大であったというべきであり、かような不当な質問、検査要求に応じることを拒否した被告人の行為を、違法と断じることはできまい。その行為態様も、事務官の腰を押すなどしたほかは、押問答を繰り返したにとどまり、可罰的とは称し得ない程度のものであったと言わなければならない。控訴審判決の認定する事実に基づいても、実質的違法性の存在を否定すべき事案であろう。

8　銃砲刀剣類所持等取締法三一条の三第三号（昭和五二・法五七による改正前のもの）の罪と「可罰的違法性」

八幡浜簡判昭和四三・一〇・二五（下刑集一〇・一〇・一〇二三）は、被告人が、文化財保護委員会の係官に対し、他人から譲り受けた脇差し一振を、自己が妻の実家で発見したものであるとうそを言って登録の申請をし、また、もう一振を、自己が自宅で発見したものであるとうそを言って登録の申請をし、もって偽りの方法により右脇差しの登録を受けたものである、という公訴事実に対して、以下のように判示して被告人に無罪を言渡した。「被告人は……八幡浜警察署に対し、同法第二三条により発見届けをする際、真実発見したものでないのに偽って妻の実家（第一の事実）及び自宅（第二の事実）で発見した旨申告し、それを受理した同署長は、被告人に発見届出済証を交付し、被告人はこれをもって同法第一四条に基いて愛媛県教育委員会に登録手続をしたもので、従って形式的には登録手続自体に何ら『偽りの方法』に該当する行為はなく、ただ右委員会は、登録手続をなすにあたり、警察署長の刀剣類発見届出済証を形式的に審査するに過ぎない点から……実質的には、右発見届けで偽ったことがそのまま右委員会をも偽る結果になるに過ぎない。……そして、右実質的に偽る結果をとらえて、同法第三一条の三第三号、第一四条に該るとしても、前記同法の立法趣旨（特に危険防止のため、潜在している危険物としての刀剣類を顕在化し、必要な規制を加えうるようにしようとする目的）等から考察するとき、被告人の本件各行為は、犯罪成立の一要件としての違法性（可罰的違法性＝処罰価値を有する違法性）を欠くものというべきである。」と。本判決は、一旦、「偽りの方法」に該当する行為はないとしながらも、たとえ該当する場合であっても可罰的違法性を欠く旨の判示をなしているが、同法三一条の三第三号に該当しないとは言い切れない事案であるだけに、本判決の判断を妥当とすべきであろう。一応構成要件に該当することを認めながら、立法趣旨に鑑み、本件行為態様につき、同号が一般的に予定する実質的違法性を具有しないと判示したものと解すべきである。

9　火薬類取締法六〇条二号の罪（火薬類運搬証明書不携帯罪）と「可罰的違法性」

東京高判昭和五〇・三・七（東高判決時報二六・三刑六〇）は、運搬証明書を携帯しないで火薬類（砲弾）を運搬した事案について、「被告人らの行為は、形式的には火薬類取締法六〇条二号、二〇条一項に該当するようにみえるけれども、被告人が本件砲弾を運搬するにいたったいきさつ、当時の外部的状況、警察官による運搬不阻止の事情、被告人のその後の行動等を総合して検討し、本件を実質的に考察するときは、被告人らの所為は刑罰をもってのぞまなければならないほどの違法性を具備しないというべきである。」と判示した。(217) 本判決は、米軍及び警察官の重大な落度に止目し、被告人のみを処罰することが著しく正義に反することを高調しているが、その論理は、「可罰的違法性」論よりもむしろ「期待可能性」論に親しむように思われる。ただ、期待可能性論に基づく責任阻却が殆ど認められていない現状においては、可罰的違法性論の援用もやむを得ないかも知れない。

10　外国為替及び外国貿易管理法四八条、七〇条二一号の罪と「可罰的違法性」

大阪高判昭和四二・一一・二九（判時五一八・八三）は、通産大臣の承認を要する品目に指定されていた梳毛糸を、右承認を得ないで輸出したとの事実につき、超法規的違法阻却を認めた原判決を破棄して言う。(218)「梳毛糸が右政令（昭和二四年一二月一日政令第三七八号（輸出貿易管理令）―筆者注）により承認品目に指定されたのは、当時いわゆる朝鮮事変の生起をみて中共軍の介入という問題があったため、毛製品は軍服と関係のある重要な戦略物資であるという建前からこの仕向先を厳重に規制しなければならないと考えられたことが主たる理由になっていることが窺われるのであるが、原判決のように昭和二八年七月朝鮮事変につき休戦協定の成立をみるに至り、政治情勢も変ったので、本件毛糸の香港向輸出の行われた昭和二九年以後には既に毛糸を輸出承認品目としてその輸出を規制すべき必要が全く存しなかったと速断することはできない。けだし、外国貿易においていかなる品目を規制の対象とするか及びその規制を廃止するか否かは、外国為替及び外国貿易管理法第四八条に基き通商産業大臣がその時の内外の政治的ないし経済的諸情勢を勘案して合目的的に定める行政上の裁量行為であって、本件についてみれば当時毛糸が承認品目に指定された主たる目的が前記の如く朝鮮事変の生起を契機とする戦略的ないし政治的なものであったことは窺知しうるとしても、その後右規制を廃止するか否かについて他の政治的ないし経済的事情が全く考慮されなかったのかどうか、換言すれば右規制が昭和三〇年七月三〇日政令第一五〇号により同年八月一〇日廃止されるに至る迄、原判決のいうように全く目的も必要もなくなったにもかかわらず約二年間も放置されていたのかどうかの点については、原判決の取調べた証拠だけではこれを積極に断定することは困難であると考えられるからである。……仮に一歩譲って原判決のいう如く朝鮮事変の終結後は本件梳毛糸を規制する必要がなくなっていたとしても、《証拠略》によれば、本件梳毛糸が昭和三〇年八月一〇日迄承認品目から除外されなかったのは、他の品目との関連もあり、本件梳毛だけをすぐに除外するということではなくて、他の物資との関連においてある段階でまとめて実施する必要があったからであるというのであって、法令の改正等に当っての技術的必要からその実現に至る迄ある程度の時間的経過を要することは十分予想しうるところであるから、本件の場合、原判決がいう如く梳毛糸に対する規制が昭和三〇年八月一〇日迄解除されなかったことをもって直ちに国が外国為替及び外国貿易管理法によって要請される任務を怠ったものとして、右規制は本件犯行当時全く目的も必要もなくなっていたものであるからこれに違反して無承認輸出をしても実質的に違法性を欠くものとはいえない。」と。

しかし、一般的に、刑罰を科するためには、刑法によって規制する必要性ならびに処罰のための合理的な実質的根拠が存在することが必要であろう。右控訴審判決は、その根拠を積極的には提示していない。そればかりか、仮に規制の必要が失われても、法令の改正案の技術的必要からその実現に至るまで処罰すべしと説く。これは、不当にも、法規の内容いかんを問わず、ただ形式的違反のみをもって処罰すべしと説くに等しい。規制の必要性、処罰のための合理的根拠が積極的に認められない場合には、たとえ構成要件に形式的に該当したとしても、実質的違法性を欠くものと解すべきである。「超法規的違法阻却」を認めた第一審判決は、その結論において妥当であったと言うべきであろう。

因みに、東京高判昭和四八・五・一七（判時七一八・一〇八）は、食糧管理法違反の事案において次のように判示した。「国による食糧の管理は、農家経済と消費者の家計に及ぼす影響の大きい国民経済上の重要問題であるが、米穀の不足時代によくその機能を発揮した食糧管理制度も米穀の過剰時代を迎え、政府管理米のほかに自主流通米制度が認められたが、しかもなお余り米が生ずるなどの欠陥も露呈するに至っていることは公知の事実であり、ここにおいて現行の食糧管理制度について関係機関が種々の角度から検討中であるが未だ根本的な変革を加える段階に至らず食糧管理法規が厳存している以上、いわゆる自由米流通が所論のごとく商業組織化されているとしても、米穀の流通統制についての関係食糧管理法規が被告人の本件所為の如きはこれを違法としていること前段説示のとおりであるから、これを社会的に是認された正当行為であるとする所論は採用できない。」と。本判決も、食糧管理法規の形式的存在を強調するにとどまり、違法の実質を提示してはいない。

11　その他、「可罰的違法性」の存在を認めた事例

可罰的違法性を欠くとの弁護人側の主張に対して、可罰的違法性を具有することを認めてその主張を斥けた裁判例は少なくない。そこで、最後に、特別刑法犯の成否をめぐり、「可罰的違法性」の存否が争われた近時の注目すべき判決を取り上げて紹介、検討を加えよう。

まず、外国人登録法（昭五五法六四号による改正前のもの）上の虚偽申請罪（一八条一項二号）につき、大阪高判昭和五七・一二・六（判時一〇九二・一五四）は、可罰的違法性を欠くとの弁護人の主張[219]に対して、「外国人登録制度は、……在留外国人の身分及び居住関係を正確に把握し、その公正な管理に資することを目的とするものであるから、登録事項に関する申請書類の記載は、正確に事実に合致していることが必要であり、その正確性を担保するために形式犯としての虚偽申請罪が特別に定められているのであって、ことに氏名、生年月日は、外国人特定のためには基本的ともいえる事項であるから、当該外国人の所属国の公認の身分関係登録簿等に登載された法律上の氏名と真実の生年月日の記載が要求されていると解され、かかる氏名と真実の生年月日を知りながら、これと異なる申請行為を行った以上、記載された氏名が通名として特定識別機能を有するものであり、生年月日のくい違いがわずかであっても、虚偽申請罪は直ちに成立し、その形式犯としての性格にかんがみると、所論のいうような事由によって可罰的違法性を阻却するとはとうてい解されない。」と判示して、原審の有罪判決を維持した。[220] 結論は妥当であろうが、可罰的違法性の存在を認めるにあたり、形式犯たる性格のみ拠ることは失当であろう。在留外国人に対する公正な管理の必要性は肯認し得るであろうから、それを害したか否かを論定すべきであった。本質的事項ともいうべき氏名を偽っているのであるから、公正な管理を害することは明らかと言えるのではあるまいか。

さらに、同法上の登録申請義務違反罪（一八条一項一号）につき、東京地判昭和五五・一二・一〇（判タ四三三・一五五）は、「実質的違法性（可罰的違法性）」を欠くとの弁護人の主張[221]に対して、「被告人の本件外国人登録不申請の期間は約三年にも及ぶものであって、かかる所為が可罰的違法性を欠くものでないことは明らかである。」と判示したが、妥当であろう。[222]

次に、火薬類取締法五九条五号の罪につき、東京地判昭和四四・九・一（刑裁月報一・九・八六五）は、「発煙筒の燃焼は、その物の性質および法益侵害が微小であるから、処罰に値しない。」との被告人および弁護人の主張を斥けた。いわく、「なるほど、無許可で火工品である発煙筒を燃焼させる行為そのものは、いわゆる形式犯であり、重大な犯罪ではない。しかし本件においては、その行為による法益侵害は直接生命、身体に対するものでなかったとしても、新年参賀のため慶祝の意を表して多数の人々が密集している参賀会場において、発煙筒が使用された場合、混乱誘発の危険性が存在し、その行為により一般参賀者、皇室一家、管理者に与えた影響を無視することはできない。したがって、火工品である本件発煙筒の無許可燃焼は、処罰に値する可罰的違法性を有するものというべきである。」と。しかし、「火薬類による災害を防止し、公共の安全を確保する」ことを目的とする同法による処罰の可否を問うときに、果たして、判決にいう「混乱誘発の危険性」や「一般参賀者、皇室一家、管理者に与えた影響」が、本罪の処罰根拠として相応しいものかどうか、疑問がないわけではない。本罪の成立には、あくまで発煙筒の燃焼による直接の生命、身体に対する危険を問題にすべきであると解するときには、本件は処罰に値しない軽微な事案であると考える余地があろう。その場合、行為が形式的には本法五九条五号に該当するとしても、「一般的違法性」を欠くものと解することができる。

出入国管理令に関しては、大阪高判昭和五三・四・二七（判時九二三・一三九）がある。朝鮮国籍の在日外国人が日本から香港へ密出国等をなした本件において、弁護人は、「本件各所為は、出入国管理令が朝鮮国籍を有する者に対して外国旅行の道を閉ざしており、運用の実際においても著しく渡航の自由を制限しているような状態の下で行われたものであるから実質的違法性あるいは可罰的違法性を欠くものである」と主張した(223)が、本件判決は、「被告人は朝鮮籍を有する在日朝鮮人で、暴力団に属するものであるところ、同じ組の金炳福から日本人名義の旅券を入手して時々香港へ行き、外国製腕時計やライター等を購入して帰り、販売している旨聞いて、自分も観光及び物品購入の目的で同人とともに香港に行くことを企て、本件各犯行に及んだものであることが認められる。右各犯行は、その動機・目的・手段方法・被害法益等に徴すると、実質的違法性あるいは可罰的違法性を欠くものとは到底いえるものではない。」と判示した。判旨は妥当であろう。

次に、東京地裁八王子支判昭和五九・二・二四（刑裁月報一六・一＝二・一三六）は、水道法一五条一項の罪につき、正当行為であるか又は可罰的違法性を欠くとする弁護人の主張[224]に対して、本件給水契約の申込みを権利の濫用にあたらないと認定し、また、被告人の所為を、行政指導として許される範囲を超えるものと認め、「被告人の本件所為は、法令による行為でも、これに準ずる正当行為でもなく、また社会的相当性を有しないことも明らかであって、違法性を阻却せず、可罰的違法性を有するものである。」と判示した。給水契約締結拒否が、山基建設及び本件マンションの住民等に与えた被害は軽微とはいえず、「水道の布設及び管理を適正かつ合理的ならしめるとともに、水道事業を保護育成することによって、清浄にして豊富低廉な水の供給を図り、もって公衆衛生の向上と生活環境の改善とに寄与する」との本法の趣旨に照らしても、その趣旨に反する程度が軽微とはいえないので、「可罰的違法性」を有するものと認めた本判決は、結論において妥当であろう。

生活保護法上の生活保護費の不正受給の罪（八五条）に関しては、東京地判昭和四七・八・四（刑裁月報四・八・一四四三）をあげ得る。本判決は、「被告人の生活の実情からみれば、被告人の本件不正受給の行為は、適法行為の期待可能性がないか可罰的違法性のないものである。」との弁護人の主張に対して、「保護受給者の一部が真実の収入の届出をしないことによりとび抜けて不正な額の保護費を受給するのを容認し、あるいは放任するときは無差別、平等、最低限度の生活保障を定めた生活保護法の精神にもとる」と説いた上で、「その動機が情状として十分酌まれるべきことは格別として、他に適法な行為を期待できなかったとか、可罰的違法性がないとはいえない。」と判示した。本件事案は、昭和三九年一二月分保護費の一部追給及び昭和四〇年一月から昭和四五年一月分までの保護費として、差額の合計一、〇〇二、二八九円を不正に受給したというものであり、法益侵害は軽微とはいえない。判旨は妥当である。

通貨及ヒ証券模造取締法上の罪をめぐり「可罰的違法性」の存否が争われた例もある。東京高判昭和四三・一一・一三（判時五五七・二七三）は、同法一条を芸術上の創作活動に適用することは憲法二一条に違反し、さらには、本件「千円札」の創作活動は、その「千円札」の有する性格、意義等から可罰的違法性又は実質的違法性を祖却するとの弁護人の主張に対して、まず、真正な通貨と誤認されるおそれ及び危険性を帯有する通貨の模造行為は公共の福祉に反するものとして、もはや憲法第二一条の保障する表現の自由の保護に値するものとは認め得ないと述べ、さらに、「被告人らの行為が無償の芸術上の表現行為であることや、本件模造千円札の現実の用途およびそれによる法益侵害の有無、程度等からも、未だ本件被告人らの行為が可罰的違法性あるいは実質的違法性を欠くものであると認めることはできない。」とした原判決（東京地判昭和四二・六・二四判時四九五・九二）を是認し、「しかも、その創作枚数も約三百枚一回、約九百枚二回計約二千百枚の多数にのぼる事実は、これらの違法性の欠如を認め難い一つの証左ということができる。そして、論旨指摘のような、右『千円札』の模型としての性格から必然的に規定された芸術上の表現に限られる用途、場所、人等の限定性及び特定性等を考慮に入れても、前記結論に消長を及ぼすものとは考えられない。」と判示した。[225] 総合的違法阻却の可否を吟味すべきであるが、判旨は、結論において妥当であろう。

鉄道営業法三五条違反の罪をめぐり「可罰的違法性」の存否が争われた東京高判昭和五四・一一・二二（判時九六二・一二七）も、注目すべき判決であろう。本判決は、本罪の処罰根拠につき、「鉄道の車内、停車場に限らず、その他の鉄道地内においても、それが一般公衆及び旅客の利用するものである限り、鉄道営業法三五条所定の所為が、管理者である鉄道係員の統制に服することなく、みだりに行われる場合、旅客及び一般公衆に対して多大の不快感と迷惑を及ぼすことは、今日も同法制定当時となんら変りがないと考えられ、権限ある者の許諾を受けたときを除いてこれを一般的に禁止し、違反者には科料の制裁を加えるべきことを示してその実効を確保しようとすることは、現今においても十分に実質的な根拠があるとしなければならない。」と説示の上、鉄道地内である駅前広場における政治活動のための演説及びビラの頒布行為に対し、次のように判示した。「被告人らの所為の態様を見ると、被告人らは、乗降客及び多数の一般公衆の通行する鉄道地内である原判示新小岩駅南口改札口前歩道上で、同駅における朝のラッシュアワーの始まる午前七時一〇分ころから同四五分ころまでの間にわたり、被告人において持参の携帯マイクを用いて演説をし、他の共犯者らにおいて宣伝ビラ多数を配布し、鉄道係員からその中止を指示されながら、右携帯マイクの使用をやめただけで、なお演説、ビラ配布を執拗に継続し、係員らから鉄道地外に押し出されれば、たちまちもとの位置に立ち戻ることを繰り返すなどしたものであって、その所為は、単に形式的に右法条に違反するにとどまるものでなく、科料を法定刑とする同法条の予想する程度の実質的違法性を十分に具備し、可罰的なものであったことは到底否定することができない。」と。本判決にいう「科料を法定刑とする同法条の予想する程度の実質的違法性」とは、私見にいう「一般的違法性」を意味するものと解されるが、本判決が、他方において、「このような宣伝行動自体は、憲法二一条の保障する表現の自由の一態様として、最大限に尊重すべきものではある」と述べながら、違法判断において「総合的違法判断」を加えていないことは疑問と言わなければならないであろう。表現の自由を最大限尊重して、「総合的違法性」の有無を検討した場合、「可罰的違法性」を具備するといえる程に旅客及び一般公衆に対して多大の迷惑を及ぼしたと認められるかどうかは、かなり疑問と言わなければならない。

次に、有線電気通信法二一条違反の罪をめぐり、有線放送設備の設置及び有線放送業務開始の届出遅延についての可罰的違法性の存否に関し、大阪高判昭和四九・二・一四（判時七五二・一一二）は、「記録によると、所論の前記(2)のような事情から、有線放送業界において事前届出をせず、なかには設備設置後数年間も届出のない事例があること、被告人于の経営する大阪有線の技術水準は比較的高度であり他の通信等に悪影響を与えるおそれがすくないことが認められるが、右のような事情があるからといって、さきに認定した同被告人の前記各法条違反の所為が可罰的違法性を欠くものと認めることはできない。」と判示した。しかし、本判決は、可罰的違法性を認めるべき積極的な根拠を提示していない。遅延日数が比較的短期間であることや、他の通信等に悪影響を与えるおそれが少ないこと等の事情を考慮すると、同条によって処罰すべき程の「一般的違法性」を具備しないものと認めるのが相当であろう。

労働安全衛生法三三条二項及び労働安全衛生規則六六七条一号、二号違反の罪（労働安全衛生法一一九条一項）をめぐり、「可罰的違法性」の存否が争われた裁判例もある。福岡高判昭和五二・八・三（判時八九六・一一〇）は、以下のように判示して、弁護人の主張[227]を斥けた。即ち、「被告人小原の本件ブルドーザー運転手らに対する毎日の作業状況の視察および実際の技能の確認は、前掲証拠によれば、右運転手らの労働安全のためというのではなく、むしろ専らその作業能率に重きをおいてなされていたものであることが認められ、また右運転手らがすべて法定の有資格者であったことは認められるが、このことは量刑上有利な事情とはなっても、その故に確認義務の懈怠につき可罰的違法性がないとすることは、労働災害発生防止の見地から受貸与者にも法定資格の確認を義務づけた規則六六七条一号の法意を無視するものであって、結局は確認義務の否定につながるものであり、採用することができない。」と。しかし、本件の具体的事案において、確認義務の懈怠につき可罰的違法性がないとすることは、一般的に確認義務の否定につながるわけではない。確認義務違反の程度が軽微である場合には、「可罰的違法性」を欠くものと認めて差しつかえあるまい。[228]本件においては、専ら作業能率に重きをおいてであれ、技能の確認を行っており、また、運転手らが実際法定の有資格者であったことを勘案すると、微妙ではあるが、「一般的違法性」の存在を否定することも可能であろう。

最後に、労働基準法二〇条一項違反の罪につき、「可罰的違法性」の存否が争われたものとして、名古屋高判昭和五三・四・一一（判時九一七・一四三）がある。弁護人は、山下株式会社は当時累積する赤字経営の状況から、従業員に対する給料も遅滞しており、予め解雇予告をしても解雇期間までの賃金を支払うことは同会社の経理状態から客観的に不可能であり、倒産に瀕した会社の対外債権者との折衝、労働債権の確保を含む労働問題の処理に無報酬で最後まで努力していた被告人に刑事罰をもって臨むことは正義に反し、社会的に見て妥当性を欠くものであって、可罰的違法性ないし期待可能性がない、と主張したが、本判決は、「被告人の前記会社再建のための真摯な努力、労働債権確保を含む労働問題に対する誠実な折衝態度を認めることに吝かではないが、労働基準法二〇条が予告義務を強行法規として使用者に義務づけ行政監督及び罰則によってその履行を保障し、労働者の生活の保障をはかった立法趣旨と、現在の不況、就職難の実情あるいは原判決の被告人に対する本件量刑などを彼此対照考察すると、被告人の本件行為に対する本件処罰をもって直ちに正義に反し社会的妥当性を欠くとまでは言い難く、従って被告人の本件行為が可罰的違法性を欠く」とはいえない、と判示した。判旨妥当であろう。

(88)　前田・前掲書五四頁、他。
(89)　荘子・総論一九七頁、他。
(90)　前田・前掲書五四頁、八六頁、四六八頁以下。
(91)　なお、荘子・総論一九八頁参照。
(92)　前出二九八頁以下〔本書一五三頁以下〕参照。荘子教授は、一般に、動機・目的の正当性、手段、方法の相当性、法益較量等に照らして、刑法三五条に基づく可罰的違法阻却の可否を吟味すべしと主張するが、「一厘事件」においても「動機・目的の正当性」を肯定する（なお、荘子・研修三四五号一三頁注(一)参照）のであれば、この要件は、他の違法阻却事由におけるそれとは相当異質のものと解さざるを得まい。
(93)　荘子・総論一九七頁。前段の叙述が、構成要件の実質的解釈を肯認する趣旨であるかどうかは定かでない。なお、松尾浩也・別冊ジュリ五七号一一頁は、本判決が「構成要件を没価値的にみれば一応これに該当するが、本件の行為は違法でないので、価値的に考えれば構成要件にも該当しない」との立場に立つとみるのが素直であろうと述べる。
(94)　前田・前掲書一〇七頁以下。
(95)　松田補足意見が、法域を異にする場合の相対性を承認し、「可罰的違法性」論を展開したことは特筆に値する。なお、荘子・労働刑法（総論）一四六頁以下参照。
(96)　なお、国家公務員法について詳しくは、河上和雄「国家公務員法」注釈特別刑法第四巻六九九頁以下、地方公務員法については、吉村徳則「地方公務員法」同七八九頁以下、参照。

(97)　全司法仙台事件第一審判決――控訴審判決及び上告審判決は後出三一五頁及び三一九頁〔本書一七五頁及び一七七頁以下〕。

(98)　本判決は、「争議行為を実行する決意を新たに起させるようなまたは既に持っている実行の決意を更に助長させるような勢のある刺激と言いうるためには、その文書、図画、または言動による行為自体が客観的に見て、地方公務員の争議行為の実行に対して現実に影響をおよぼす危険性のあるもの、換言すれば、その刺激が争議行為の実行の原動力となり、または、それを誘発する危険性があるものであることを要し、また、それをもって足るものといわなければならない。そして、……煽動の手段方法の如何は問うところでなく、争議行為については説得、指導、激励、督励、指令指示の発出およびその伝達等、いわゆる争議行為に通常随伴する方法によるものであるか否かによって煽動罪の成立が左右されることはありえないものといわねばならない。」と述べた上で、「〔休暇闘争突入〕指令を電文または言動によって伝達する行為は、これによってはじめて争議行為が実行に移される段階に入るのであり、ある教職員に対しては争議行為実行の決意を生ぜしめ、ある教職員に対しては既に生じている決意を助長させるような勢のある刺激を与える行為であり、客観的に見ても、地方公務員たる教職員の争議行為の実行に対して現実に影響を及ぼす危険が十分にあり、同盟罷業の遂行をあおる行為に該当するものといわねばならない。」と判示、「それ〔職員組合の行う争議行為〕を企画し、説得し、指導し、指示、指令する等、争議行為の原動力となるものは、組合幹部である」と断じた。

(99)　都教組事件控訴審判決。本判決は、争議行為の実行行為よりも一段と違法性が強いと評価される煽動行為を行った場合や、争議行為に通常随伴して行われる方法より違法性の強い方法で争議行為の遂行を煽動した場合に限って「煽動」に該当すると判断した原判決（東京地判昭和三七・四・一八判時三〇四・四）を破棄し、「集団的違法行為の責任は、多衆と結合せしめて争議行為に動員した者、すなわちその原動力となってそれを企画、立案、討議して動員指令を発動した者にある」とし、地公法六一条四号所定の行為が処罰されるのは、「これらの行為がすべて、違法行為の実行の直接原動力となり、また、これを誘発する影響力、危険性のある行為であるからに外ならない」と判示して、被告人らの行った指令伝達行為を「煽動」に該るものと判断した――傍点筆者。

(100)　全農林長崎事件第一審判決。本判決は、「元来国家公務員は争議行為が禁止される……のであるから、そのような違法行為やそれによって生ずる有形無形の社会的国家的損失を抑制、阻止するため、その原動力となる行為をこそ禁止し処罰しようとすることは、理由のないことではない。」として、国公法一一〇条一項一七号の規定の合理性を首肯しつつ、本件についてては「それらの指示ないし言動を組合指令という権威づけられた方式において、あるいは被告人上野、同今村の組合における指導的地位を背景としてなされたものであるが故に持つところの、組合員に対する事実上の強い拘束力ないし指導統率力のために、それらが、組合員各自の心理作用、意思決定に及ぼす影響力の大きさは、理性及び感情の両面に亙って、一般組合員や第三者のそれとは比較しうべくもなかったと云わなければならない」と判断して、「あおり」に該当するものと解した。しかも「右規定にいう『あおり』とは、国家公務員法九八条五項前段所定の違法行為を実行させる目的をもって、(文書もしくは図画又は言動により)人に対しその行為を実行する決意を生ぜしめ、または、すでに生じている決意を助長するような勢のある刺激を与えることをいい(最高裁判所昭和三七年二月二一日大法廷判決参照)、また、『そそのかし』とは、右違法行為を実行させる目的をもって、人に対しその行為を実行する決意をあらたに生じさせるに足る慫慂行為をすることをいい(最高裁判所昭和二九年四月二七日第三小法廷判決参照)、いずれも、相手方において、現実に違法行為への決意を生じ、又はすでに生じていた決意を助長させるような結果が出たかどうかを問わないと解するのが相当である。」と説く。

(101)　岩教組学テ反対闘争事件第一審判決。本判決はいう。「地公法第六十一条第四号がこのように、教唆、煽動行為を独立に処罰するゆえんものは、かかる行為は、争議行為の原動力となり、これを誘発する影響力、危険性のある行為であって、これにより、争議行為に参加した個々の争議行為実行者の所為とは、全く可罰的評価を異にするからである。」「被告人らの本件指令第六号及び指示第七号の発出伝達及びその趣旨の伝達行為は、組合員の違法行為実行の原動力となり、その実行の決意に影響力のある刺激を与えるに足るものであることが明らかであるので、ある組合員に対しては、争議行為実行の決意を生じさせ、また、ある組合員に対しては、すでに生じている決意を助長するような勢いのある刺激を与える行為であるというべきであるから、地公法第六十一条四号に規定する争議行為の遂行をあおる行為に該当するものといわなければならない。」と。

(102)　大教組勤評反対闘争事件第一審判決。

(103)　なお、福岡地判昭和三七・一二・二一判時三三四・二（福教組勤評反対闘争事件第一審判決）は既に、「あおり」等につき、次のように明言していた。「それは、『勢のある刺激を与える』とか『中正の判断を失して……』とかいう要素を含むものであるから、相手方の感情に訴える方法により決意を創生もしくは助長せしめることを意味するものと解すべきである。裏から言えば、相手方の理性に訴える方法により説得を行うようなことは、たとえ決意の創生もしくは助長という効果を伴うものであっても、『せん動（又は煽動）』に該当しないわけである。」と。

(104)　佐賀教組事件第一審判決。本判決は、「地方公務員法第三十七条、第六十一条第四号を具体的事案に適用する場合には、地方公務員の勤労条件の劣悪の程度（条例内容の実施状況を含む）、代償措置の機能発揮の程度（特に人事委員会勧告内容の実施状況）、地方公務員が争議行為を決意するに至った事情、特に過去において他の手段を試みたか否か、更に他の手段を試みる余裕はないか（争議行為の必要性、緊急性）、地方公務員が争議行為によって貫徹しようとしている主張の内容、争議行為の方法、住民が争議行為によって蒙むる不利益の性質、程度等を綜合勘案して、地方公務員の権利と住民の権利とをひとしく尊重しながら、その実質的に公平な調整点すなわち『公共の福祉』を発見しなければならない。」としながら、「公共の福祉に反するおそれのないことが明らかな争議行為は、地方公務員法第三十七条、第六十一条第四号にいわゆる争議行為に該当しない」ものと解して無罪を言渡した。

(105)　北川村教組休暇闘争事件。本判決は、「地方公務員の争議行為の中には、その職務の性質上、地方行政ひいては国家の行政を麻痺させ地方及び国家秩序を破壊する危険性を有し公共の福祉に反する違法なものがあり、これらの争議行為については、その行為者に対し公務員としての資格を剝奪するだけでは足りず、これに対し刑罰をもって取締る必要がある。」ことを認め、「住民の生命身体に直接危険を及ぼし又地方行政を甚だしく攪乱させて住民の福祉に重大な侵害を加え、住民全体の奉仕者たるべき公務員が、その住民の信託関係を著しく破壊するが如き争議行為は、その行為自体に可罰的違法性があるので刑罰をもってこれを禁止せざるを得ない」と判示して、「実定法上、かかる争議行為については、その原動力となる共謀者せん動者らを争議行為実行の前段階において処罰する」ことを是認した。しかし、当該事実に対しては、次のように判示して無罪を言渡したのである。「地方公務員の争議行為が可罰性を有するに至る限界は、争議行為の目的が勤労条件の改善には直接関係なく、専ら特定の政治的主張を達成する手段として行われ、従って、その争議解決については、当該地方行政庁の管理当局の権限を遙かに超え、全く解決のつく余地のないものであって、しかも、その争議行為については、労働法上の諸原理の適用の範囲を逸脱し、その結果争議行為禁止の代償措置もその効果がない所謂純然たる政治ストの場合や……職務の性質上争議行為により住民の生命身体財産に対し明白な侵害を及ぼすか、争議の手段方法が常規を逸し、地方行政を攪乱させ住民の福祉に直接且つ明白な著しい損害を与え、その争議参加者に対し公務員の資格を剝奪して住民全体との信託関係を排除しただけでは、争議禁止の目的を達せられない強度の違法争議である点に限定されるものというべく、地公法第六一条第四号の違法な行為とは、結局同法第三七条第一項前段の争議行為中右の可罰的違法性ある争議行為を指称するものと解するを妥当とする。」と。

(106)　都教組事件第一審判決。本判決は次のように判示して無罪を言渡した。「地方公務員法第六十一条第四号の争議行為の遂行を煽動した者とは、争議行為の主体となる団体の構成員たる職員以外の第三者であって争議行為の遂行を煽動した者、争議行為の主体となる団体の構成員たる職員であって争議行為の共同意思に基かないで争議行為の遂行を煽動した者、及び争議行為の主体となる団体の構成員たる職員であって争議行為に通常随伴して行われる方法より違法性の強い方法をもって争議行為の遂行を煽動した者と解するのが相当である。」と。

(107)　全農林警職法反対闘争事件第一審判決。本判決は、「法第一一〇条第一項第一七号に規定する争議行為の遂行を『共謀し、そそのかし、若しくはあおり、又はこれらの行為を企てた』者という概念は……、争議行為と不可分な随伴的行為のうち特に違法性の強いもの又は随伴的行為とは認められないようなものに限定されるというべきであり、……公務員に対し、その業務の正常な運営を阻害するような争議行為の遂行をそそのかし、若しくはあおり、又はこれらの行為を企てることは、これらの各行為がすでに触れたように特に違法性が強いか又は争議行為と通常不可分な随伴的行為と見られないものと解する限り、国民全体の奉仕者たる責務を懈怠することを教唆、慫慂する手段において、国民との間の信託関係を破壊する危険が極めて大きく、も早憲法第二一条の保障の範囲外にあるものといわなければならない。」と判示した上で、「単なる争議行為の実行者にすぎないものは、処罰の対象とならないこと、そして実行々為には可罰的評価をしないのに、それを共謀し、そそのかし、あおり、又はこれらの行為を企てたという前段階的行為に対してのみ可罰的評価を加えていること、これは刑罰体系上極めて異例な取扱いであること、争議行為に通常不可分な随伴的行為は実行々為と同等の評価を与えるのが相当であること等を考慮した場合、法第一一〇条第一項第一七号のような規定が公益上真にやむを得ないとされる合理的な根拠を持つことができるのは、そこに規定されている各種行為の態様が強度の違法性を帯びることにより、その手段自体から可罰的評価を可能とする程度のものに限ると解するのが相当である。」として、無罪を言渡した。強度の違法性をはかる基準については、前掲東京地判昭和三七・四・一八に従っている。

(108)　全司法仙台事件控訴審判決。本判決は、一般論として、「国公法一一〇条一項一七号の規定の趣旨は、同号に掲げる行為に該当する以上、すべてこれを単純かつなんらの吟味も加えることなしに、可罰性あるものと評価しているものではなく、それは、これらの行為の性質、手段、態様等からして争議行為の実行に影響を及ぼすべき高度の蓋然性をもつ程度に強度の違法性を帯びるもので、これらに刑罰を科することが、公益上当然であるとされるものに限って処罰の対象としているものと解するのが相当である。」と判示したが、被告人の当該所為については、「本来裁判所職員でなくなんら直接の利害関係をもたない第三者―公務員であると否とを問わない―が、外部から入ってきて圧力をかけ、その争議行為に容喙してその遂行をあおり、その結果国の重要な機関である裁判所の業務の正常な運営を阻害し、憲法で保障されている『何人も裁判所において裁判を受ける権利を奪はれない』という重要な国民の権利を侵害するが如き事態を招来する危険性のある行為については、まさしく、前記基準に照らして、争議行為の実行に影響を及ぼすべき高度の蓋然性をもつ違法性の強度なものというべきことは、なんら疑いの余地がなく、そしてたとえ全司法労組所属の組合員である裁判所職員といえども、これらの外部の第三者と共謀して右のあおり行為に加功し、よってあおり行為を実行したと認められる以上、強度の違法性を帯びる点において同一の評価を受けるべきものと解すべきである。」と判断して、有罪の判決を下した。

(109)　福岡教組及び佐賀教組事件控訴審判決。

(110)　京教組謹評反対闘争事件第一審判決。

(111)　全農林長崎事件控訴審判決。
(112)　全農林警職法反対闘争事件控訴審判決。
(113)　判決はいう。「(国公法) 第一一〇条第一項第一七号は、前記同法第九八条旧第五項に違反する争議行為自体ではなく、これを『あおる』等の指導的行為を、特に違法性の強い行為として類型的にとらえ、これに可罰性を認めているのである。……争議の共謀、そそのかす行為、あおる行為等の指導的行為は、争議行為の原動力、支柱となるものであって、その反社会性、反規範性等において争議の実行行為そのものよりも違法性が強いと解し得るのであるから、原判決の判示するように、憲法違反となる結果を回避するため特に『あおる』行為等の概念を縮小解釈しなければならない必然性はない」と。
(114)　本判決は判示する。「被告人らのこれらの行為は、その一貫する目的とするところは、給与その他の勤務条件の改善、向上等の経済的なものではなく、警職法改正案に対する反対闘争という政治的なもの、いわゆる『政治スト』の範疇に属するものであって、正当性の限界を逸脱しているばかりでなく、又その規模、手段方法 (態様) は、電報を含む指令第六号の宛先が全国的にわたるという大規模なものであり、且つその指令内容は全国の下部組織に対し一斉に当局側の管理意思に反する勤務時間内の職場大会の開催を指令するという態様のものであり、或いは本件職場大会におけるピケットの強力性は、これにより約二千五百名の職員中、極めて少数の者を除くほとんど大部分の者が出勤のための入庁を阻止されたのみならず、管理者側のピケット排除行為に対し積極的に抵抗さえする事態を生じたという程度のものであった点等に徴すれば、被告人らの行為は、目的、規模、手段方法 (態様) のいずれの点から考慮しても、その違法性は、刑罰法規一般の予定する可罰的違法性の程度に達しているものというべく、又刑罰を科するに足る程度の反社会性、反規範性を具有しているものといわなければならない。」と。
(115)　和教組勤評反対闘争事件控訴審判決。
(116)　同旨、仙台高判昭和四四・二・一九刑集三〇・五・一五六四。岩教組学テ事件控訴審判決。
(117)　最大判昭和四四・四・二及び同昭和四八・四・二五における色川反対意見は、政治ストは労働法上の争議行為ではなく、憲法二八条の関知せざるところであると述べるが、問題は、国公法上禁止されている争議行為に該ると解し得るか否かであって、目的はともあれ、同盟罷業等の争議行為の形態を具備する限り、これに該るものと解すべきであろう。なお、荘子・労働刑法（総論）一九五頁参照。

(118) なお、全司法仙台事件判決については、荘子・前掲書一四八頁以下参照。

(119) 石田、村上、藤林、岡原、下田、岸、天野各裁判官の補足意見、ならびに、岸、天野各裁判官の追加補足意見も、罪刑法定主義違反を強調する。

(120) 翻って考えるに、被告人に有利な限定解釈それ自体は、被告人に有利な類推解釈と同様に、罪刑法定主義の原則に必ずしも反するものではない。罪刑法定主義の原則は、国家による形式的処罰にではなく、構成要件による形式的保障を一内容とする、被告人の人権・自由の実質的保障に、その本質を有するからである。したがって、被告人の罪責を限定する方向における実質的な構成要件解釈を禁じるものと断言することはできない。

(121) 前出〔本書一七七頁以下〕。

(122) 補足意見及び追加補足意見は、「国民生活に対する重大障害」や「社会の通念に反して不当に長期に及ぶなどの国民生活への重大な支障」等の基準に対しても、不明確であると批難する。

(123) 補足意見は、「二重の絞り」論を、「誤った法解釈の態度」であると称し、また、追加補足意見は、「立法目的に反して法の規定をほとんど空洞化するにいたらしめたことは、法文をすっかり書き改めたも同然で、限定解釈の限度を逸脱するもの」であると評する。

(124) ただし、この要件が、「企て」罪成立の要件である外に、「あおり」罪成立のための要件でもあるか否かについては、判文からは必ずしも明らかでない。

(125) 前記全農林警職法反対闘争事件上告審判決においては、争議行為の具体的危険性の発生は、「企て」罪の要件にとどまるものと解する余地があるが、本判決によって、「あおり」罪の要件であることが明言された。

(126) 前出〔本書一八〇頁〕。

(127) 本判決は、「原動力論を採ったとしても、文字どおり『あおり』等を広く解釈し、これに当たる行為者をすべて可罰的煽動者とする趣旨であるとは到底解しがたい。」とした上で、地公法六一条四号を「実行行為者である争議参加者を処罰せず、その予備的、準備的段階にある煽動行為者を処罰しようという特殊な危険犯処罰規定」と解し、「(一般的定義による) あおりの意義からは、直ちに禁止争議発生の危険が発生したものと速断できず、また、法がこのような危険の発生を当然に擬制し又は推定したと解することも妥当ではない。」と力説しながらも、最大判五一・五・二一を援用して、次のように判示する。「あおり行為が成立するためには、対象となる争議が具体化、現実化しているだけでは足りず、当該あおり行為自体が右争議を現実化させるような具体的な危険をもたらすこと」、即ち、「地公法六一条四号にいう『あおり』『あおりの企て』等は、それ自体で客観的に見て、同法の禁止する争議行為の実行に対し、現実に影響を及ぼすおそれがあるもの、すなわち、それ自体において真に右争議の原動力となり、現実にその実行を誘発する危険があると認められる真剣さないし迫力を有するものであることを要し、また、組合幹部の地位にある者が関与したというだけでは足りず、その者が当該煽動行為に対し現実に原動力となるような役割を果すことを要する、と解すべきである。」と。

(127) ただ、最高裁判例を尊重すべき下級審としては、本判決が行ったような限定が最大限のものであるかもしれない。

(128) 前出三〇八頁以下〔本書一六三頁以下〕参照。なお、荘子教授は、「違法判断の場において、労働法規範と市民法規範を綜合した全憲法秩序の見地に立脚し、『あおる』等の構成要件に該当した行為が刑罰を科するに値する程度の違法に達したものとして評価しうるかどうかということを具体的・個別的に決すべきである。」という。荘子・労働刑法 (総論) 一九〇頁以下。

(129) 前出三二〇頁〔本書一七八頁〕。

(130) なお、荘子・前掲書一八八頁参照。ただ、判決にいう「法秩序全体の精神」の実質の適否が問われなければならない。その実質は判決上必ずしも明らかではない。根拠となる事情を詳密に明示せず、直観的判断に赴く危険なしとしない。当該行為によって獲得される労働基本権上の利益と、それによって侵害される法益とを具体的に比較衡量しながら、綜合的違法判断を下すべきことは勿論であるが、その際に考慮した具体的な諸般の事情を明瞭なかたちで提示すべきであろう。

(131)　前出三二一頁〔本書一八〇頁〕。
(132)　同旨、中村睦男・ジュリ六四二号二八頁。
(133)　前出三二二頁〔本書一八〇頁〕。
(134)　本判決は、結局、「本件行為が、地公法六一条四号の予定する罰金刑等をも含む刑罰に相応する程度の違法性を欠くとか、あるいは極めて軽微であって、法秩序全体の見地からみて違法性が阻却される場合にあたると考えることはできない。」と判断して有罪を言渡した。
(135)　前出三二五頁〔本書一八六頁以下〕。
(136)　前出二九八頁以下〔本書一五三頁以下〕参照。
(137)　事件の大略は、毎日新聞の西山記者が、情交関係のあった蓮見外務事務官に対して、沖縄返還交渉にかかる極秘指定の書類を持ち出すよう依頼し、同事務官が職務上知り得た秘密を漏らすことを唆したというものである。
(138)　本判決は、取材活動の自由につき、次のように判示する。「報道機関は、公共的関心事項についての事実や他人の意見を組織的に正確且つ広範囲に収集し、これを編集して迅速に報道することによって国民一般に情報を提供し、合わせて、報道機関自身が、収集した情報に基づいて報道機関としての意見を形成しこれを表明することを通して国民一般の知る自由や意見形成、意見表明の自由に奉仕するものである。……報道機関はこのような公共的使命を担うが故に、報道機関としての意見表明の自由はもちろんのこと、事実や他人の意見を報道する自由を憲法二一条により保障されるというべきである。ところで報道機関が事実や意見を正確且つ広範囲に報道するためにも、又、報道機関として公正な意見を形成するためにも報道機関の前記公共的使命にかんがみ報道機関（報道記者）の報道を目的とした取材活動の自由も（それ自体は表現行為ではなく、その前提行為たるに過ぎないが）憲法二一条の精神に照らして十分尊重されなければならないというべきである。」と。しかも、正当行為として違法性が阻却される要件につき、次のように論じる。「取材行為は報道機関の前記公共的使命を全うするために不可欠な行為であるが故に社会生活上重要な行為であると一般に認められており、又、前記の通り取材の自由は憲法二一条の精神に照らして十分尊重されなければならないから、報道記者の取材行為が刑罰法規の構成要件に一応該当する場合であっても、当該行為が、その取材結果を私用・窃用する目的とか単に報道記者の個人的好奇心や私的欲望を満足させる目的とかでなされるのではなく、報道機関の前記公共的使命を全うする目的をもってなされるものであるという事情、又その行為に際して具体的に用いられた手段方法が、右の目的を達成するために必要であるか若しくはこれに通常随伴するものであり、例えば行為時の具体的諸事情に照らして他にこれに勝る方法がない場合など当該手段方法を用いたこと自体に対しては社会通念上特段の非難を加えることができないと考えられるという事情、更に又その行為によってもたらされる利益がその行為の結果損なわれる利益と均衡を保ち又はこれに優越していると認められるという事情などを総合考慮して、当該行為が全体としてなお法秩序の精神に照らして是認できると認められる場合には、当該行為は正当行為であるということができる。」と。

(139)　即ち、本判決は、第一に、「沖縄返還交渉や中国代表権問題に関する正確且つ広範な情報を収集し、これを新聞を通じて国民に報道し、新聞の公共的使命を全うしようという目的を持って」いたと認めて、目的の正当性を肯定し、第二に、手段方法に関しては、「被告人西山の前記各しょうよう行為は証拠〔二八〕によると第一にその相手方が交渉担当者ないし交渉関係者というような秘密の実質的保有者でないばかりか、文書の授受、保管その他の機械的事務のみに従事し、且つ政治や外交問題にほとんど無関心である一女性事務官に過ぎなかった者であり、このことは被告人西山も認識していたこと、第二にその漏示の方法についても文書それ自体の庁外への持ち出しという極めて大胆で危険な、従って漏示者において横領ないし窃盗に問擬され兼ねない方法をとることを依頼したものであること、及び第三に前記各しょうよう行為に先立って、被告人蓮見に対し、沖縄返還交渉に関する取材の意義や取材の必要なゆえんを真しに説得して同人の自発的協力を要請したというようなものではなく、同被告人との間の肉体関係ないし、肉体関係から生じた同被告人の好意や同情心を利用しこれに甘えて右各しょうよう行為に及んだことが認められる。」として、「報道記者としての自覚を忘れその尽くすべき努力を怠った誠にこそくな又反倫理的な取材活動というべく、報道記者の取材の正道を逸脱し報道記者の品位や社会的信用をも失墜させるものであるとの非難を免れない。」としながらも、次のように判示した。「外務省における秘密の保持は、極めて厳しく徹底しており、公式・非公式の発表や外務省高官のブリーフィングに頼るという程度の取材活動では到底外交交渉の真相を究明できないものであったことは推測に難くなく、又証拠〔三〇〕によれば被告人西山は当時沖縄返還交渉に関して安川外務審議官をはじめ関係方面に対し鋭意取材活動を行っていたが、なお納得のゆくまでの取材ができなかったことが認められ、更に証拠〔三一〕によると取材の対象には特段制限がないという記者としての職業意識が働いたことが認められ、且つ、前記の通り政治問題や外交問題に関心の薄い被告人蓮見からは文書それ自体の持ち出しによって文書の内容を聞き出すよりも一層正確な取材が可能だと被告人西山が考えたことも理解できないではない。更に又被告人西山が被告人蓮見との肉体関係や同被告人の好意又は同情心を利用したという点は右肉体関係が分別をわきまえた両者の合意の上で生じたものであるという経緯を考えると、このことが法の領域（すなわち違法性の有無に関する問題）において論ずるよりもその不当性の是正は社会一般や記者相互間の指弾又は倫理的非難にゆだねたほうがより適切であると考えられないではなく、従って法がこのような領域に深く立ち入るべきではないという側面のあることは否定できない。そして被告人西山は被告人蓮見の好意や同情心に甘えて前記各しょうよう行為をしたものであるだけでそれが殊更にしつようないし強引になされたものではないことは前記の通りであり、又取材源の秘匿についても当時としては相応の配慮をしていたものであることは後記認定の通りである。ところでこのような諸事情を考慮しても前記各しょうよう行為の手段方法についてはその相当性になお欠ける点があったというべきであるけれどもその相当性欠如の程度は、他の諸事情例えば法益の比較衡量を考慮に入れればなお正当行為性を帯びるといい得る程度のものであり、他の諸事情のいかんにかかわらず手段方法の不当性それ自体のみによって直ちに正当行為性が欠如していると断定し得る程、強度なものではなかったというべきである。」と。手段方法の不当性と法益の比較衡量とを相対化することにより、正当行為性を拡大しているところに特色がある。だが、記者としての反倫理性に捉われすぎて、た易く手段方法の相当性を否定してしまったのではあるまいか。むしろ、「一方の重大な法益・権利を守るための相当の手段」と言えるかどうかを検討し、手段方法の相当性を肯定すべきであった。第三に、法益の比較衡量にあたり、本判決は、想定文書の漏示によって阻害されるべき沖縄返還交渉や将来の外交交渉の能率的効果的遂行という国民的利益と、取材活動の一環として行われる外交文書漏示慫慂行為によって獲得されるべき資料に基づく国民的監視や公共的討論の可能性並びに当該外交交渉に対する民主的コントロールという国民的利益とを対置し、「各しょうよう行為によって外交交渉の能率的効果的遂行が阻害される危険性の程度が、前記各しょうよう行為によってもたらされる国民的利益や将来の取材活動一般によって支えられる国民的利益の程度をりょうがするものであったか否かを検討」して、結局、後者の優位を認めた。

(140)　例えば、西村・警察研究四五巻一二号三頁、河上和雄・警察学論集二七巻四号一頁。

(141)　これにつき、鈴木義男・法律のひろば二九巻一〇号四六頁は、「おそらく、原判決の致命的な欠陥は、N記者の行為が国公法第一一一条の『そそのかし』という構成要件にあたることを認めながら、構成要件に該当する行為は原則として違法であるという一般理論を軽視し、その行為が違法かどうかを白紙の状態から考察しようとした点にあるといえよう。そそのかし行為が違法であることは既に立法者によって決定されたことであり、裁判官の任務はその行為を正当化する特別の事情があるかどうかを検討することに限定されるのが通常である。漏示をそそのかした秘密が実質秘として保護に値するものであることを前提とする以上、その開示が報道機関の取材活動や国民の知る自由にとって好ましいかどうかという一般論ではなく、これを公開しないことによって国の安全や国民の生活に重大かつ回復不能な損害を招くかどうかなど、公開によって得られる具体的な利益が秘匿による利益よりも明らかに大きいことを示すような特別の事情の存否を問題にしなければならなかったであろう。」と批判するが、構成要件の違法徴表機能を信じて止まない正当行為論にこそ、むしろ問題があると言うべきであろう。前述二九八頁以下〔本書一五三頁以下〕参照。

(142)　伊藤栄樹・警察学論集二九巻九号二〇八頁・二一三頁参照。

(143)　前出三二〇頁〔本書一七八頁以下〕参照。

(144)　だが、本件事案に対しては、「右(イ)ないし(ト)に述べた状況下においては、(チ)に述べた五月二六日ころ被告人西山が愛知マイヤー会談関係文書を頼むという指示を与えた時点、並びに(リ)に述べた愛知ロジャーズ会談関係文書を頼むという指示を与えた時点において、被告人西山が与えた影響力により、蓮見が必ず指示に応じ秘密文書を被告人西山の手中にとどけるという状況となり、同女において、指示を受けるたびに改めて、その指示に従うかどうかについて意思決定をする心のゆとりが全く存在していない状態、同女の表現をかりると、『どうにも逃げられないという気持』になっており、被告人西山において、同女がこのような状態になっていることを知りながら、各秘密文書の漏示を同女にしょうようしたものと優に推認することができるのであり、被告人西山の右(チ)(リ)の各しょうよう行為が、当裁判所の示した『そそのかし』の意義についての限定解釈の下で、前記そそのかし罪の『そそのかし』に該当するものと認められる。」と判示した。なお、事実の詳細は省略する。

(145)　ただ、本判決が、独立教唆犯と従属教唆犯との比較に基づいて、国公法一〇九条一二号の正犯者と法定刑を同一にしている「そそのかし罪」を、「一〇九条十二号の正犯者が実行に出た場合の従属教唆犯と同程度の危険性の強度な独立教唆行為のみを処罰の対象としているもの」と解した論理は、国公法上の本罪の地位を熟慮した解釈として、本罪が一般的に予定する実質的違法性の考察にあたり有益である。

(146)　伊藤・前掲論文二一二頁。

(147)　即ち、「そそのかし」の意義に関する判例を踏襲して、殊更の限定を施さなかった。

(148)　ただ、本件については、「被告人の一連の行為を通じてみるに、被告人は、当初から秘密文書を入手するための手段として利用する意図で右蓮見と肉体関係を持ち、同女が右関係のため被告人の依頼を拒み難い心理状態に陥ったことに乗じて秘密文書を持ち出させたが、同女を利用する必要がなくなるや、同女との右関係を消滅させその後は同女を顧みなくなったものであって、取材対象者である蓮見の個人としての人格の尊厳を著しく蹂躙したものといわざるをえず、このような被告人の取材行為は、その手段・方法において法秩序全体の精神に照らし社会観念上、到底是認することのできない不相当なものであるから、正当な取材活動の範囲を逸脱しているものというべきである。」と判示して「そそのかし」罪の成立を認めた。

(149)　行為無価値的側面が強調されがちである。

(150)　なお、田宮裕・判例評論二三六号一八頁。

(151)　このことは、報道・取材の業務に携わらない者についても同様であって、国民的利益を守るために情報を収集ないし公開することは、憲法上正当な行為として保護される必要がある。

(152)　最大判昭和三三・三・一二刑集一二・三・五〇一、最判三三・五・一刑集一二・七・一二七二、等。

(153)　猿払事件第一審判決。

(154)　札幌高判昭和四四・六・二四刑集二八・九・六八八（猿払事件控訴審判決）、徳島地判昭和四四・三・二七刑集二八・九・七一八（徳島郵便局事件第一審判決）、高松高判昭和四六・五・一〇刑集二八・九・七三四（同控訴審判決）、青森地判昭和四五・三・三〇刑裁月報二・三・三一五（青森営林局員選挙運動事件。本判決は、被告人の勤務する林野庁の地方支部分局たる営林署は現業官庁であり、公共性は有するものの民間企業と大差のない非権力的性格を有すること、被告人が現実に分担していた事務は職員の給与に関する事項であり、事務の執行に当っては裁量権、決定権をもたず、すべて上司の決裁を得なければならない機械的事務といってよいこと、被告人の各所為は、いずれも勤務時間外の夜間又は休暇中ないし日曜日に国の施設を利用せずに行なわれたもので、一般市民に対し営林署の公正な運営について不安、不信、疑惑を抱かせる程度のものではなく、被告人に職務の公正を害する意図もなかったこと、等の事実を認定し、このような行為にまで刑事罰を加えることをその適用の範囲内に予定している国公法一一〇条一項一九号は、このような行為に適用される限度において、行為に対する制裁としては合理的にして必要最小限度の域を超えたものとして憲法二一条、三一条に違反すると判断し、無罪を言渡した）、名古屋地裁豊橋支判昭和四八・三・三〇判タ二九五・四〇〇（豊橋郵便局事件第一審判決）である。

(155)　総理府統計局事件控訴審判決。

(156)　東京地判昭和四四・七・二五刑集二八・九・七九六。本判決は、被告人らの文書（ビラ）頒布行為は、脱法文書として公選法により刑罰を科せられるほどの行為であること、総理府統計局は、その仕事に客観性、中立性が要請される行政官庁であり、その職員が特定の政党または候補者のための選挙活動をすることは、一般国民に不安、不信を抱かせるに足る官庁であること、頒布行為がなされたのは、執務時間中ではなかったにしろ、出勤簿に出勤の検印をした後であり、頒布場所も構内であったこと等の事情から、本件は、合憲的に国公法一〇二条違反の行為としての評価を受けることは免れないとした。

(157)　青森営林局員選挙運動事件控訴審判決。

(158)　前出〔本書二四五頁注(154)〕。

(159)　後述三三六頁以下〔本書一九四頁以下〕参照。
(160)　前出三二〇頁〔本書一七八頁〕。
(161)　高松簡易保険局事件第一審判決。
(162)　但し、「国民の側から客観的に見た場合」に限定する。
(163)　傍点筆者。なお、高松高判昭和五四・一・三〇刑集三五・七・七八八は、最大判昭和四九・一一・六（後出）を援用して被告人の控訴を棄却。最一小判昭和五六・一〇・二二刑集三五・七・六九六も、被告人側の上告を棄却した。中村補足意見及び団藤、谷口反対意見については、後出三三七頁以下参照〔本書一九五頁以下〕。
(164)　吉川経夫・警研四八巻四号五二頁。
(165)　高松簡易保険局事件第一審判決（前出三三四頁〔本書一九三頁〕）は、被告人の行為が「それ自体として……行政の十全な運営を阻害するおそれがある」（傍点筆者）と判示して、危険の有無を抽象的に判断している点、並びに「行政の十全な運営」を保護法益と解している点になお疑問は残るが、ただ、「公務員の政治的中立性を損うおそれ」ではなく、行政の（中立的）運営に対するおそれを問題にしたことは評価すべきである。
(166)　反対意見は、正当にも次のように言う。「刑罰の制裁をもってする公務員の政治活動の自由の制限が憲法上是認されるのは、禁止される政治的行為が、単に行政の中立性保持の目的のために設けられた公務員関係上の義務に違反するというだけでは足りず、公務員の職務活動そのものをわい曲する顕著な危険を生じさせる場合、公務員制度の維持、運営そのものを積極的に阻害し、内部的手段のみでこれを防止し難い場合、民主的政治過程そのものを不当にゆがめるような性質のものである場合等、それ自体において直接、国家的又は社会的利益に重大な侵害をもたらし、又はもたらす危険があり、刑罰によるその禁圧が要請される場合に限られなければならない。」と。
(167)　前出三三三頁〔本書一九二頁〕。
(168)　大隈、関根、小川及び坂本反対意見は、国公法一〇二条一項を、「同法一一〇条一項一九号の構成要件を委任する部分に関するかぎり」違憲無効であると述べる。なお、豊橋郵便局事件控訴審判決（名古屋高判昭和五〇・六・二四判時七八五・一一四）は、「被告人の本件国公法違反の所為は、公選による公職の選挙において、特定の党派に属する特定の候補者を支持する政治的目的を有する文書の掲示であり、政治性の顕著な行動類型に属する政治的行為であって、公務員の政治的中立性を損うおそれが大きいと認められるので、これが可罰的違法性を欠くものとはいえない。」と判示する。同上告審判決（最三小判昭和五二・七・一五最高裁判集刑事二〇五・九七）も、「原判決の判示する事情のもとにおける被告人の本件行為に前記罰則を適用しても憲法二一条、三一条に違反しない」と述べて、被告人側からの上告を棄却した。

(169)　前述三〇二頁以下〔本書一五八頁以下〕参照。

(170)　なお、荘子邦雄・労働刑法（総論）一八三頁参照。

(171)　前出三三六頁〔本書二四六頁注(166)〕。

(172)　ただし、一般には、純然たる抽象的違憲審査制を採用していないわが現行憲法の下では、具体的事件の処理に必要な限度で憲法判断を行えば足り、憲法上許されない場合でも、法令それ自体を違憲と判断することなく、法令が具体的事件に適用される限り違憲とすれば足りると解されている。猿払事件上告審判決以前の下級審判決の多くはこの手法を用いた（前出三三二頁以下〔本書一九一頁以下〕）。しかし、具体的事件の処理に必要な限度で憲法判断を行う形式は、適用違憲の形式に限られるのであろうか。具体的事件との関連で法令違憲の判断を下す余地はあり得ると言うべきであろう。また、国公法一〇二条一項及び一一〇条一九号の場合のように、法律による委任自体が憲法上そもそも不当と考えられるときには、法令を適用すること自体が一般に違憲であると解され（団藤反対意見のように、特定委任といえる程度に罰則をしぼって解釈したとしても、それによって委任自体の不当性が解消するわけではない）、端的に法令違憲の判断が下されるべきであろう。

(173)　それに対する国民の信頼は、独立の法益たり得ず、行政の中立的運営の妨害ないし妨害の危険によって裏打ちされた国民の信頼の毀損のみが可罰的であるというべきであろう。

(174)　前出三〇七頁〔本書一六二頁〕参照。

(175)　軽犯罪法一般につき、伊藤栄樹・注釈特別刑法第二巻三頁以下参照。

(176)　東京高判昭和四四・六・一六判タ二三八・二一二。同旨、東京高判昭和四四・七・三一判時五六七・九二。

(177)　伊藤・前掲書一五五頁、東京高判昭和三八・六・一二東高時報一四・六刑八七。さらに、高松高判昭和四四・三・二八判時五六七・九五は、「地域の美観並びに工作物の管理権及び美観」を保護するものとし、また、東京高判昭和四四・六・一六（前出〔本書二四七頁注(176)〕）は、「街の美観」をも保護法益の一に数える。しかし、この見解は、本号がはり札の客体を他人のものに限定している点の説明に窮するであろう。

(178)　なお、最大判昭和四五・六・一七刑集二四・六・二八〇は、「主として」財産権・管理権を保護するものという。同旨、高松高判昭和四三・四・三〇判時五三四・一九。

(179)　近時のものを中心に掲げると、東京高判昭和三九・六・二二高刑集一七・四・四一七（電柱にポスター一枚を貼付。科料九〇〇円）、浦和簡判昭和四〇・七・三下刑集七・七・一四二二（電柱に日本共産党員名義の日韓会談反対ポスターを貼付。刑を免除）、東京高判昭和四〇・一二・二三下刑集七・一二・二二二八（電柱にビラを貼付。刑を免除）、一宮簡判昭和四一・三・二四刑集二四・六・二九二（電柱三七本に原水爆禁止大会のビラ八四枚を貼付。刑拘留一〇日。最大判昭和四五・六・一七刑集二四・六・二八〇により是認さる）、北見簡判昭和四二・三・一四下刑集九・三・二七二（電柱に日本共産党演説会のビラ一枚を貼付。刑を免除）、滝川簡判昭和四二・六・一〇下刑集九・六・八四五及び札幌高判昭和四二・一二・二六判時五一六・八六（電柱に時局演説会告知ビラ一枚を貼付。刑を免除）、呉簡判昭和四三・二・五判時五〇九・七九（海上自衛隊呉基地警防隊正門前のコンクリート製防護壁に民青同盟名義のビラ九枚を貼付。刑を免除）、高松高判昭和四四・三・二八刑裁月報一・三・二二二（電柱二本に日韓条約反対のビラ四枚を貼付。罰金二〇〇〇円。最判昭和四五・四・三〇判時五九二・九七により確定）、東京高判昭和四四・六・一六判タ二三八・二二二（電柱一本に日本共産党員名義のビラ二枚を貼付。刑不明）、東京高判昭和四四・七・三一判時五六七・九二（駅ホーム外側のモルタル壁に三矢作戦反対等のビラ一枚を貼付。刑を免除）、広島簡判昭和四四・九・六刑裁月報一・九・八七六（電柱に政治的ビラ一〇枚、二枚、三枚を糊で貼付。電柱にビラ一枚を画鋲で貼付。刑を免除）渋谷簡判昭和五〇・三・一一判時七八二・一一一（電柱六本に全学連ストのビラ一五枚を貼付。刑を免除）、東京高判昭和五〇・六・三〇判時八〇四・一〇五（日本共産党演説会告知ビラを貼付）。

(180)　但し、厳格に解釈しただけであって、限定解釈を施したものではない。反対、前田・前掲書四九一頁注(５)。

東京高判昭和五六・八・五判時一〇一〇・一三三は、電柱に立看板二枚を立て掛け上部を紙ひもで結びつけた事案につき、「立看板を付着させる行為が『はり札をした』といえるためには、その付着の態様・程度を問題にせざるを得ない」として、「立看板をひもや針金等でしばりつけて電柱等に固定し、脚部の機能を喪失させるに至ったような場合に、はじめて、『はり札をした』といえる」と判示した。無罪確定。

(181)　例えば、私人の住居と電柱とでは財産権、管理権の侵害とはいってもかなり事情を異にするであろう。

(182)　「その保護法益の侵害が軽微であるが故に可罰的違法性なしと論ずるならそれは軽犯罪法そのものが制定された趣旨を没却することとなるであろう」（呉簡判昭和四三・二・五前出三四二頁）と断ずるのは妥当でない。

(183)　鈴木義男・刑法判例研究Ⅲ六二頁は、動機・目的の正当性をめぐり、営利目的のビラ貼りと政治上の主張その他思想表現目的のビラ貼りとの間に、軽犯罪法の適用上差異を設けることを不当とするが、表現の自由等の基本的人権の行使として為されたか否かは、綜合的違法判断にとって本質的であると言わなければならない。

(184)　ただ、本判決は、高松高判昭和四四・三・二八（前出三四一頁〔本書二四八頁注(177)〕）により破棄された。

(185)　判例時報七〇一・二六におけるコメント。

(186)　前出二九七頁〔本書一五二頁〕。

(187)　もとより、判決の中には、無自覚的なものもあり、また、いずれの類型に属するか詳らかにし得ないものもある。

(188)　後出〔本書二五〇頁注(192)〕。

(189)　後出〔本書二五〇頁注(192)〕。

(190)　例えば、大阪地判昭和四三・七・一三判時五四五・二七は、いわゆる昭和交通争議事件に関して、被害者の上半身を数回にわたって押し、部屋から押し出した行為に対して、「被告人両名の前記行為は人に対する有形力の行使ということはできるけれども、その程度は軽微なものであり、……行為の動機目的、手段方法やその間の経緯、法益の権衡等諸般の事情を考慮すると、被告人両名の右行為は未だ刑法二〇八条所定の暴行罪として処罰するほどの実質的違法性を備えていないと認めるのが相当であり、従ってまた暴力行為等処罰に関する法律一条違反の罪を成立せしめないことも自明である。」と述べる。

(191)　例えば、大阪地判昭和三七・五・八下刑集四・五＝六・四一九は、被告人等の行為につき、「形式的には人体に対する有形力の行使として暴行行為に該当すると解すべきであるが、……労働法上団体交渉を進める方法として許された範囲内の行為と解するのが相当である。」と判示する。

(192)　同旨、京都地判昭和四六・三・三一判タ二六六・二二六、名古屋地裁岡崎支判昭和四七・二・三判タ二七七・三六六。但し、前者は、構成要件に該当する場合であっても、可罰的程度の実質的違法性を欠くことにより違法性が阻却され得る余地を認めており、当該事案において既に構成要件に該当しないと判断したのは、つめよった際に身体が接触したという程度のものであったためであろう。それに対して、後者の事件は、不当な写真撮影行為に対して、カメラ又はそのベルトに手をかけて引っぱり、あるいはカメラを取り上げるため被害者の腕や手をつかんだりしたものであり、そもそも「暴行」に該当しないとして処理すべき場合かどうか疑問が残る。

(193)　ただ、本判決は、最判昭和五〇・一二・二五刑集二九・一一・一〇〇七（前出二九七頁〔本書一五二頁〕）により破棄された。

(194)　大阪高判昭和四四・一〇・三判時五七九・三四も、いわゆる関扇運輸争議事件に関して、被告人らのビラ貼り行為を、暴力行為等処罰に関する法律違反の構成要件に該当するとはいえ、労働組合法一条二項本文の適用のある正当な組合活動の範囲内のものであると判断した。

(195)　前述二九九頁以下〔本書一五四頁以下〕参照。

(196)　判例タイムズ三〇一・二九九のコメント。

(197)　例えば、大阪高判昭和五〇・九・一七判時八二〇・一二〇、電電公社北浜電話局事件。

(198)　事実の概要は、障害児の分離教育制度に反対し、障害児を普通小学校に転校させようとして普通小学校への「自主登校」を行わせていた障害児の両親及びその支援者たちが、同校への入構をめぐって同校々長及びその職員と小ぜり合いを繰り返していた状況において、被告人は、立入りを禁止された同校の門扉を乗りこえて校内に侵入し、校長に対して共同して暴行を加え、また、一教諭に対して暴行を加えた、というものである。

(199) 門扉を乗りこえて校内に侵入した点については、憲法二六条に基づく「総合的」な見地から、実質的違法性を具有しないものと認める余地もあると思われる。
(200) 同旨、内田・注釈特別刑法第二巻（準刑法編）二二九頁以下。
(201) 荘子・労働刑法（総論）四三四頁。
(202) 例えば、池田克「暴力行為等処罰法」現代法学全集四巻（昭和三年）二八九頁はいう。「立法者の重點を置いて考へた所のものが所謂暴力團で在ったことは疑ひないのであるけれども、團體を背景として動もすれば威力を用ゐ、又は暴力を使用して暴行、脅迫等の行為を敢てする者の續出増加し行く時弊を匡救せむとする法律の精神に顧みるときは、團體の範圍を必ずしも暴力團體のみ限極すべき理由がない。第五十一回帝國議會に於て代議士山口政二氏が『團體の意義並其の範圍を明にすることは法律の運用上極めて必要なり』との前提の下に『威力を示す團體とは威力を示すことを表面若は裏面の目的とする團體の意義なりや、威力を示すことを目的遂行の手段とする團體の意義なりや。目的、手段共に正當なれども或は外部より挑發せられ或は生活上の最小限度の要求を貫徹するが為に止むを得ず威力を行ふが如き團體をも包含するや否や』と質問したるに對し、司法大臣江木翼氏が『本案の團體とは多衆が協同して一つの集合體を為してゐる以上、總て之を團體と見ざるを得ない。而して其の團體が其の團體の力を示して本案所定の行為を為すに於て、始めて本案の犯罪を成立するものとす』（第五一回衆議院議事速記録第三二号参照）と答辯したのは正當である」と。
(203) 荘子・前掲書四三四頁。
(204) 例えば、労組員又は政治団体に属する者が集団で異様な出立ちで街頭でビラ貼りをする場合などを想定すると、容易に「社会不安の醸成」が認められることにもなりかねない。
(205) 同旨、内田、前掲書二二九頁以下。とくに威力を示して行う場合には、被害者に強度の心理的圧迫を加える点、兇器を示して行う場合には、被害者に強度の心理的圧迫を加えるとともに、不測の重大な危害を加える危険が認められる点、数人共同して行う場合には、単独で行う場合に比し被害が質的に増大する危険が生じる点に、加重事由を見出すことができよう。その場合、荘子教授が指摘するように、違法の「質」の変化とも言うべきものが認められなければなるまい。

(206)　前述三〇六頁以下及び三〇八頁以下〔本書一六一頁以下及び一六三頁以下〕参照。

(207)　前述三〇七頁以下〔本書一六二頁以下〕参照。

(208)　本判決は次のように判示する。「先ず第二の各事実につき検討するに被告人らの演説が行われた宮城県スポーツセンターは、昭和三九年宮城県条例第五四号県営体育館条例および同年宮城県教育委員会規則第六号宮城県スポーツセンター管理規則により、その使用が広く一般に開放されている建物で、必ずしもスポーツのみに利用されているものではなく、昭和四一年度の使用状況を見ても、総使用件数九三〇件のうちスポーツは二八〇件で、残りは催しや興業などの各種行事のために使用されていて、プロレス大会、歌謡ショーといったものから、愛知揆一後援会、創価学会幹部会といったものもあり、市役所などの公務が執行される建物に比べ、公共的性格の薄い建物であることが認められるうえ、同所の開催された仙台市職員家族慰安会は、仙台市に勤務する全職員で構成される仙台市職員文化体育会の主催により、例年主として市職員およびその家族を招待して行なわれる慰安会で、開催日が原判示日時になったのは、興業側の都合で選挙と関係なく以前に定められていたことであり、同会の開催にあたっては、市長と市労連委員長が挨拶することが慣例となっていたところ、当日は委員長不在のため急遽午前の部は会場に来ていた市労連書記長である被告人後藤が委員長代理として挨拶に立ち、午後の部については、同被告人の連絡により組合書記局にいた市労連副委員長である被告人鈴木が呼び出されて同様の挨拶をするに至ったもので、被告人らの挨拶が当初から特に予定されていたわけではなく、約五分間の被告人らの各挨拶の最終において原判示のような短い投票依頼の発言があったに過ぎず、挨拶を聞いた者の中には、その内容について記憶のない者もいる位で、右演説により慰安会の運営に支障が出たこともなく、演説の相手方も大多数が市職員およびその家族であるなど、本件建物の性格、慰安会の性質、被告人らが挨拶するに至った経過、挨拶の内容、その相手等一切の事情を、前記控訴趣意第四点において説示の公職選挙法一六六条一号の法意に照らし考察するならば、被告人らに対する勇み足の誹りは免れ得ないものの、原判示第二の各所為の同条号法益侵害の程度は軽微というべく、これに対し刑罰を科さなければならない程の違法性があるとは認め難い。次に第三の事実について検討するに、市労連は、毎年仙台市職員家族慰安会の参加者に対し、春闘、年末闘争、あるいは政治問題など時局の問題点を取上げた文書を頒布するのを例にしていたところ、昭和四二年一月二〇日ころ開かれた傘下各組合の書記長会議（被告人堀江は欠席）で、今回の慰安会での頒布文書の内容をどのようにするかを討議し、折から衆議院議員選挙も間近であるため同選挙に関係したものとすることとし、宮城県労働組合評議会の指示を受け違法でないとの判断の下に本件文書の内容を定め、同月二六日ころ印刷業者に一三、〇〇〇枚を代金一枚一円で印刷させ、組合員を動員してこれを頒布することにし、被告人らは、本件文書を頒布当日になって手渡され始めてその内容を見るに至ったもので、被告人らは本件文書の内容決定に参加したわけではなく、頒布を受けた者の大多数は仙台市職員およびその家族という限定された範囲内であるうえ、本件文書は、見出しとして『1月29日は衆議院議員の投票日です忘れずに投票しましょう』『私たちの一票で腐敗と汚職の黒い霧を追払おう!!』と記載され、二一行よりなる本文の前段において今回の総選挙の意義を説き、後段において棄権しないようよびかけるもので、末尾四行目から三行目にかけて『力強い清新な政治を築き、国民の手にとり戻すため、市労連の推せんする候補者に家族揃って投票しましょう』と記載されているにとどまり、被告人らを含め本件文書を見た者の供述の多数が棄権防止の文書と理解したとあることからも明らかなように、文書の外形内容自体からは、主として棄権防止を目的とする趣旨の文書であることが認められ、更に右投票依頼の文言自体には候補者の氏名等の記載がなく、文書自体からはこれを知ることができないのであり、頒布を受ける者が特定の組織に所属するなどの事情が加わってその候補者が誰であるかを推知し得る形式の記載であって、本件事実を現認した警察官も本件文書頒布の制止または警告等の態度に出ていないなど、本件文書の性質、文書作成の経過およびその費用、被告人らの役割、頒布の相手等一切の事情を、選挙の適正公平の確保を目的とする公職選挙法一四二条の法意に照らし考察するならば、被告人らの軽率を否定できないものの、原判示第三の所為の同条法益侵害の程度も軽微というべく、これに対し刑罰を科さなければならない程の違法性があるとは認め難い。してみれば、原判示第二、第三の各事実については、いずれも可罰的違法性が認められないから無罪の言渡をすべき」である、と。

(209)　偽計業務妨害についても同様である。一般に、実害犯としての形式をとる規定の構成要件を「危険犯」化する解釈は、不当な解釈と言うべきである。

(210)「被告人西尾は、漁船真勇丸（四・八四噸）を所有し、船長として同船を繰船するものであるが、法定の除外事由がないのに、所轄管海官庁の臨時航行許可証を受けないで、昭和四九年六月二六日午前一一時四五分ころから午後一時一〇分ころまでの間、二回にわたり、同船に各二〇名位を乗船させたうえ、豊前市八屋町宇島地先海上を航行し、もって臨時航行許可証を受有しない同船を航行の用に供したものである。」というものである。なお、被告人は、大分新産業都市建設第二期計画に反対する二期阻止公害反対佐賀関漁民同志会の会長であり、環境権訴訟をすすめる会の行動を援助するため自船を航行したものである。

(211)「旅客運送」を厳格に解釈することにより、同法二条一項の規定の適用を否定することも可能であったろう。

(212) 外国人登録令につき、最決昭和二八・三・五刑集七・三・五〇六。

(213) ただ、他人の生命身体に対する実害発生の抽象的可能性で足りるとして、「具体的・現実的可能性」を不要とすることから、必要とされる危険の程度はさほど高度なものではない。

(214) 本件公訴事実は、税務署職員から、所得税確定申告調査のために質問され、また事業に関する帳簿書類検査のためにその呈示等を求められた際、被告人は長男と共に、「何度話しても同じだ。もう帰ってくれ。」「生活の保障がない限り答えられない。」「調査はさせない。」などと怒鳴りながら、両手で税務職員の腰部を押すなどし、もって当該職員の質問に答弁せず、かつ検査を拒んだものである、というものであった。

(215) 右判決はいう。「同法二三四条一項の収税官吏の質問、検査は、所得税の調査に必要なものであることを要し、適正公平な課税を実現するためにその必要性が合理的に是認される場合でなければならないのであって、収税官吏の個人的恣意は許されない。またその質問検査が、時と場所と方法において納税義務者等の権益を不当に侵犯したり、侵犯するおそれある不当なものであってはならない。そのように質問、検査要求が不当である場合を含めて、納税義務者等のこれに対する不答弁ないし拒否が社会通念上やむをえないものとして是認されるような場合、右違反罪の成立を否定すべきことは言うまでもない。」。

(216) 次のように判示する。「原判決は、被告人らの本件検査拒否は、これを処罰の対象とすることが不合理といえないような特段の事情が存在しないとしているのであるが、その判断の前提とした事実関係の認定、事案の真相の把握に著しく正鵠を失したもののあること既に指摘したとおりである。友井、森両事務官の本件検査要求は所得税法二三四条一項に照し、特に不当違法なものとは認められず、被告人らの検査拒否を正当視すべき何らの事由も見出すことができず、殊に本件においては、原判決のいうこれを処罰の対象としても決して不合理とはいえない特段の事情に相当するかと思われる事情さえこれを認めうるのである。」と。

(217)　本判決は、さらに次のように説く。「本件は、当日浦郷弾薬庫への運搬をしないことを米軍に連絡しているのに、米軍の内部連絡の不徹底によって、現場の兵隊が運搬を命じたことに起因し、ゲート内という特殊な状況下で英語を喋れない被告人が帰路の運搬証明書を携帯していないことを米兵に了解させることを至難の業といってよく、米軍基地内のこととて電話その他によって関係方面と連絡する方法も具体的には困難であったと認められること、このような事態に直面した被告人に、より冷静に対処することを期待するには酷に失するといわなければならない。そして、さきにも触れたとおり、永山警察官において被告人の車が運搬証明書を携帯しないで通行しているのをゲートのすぐ近くで認めながら、これを阻止しないばかりか、適切な指示も与ええず、通行を黙認した結果となったことは、当時デモに対する警戒が主たる任務であったとはいえ、警察官の措置としては、はなはだ妥当を欠くものであったといわなければならない。このように米軍や警察官に重大な落度があるのに、ひとり被告人に対して刑罰を科することは、著るしく正義に反するというべきである。右のような事情のほか、当時弾薬輸送に反対するデモ隊があって、一旦ゲートを出れば、ひき返したり、停止したりすることは容易でなかったこと、運搬証明書の交付は三日後に予定されていてそれだけ実質的な違法性に乏しいこと、被告人は砲弾を運搬後後続車を停めるべく努力していること等の事情を併せ考えると、被告人らの本件所為が火薬類取締法の前記法条に違反するとして処罰さるべき実体を有する違法な行為であるとは認めることができない。」と。

(218)　第一審判決は次のように判示した。「当時毛糸が右別表第八号において承認品目に指定されたのは朝鮮事変の生起を見ていわゆる中共軍の介入という問題があったため、毛製品は軍服と関係がある重要な戦略物資であるという建前から仕向先を厳重に規制しなければならないと考えられたことによるのであるが、本件毛糸の香港向輸出の行われた昭和二九年以後は既に毛糸を輸出承認品目として規制すべき必要が全く存しなかったものであるから、外国為替及び外国貿易管理法の精神、特にその第一条によって再検討されなければならないばかりか、同法を中心とする外国貿易に関する一般理念及び法体系に照らして直ちに少くとも遅滞なく廃止されなければならなかったものである。しかるに昭和三〇年八月一〇日まで毛糸は承認品目から除外されることがなかった。これは国の怠慢であり国がそのつとめを怠りながら『法は法なり』として形骸化した法規の外形を盾にその形式的違反に対し刑罰を以て臨むことは許されない。それ故本件無承認輸出の公訴事実については本件被告人両名のなした各輸出行為が無承認輸出に当るとしても超法規的に違法性を阻却し罪とならない」と。

(219)　その論旨は、申請書に記載した氏名は本名ではなく、生年月日も事実とは異なるけれども、外国人登録の実情としては、被告人同様通名のみを記載して申請する例は多数あることに加え、被告人に外国人登録証明書の不正入手、不正使用の意図はなく、生年月日のくい違いもわずかであって、申請者（被登録者）である被告人の特定識別に困難はなく、外国人登録法の目的達成の妨げにならないことをも考慮すると、虚偽申請の程度は軽く、刑罰をもって臨むほどの違法性はないと認められ、被告人の前記申請行為を外国人登録法一八条一項二号、一一条一項に該当するとした原判決には法令の解釈適用を誤った違法がある、というものである。

(220)　上告審判決は最判昭五九・二・一七刑集三八・三・三三六。

(221)　その論旨は以下のごとし。「外国人登録法一八条一項一号、三条一項の罪の保護法益は、在留外国人の公正な管理にあると解されること、また、これら難民は、一般の不法入国者や不法在留者と異なり、国によって保護されるべきであって刑罰の対象としてはならない立場にあることから考えると、被告人のような難民の外国人登録申請義務の不履行を一般の不法入国者らのそれと同列に取り扱うことは、同法の目的とする在留外国人の公正な管理の趣旨に反するものといわざるを得ないから、被告人の本件所為は同法一八条一項一号、三条一項の罪の保護法益をおよそ侵害していないと考えられるし、かりに侵害したとしてもそれは程度において極めて軽微というべきである。また、前記難民の地位に関する条約三一条一項は締約国が滞在する難民に対してその不法な入国または滞在を理由として刑罰を科することを禁止しており、わが国は未だ同条約を批准していないが条約の締結の向かって諸外国との連携を深めつつあることを考えると、被告人の本件所為は、わが国の法秩序全体という見地に立って考えれば実質的違法性を欠くものと解すべきである。すなわち、被告人の本件所為は、外国人登録法一八条一項一号、三条一項の罪が本来予想する程度の実質的違法性（可罰的違法性）を欠くものである」。

(222)　不申請の期間が短期間の場合には、実質的違法性なしとする余地を認め得る。

(223)　この主張は、むしろ期待可能性がないとの論理に親しむように思われる。

(224)　弁護人はいう。山基建設は、市内に次々とマンションを建設してきたが、殆どの場合付近住民との間に紛争を惹起し、市の指導要綱にも違反し、市の紛争調整委員の調整にも誠実に応ぜず、ヤマキマンションの建設に当っても、付近住民との紛争が激化したところから、市は指導あるいは紛争調整委員による調整等を通じ紛争解決に努力したにもかかわらず、山基建設はこれに協力せず、紛争をこじらせて、指導要綱に定められた住民同意が得られなかったもので、山基建設らの給水契約の申込は、権利の濫用である。一方、被告人は、市長として公共の秩序を維持し、住民の安全を守り、環境の保全を図る責務があり、右のように、日照保護に関し、マンション建設をめぐる紛争が続発する中で、その処理を規定する法律がない状況の下では、指導要綱を制定し、これに基づく行政指導により処理して行く他に道はなく、また一部地域に人口が集中し、教育施設建設費等の負担も大きく寄付にもやむをえない事情があったのであり実効性を担保するには強制的措置も必要不可欠であり、また被告人は他の行政目的との調和をも図る必要があったのであって、かかる状況下において、指導要綱に基づき、住民同意と教育施設負担金の寄付の各手続を履践しないことを理由に、山基建設らに対し給水しなかったものである、と。

(225)　最判昭和四五・二四判時五九二・九五により上告棄却。

(226)　弁護人の主張は、「被告人于は、昭和四二年三月一〇日に郵政大臣宛の各届出書を中国電波管理局に提出し、右届出書は形式的要件をすべて具備していたから、右各届出が法定の期限より遅延した日数は、第二の一について、有線電気通信設備の設置工事開始日たる同年二月二六日の二週間前より遅滞すること約三週間半であり、第二の二について、音楽放送業務を開始した日より遅滞すること約一週間半に過ぎず、しかも(1)工事着手前あるいは業務開始前に右の届出をすることは、同業者から営業妨害を受けるおそれがあるばかりでなく、加入店との契約締結は工事後でないと不可能であるため、工事着手前あるいは業務開始前に届出をせず、なかには設備設置後三、四年もの間無届のままになっているのが有線放送業界の実態であること、⑵法が右事前届出業務を課したのは、有線電気通信に関し不適切な廃線設備等による混乱を避けるため適切な行政指導を行うことを目的とするが被告人于の経営する大阪有線は全国の市場占拠率五〇パーセントを超える第一位の優良業者であって、技術水準が高く他の通信等に全く悪影響を与えていないこと、⑶中国電波管理局では有線音楽放送業者を一都市に一業者のみ認めるという行政指導方針をとっていたから、既に同業者が存在する岡山市において、大阪有線が事前に届出をしても受理されないことが、当初から明白であったこと、などの諸事情を考慮すれば、本件各届出の遅延は軽微であって可罰的違法性を欠くものである」というものであった。

(227)　それは、被告会社代表者たる被告人小原およびその従業員は、三和重機派遣の運転手らにつき、毎日その作業状況を視察し、併せてその実際の技能を確認していたものであり、しかも本件現場で稼動した運転手らはすべて法定の有資格者であった事実が明らかであるから、被告人らが法定資格又は技能を特に確認しなかったことは、本法および規則が本来行政指導、取締の目的でなされ、その刑罰規定も極めて間接的かつ副次的なものであることに徴し、可罰的違法性を欠く、というものである。

(228)　なお、過失犯と「可罰的違法性」につき、第七章第二節五6〔本書二一五頁以下〕参照。

三　むすびにかえて

以上、本章においては、「可罰的違法性」をめぐる一般論を考究することにより、実質的違法性（可罰的違法性）の存否を、「阻却判断」としてばかりでなく、積極的に判断し得る理論の構成を目指し、「実質的違法性」を、「一般的違法性」と「総合的違法性」とに分けた。さらに、この一般論が、個々具体的な裁判例においてどのように生きておりあるいは生かされるべきかを、裁判例の分析・考察を通して検証した。「可罰的違法性の理論」が機能し得る領域は、国民の基本的人権や自由と深くかかわり合う極めて実践的な領域である。それは、国民の幸不幸を左右しかねないと言っても過言ではないであろう。それ故にこそ、我々は、おのが理性と感性とを研ぎ澄ませ、法現象に対する緻密な分析と深い洞見をもって論理を展開することに努めなければならないであろう。

第六章　正当防衛における「不正」の侵害の意義

一　はじめに

これまで出版されている刑法総論の体系書をみる限りでは、正当防衛における侵害の「不正」に関する叙述は実に乏しい。少なくとも、本稿において提起しようとしている問題については、問題意識が一般的に欠けているためか、筆者が抱き続けてきた疑問に応え得る見解は全く存在していない。例えば、東北大学名誉教授荘子邦雄博士は、以前、「不正とは、違法である。……したがって、正当防衛行為に対して、正当防衛をおこなうことはできない。また、懲戒その他の適法行為に対して、正当防衛をおこなうこともできない。」と述べ[1]、近時では、「不正の侵害とは、防衛行為者側の法益を侵害することである。」と述べて、諸々の裁判例を引用しているにとどまる[2]。また、阿部純二教授も、「不正とは違法な侵害のことである。……適法な行為、例えば正当防衛に対して正当防衛を行うことはできない。」とだけ論じているに過ぎない[3]。それどころか、主要な体系書の中には、右の点に関する叙述を全く欠いているものさえ存在する。しかし、旧来疑問の挟まれてこなかった、「不正とは違法のことであり、それ故、適法な行為に対する正当防衛はあり得ない」とする命題はドグマに過ぎず、この場合の「違法」とは一体何なのか、必ずしも十分な考究と検証を経たものとは言い難い。そこで、本稿は、正当防衛における「不正」の意義について筆者なりに突き詰めて考究し、ある問題提起及び実践的提言をなそうとするものである。

そして、本稿を、阿部純二教授の御退官にあたり、法理論及び刑事学における幅広い知見と自由で鋭い感覚に基づいて精緻な刑法解釈論を展開されてきた阿部教授に対し、深い敬意を込めて捧げたいと思う。

（1）　荘子邦雄・刑法総論（昭四四）三七二頁。
（2）　荘子・刑法総論［新版］（昭五六）二二一頁以下。
（3）　阿部純二・刑法Ｉ（総論）（別冊法セミ・法学ガイド）（昭六二）八八頁。

二　「不正」と客観的違法

わが刑法三六条一項によれば、正当防衛は「不正の」侵害に対してのみ認められ、他方、ドイツ刑法三二条では、「違法な」攻撃に対して認められる。両者は、法文上全く同一であるというわけではない。ところが、わが国においても、一般的に「不正」とは「違法」の意味であると解され[4]、結果的に同一の理論状況が現出している。ただ、わが国における通説が、「不正＝違法」とは客観的な違法の意味であり[5]、故意過失に基づかない行為や責任無能力者の行為に対しても正当防衛を可能とするのに対して、ドイツにおいては、結果（無価値）のみに焦点を当てている客観的違法性概念を疑問とし[6]、行為無価値論に基づき故意や過失によるものであることを必要と解する見解[7]が近時有力に主張されている。

しかし、本稿は、この問題を正面から論じようとするものではない。「不正」が客観的違法の意味であることを前提にした上で、更に「不正（＝違法）」の意味を問おうとするものである。そこで次には、わが刑法三六条にいう「不正」（ドイツ刑法三二条にいう「違法」）を、刑法上の違法に限定して捉えるべきか、即ち、刑法上違法な攻撃に対してのみ正当防衛は認められるべきか、という問題に対して瞥見を加えることにしよう。

（4）　周知のように、違法かつ有責な侵害でなければならないとする説（例えば、荘子・前掲書［旧版］三七三頁。

荘子・前掲書［新版］二二〇頁は、「非難し得る不正」に対して行い得るとする）もある。この問題は、古くから論議されてきたことであるが（Vgl. R. Rosenfelder, Erfordernis des gegenwärtigen rechtswidrigen Angriffs im Falle der Notwehr, 1906; K. Christmann, Der rechtswidrige Angriff bei der Notwehr, 1931 usw.）、最近のドイツにおいても、結果にのみ着目する客観的な違法性概念に飽き足りず、結果的に有責な攻撃に対してでなければ正当防衛を認めるべきではないとする学説が少なからず存在する。例えば、H・マイヤーは、以前は責任なき攻撃に対しても正当防衛を認めていた（H. Mayer, Strafrecht, A. T., 1953, S. 204）が、後に、攻撃は有責でかつ故意に基づくものでなければならないとするに至った（H. Mayer, Strafrecht, A. T., 1967, S. 98）。クラウゼの旧説も、正当防衛は有責な攻撃に対してのみ許されるとしていた（F.-W. Krause, Zur Problematik der Notwehr, in: Festschrift für H.-J. Bruns, 1978, S. 83f.）。ルシュカも同様である（J. Hruschka, Extrasystematische Rechtfertigungsgründe, in: Festschrift für E. Dreher, 1977, S. 202）。また、シュミットホイザーは、故意及び不許容の意識がなければならないとしており（E. Schmidhäuser, Strafrecht A. T., 2. Aufl., 1982, 6/65）、ヤコプスは、彼独自の負担配分の思想（後述二四頁〔本書二八五頁注（44）〕参照）に基づき、幼児、明らかな精神病者及び明らかな重度の酩酊者には正当防衛は許されないとしてる（G. Jakobs, Strafrecht A. T., 2. Aufl., 1993, 12/19 [S. 388]）。

（5）後述二五頁〔本書二七二頁〕参照。

（6）後述二〇頁〔本書二七〇頁〕参照。

（7）H.J. Hirsch, Die Notwehrvoraussetzung der Rechtswidrigkeit des Angriffs, in: Festschrift für E. Dreher, S. 218ff.; R. Felber, Die Rechtswidrigkeit des Angriffs in den Notwehrbestimmungen, 1977, S. 135ff.; C. Roxin, Die “sozialethischen Einschränkungen” des Notwehrrechts, ZStW Bd. 83, S. 387; ders., Strafrecht A. T., Bd. I, 1992, IV §15[S. 413]; Lenckner, Schönke=Schröder, StGB, 23. Aufl., §32 Rdn. 19. usw.

例えば、レンクナーはいう。攻撃は法秩序に客観的に矛盾するときに違法であり、さらに、攻撃の相手方に攻撃を受忍する義務のない場合や攻撃者が当該行為を行う権限を有していない場合には、その攻撃が法秩序に客観的に矛盾しないときでも違法である、とされている。しかしむしろ、その攻撃が法的行為規範に反しているかどうかを基準とすべきである。このことは、正当防衛の特段の峻厳さが不法に対する行為秩序たる法の自己主張に基づくものである、との正当防衛の基本思想から生じる。攻撃者の行為無価値が損害の均衡の視点を排除する場合にのみ、正当防衛権の範囲を、原則として単に防衛の必要性により決定することが正当であると考えられる。この考えに従えば、法的に保護された利益の侵害が、客観的に義務に違反する行為に基づいて急迫している場合にのみ、その攻撃は違法であることになる。したがって、攻撃者がそれ自体正当化される場合に、その攻撃が刑法三二条の意味において違法ではない――それ故、正当防衛や適法な緊急避難に対する正当防衛はあり得ない――だけではなく、攻撃者が故意に基づかず或いは客観的に注意義務に違反せず行為する場合にも、その攻撃は違法ではない。同様のことは、意思に基づく行為とか法的意味における行為(Handlung)とは言えない場合にも当て嵌まる、と(Lenckner, a.a.O., §32 Rdn. 19ff.)。

有責な攻撃に対してのみ正当防衛を認めるべしとする見解は刑法三二条にいう「違法な」という概念を「有責な」と読み替えることになってしまうのではないかとの疑問から、ロクシンも、飽くまで違法論（行為無価値論）に基づいて次のような論を展開する。攻撃は行為無価値をも示すものでなければならない。したがってまず、攻撃者に正当化事由が存在する場合（正当防衛、適法な緊急避難、権利行使など）には、攻撃の違法性は欠落する。また、行為者が単に社会生活上必要とされる注意義務に違反していない場合には、侵害権が行為者に認められるであろう場合を除けば、それに対する正当防衛は認められない。なぜなら、この場合には、行為無価値が欠けるのであり、それ故攻撃の違法性が欠けることになるからである、と（Roxin, a.a.O., IV §14 [S. 413]）。

さらに歩を進めて、ザムゾンは、客観的行為無価値があるだけでは足りず、故意に基づく攻撃又は主観的に注意義務に違反する攻撃であることを要すると解している（Samson, Systematischer Kommentar, 4. Aufl., §32 Rdn. 15）。

三　正当防衛における攻撃の「違法性」と「刑法上の違法性」

刑法上犯罪構成要件に該当する違法な侵害行為が「不正の侵害（違法な攻撃）」に当たることに異論はあるまい。問題は、逆に、「不正の侵害」を刑法上違法な侵害行為に限定して解すべきかどうかである。後述するように、わが国の通説は「不正」を刑法上の違法性に限定してはいないが、その考察に先立ち、ドイツにおける学説・判例の現況を概観してみよう。

(一)　ドイツ刑法における「統一的違法性」概念

ドイツ刑法三二条（旧規定五三条）[8]は正当防衛につき次のように規定する。「(一)正当防衛により要する行為を行う者は、違法に（rechtswidrig）行為するものとはいえない。(二)正当防衛とは、現在の違法な攻撃（gegenwärtigen rechtswidrigen Angriff）に対して自己又は他人を守るために必要であるところの防衛行為をいう。」このようにドイツ刑法三二条においては、わが刑法とは異なり、「違法な」という文言が用いられており、しかも、一項二項共通に同じ概念が用いられているという点に留意しなければならない。一項における「違法」は刑法上の違法を意味するから、同一の概念である二項の「違法」も刑法上の違法の意味と解すべきかなり重要な契機がそこには存在するのである。攻撃の違法性は一般犯罪論の違法性の概念と一致する、と説くロクシンの見解[9]は、三二条一項と二項との違法性概念を統一的に理解する、字義に忠実な考えと言えよう。ただし、彼は、違法性概念を刑法上統一的に解するにとどまり、全法域における画一性を主張する「法秩序の統一性」及び「違法性の統一性」の思想に立脚してはいない[10]。

これに対して、ドイツでは古くより、民法及び刑法において違法性概念の統一性の奈何が論じられており、違法性の統一性を追求しようとする傾向も未だ根強い。例えば、ニッパーダイは、正・不正という概念は、普遍妥当的概念であり、法域（民法、刑法、行政法など）ごとに異なる内容をもつというようなことはあり得ず、適法か違法かという法秩序の価値判断は法全体に妥当し、ただ法的効果だけが法域ごとに確定されるに過ぎないと主張した。[11] しかし、法的効果が異なるのであれば、その前提たる要件事実も異なるものと考えるのが自然ではあるまいか、との疑問が生じる。この点、ヴェルツェルは、違法性と不法とを区別することによって違法性の統一性を維持しようとした。ヴェルツェルはいう。構成要件実現と法の要求との間の純然たる不調和としての違法性が、全法域にとって同一物である一方、異種の法域においては異種の要件事実（禁止実体）が存在する。例えば、私力による占有侵害は民法上は禁止実体である（民法八五八条）が、刑法上はそうではない。故意によらない器物損壊も同様である（刑法三〇三条、民法八一三条参照）。にもかかわらず、禁止された私力や故意によらない器物損壊は、例えば正当防衛にとっては刑法上も違法であり、また、犯罪の未遂は、例えば妨害予防の訴にとっては民法上も違法である。このように、違法性と不正とを分けて考える場合、前者は純然たる関係であり統一的なものであるが、後者は実体的なもの、即ち違法な行為自体であり、それには特殊刑法的違法、特殊民法的違法、特殊行政法的違法などが存在する、[12] と。

しかし、違法な行為(不正)が法域ごとに多様に存在するのであれば、その行為の価値賓辞たる違法性も実質的には多様に存在し得るのではあるまいか。違法性を単に極端に抽象的な「違法である関係」として捉えた場合、それは統一的なものと言えなくもないが、しかし、そのようにして得られた統一的違法性は形式的で抽象的な無内容の概念に過ぎないのであって、そもそもそれを論じる意味はない。エンギッシュも、たとえ差し当たりは形式的な違法性概念（違法性＝法規違反）でしかなくとも統一的違法性概念を堅持すべしとして、次のように説く。違法性の実質的差異は疑いなく存在し、それは個々人が存在する諸条件の多様性を生じさせるのであるが、それに対して、私的利益の侵害と公的利益の侵害との差異が単に程度上の差異に過ぎないものとなればますます、私法と公法との統一という意味における（しかも特に両法域では個人の利益と公共の利益とが密接に絡み合っているという意味における）法秩序の統一というものが承認されるのである。行為の違法性は、つねに全法秩序に照らして、すべての関係利益の評価及び衡量と、実定法に表示されたすべての秩序視点及び価値観点の調整の下に確定されるべきである[13]、と。

全法秩序に照らして様々の衡量及び調整の下に確定される右の違法性が、全法秩序における各法域の総合と調和の精神の下に確定されるという意味における綜合的な「統一的」違法性であるならば、それは正当であろう[14]。しかし、その違法性も具体的・終局的には、法域ごとに確定される刑法上の違法性や民法上の違法性に過ぎない[15]。にもかかわらず、エンギッシュは、ここで行われる確定は一般的に妥当するものであり、法的義務の基礎づけや違法阻却は一般的に行われるものであり、これに関する実定法の矛盾は是正されなければならない、と説く[16]。しかし、彼のいう「一般的に妥当する」という言葉が、違法性の確定を全法域で画一的に行うことを意味するのであれば、それは、不法及び不法効果の多様性の肯定と結局矛盾してしまうのではあるまいか。不法効果は、単なる効果だけの問題にとどまるものではない。いみじくもエンギッシュはいう。統一的違法性概念は、違法性における強い実質的差異をその背後に隠し持つ単に形式的な概念ではないのか、例えば、刑事的不法と懲戒的不法との間の差異とか、私的利益の侵害（私法違反）と公的利益の侵害（例えば刑法違反、行政法違反）との間の差異とかを隠し持つ単に形式的な概念ではないのか、が問題になる。それ故、仮に実質的差異にまで遡るとしたら、おそらく相対的な違法性しか存在しておらず、「統一的違法性」など無いということが示されてしまうことになろう[17]、と。そして、エンギッシュは、この方向に立つ論者として、ヘークラー[18]を挙げる。

惟うに、ヘクラーの見解の方が正しいものを含んでいると言うべきであろう。我々は少なくとも、違法性の積極的統一性を認めることはできない。その意味において、不法及び不法効果が法域ごとに相対的であるにとどまらず、不法の前提であり不法の属性である違法性それ自体も相対的であると考えなければなるまい。フェルバーが述べるように、違法性は、問題となる規定の機能の相違に従い相違する内容を持ち得るのであり、全法域にとって統一的なものである必要はない[19]。違法な行為という概念をいかに解釈すべきかは、一般的(統一的)違法性概念により判断すべきではなく、当該概念が個々の構成要件において有する機能に従って判断すべきである[20]。この意味において、違法性概念は、構成要件ごとに相対的に定まるものと言ってよい[21]。ドイツ刑法において、例えば過失による器物損壊は、民法上の違法な行為ではあるが、刑法上の違法な行為ではない[22]。姦通についても同様のことが言えるであろう[23]。

では、正当防衛における攻撃の違法性を、ロクシンの説くように、犯罪論(刑法)上の違法性と同義であると解すべきであろうか。先に述べたように、刑法三二条一項及び二項の文言上は同義と解すべき根拠が一見存在するように思われるが[24]、それでは、例えば姦通行為に対する正当防衛が一切認められなくなるという不合理な帰結が生まれてしまう。したがって、文言は同一であるが、一項における違法性と二項における違法性とを異義に解さざるを得ない事情がドイツ刑法には存在すると言わなければならない。そこで、例えばフェルバーは、攻撃の違法性を、刑法上の犯罪構成とは原理的に無関係であり、また、刑法上の違法性や民法上の違法性とも原理的に無関係であると解し、それは、正当防衛権の法理(ratio)からのみ導き出されるべきである、と主張するのである[25]。しかし、ドイツ刑法三二条が「違法な攻撃」と明言していることに鑑みると、フェルバーのように、攻撃の違法性を、いかなる法域の違法性(例えば刑法上の違法性や民法上の違法性)とも全く(原則的にさえ)無関係であると断言するのは、いささか行き過ぎであろう。ドイツ刑法において「攻撃の違法性」に関する論議は、「違法性」に関する一般的な論議と結びつくかたちで展開されなければならない。

そこで次には、ドイツ刑法学上、正当防衛における「違法な攻撃(攻撃の違法性)」が具体的にどのように解釈されてきたかにつき、本稿の視座より考察を加えることにしよう。

㈡　ドイツ刑法三二条二項における攻撃の「違法性」

前節において考察したように、ロクシンは、正当防衛における攻撃の「違法性」を刑法上の違法性と同義であると解しており、その結果、刑法上違法ではない攻撃に対する正当防衛を認めないことになるが、それでは正当防衛の成立範囲を余りにも不当に狭めるものであろう。そこで通説は、法的に承認されているあらゆる利益を守るために正当防衛は可能であるとか[26]、（必ずしも刑法的にではなくとも）法的に保護されている利益の侵害があればよい[27]と解してきた。

「攻撃」に関するこれらの考えは、攻撃の「違法性」の理解に対して直接的に影響を持つ。例えば、バウマンはいう。攻撃が違法であるか否かの判断にあたっては、すべての法全体に焦点を当てて考えるべきである。攻撃は全法秩序に照らして評価すべきであって、決して制定法や刑法典だけに依拠して評価すべきではない[28]、と。バルドゥスもいう。攻撃の違法性は、刑法からだけ生じるのではなく、法秩序全域から生じ得る。したがって、攻撃は構成要件に該当している必要はなく、有責である必要もない[29]、と。ドイツ帝国裁判所等のいくつかの判例も、刑法以外の法域における違法性から攻撃の違法が生じ得ることを承認してきた。例えば、帝国裁判所刑事部一九一四年三月二〇日判決は、実際の事案の解決としては、被害者の行為を違法な攻撃と認めず被告人の正当防衛の主張を排斥したが[30]、仮定の論として、被害者が、例えば欺罔その他の許されざる手段を用いて被告人の婚約者の自由意志に影響を与え、それによって婚約者をして被告人に背かせた場合には、婚約の存続に対する違法な攻撃の存在を認め得るものと判示した[31]。裁判例において、刑法上違法でなくともその権利に対する侵害が「違法な攻撃」に当たるものと判断されたその他の事例としては、駐車場の公共的使用の権限に対する侵害に関するもの[32]、占有に対する侵害に関するもの[33]、肖像権（人格権の一種）の侵害に関するもの[34]、などがある。また、婚姻の侵害に対する正当防衛の成立の余地を認めた民事判例[35]もある。

三　正当防衛における攻撃の「違法性」と「刑法上の違法性」

以上、通説・判例が認めているように、刑法上は違法な攻撃でなくとも、正当防衛を行い得る「違法な攻撃」

に該当すると解すべき場合が存在し、その意味において、正当防衛における攻撃の違法性は、刑法以外の法域における違法性をも考慮しながら、全法秩序の精神に照らして確定されなければならないであろう。それを刑法上の違法性に限定して捉える考えは、狭きに失するものである。ただ、攻撃の違法性を全法秩序に照らして確定するといっても、違法性の有無につき部分法域間に矛盾や齟齬が存在する場合に、それをいかに調整して「攻撃の違法性」の有無を確定すべきか、さらに問題となろう。そこで次には、攻撃の違法性の有無を、実質的にいかなる観点から、また、いかなる基準に従って判断すべきかについて若干の考察を行おう。

旧来、ドイツにおける多数説は、法（法秩序）に客観的に違反（矛盾）する攻撃を「違法な攻撃」であると解してきた(36)。それでは、いかなる攻撃を、法に客観的に違反するものと考えるべきであろうか。攻撃の違法性につき、旧来通説・判例は、被攻撃者が受忍する（dulden, ergeben）必要（義務）のない攻撃が違法であるとの見解に基本的に立脚してきた。例えば、ビンディングは、被攻撃者が法上受忍する必要のない攻撃だけが違法であるという(37)。また、ヒッペルもほぼ同様に、被攻撃者が甘受する（gefallen）必要のない攻撃を違法とする(38)。

このような所謂受忍公式に対しては、批判が全くなかったわけではない。例えば、マウラッハは、攻撃の違法性を被攻撃者の見地から考える通説を、統一的かつ客観的に評価されるべき違法性概念を分裂させ主観化させるものであると批判し、攻撃者の見地から、行為をする特別の権利義務に基づいて行われるあらゆる行為を、違法ではないと解すべしと主張した(39)。しかし、「違法な」の文言が「攻撃」を修飾しているからといって、要は正当防衛を成立させるべきかどうかなのであるから、防衛行為者の見地から攻撃の違法性を決することも強ち不当とは言えまい。また、通説の説く被攻撃者の受忍義務の有無は客観的に論定すべきであるから、違法性概念を主観化させるとの批判も当たるまい。シュペンデルは、攻撃者にとっては適法であるが被攻撃者にとって受忍されるべきではない攻撃に対しては正当防衛を認めるべしと述べ、マウラッハの見解に対して、もし受忍公式に拠らなければ、行為者の攻撃権を拡大し被攻撃者の正当防衛権を不当に制約するという疑わしい帰結に至るのではないかとの危惧を表明している。(40) 他方、フェルバーからは、受忍公式は無内容の公式ではないかとの批判も寄せられている。(41) しかし、これに代わる合理的な具体的実質的基準があるかというと、それを提示するのは甚だ困難であり、フェルバー自身もそれを提示し得てはいないように思われる。若干不明確さはあるが、受忍公式を基本的に維持した上で（必要あらば修正を加え）、個別的場合に対する合理的な判断に努め、事例を蓄積・類型化することでより明確な内容を付与していくしかあるまい。

攻撃者あるいは被攻撃者の見地から一元的に捉えようとする両説を、二元的に捉えることによって折衷しようとの見解も唱えられている。例えばバルドゥスはいう。攻撃の違法性は、被攻撃者が受忍を義務づけられているか否かにより例外なく決せられるものではない。ある領域においては、攻撃者が自己の行為をする権限を有していたか否かが決定的なのである、(42) と。しかし、この後者の例外的場合の存在は、受忍公式の放棄を迫るほどのものではない。(43) 被攻撃者の見地から攻撃の違法性を決定し、行為権限の有無の判断は受忍の要否の判断の一資料として受忍の要否の判断へと解消して、綜合的に受忍の要否を判断していくことが、正当防衛権を不当に制約しないためにも肝要であろう。ただその際、被攻撃者が攻撃を受忍する必要がなく、その攻撃を違法なものであると認めるためには、その攻撃が何らかの個別法域において違法であること（例えば民法上違法であるとか、労働基準法上違法であるとか、刑事訴訟法上違法であるとか）を、原則として必要と解すべきである。(44) 刑法三二条（旧五三条）が「違法な攻撃」と規定しているのであるから、いかなる法域においても明らかに違法ではないものを「違法な攻撃」に該当すると考えることは困難である。あらゆる法域において違法性とは到底いえない攻撃に対しては、原則として正当防衛を認めるべきでない。他方、何らかの個別法域において違法であることは、必ずしも刑法三二条の意味における攻撃の違法性を意味しない。即ち、何らかの個別法域における違法は、刑法三二条にいう「違法な攻撃」に該当するための十分条件ではない。攻撃の「違法性」は、最終的には飽くまでも全法秩序の見地から綜合的に判断していく必要がある。私人あるいは公権力により齎される私人に対する攻撃、例えば、憲法上の基本的人権を不当に侵害する攻撃、刑法上違法な攻撃、民法上違法な攻撃、刑事訴訟法上違法な攻撃、労働法上違法な攻撃、行政法上違法な攻撃などは、通常、刑法三二条にいう「違法な攻撃」に該当するであろうが、それに対して、例えば行政法上単に瑕疵ある行為は、直ちに刑法三二条にいう「違法な攻撃」に当たるわけではない。正当防衛を許すべき類いの違法であるかどうかも考慮しながら、被攻撃者の受忍の要否を客観的に判断することにより、攻撃の「違法性」の有無を確定すべきであろう。

(三)　わが刑法三六条一項における侵害の「不正」の意義

これまで、正当防衛における攻撃の違法性をめぐりドイツにおいていかなる論議が交わされてきたかにつき瞥見したが、わが国に目を転じると、この問題は学説において未だ十分には検討されていない状況である。殆どの学説は、不正とは違法の意味だとするが、では、目的犯などで主観的違法要素を認める論者は、正当防衛における侵害の不正をどのように解するのか(45)、故意・過失をも違法要素に含める論者は、故意・過失に基づかない侵害に対して正当防衛を認めないのか、さらに、そもそも違法とは如何なる法域におけるいかなる意味のものなのか、等々論じるべきことは山積しているはずであるが、それらに論及する論者は殆ど存在しない。そこで本節では、最後の問題を中心に若干の考察を加えたい。

通説は、「不正」を違法の意味であると解し(46)、しかも、客観的に違法であればよい(47)とする。かくして、「不正」を「違法」と全く同義であると解する限り、ドイツにおいてと全く同一の問題状況が、わが刑法三六条における「不正の侵害」の意義をめぐり生じることになる。まず、侵害がいかなる意味で違法であることが必要か。これについては、刑法上保護されない法益の侵害に対しても正当防衛は可能であるとか(48)、刑法上違法であることは必要でない(49)とか、構成要件に該当する必要はない(50)とか説かれることが多い。基本的に妥当であろう(51)が、しかし、これだけではいかなる意味で違法であることが必要であるかが明らかになったわけではない。この問題に関し、例えば曾根教授は、不正とは法一般における違法という意味であり、不正は必ずしも犯罪である必要はなく、例えば民事上の不法行為に対しても正当防衛が可能であると説き[52]、大塚教授は、不法とは構成要件に該当する行為について論ぜられるべき違法性ではなく、一般法的観点における違法性を意味すると主張し[53]、西原教授は、一般法学的な意味での違法性であると述べ[54]、また、中山教授は、一般的な適法・違法という区別を前提にすべしと説く[55]。しかし、このような議論では未だ不十分であることは明らかであり[56]、ドイツにおける議論に学ぶべき余地がある[57]。

わが国においては、刑法三六条が「不正の侵害」と定めていることから、「不正」を「違法」とは異なるものと捉え、「不正」を、「実質的違法阻却事由の一般基準を基本に、正当防衛に適するか否かという実質的視点から決定」すべしと説く前田教授のような立場[58]も存在する。合理的な結論を導くことは重要ではあるが、しかし、「正当防衛に適するか否かという実質的視点から」という基準は結論を先取りしたものに過ぎず、このような直観的な判断を行うことは適切ではない。「不正」か否かのより具体的な基準を提示すべく努めるべきであろう。その際には、「不正」という概念のもつ言葉としての限界も自ずから存在しよう。何ら法や正義に悖らぬ行為を「不正」と呼ぶわけにはいかない。そして、「不正」の概念をより明確に限定して捉えるためには、公序良俗違反とか社会倫理違反のような広漠とした観念を用いるよりも、実定的な「違法」の観念と結びつけて論じることがより適切であるように思われる。前節において既に詳述したように、原則として、何らかの法域において何らかの意味において違法であることを「不正」に当たるための必要条件とした上で、被侵害者がその侵害を受忍する義務があるか否かを客観的に判断していくことが肝要であろう。

（8）　旧規定五三条は規定する。「(一)その所為が正当防衛により要するものであったときには、処罰されるべき行為(strafbare Handlung)は存在しない。(二)正当防衛とは、現在の違法な攻撃に対して自己又は他人を守るために必要であるところの防衛行為をいう。(三)略」

（9）　Roxin, a.a.O., IV §15 [S. 413].

（10）　ロクシンは、禁じられた私力（民法八五八条）が民法上は違法であるが何ら犯罪構成要件を充足しないように、目的論的見地から、民法的法的効果や刑法的法的効果という相異なる規律が適切な場合が存在することを認めている（Roxin, a.a.O., §13, 60[S. 359]; §14, 30-36 [S. 380f.]）。また、彼は、民法や公法の法域において許されていることを刑法上違法とすることはできないという意味での「法秩序の統一性」は認めるが、逆に、他の法域で違法であれば直ちに刑法上も違法であるという意味における「統一性」は認めていない（a.a.O., §14, 30-33）。前者を消極的（又は綜合的）統一性、後者を積極的（又は画一的）統一性と称するとすれば、われわれのここでの問題関心は、まさに積極的統一性の有無にあるのである。

（11）　Enneccerus＝Nipperdey, Lehrbuch des Bürgerlichen Rechts, Bd. I, A. T., 2. Halbbd., S. 1278.

　ちなみに、帝国裁判所刑事部一九二七年三月一一日判決（RGSt 61 242 [247]）は、医学的適応に基づき生命及び身体の危険から妊婦を救うために医師により行われた妊娠中絶が違法であるか否かを検討するにあたり、「犯罪の外的構成要件を充足する行為が、いかなる前提の下で違法ではないものと認められるべきかは、単に刑法からではなく法秩序全体から導き出されるべきであり、『行為の違法性が公法もしくは民法によって阻却される場合には、処罰すべき行為は存在しない』との政府草案二〇条の規定は、既に妥当している法である」と判示しており、これは、違法性の統一性を肯定したものと解されている。しかし、本判決は、刑法上の超法規的緊急避難を肯定すべく、消極的統一性を認めたものに過ぎないことに注意すべきであろう。

（12）　H. Welzel, Strafrecht A. T., 11. Aufl., 1969, §10 II, 3[S. 52]; ähnlich Bürgerliches Gesetzbuch, Kohlhammer-Kommentar, 10. Aufl., Bd. 1, 1967, Vor §227, 3 [S. 993].

（13）　K. Engisch, Die Einheit der Rechtsordnung, 1935, S. 58.

（14）　岡本「特別刑法犯と可罰的違法性」注釈特別刑法第一巻（昭六〇）二九三頁〔本書一四八頁以下〕。

（15）　エンギッシュは、「具体的不法もしくは特定の種類の不法に、発生し得る個々の効果だけを結びつけることは、常に法秩序に委ねられており、それ故、刑罰ではなく損害賠償しか発生させなかったり、損害賠償ではなく刑罰しか発生させなかったりすることは、法秩序の自由に任されている」ことを容認してはいるものの、「不法効果のかかる多様性を理由に私法的違法性とか刑法的違法性とかを語るのは誤りである」として、違法性の統一性に拘泥するが、これに対しては、ニッパーダイに対するのと同様の批判が当て嵌まるであろう。不法効果の相違は、法的効果発生の前提要件たる不法の相違に基因するものであり、さらに、不法とは違法な行為を意味するから不法の相違は行為の違法性の相違に帰着する。即ち、不法効果の相違は、それ自体の問題にとどまらず、ひいては行為の違法性の相違に溯源し得るものと言わなければならない。

(16) Engisch, a.a.O.

ドイツ民法は、正当防衛及び緊急避難につき次のような規定をおいている。第二二七条[正当防衛]「(一)正当防衛により要した行為は法に反するもの(widerrechtlich)ではない。(二)正当防衛とは、現在の違法な(rechtwidrig)攻撃から自己又は他人を守るために必要であるところの防衛である。」第二二八条［緊急避難］「他人の物により生じた差し迫った危険から自己又は他人を守るために、他人の物を損壊もしくは破壊する者は、その損壊もしくは破壊が危険の回避のために必要であり、かつ、損害が危険の程度を超えない場合には、法に反して行為するものとはいえない。行為者が危険に責を負うべき場合には、損害賠償の義務を負う。」

このように、正当防衛に関する二二七条自体は、刑法三二条（旧五三条）とほぼ同一であるといってよいが、民法では、二二八条により二二七条の適用範囲が制限されているために、正当防衛の範囲が刑法と民法とで必ずしも一致しない。即ち、刑法上正当防衛たり得る対物防衛が民法上緊急避難とされている点、さらには、法益権衡を欠く対物防衛が、民法上緊急避難としても適法化されなかったり、また、危険の招来に責を負うべき行為者には損害賠償義務が課されたりする点が異なっている。しかるに、比較的古くより、民法二二八条に存する二二七条の適用範囲の限定（一部の対物防衛――動物による攻撃に対する防衛――の排除）が、刑法五三条（現三二条）にとっても意味を持つのかどうかが論議されてきた。帝国裁判所刑事部一九〇一年六月一七日判決（RGSt 36 295）は、「民法典では、二二八条における物（これには動物も含まれる）による危険からの回避が、違法な攻撃（二二七条）に概念的に対置されているので、動物による攻撃を刑法五三条の意味における違法と考え得るか否かの論争は、民法典によって解決されたのであり、この区別は、刑法の領域においても尊重されなければならない」と判示した。当時、本判決に賛同する学説も存在した（F. v. Liszt, Lehrbuch des Deutschen Strafrechts, 12.–13. Aufl., 1903, S. 146 u. Anm. 3; 21.–22. Aufl., 1919, S. 138 u. Anm. 3）が、これに対して、例えばビンディングは、決然と次のような異を唱えたのであった。彼はいう。民法二二七条二項と刑法五三条二項のいずれかを不要とする考えは斥けられるべきである。刑法五三条は否定的刑罰法規であり、民法二二七条は否定的民事法規であり、両者の価値は互いに同等である。……リストなどによりしばしば主張されるように、動物に対する正当防衛があり得るかという問題が、民法二二八条と結びついた民法二二七条によって決着をみている、などということは私見によれば誤りである。その理由としては、第一に、二二八条の法文は二二七条の妥当領域が及ばなくなったところで妥当し始めようとする（反対説として、例えばレッフラー、エトカー、ヴュルツブルガー）からであり、二二八条は、他人所有の動物の損傷を正当防衛として把握してはならないとは言っていない。二二八条は、正当防衛が成立しない事例について述べているだけである。このことは特に、猟獣、例えば猛り狂う牡鹿に対する正当防衛を想起する場合に明らかとなる。この場合に対して、二二八条は決して適用されることはない！　第二に、民法が、損害賠償責任の問題に対して――民法では損害賠償責任だけが問題である――是認し得ないようなかたちで対物防衛を正当防衛と考えようとしなかったと仮定した場合ですら――私見では民法は対物防衛を正当防衛ではないなどと考えようとはしていない。つまり、法律はまたしても一部の解釈者よりも遙かに賢いのだ！――、そのことは刑法にとって何の意味も持たないであろう。なぜなら、刑法五三条は、いかなる場合に正当防衛のゆえに不処罰にならなければならないかを確定しようとしており、それについては刑法が独自に――民法との競合なしに――決定するものであるからである。……帝国裁判所一九〇一年六月一七日判決は全く不当である、と(K. Binding, Grundriss des Deutschen Strafrechts, A. T., 7. Aufl., 1907, S. 190）。このビンディングの第一の理由は、幾分強弁の憾みがあろう。民法二二七条及び二二八条が彼の説くように解釈され得るとすれば、民法と刑法との齟齬は存在しなくなり、正当防衛の成否は民法・刑法双方に統一的に確定されることになってしまうからである。それ故、刑法の独自性を繰り返し説いてきた彼が言わんとした真の理由は、第二の理由であったと考えられる。その点、フランクも、民法典が刑法典の解釈に影響を与えるはずなどない、と率直に述べている（R. v. Frank, StGB, 8.–10. Aufl., 1911, S. 125）。

また、メッガーは、複数の法的観点（民法二二八条と刑法五三条）が違法阻却事由として競合することは全く可能である（E. Mezger, Strafrecht, A. T., 3. Aufl., 1949, S. 234）として、動物の攻撃に対する反撃について、民法二二八条の緊急避難による違法阻却と刑法五三条の正当防衛による違法阻却とを併存し得るものと捉える。なお、vgl. E. Schleifenbaum, Begriff und Bedeutung des gegenwärtigen rechtswidrigen Angriffs in §227 B. G.-B., 1904.

このように、ビンディングらは、正当防衛規定をめぐる民法と刑法との齟齬・矛盾をあるがままに受容しようとしたが、これに対して、違法性の統一性に拘るエンギッシュは、本文で述べたように、実定法間の矛盾を是正すべしと主張したのであった。彼はいう。動物の攻撃に対する防衛――我々は生じた損害が過剰な場合を前提しよう――は、違法か適法かのいずれかである。その場合、刑法と民法との矛盾の解消は、次の二通りの方法によって可能である。ひとつは、刑法よりも狭く行われる民法の違法阻却が、生じた損害が過剰に及んだ動物の攻撃に対する防衛を違法とするよう解釈されなければならないときには、刑法についても違法性は（しかも多分可罰性も）存在するのだ、という考え方である。もうひとつは、違法性は刑法に含まれる違法阻却事由のみに基づき阻却され、生じた損害が過剰に及んだ場合の損害賠償義務は、行為の適法性にも拘らず衡平の見地から命じられる、と解する考え方である。現行法上は前者の解決法を選びたいと思う、と（Engisch, a.a.O., S. 58 Anm. 2）。このようなエンギッシュの立場は、刑法の違法阻却の範囲を、民法の規定に基づきより狭く限定する解釈であると言ってよかろう。即ち、ここで企図されている違法性の統一性は、あるべき姿の消極的統一性（一〇頁注(3)〔本書二七四頁注(10)〕参照）ではなく、刑法の違法性を拡大する方向で民法の規定を援用する一種の積極的統一性である。このような解釈が刑法の解釈として許されるかどうかは大いに疑問であろう。

正当防衛及び緊急避難規定における違法性の統一性・相対性の問題は、ドイツとはまた違った形で、わが国の刑法及び民法の規定においても生じ得る。

民法七二〇条一項本文は正当防衛につき次のように規定する。「他人ノ不法行為ニ対シ自己又ハ第三者ノ権利ヲ防衛スル為メ已ムコトヲ得スシテ加害行為ヲ為シタル者ハ損害賠償ノ責ニ任セス」。第一に、民法では、刑法三六条とは異なり、法文上は防衛の対象が「急迫」な不法行為に限定されていない。したがって、厳密には侵害の急迫性を欠くために刑法上は成立しない正当防衛が、民法上は成立し得る可能性が生じる。即ち、刑法上は違法だが民法上は正当防衛として違法ではない侵害（不法行為）が存在し得るのである。第二に、民法では、七二〇条一項但書との関連において、刑法では緊急避難と考えるべき「転嫁型防衛行為」が正当防衛として免責され得ると一般に解されている点である。即ち、それによれば、民法では「他人ノ不法行為ニ対シ……権利ヲ防衛スル為メ」に行ったものであれば、第三者に加害した場合でも正当防衛として免責され得る。つまり、第三者に対する法益侵害も、他人の不法行為が原因となっている限り違法阻却され得るのである。これは刑法では緊急避難の場合である。転嫁型防衛行為の免責を認める本規定に対しては、その合理性を疑問視する声がある。例えば、四宮和夫博士は、第三者の法益への侵害は、本来は正当防衛としてではなく緊急避難として正当化すべきものであるという（四宮・事務管理・不当利得・不当行為　中巻（昭五八）三六八頁）。また、幾代通博士は、転嫁型緊急行為は基本的に不免責とすることが立法論としては妥当であるという（幾代「民事上の正当防衛・緊急避難と第三者被害」法学四八巻三号（昭和五九）三二五頁以下、とくに三五〇頁以下）。立法論にとどまらず解釈論としても考慮すべき問題であろう（後述三〇頁〔本書二八九頁以下〕参照）。

次に民法七二〇条二項は、緊急避難につき規定したものと解されている。「前項ノ規定ハ他人ノ物ヨリ生シタル急迫ノ危難ヲ避クル為メ其物ヲ毀損シタル場合ニ之ヲ準用ス」。ここでは、刑法三七条の規定とは異なり、まず第一に、急迫の危難の原因が「物」に限定されており、人の行為から生じた場合は緊急避難としては免責されない。第二に、危難の原因となったその物を毀損したときだけ責を免れ、危難の原因ではない物を毀損したときは免責されず違法となる。第三に、「物」以外の生命・身体・自由などの権利を侵害した場合には、緊急避難としては免責されない（他人の不法行為を原因とする転嫁型防衛行為は正当防衛として免責され得るが、他人の不法行為とは無縁の原因、例えば他人の適法行為から生じた場合には転嫁型正当防衛とも認められない）。加藤一郎博士は、「実質的に見れば、犬に追われて他人の垣根をこわした場合のように、原因が物であって、その物以外に損害を与えた場合に、民法では免責されないのに、刑法では免責されることが違っている。この点は、本文で述べたように、あまり合理性がなく、民法でも免責を認めるべきであろう」と述べる（加藤・不法行為〔増補版〕（昭四九）一三七頁注(一)。平井宜雄・債権各論II不法行為（平四）九七頁は、「其物」以外にも類推適用すべしと説く）が、右にみたように、緊急避難をめぐる刑法と民法との相違点は多岐にわたるのである。以上、刑法及び民法における正当防衛及び緊急避難規定を比較してみると、ドイツ法よりもわが法の方が、違法性の「統一性」を大幅に破っていることがわかるであろう。しかし、ドイツの学説・判例においてとは異なり、わが国においては、正当防衛・緊急避難における違法性の統一性をめぐる議論は殆ど存在せず、また、刑法上の正当防衛における侵害の「不正」についても、民法と刑法との間の相違を自覚した議論は殆ど存在していなかったと言っても過言ではない。不正とは違法のことであると述べる場合の違法とは何か、より徹底した考察を必要とする所以である。

(17) Engisch, a.a.O., S. 56f.
(18) A. Hegler, Die Merkmale des Verbrechens, ZStW Bd. 36, 1914-15, S. 29 Anm. 31; ders., Subjektive Rechtswidrigkeitsmomente im Rahmen des allgemeinen Verbrechensbegriffs, in: Festgabe für R. v. Frank, I, 1930, S. 274 Anm. 2.
(19) R. Felber, Die Rechtswidrigkeit des Angriffs in den Notwehrbestimmungen, 1979, S. 77.
(20) Felber, a.a.O., S. 80.
(21) 岡本・前掲論文三〇六頁以下〔本書一六一頁以下〕参照。
(22) Felber, a.a.O., S. 83.
(23) 姦通罪に関するドイツ刑法旧一七二条は、一九六九年六月二五日第一次刑法改正法律により削除された。
(24) しかし、三二条二項の違法性を刑法上の違法性に限定しなくとも、一項と二項とを矛盾なく説明する方途は残されている。即ち、一項で認められる正当防衛行為のみを二項の違法な攻撃から除外すれば（正当防衛に対する正当防衛だけを認めない）足り、その他の刑法上適法な行為（他の法においては違法な行為）を二項の違法な攻撃から除外する必要は存在しないのである。
(25) Felber, a.a.O., S. 85.

(26) H. Welzel, Das Deutsche Strafrecht, 11. Aufl., S. 84; Maurach=Zipf, Strafrecht, A.T., 5. Aufl., 1977, S. 376 ; P. Bockelmann=K. Volk, Strafrecht, A.T., 4. Aufl., 1987, S. 89.

マウラッハはいう。その利益が「法益」として刑法的保護を受けているか否かは問題でなく、その攻撃が刑法典の意味における構成要件該当行為であるか否かも問題でない、と（Maurach, a.a.O., 4. Aufl., 1971, S. 309; 5. Aufl., S. 376f.）。そして、彼は、正当防衛の可能な攻撃に当たり得る場合として、不可罰的使用窃盗、過失による器物損壊、侮辱罪の程度に達しないからかいを挙げている。また、彼は、民法八二三条にいう「その他の権利」の侵害にも限定すべきでないとして、物権もしくは絶対権ばかりでなく、胎児、業務上の給付能力（不正競争防止）、全体財産、例えば婚約という家族法上の関係も正当防衛の対象に含め、更には、公共の財として性風俗や人間の尊厳を、国家の財として国家の存立、司法、国家公務員組織への信頼をも含めている。

(27) R.v. Hippel, Deutsches Strafrecht, Bd. II., S. 203 u. 206; E. Mezger, Strafrecht, 3. Aufl., 1949, S. 233 u. Anm. 5; H. Blei, Strafrecht, A.T., 18. Aufl., 1983, S. 142. なお、メツガーは、法の客観的評価規範に違反するとき、その攻撃は違法となり、攻撃が可罰的であることは必要ではないとして、刑法的評価規範に違反することを要件とはしていない。

(28) J. Baumann, Strafrecht, A.T., 7. Aufl., 1975, S. 309; Baumann=Weber, Strafrecht, A.T., 9. Aufl., 1985, S. 297. ただ、さらに続けてバウマンが、「何らかの部分的法域において攻撃の権限が生じている場合には、その攻撃は刑法三二条の意味においても違法な攻撃とは言えない」と説く点については、疑念を抱かざるを得ない。なぜなら、ある部分的法域において攻撃の権限があり適法であっても、他の部分的法域において違法と判断されるべき場合（例えば、行政法上適法であるが民法上は違法である場合）はあり得るのであり、そのような場合こそ、法秩序全体から違法性が生じ得るかどうかが問題となるからである。

(29) Baldus, StGB, Leipziger Kommentar, 9. Aufl., 1974, §53 Rdn. 7 [S. 48]. レンクナーやシュペンデルも、違法な攻撃は、構成要件該当行為を前提にしていないと言う（Lenckner, Schönke=Schröder, StGB, 23. Aufl., §32 Rdn. 19 [S. 471]; Spendel, StGB, Leipziger Kommentar, 10. Aufl., 1982, §32 Rdn. 62 [S. 28]）。

(30)　本件事実の概要及び裁判の経緯は次のとおりである。被告人X女は技師L男と婚約し、覚悟の上で肉体関係を結ぶに至ったが、第三者から、L男が家事手伝いのW嬢と恋愛関係にあるという事実を聞き及び、L男から婚約を解消されるのではないかと危惧した。そこで、X女は、L男がW嬢に当てた手紙を手に入れ、その不道徳な内容によってはそれをL男に突き付けてL男の心をWから自分へと向けさせようと決意した。その目的を実行するためにX女は、W嬢の了解なしに、Z郵便局にW宛に配達されるであろうWの宛名の郵便物がZ郵便局留めになるように、申請用紙に記入しWの氏名で署名し、それを郵便局に提出した。そしてX女は、その申請に基づき局留めになっている数通の手紙を手に入れた。以上のような被告人X女の行為は文書偽造罪に該当するものとして起訴され、それに対して被告人は正当防衛の抗弁を行ったが、第一審裁判所はその主張を認めず、更に、第一審判決に対して行った控訴も棄却されたので、被告人はそれを不服として帝国裁判所に上告したものである。

右の事案に対して、帝国裁判所は次のように判示した。被告人による文書偽造行為を、刑法五三条の正当防衛行為として罰せられないものと認めなかった原々判決は正当である。W嬢が被告人の婚約者と恋愛関係に陥ったことは、被告人の婚約という法益に対する「違法な攻撃」を未だ意味しない。なぜなら、民法一二九七条によれば、婚約から婚姻の成立を裁判上請求して訴えることはできないので、結婚約束の履行は婚約者の自由意志に委ねられている。したがって、この自由意志が認められる限り、W嬢が被告人の婚約者の愛情を獲得しても、被告人に属する権利に対する侵害は存在せず、また、民法一二九八条の請求権を除けば、このような関係に基づき被告人がその状態の存続に権利を有していたと考えられる、状態に対する侵害も存在しない。しかも、仮にW嬢が例えば欺罔もしくはその他の許すまじき手段を用いて被告人の婚約者の自由意志に影響を与え、それによって婚約者をして被告人に背かせたとしたら、そこには婚約の存続に対する違法な攻撃が認められようが、しかし、本件において、このような事実が認定されたわけでもなければ、被告人自身から主張されたわけでもない。以上により、W嬢による被告人に対する違法な攻撃はそもそも存在しておらず、それ故自ずと正当防衛の可能性は存在しない。因に、仮に右のような特別の事情が認められて違法な攻撃の存在が認められることになろうと、本件事案の下では文書偽造行為は違法性を失わないであろう。なぜなら、文書偽造行為は、将来の正当防衛行為をようやく可能にするはずであった行動であるに過ぎず、まさにそれ自体として正当防衛であるというわけではなかったからである、と。

(31)　RGSt 48 215 [216f.].

(32)　バイエルン上級ラント裁判所一九六三年一月二二日判決（NJW 1963, 824）は、自動車運転者が公共の路上で、未だ到着していない夫のために駐車場所を取っておこうとした女性の歩行者により、空き駐車場所への進入を妨げられた場合は、その自動車運転者には正当防衛の権利がある、と判示した。ただ、本件事案に対する結論としては、「どけ、どかないと轢くぞ」と脅しながら車体を寄せたりぶつけたりした被告人の行為を、防衛の程度を超えたものであるとして正当防衛の成立を否定し、強要未遂に問擬した(過去致傷罪の成立は否定)。ハム上級ラント裁判所一九七〇年七月一〇日判決（NJW 1970, 2074）もほぼ同旨。それに対して、シュトゥットガルト上級裁判所一九六五年一二月八日判決（NJW 1966, 745）は、道路交通における他人の自由な行動を妨害するだけの交通違反者に対しては、その妨害が刑法二四〇条の意味における強要罪に該当する場合にのみ、妨害された者が正当防衛を行い得るものと判示している。

(33)　帝国裁判所刑事部一九二六年六月一一日判決（RGSt, 60 273)。

(34)　ハンブルク上級ラント裁判所一九七二年四月一四日判決（NJW 1972, 1290)、カールスルーエ上級ラント裁判所一九八一年一〇月一日判決（NStZ 1982, 123)。

(35)　ケルン上級ラント裁判所一九七五年四月一七日判決（NJW 1975, 2344)。ただし、本判決は、婚姻侵害に対して正当防衛の成立する余地を一般的に否定したわけではなく、当該事案の下では正当防衛は成立しないと判示したに過ぎない。本件事案の内容等は次のとおりである。某日朝、被告は、当時九歳になる彼の息子を連れて、バルコニーの窓の入口から原告の住居に侵入した。その訳は、自分の妻が原告宅で一夜を過ごしたと被告が考えたからであった。被告は、衣類を身に着けないでいる原告と自分の妻とを発見し、カメラを携帯してきた目撃者の入室も強行した。また、その際被告は原告の頭部に傷害を与えた。ラント裁判所の原判決は、原告の損害賠償請求の一部を認めたが、被告の控訴により本上級ラント裁判所判決は本件事情を斟酌して、原判決を一部破棄し損害賠償額を二分の一に減額した。正当防衛の成否につき本判決は次のように判示している。婚姻は法律上保護されている法益ではあるが、しかし、婚姻は、その人倫的内実に照らし、また、人格的価値並びに自由な意志により規定された本質それ自体からして、非侵害者たる配偶者による暴力をもって保護されるべきではない。……ただ、仮に原告が、例えば結婚生活を営む被告の住居で密通の現場を押さえられ、被告の住居権を侵害し、しかも密通相手から即座には離れなかった、というような事情があれば話は別であろう、と。つまり、本判決は、場合によっては、婚姻侵害に対する民法上の正当防衛の成立も認められ得ると判示したものである。惟うに、婚姻侵害は民法上違法であるので、防衛行為を行い得る「違法な攻撃」に当たるものと言うべきである。ただ、本件においては、防衛行為の相当性が否定され、正当防衛の成立が認められなかったものと解することができる。

(36)　イェシェックは、「法秩序に客観的に矛盾する攻撃」を違法とし(Jescheck, Lehrbuch des Strafrechts, 4. Aufl., 1988, S. 306)、メツガー及びブライは、法の客観的評価規範に違反する攻撃を違法とし(Mezger, a.a.O., S.233; Blei, a.a.O., S.143)、マウラッハは、法秩序により客観的・否定的に評価される攻撃を違法とし(Maurach, a.a.O., 4. Aufl., S.310)、ラックナーは、客観的法が否定的に評価する攻撃を違法とする(K. Lackner, StGB, 10. Aufl., 1976, §32 Anm. 2d)。また、ボッケルマンはいう。客観的に違法な攻撃者の行為に本質を持つ攻撃が違法なのであり、刑法上もしくは民法上の不法構成要件(例えば民法八五八条一項)を完全に充足していることは必要でなく、結果無価値を実現する(もしくは実現する切迫した危険のある)ことで十分である、と(Bockelmann, Strafrecht, A.T., 1973, S. 93; Bockelmann＝Volk, a.a.O., S. 90)。

(37)　K. Binding, Handbuch des Strafrechts, Bd. I, 1885, S. 740; ebenso Schönke＝Schröder, StGB, 16. Aufl., §53 Rdn. 10[S. 469]; H. Welzel, Das Deutsche Strafrecht, 11. Aufl., 1969, S. 85f.; Spendel, StGB, Leipziger Kommentar, 10. Aufl., §32 Rdn. 57 [S. 26].

フランクなどは、被攻撃者がそれを受忍するように義務づけられていない攻撃が違法であるという(R. v. Frank, StGB, 18. Aufl., 1931 §53 Anm. I2b [S. 161]; ebenso F. Oetker, Über Notwehr und Notstand nach den §§227, 228, 904 des bürgerlichen Gesetzbuchs, 1903, S. 23f.; ders., Notwehr und Notstand, in: Festgabe für R.v. Frank, Bd. I, 1930, S. 372; ders., VDA Bd. 2, S. 264; A. Köhler, Deutsches Strafrecht, A.T.,

1917, S. 345; H.B. Gerland, Deutsches Reichsstrafrecht, 1922, S. 113; H. Jagusch, Leipziger Kommentar, Bd. I, 8. Aufl., 1957, §53 2f. [S. 404]; RGSt 21 168 [171])。ただ、フランクは以前にはヒッペルの定義に倣っていた（Frank, StGB, 8. -9. Aufl., S. 124)。

(38)　R.v. Hippel, a.a.O., S. 207 Anm. 1.

(39)　Maurach, a.a.O., 4. Aufl., S. 310. ヴェルツェルも、行為者（攻撃者）が行為をしてよいかどうかを第一次的に規準とすべきであると主張し、ドレーアーも、攻撃者にその行為をする権限があってはならない場合が違法なのだという（E. Dreher, StGB, 36. Aufl., §32 Rdn. 11; Dreher = Tröndle, StGB, 42. Aufl., 1985, §32 Rdn. 11 [S. 179])。

(40)　Spendel, a.a.O., §32 Rdn. 56f.

ザムゾンのように、両説の間に結論上の対立はなく、攻撃者が行為することが許されている限り、被攻撃者は受忍しなければならないのだ（Samson, Systematischer Kommentar, 1975, §32 Rdn. 12）と指摘する者もいるが、しかし、どちらに重点を置いて考えるかによって微妙な結論上の相違が出て来ないとは言い切れない。

(41)　R. Felber, Die Rechtswidrigkeit des Angriffs in den Notwehrbestimmungen, 1979, S. 40f.

(42)　Baldus, StGB, Leipziger Kommentar, 9. Aufl., 1974, §53 Rdn. 8 [S. 49].

(43)　攻撃者の行為権限を問題にすべき場合として、バルドゥスは、ヴェルツェルらとほぼ同様に、次のいくつかの例を挙げる。第一に、刑法一一三条に従えば、公務員の職務執行の前提要件が存在していないにもかかわらず、義務にかなった審査をした上でその前提要件が存在すると考えた職務執行の公務員は、適法に行為するものであり、その相手方はこの公務員に対して正当防衛権を有しない。第二に、刑法一九三条に従えば、名誉侵害が正当な利益を擁護するために行われた場合にも、その相手方は正当防衛権を有しない。第三に、軍人法(Gesetz über die Rechtsstellung der Soldaten, IdF vom 19. 8. 1975, BGB1. I 2273）一一条に従い、違法な命令が部下にとって拘束的である場合にも、正当防衛は認められない。

第一の場合については、刑法一一三条の規定の内容の合理性に問題があることはおくとしても、錯誤による職務執行は刑法上適法であるに過ぎず、私法上違法な場合には相手方にそれを受忍すべき謂れはなく、それに対する正当防衛を認める余地があろう。第二の場合についても同様である。さらに、第三の場合についても、被攻撃者には、違法な命令に基づく侵害を受忍すべき謂れはないものというべきであるから、侵害に対する正当防衛を肯定すべきである（同旨、Jagusch, a.a.O., §53 Anm. 2f.）。

(44)　いかなる法域においても違法とはいえない攻撃に対しても、被攻撃者がそれを受忍すべき合理的理由が存在しない場合には、例外的に正当防衛を肯定すべきであろう。後述するように、民法上違法な緊急避難に対してはもとより正当防衛を認めるべきであるが、転嫁型防衛行為がわが民法上仮に適法であるとしても、その相手方が侵害を受忍すべき合理的理由が存在しない場合には、それに対する正当防衛を肯定すべきである（後述二九頁以下〔本書二八九頁以下〕参照）。

因に、ヤコプスは、正当防衛は攻撃それ自体が正当化される場合には認められず、被攻撃者の受忍義務がその正当化に対応する、と述べながら、有責でない攻撃を違法な攻撃ではないとする根拠として、「負担の分配」の思想を持ち出す。彼はいう。あらゆる緊急権を考える際には、社会的葛藤の解決のための負担の分配が問題なのであり、とくに正当防衛においては、攻撃者が違法に攻撃したことを理由に全負担を負うべきである、というかたちで問題となる。それに従えば、違法な攻撃とは、まさに違法な攻撃であるとの理由から刑法三二条に示されている負担の分配が認められるようなものである、と定義されなければならない、と（G. Jakobs, Strafrecht, 2. Aufl., 1993, S. 385f.）。しかし、「負担分配」という功利的政策的な観念をストレートに持ち出すことが適切かどうかには疑問がある。刑法三二条は「違法な攻撃」と規定しているのであるから、違法性の観念を主軸とした論を展開すべきであり、あたかもそれに全くとらわれない高次の観念・原理を安易に提示することには慎重でなければならない。「負担分配」の観念は、「違法」の観念から余りにも掛け離れた功利的政策的な基準に過ぎると思われる。

(45)　団藤博士は、違法性の有無について主観的違法要素も顧慮すべしという（団藤重光・刑法綱要総論〔第三版〕（平二）二三五頁）。

(46)　泉二新熊・日本刑法論上巻（総論）四四版（昭一一）三七二頁、瀧川幸辰・刑法講話（昭二六）・瀧川幸辰刑法著作集二巻六二一頁、佐伯千仭・四訂刑法講義（総論）（昭五六）一九九頁、中義勝・刑法総論（昭四六）一三五頁、団藤・前掲書、荘子邦雄・刑法総論（昭四四）三七二頁、瀧川春雄・新訂刑法総論講義（昭三五）一〇一頁、福田平・全訂刑法総論（昭五九）一四三頁、大塚仁・刑法概説（総論）［改訂版］（昭六一）三三二頁、香川達夫・刑法講義［総論］（昭五五）一五三頁、吉川経夫・改訂刑法総論（昭四七）一二八頁、藤木英雄・刑法講義総論（昭五〇）一六二頁、内藤謙・刑法講義総論（中）（昭六一）三三七頁、中山研一・口述刑法総論（第三版）（平六）一三七頁、板倉宏・刑法総論（平六）二〇四頁、阿部純二・前掲書八八頁、堀籠幸男・大コンメンタール刑法第二巻（平元）三八五頁、等。

(47)　瀧川（幸）・前掲書、同・犯罪論序説（昭二二）九六頁以下、木村亀二（阿部増補）・刑法総論（昭五三）二五八頁以下、荘子・前掲書、中野次雄・刑法総論概要（第二版）（昭六三）一八四頁、中義勝・前掲書、内藤・前掲書、吉川・前掲書、藤木・注釈刑法(2)のI（昭四三）二三四頁、板倉・前掲書、阿部・前掲書、曾根威彦・刑法総論［新版］（平五）一〇六頁、等。

(48)　荘子・刑法総論［新版］二二一頁、二二三頁注(2)。

(49)　曾根・前掲書一〇六頁、板倉・前掲書二〇四頁。

瀧川（幸）博士は、犯罪にはならないが刑法三六条にいう不正の侵害に該当し得る例として姦通を掲げ（瀧川・刑法総論（昭四）・瀧川幸辰刑法著作集一巻二七〇頁。妻の姦通は犯罪を構成したが、「有夫ノ婦」以外の婦女との夫の姦通は姦通罪を構成しなかった。後者の場合にも、妻は夫と他の婦女との姦通に対して正当防衛を行い得ることになる）、板倉教授は、姦通及び近親相姦を掲げる。

姦通に対しては、婚姻を侵害された配偶者による相当な防衛行為を原則として正当防衛と認め得るが、近親相姦となると事は微妙である。なぜなら、「他人ノ権利ヲ侵害シタ」とは必ずしも言えない場合（例えば成人の兄妹間の近親相姦）があるからであり、また、民法七三四条は所定の近親婚を制限・禁止しているに過ぎず、近親相姦それ自体を違法としているとは解し得ないからであり、更に、近親相姦行為は民法九〇条を援用し得る法律行為でもないからである。ただ、近親相姦の一方当事者が自己の配偶者である場合（例えば妻と成人の息子との近親相姦）には、他方の配偶者（夫）の婚姻権を侵害するものであるから、妻及び息子に対する夫の正当防衛権を認めるべきであろう。また、近親相姦の少なくとも一方が未成年の子である場合には、親権者は、監護権の行使として子の行為を制止し得るほか、監護権を侵害するものとして未成年の子の相手方に対して正当防衛を行い得ることを認めるべきであろう。

(50)　阿部・前掲書八八頁、大塚・前掲書三三二頁、内田文昭・改訂刑法Ⅰ（総論）（昭六一）一九四頁。
(51)　前述一五頁以下〔本書二六九頁以下〕参照。
(52)　曾根・前掲書一〇六頁。
(53)　大塚・前掲書三三二頁。
(54)　西原春夫・刑法総論（昭五二）二〇五頁。
(55)　中山・前掲書一三七頁。
(56)　前述一五頁以下〔本書二六九頁以下〕参照。
(57)　古くは泉二博士のように、十九世紀後期から二十世紀前期にかけてのドイツの学説・判例における見解の対立に言及するものが見られた。泉二博士はいう。民法第七百二十条は他人の不法行為に対する防衛を認めたり。刑法に所謂不正侵害も亦此趣旨に同じきものと認むるを正当とす。故に侵害が不法なりや否やは侵害行為の方面より観察せざる可からず。一説に依れば被害者の甘受する義務なき侵害は皆不正なりとするも予輩は之を採らず、と（泉二・前掲書三七二頁［註三］）。
(58)　前田雅英・刑法総論講義［第二版］（平六）二八八頁。
　前田教授は、実質的違法阻却の一般基準を基本とすると述べて自著の二五九頁を参照させるのであるが、当該頁を参照しても如何なる基準を基本にするのかさほど明らかではない。引用されている最高裁判決のいう「法秩序全体の見地から許容されるべきものであるか否か」という基準を指すのか、それとも、より具体的な要件たる目的の正当性や手段の相当性などを指すのか。後者ではあり得ないだろうから、おそらく前者の基準を示すのであろうが、前者の基準では広漠としていることに変わりなく、より具体的な基準を提示するものとは言い難く、また、この最高裁の基準が刑法上の違法性の判断基準として提示されたものであることに鑑みると、「不正」の基準としては不適切であろう。前田教授は、「正当防衛に適するか否か」の判断基準を合理的かつ具体的なものとしては提示していない、と評さざるを得ない。

四　「適法」行為に対する正当防衛の成否

適法な行為は「不正（違法）」な侵害ではないから、適法な行為に対しては正当防衛は認められない、とするのがわが国の定説である(59)。

だがしかし、適法な行為、例えば正当防衛や緊急避難に対して正当防衛は認められないとする命題は、不精確で、多くは矛盾を孕んだドグマであると言わなければならない、まず、「適法な行為」という場合、いかなる意味において「適法である（違法でない）」かがまさに問題であるからである。具体的に言えば、「正当防衛」や「緊急避難」は適法だから、それらに対して正当防衛は成立しないと述べる場合、いかなる法域における正当防衛や緊急避難を指しているのかが明らかでない。おそらく、刑法上適法な正当防衛や緊急避難を意味するのであろうが、だとすれば、例えば刑法上適法であれば民法上違法である緊急避難に対しても正当防衛は認められないことになる。即ち、より一般的に言えば、右に述べた命題は、刑法上違法である行為に対してのみ正当防衛を認めるべしとの命題を前提としているのである。これは矛盾以外の何物でもないであろう。つまり、刑法上保護されていない法益も防衛し得る権利に含めたり、正当防衛における侵害の違法性は刑法上の違法性ではないと述べたり、侵害の違法性は一般法的な違法の意味であると述べたり、姦通などの民法上の不法行為に対しても正当防衛を行い得ると述べたりしながら、刑法上適法な正当防衛や緊急避難に対してのみ正当防衛を認めるべしと論じることは、明らかな矛盾・背理ではあるまいか。

ドイツの学説の中にも、不用意に、正当防衛や緊急避難のごとき適法な行為に対する正当防衛は認められない、[60]と説くものがある。ドイツにおいては、正当防衛に関する刑法と民法の規定の間にさしたる本質的相違は存在しないので、[61]数歩譲って、正当防衛の成否を刑法と民法との間で統一的に確定できるとすれば（ただし、刑法と民法の性格・任務の違いを考慮しないでよいかという問題は残る）、正当防衛に対する正当防衛は認められないとの命題は一応首肯することができる。しかし他方、緊急避難については、ドイツにおいても刑法・民法間に決定的な法文上の違いが存在するのである。その点、メッガーやイェシェックらが、正当防衛に対する正当防衛はあり得ないと主張する[60]一方で、緊急避難に対する防衛に関しては、明らかに民法上の緊急避難を念頭において、正当防衛の可否を論じていることに[62]注目すべきであろう。そこでは、民法上適法な緊急避難に対する正当防衛の成立が否定されているが、このことは、正当防衛における攻撃の違法性を民法上の違法性と同義と解する立場を前提にするものと思われ、基本的に妥当である。

わが刑法の正当防衛における侵害の「不正」についても、同様のことが当て嵌まるであろう。即ち、刑法三七条に該当する刑法上適法な緊急避難であっても、民法上適法と認められない限りは、その避難行為は原則として刑法三七条にいう「不正の侵害」に当たる。刑法上の緊急避難に相応する民法上の規定は、民法七二〇条一項の一部（所謂転嫁型正当防衛につき損害賠償の責任を否定）と、七二〇条二項（民法上の緊急避難）である。[64]まず、これらの民法規定により適法化されない避難行為又は防衛行為は、原則として刑法三六条にいう「不正の侵害」に該当するというべきである。さらに、民法二二七条一項は、転嫁型正当防衛における防衛行為者の免責（民法学者の間にもこの点を疑問視する意見が有力である）と不法行為者への損害賠償請求を認めているが、これは実質的には、転嫁型防衛行為の完全な違法阻却を認めたものと解すべきではなく、損害賠償の責を不正行為者にまで遡って直接問い得ることを認めているに過ぎないものと解すべきである（したがって、民法上も、不法行為者に損害賠償を請求することが不可能であるか著しく困難な場合には、転嫁型防衛行為者自体に請求することができるものと解すべきである）。あるいは少なくとも、刑法三六条との関係では、被害者（転嫁型防衛行為の相手方）が転嫁型防衛行為による侵害を甘受すべき合理的理由は通常は存在しないので、転嫁型防衛行為は原則として刑法三六条にいう「不正の侵害」に該当するものと解すべきである。以上要約すると、民法二二七条二項上認められる適法な緊急避難に当たらない場合には、その避難行為及び転嫁型防衛行為による侵害は原則として刑法三六条にいう「不正の侵害」に該当し、それに対する正当防衛が認められることになる（かくして、「適法な緊急避難に対する正当防衛は認められない」とする従来の命題は、矛盾を含んだ、あるいは少なくとも不精確な命題であることが判明したであろう）。ただ、何らかの意味で違法であることは「不正」たる十分条件ではない。（刑法上の緊急避難の一部に相応する）民法上の転嫁型防衛行為の場合、転嫁型防衛行為によって侵害されそうになった相手方の法益の価値が、保全（防衛）されようとした法益の価値と比較して著しく軽微な場合[65]には、転嫁型防衛行為の相手方にはその侵害を受忍すべき義務があると言うべきであり、その場合には、転嫁型防衛行為による侵害は刑法三六条のいう「不正の侵害」に当たらない。つまり、受忍公式による「不正」の更なる限定を行うべきである。

同様の事理は、他の「適法」行為に対する正当防衛の成否についても当て嵌まる。即ち、刑法上の適法行為が必ずしも他の法域上も適法であるとは限らず、他の法域において違法な侵害に対しては原則として正当防衛が可能である。

そうなると、「正当防衛に対する正当防衛は認められない」との命題にも再検討の余地が生じるであろう。もとより、刑法上適法な正当防衛の殆どは、他の法域上も適法であるが、例外的には、刑法上は違法阻却される正当防衛行為であっても民法の視点からは違法であるという場合も論理的にはあり得るのであり、その場合、その防衛行為は「不正の侵害」に当たり、それに対する正当防衛が許されることになろう。所謂偶然防衛において、「防衛するため……した行為」とは客観的に防衛行為と認められれば足り、主観的な防衛の意思は不要であると解する立場[66]がある。しかし、AがBを射殺しようとしてまさに銃の引き金を引こうとしたところ、偶然にBもAを射殺しようとして銃の引き金を引こうとしていたという設例を考えると、防衛意思不要説に従えば、AにとってBの行為は「不正の侵害」であり、それに対する正当防衛が認められると同時に、BにとってもAの行為は「不正の侵害」であり、それに対する正当防衛が認められることになる。即ち、「不正」を刑法上の違法と解する限り、A又はBの正当防衛行為が、B又はAにとって、「不正の（刑法上違法な）侵害」になってしまうという明らかな論理矛盾を犯すことにならざるを得ないのである。(67) 私見による場合には、この矛盾を回避することができる。偶然防衛行為が民法上違法な行為であるならば、それは刑法三六条にいう「不正の侵害」に当たることになり、また、仮に民法上適法な行為であったとしても被侵害者がその侵害を受忍すべき合理的な理由が存在しない場合には、その侵害はやはり「不正の侵害」に当たるものと解すべきであるからである。こう解することによって初めて、A・Bの偶然防衛行為は刑法上正当防衛に当たるが、相互に「不正の侵害」を与えたものとして、それに対する正当防衛が許されるものと考えることができよう。

(59)　適法な侵害に対して正当防衛は認められないと述べるもの（曽根・前掲書一〇六頁）、適法な行為、例えば正当防衛に対して正当防衛を行うことはできないと述べるもの（小野清一郎・新訂刑法講義総論（昭二三）一二三頁、木村＝阿部・前掲書二五九頁、阿部・前掲書八八頁、福田・前掲書一四四頁、瀧川（春）・前掲書一〇二頁、吉川・前掲書一二八頁）、適法な行為、例えば正当防衛や緊急避難に対して正当防衛は認められないと述べるもの（大塚・前掲書三三二頁、内藤・前掲書三三七頁、中山・前掲書一三七頁、堀籠・前掲コンメンタール三八五頁）、正当防衛や懲戒その他の適法行為に対して正当防衛を行うことはできないと述べるもの（泉二・前掲書三七二頁、荘子・前掲書［旧版］三七二頁）、緊急避難や法令に基づく官憲の正当な行為に対しては正当防衛は成立しないと述べるもの（西原・前掲書二〇五頁）、正対正や不正対不正の関係にある場合には正当防衛は認められないと述べるもの（板倉・前掲書二〇四頁）、避難行為に対しては正当防衛を行うことができないと述べるもの（牧野英一・重訂日本刑法総論［六一版］（昭一二）三五八頁）、などがある。

(60)　正当防衛その他の適法行為に対する正当防衛は認められないと述べるもの（v. Hippel, a.a.O., S. 208 u.

Anm. 3; Baumann = Weber, Strafrecht, A. T., 9. Aufl., 1985, S. 296)、正当防衛自体及び緊急避難に対する正当防衛は不可能であると述べるもの（v. Liszt, a.a.O., 21.-22. Aufl., S. 137）などである。

(61) 単に形式的な定め方の違いを除けば、刑法三二条一項及び二項と民法二二七条一項及び二項との間の文言の違いは、rechtswidrig と widerrechtlich の違いのみである（前述一一頁注(9)〔本書二七五頁注(16)〕参照）。刑法の旧規定五三条と民法二二七条との違いは、旧五三条がその一項において「罰せられるべき行為は存在しない」という定め方をしていた点と、さらに、その三項において、恐怖、驚愕等による過剰の場合も罰せられない (nicht strafbar) としていた点である（この三項は新規定三三条にほぼ移行している）。三項が違法阻却を定めたものでないとすれば(新規定三三条はその趣旨と解される)、旧規定五三条と民法二二七条との間にもさしたる相違は存在しないと言えよう。

(62) Mezger, a.a.O., A.T., S. 233; Jescheck, a.a.O., S. 306; Lenckner, a.a.O., §32 Rdn. 21[S. 471].

(63) メツガーは、民法上の緊急避難として行為する者は違法に行為するものではないと述べ（Mezger, a.a.O., S. 232）、イェシェックは、民法上の緊急避難に対する防衛は違法であると述べ（Jescheck, a.a.O., S. 306）、また、レンクナーは、適法な緊急避難に対する正当防衛はあり得ないと述べて民法九〇四条に関する帝国裁判所判例（RGSt 23 117）を引用する（Lenckner, a.a.O.）。

(64) 前述一一頁注(9)〔本書二七五頁注(16)〕参照

(65) 例えば、生命や重大な身体的法益を守るために第三者の比較的軽微な財産的法益を侵害する転嫁型防衛行為に出た場合や、殺人者の攻撃から逃れるために第三者を突き飛ばして軽傷を負わせようとした場合や、強姦から逃れるために第三者の家の垣根を壊して進入し助けを求めようとした場合などには、その転嫁型防衛行為は「不正」とは言えず、第三者（転嫁型防衛行為の相手方）はそれに対する防衛行為に出ることはできない。

(66) 内藤・前掲書三四三頁、中山・刑法総論（昭五七）二八一頁、等。

(67) 曽根「正当防衛における防衛の意思」（阿部編・刑法Ⅰ総論・法学ガイド）一〇五頁、同「『偶然防衛』再論」下村康正先生古稀祝賀・刑事法学の新動向上巻（平七）七二頁以下の疑問は、この点を指摘するものであろう。しかし、それから直ちには、「A・Bの行為は共に違法と解すべき」ことにはならない。A・Bの行為は「民法上違法」と解すべきか或いは刑法三六条にいう「不正」に当たると解すべきではあるが、「刑法上違法」と解する必要はないからである。

五　むすびにかえて

本稿において私は、正当防衛規定にいう「不正の侵害」に関して、従来殆ど疑問の挟まれてこなかった、「不正とは違法であり、それ故、適法な行為に対しては正当防衛を行うことができない」とする命題の真否を検証した。その結果、その命題は単なるドグマであり、厳密には維持できないものであることが判明した。そこではまさに、「違法・適法」をどのように解するかが決定的であり、その解釈によっては、「適法」行為に対する正当防衛も可能であることを指摘し得たと思う。わが国の裁判例の分析を行い得なかった点が心残りであるが、紙幅も尽きたようであるので、この辺で稿を閉じたい。

第七章　過剰防衛における「情状」と減免根拠

一　はしがき――問題の所在――

刑法三六条二項は、過剰防衛における「情状」による裁量的減免を規定する。この裁量的減免の根拠として、多くの有力な学説は、恐怖、驚愕等の「心理的異常状態」にあったとの理由に基づく「責任」の減少を掲げてきた。しかし、法は「情状」による減免を定めているに過ぎない。右の学説と法の規定とは明らかに矛盾する。

以上のような問題意識から、本稿は、まず、裁判例を手掛かりに「情状」の内容を明らかにし、それらが決して「心理的異常状態」に限定・集約され得るものではないことを指摘したい。そしてさらに、他の減免事由と比較しながら、過剰防衛における裁量的減免の法的性格・根拠につき考究したい。その結果、過剰防衛における裁量的減免の根拠が、犯罪行為の違法・責任にとどまらず、犯行前後の事情（情状）をも考慮したいわゆる量刑「責任」に基づくものであることが判明するであろう。

二　裁判例における過剰防衛の処理

刑法三六条二項の規定によれば、過剰防衛とは「防衛の程度を超えた行為」であり、これに対しては、「情状により、その刑を減軽し、又は免除することができる」ものとされている。即ち、過剰防衛に対しては、情状により裁量的な刑の減免を行い得るのである。つまり、過剰防衛の処理の仕方としては三種のものが認められる。まず第一には、過剰防衛であることを認定しながらも「法令の適用」に刑法三六条二項を掲げず、同項に基づく法律上の減軽も免除も一切行わない場合である。第二には、過剰防衛に当たることを認め、さらに刑法三六条二項を適用して法律上の減軽を行う場合である。第三には、過剰防衛であることを認め、さらに刑法三六条二項を適用して刑を免除する場合である。過剰防衛行為に対して、これら三通りの処理の仕方があることは、数多くの裁判例も認めるところである。最近のものとしては、東京高判平成六年五月三一日（判例時報一五三四・一四一）が第一の類型であり、大阪高判平成七年三月三一日（判例タイムズ八八七・二五九）が第二の類型であり、名古屋地判平成七年七月一一日（判例時報一五三九・一四三）が第三の類型である。そして、判例集に登載されている裁判例の中では、第一の場合に属するものが最も多いように思われる。

第一の類型に属する裁判例においては、犯行後の事情をも含めた情状を考慮して刑の量定が行われている。つまり、一般的な量刑により適宜処理されているのである。(1) 一方、なかには東京地判平成五年一月一一日（判例時報一四六二・一五九）のように、誤想過剰防衛につき防衛の程度を遙かに超えているとの一事により、刑法三六条二項の適用を排除しているものもある。また、東京高判平成六年七月二〇日（判例時報一五三七・一八一）は、刑法三六条二項に基づく法律上の減軽の可否につき、「所論は、原判決が、誤想過剰防衛の成立を認めながら、任意的減軽をしないと判示した点を論難するが、任意的減軽事由があっても、宣告刑が法廷刑を下回る場合でなければ、法律上の減軽をしないということは、実務上ほぼ確立された取扱いであるから、原判決が、本件がそのような意味において、法律上の減軽をすべき場合に当たらないことを注意的に判示したことに何らの問題はない」と述べている。第二の場合に属する裁判例をつぶさに検討すると、実務上このような取扱いが確立されていると言えるかどうか疑わしいが、[2] 興味深い実務的感覚ではある。次に、第二の類型に属する裁判例は意外に少ない。[3] それらの中の殆どのものは、「過剰防衛であるから」（注(3)①④⑥⑨⑪⑫）、「過剰防衛行為であるから」（同③⑤⑦）、「過剰防衛に当たるから」（同⑩）、「過剰防衛による」（同⑧）など、過剰防衛であるとの一事のみを、法律上の減軽を行う根拠として掲げている。その際によく用いられるのは、「（被告人の所為は）過剰防衛であるから、刑法三六条二項、六八条某号により法律上の減軽をした刑期の範囲内で処断すべきところ、……」のごとき言い回しである。かかる判示は、三六条二項前段が明定する「情状による裁量的（任意的）減軽」の際に考慮・斟酌した「情状」の中身を明らかにしていない点において疑義がある。即ち、三六条二項に基づき法律上の減軽を施すためには、本来ならば過剰防衛であることを認定するだけでは足りず、減軽を施す根拠となる「情状」を挙示しなければならないはずである。だが、右のごとき判示では、考慮された「情状」の内容が全く明らかでない。また他方、減軽の理由として、恐怖、驚愕、興奮及び狼狽など、被告人が心理的異常状態に陥っていたことを掲げるものは殆どなく、殆どの判決が、被告人が心理的異常状態に陥っていたから減軽したものとは少なくとも考えにくい。例外的に、東京高判昭和三三年二月二四日（同②）が、恐怖、驚愕、興奮、且つ狼狽に出た行為で宥恕すべきものと認めることができない場合につき、原審の免除判決を破棄し、単に刑の減軽を施しているが、これさえも、恐怖、驚愕等の心理的異常状態によらなければ減軽が認められないとの趣旨に出たものとは解しがたい。

　最後に、第三の類型に属する裁判例は意外に多い。[4] それらは、情状による免除の理由を知る上で非常に興味深い。そこで、次節では、過剰防衛（刑法三六条二項）における「情状」の意味と裁量的減免の根拠との関連につき瞥見しよう。

（１）　例えば、①名古屋高裁金沢支判昭和三五・三・二二下刑集二・三＝四・三四一（暴行罪・罰金刑）、②東京高判昭和三七・九・一九下刑集四・九＝一〇・七九九（傷害致死罪＋傷害罪・懲役三年）、③福岡高判昭和四一・四・二三最刑集二一・四・七一九（傷害致死罪・懲役二年六月執行猶予三年）、③大阪高判昭和四一・一一・四下刑集八・一一・一四〇三（殺人罪・懲役三年執行猶予五年）、④広島高判昭和四五・四・三〇判例時報六二四・九一（殺人罪・懲役三年）、⑤名古屋高裁金沢支判昭和四五・七・一六刑裁月報二・七・七二〇（殺人罪・懲役三年執行猶予四年）、⑥名古屋高判昭和四六・一二・八刑裁月報三・一二・一五九三（殺人罪・懲役三年執行猶予五年）、⑦最判昭和四六・一一・一六刑集二五・八・九九六（過剰防衛にも当たらないとした原判決を破棄）、⑧福島地判昭和五五・七・一七判例時報九七五・一三五（傷害罪・懲役四月執行猶予二年）、⑨東京高判昭和五五・一一・一二判例時報一〇二三・一三四（傷害致死罪・懲役二年六月）、⑩京都地判昭和五七・二・一七判例時報一〇四八・一七六（殺人罪・懲役三年執行猶予三年）、⑪大分地判昭和五七・一・二八判例時報四六六・一九三（殺人罪・懲役五年六月）、⑫福岡地判昭和六一・六・四判例タイムズ六〇七・一一〇（傷害致死罪・懲役三年執行猶予五年）、⑬東京高判昭和六一・一二・二三判例タイムズ六三九・二四一（殺人罪・甲六年、乙一二年）、⑭東京高判昭和六二・一・一九判例タイムズ六五〇・二五一（殺人罪・懲役二年六月）、⑮東京地判昭和六二・六・二九判例タイムズ六六〇・二四四（殺人罪・懲役七年）、⑯東京地判昭和六二・九・四判例時報一二八一・一五九（傷害罪・懲役八月）、⑰福岡高判昭和六二・八・一七判例時報一二五八・一四〇（覚醒剤取締法違反＋殺人罪・懲役四年）、⑱東京地裁八王子支判昭和六二・九・一八判例時報一二五六・一二〇（傷害致死罪・懲役二年六月執行猶予三年）、⑲東京高判平成六・五・三一判例時報一五三四・一四一（殺人罪＋死体遺棄罪・懲役三年六月）、⑳東京高判平成六・七・二〇判例時報一五三七・一八一（殺人罪・懲役七年）、㉑最判平成九・六・一六判例時報一六〇七・一四〇（傷害罪・懲役一年執行猶予三年）、等がある。

（２）　例えば、後注（３）に掲げた⑤⑥⑧⑨⑪などの裁判例参照。

（３）　例えば、①大阪高判昭和二八・二・二七高刑集六・二・二〇九（法律上の減軽の上、「犯行の動機、態様、被害者の遺族に慰藉料十五万円を支払い示談が成立しておること、改悛の情その他諸般の事情を考慮」。傷害致死罪・懲役一年)、②東京高判昭和三三・二・二四最刑集一三・一・一五(「被告人の恐怖、驚愕、興奮且つ狼狽に出た判示所為が宥恕すべきものと認めることができるならば、その刑を免除するの挙を選ぶことができようが、その使用した兇器、その所為の態様等の点から観て、とうてい、宥恕すべきものとはいえないので、その刑を減軽するに止め(る)」。殺人罪・懲役二年。最判昭和三四・二・五刑集一三・一・一で上告棄却)、③大阪高判昭和四〇・五・二九下刑集七・五・八〇五(法律上の減軽の上、「未だ被害者の遺族に対してなんら慰藉の方法を尽くしていないこと等の事情」を考慮。殺人罪・懲役一年六月)、④福岡高判昭和四〇・六・二二最刑集二〇・六・五六二(法律上の減軽の上、「犯情憫諒すべきものがあるので、……酌量減軽」。殺人未遂罪＋鉄砲刀剣類等所持取締法違反・懲役一〇月執行猶予二年。最決昭和四一・七・七刑集二〇・六・五五四は、「誤想防衛であるがその防衛の程度を超えたものであるとし、刑法三六条二項により処断したのは相当」と判示)、⑤大阪地判昭和四〇・九・一五下刑集七・九・一七七二(法廷の減軽の上、「諸般の犯情を考慮」。殺人罪・懲役三年)、⑥大阪地判昭和四二・一二・一九判例タイムズ二二一・二三四(法律上の減軽の上、殺人罪・懲役三年)、⑦横浜地裁川崎支判昭和五三・八・一〇刑裁月報一〇・六＝七＝八・一一七一(法律上の減軽の上、傷害致死罪＋傷害罪・懲役一年一〇月)、⑧大阪高判昭和五八・一〇・二一判例時報一一一三・一四二(法律上の減軽の上、傷害罪・懲役四月執行猶予二年)、⑨札幌高判昭和六三・一〇・四判例時報一三一二・一四八(法律上の減軽の上、「被害者が夜間被告人方へ押しかけて来たことにつき、凶器を携え、仲間を伴って攻撃をしかけて来たと誤認した点は、被害者とその連れの挙動に照らし、無理からぬものがあること、被告人は現在では被害者の遺族の心情も察して、過剰な反撃に出た行動につき反省の念を示していること、これまで前科前歴が全くないことなどの事情もあり、これら一切の事情を総合考慮」。殺人罪・懲役五年)、⑩東京高判昭和六三・六・九判例時報一二八三・五四(法律上の減軽の上、「被告人がこのような予期しない被害者の激しい抵抗に遭って、同人の手を逃れるのに必死となり、恐怖、驚き、怒り、興奮等によって判断能力を狭められた中で、半ば本能的反射的にナイフを振るって、度重ねて刺突行為に及んだことは、医師H作成の『Y子の精神状態に関する意見書』によっても明らかなところであり、これらの事情は同情に値し、量刑上斟酌されなければならない。これに合わせて、被告人が既に一年以上身柄を拘束されていること、被告人の反省の態度、経歴、年齢、家庭の状況等、被告人に有利な情状を酌むと、原判決の量刑は、刑期の点においても、刑に執行猶予を付さなかった点においても、重過ぎるものと思料される」と判示。殺人罪・懲役二年執行猶予三年）、⑪東京高判平成二・六・五判例時報一三七一・一四八（「本件の犯行態様及び結果の重大性に加え、長男を殺害された被害者の母親ら遺族の被害感情には厳しいものがあること及び被告人Bの父親から弁護士を通じ被害者の遺族に対し二万円を支払って謝意を表したほかには示談、弁償等の措置がとられていないことなどをも併せ考えると、犯情は芳しくな」いが、「被告人は、本件犯行を反省悔悟して警察に出頭し、客観的事実については捜査段階以来概ね率直に供述していること、同被告人には、本邦及び母国のいずれにおいても前科がないことのほか、原判決後、同被告人の両親が裕福とはいえない家計をやりくりし、知人から借金するなどして来日し、被害者の両親に衷心から謝罪し、又は、証人として出廷し、同被告人の寛大な処分を希望するとともに更正に尽力することを誓っていることなど、被告人に有利な又は同情すべき一切の事情を総合勘案」。殺人罪・懲役五年）、⑫大阪高判平成七・三・三一判例タイムズ八八七・二五九（「被告人が（被害者）アに治療費を含む損害金として一万円を支払い、（被害者）イの遺族から面談を拒否されているため、法律扶助協会に一〇〇万円余りの贖罪寄付をしていること、原審及び当審を通じて真摯な反省の態度を示していることなど被告人に有利な事情もあるので、このような事情も十分斟酌」。傷害罪＋傷害致死罪・懲役二年六月）、等がある。

（4）　例えば、①広島高判昭和二六・三・八高裁刑事判決特報二〇・一二（「被告人の経歴、性行、養父Rの性行、及家庭の事情並びに本件犯行の動機等を考量し被害者Rが被告人の直系尊属ではあるが実父ではなく養父である事情、被告人が原判示の様に防衛の程度を超える行為を為すに至ったのは、Rの攻撃が激烈で組敷かれた上自己の持って居た包丁で却て自己の首の辺を突かれ様とするが如き状態となり自己の生命に危険があるものと感じたのと、Rの従来の所業並に本件犯行当時のRの被告人及被告人の妻に対する非道な行為に対し、うっ積して居た忿懣の情が激発した結果に因るものと認められる事情等諸般の情状を斟酌」。原判決（尊属殺人罪・懲役七年）を量刑過重で破棄）、②大阪地判昭和三四・四・一五下刑集一・四・一〇二六（傷害致死罪。「被告人は一九歳の少年であり今まで前科その他の過ちもなく、性質はむしろ温良であったところ、本件争いの経緯については終始非はFにあった上、本件は判示のごとくまったく理不尽な不意の攻撃に対して被告人が興奮の余精神の平静を失した結果行ったものであり、その時の被告人の立場に立って考えると被告人のとった行動もあながち強く非難することもできない」)、③国東簡判昭和三四・四・一六下刑集一・四・一〇二九(傷害罪。「興奮のあまり被害者Tに対し判示のような乱暴をして傷害を与えたものであること」や、「被告人の年齢、将来のことTの素行その他の情状」を考慮)、④大阪地判昭和三八・八・八判例時報三五五・七五(傷害致死罪。「被告人は……宗教を信仰して、日々善行を積むことを信条とし、善いと知りつつそれをなさないことは悪をなすことと同様であるとの考えから、NのE子に対する暴行を止めに入ったところ、不幸にして本件犯行が発生したのであり、以上の情状、ことにその動機において被告人を強く非難すべき理由に乏しく、尚被告人の現在までの生活歴を顧みても、……善良な一市民としての反省を恙なく過してきたものと認められる」)、⑤東京地判昭和四二・七・一〇判例タイムズ二一三・一九八(傷害致死罪。「被害者の脳血管の破綻し易い状態にあった点および被告人は窃盗の前科を有し、服役した経験も有するが、昭和三八年に刑の執行を受け終った後は身を慎んでおり、本件についても改悛の情を表している点を考慮」)、⑥大阪地判昭和四四・三・四刑裁月報一・三・二三三(傷害致死罪。「本件はいわゆる過剰防衛行為であるから、刑法第三六条二項を適用し、情状について考えるに、結果は重大であるが、男盛りの土工で被告人より背が高く肥満体のガッチリした体格の持主である被害者が、約三〇分にわたって乱暴の限りをつくし、その程度もだんだんひどくなるばかりか、助けを求めても三人いた店の者も被害者の気違いじみた勢いにおそれをなして助けず、警察へも連絡してくれず、逃げ場もないといった状況の下で、うら若く体の弱い女性である被告人が、堪え切れず、やむなく判示のような反撃行為に出たものであって、その程度が相当性の範囲を逸脱した点については、前記のような状況のもとで興奮と恐怖の余り本件犯行に及んだものであって、被告人を非難することは、全くとはいえないが殆ど不可能に近いというべきである。その他諸般の事情を考慮」)、⑦宇都宮地判昭和四四・五・二九刑裁月報一・五・五四四(刑法二〇〇条は違憲ゆえ普通殺人罪。「過剰防衛行為であるから、刑法第三六条第二項を適用し、その刑を減軽または免除すべきところ、本件の情状につき考えるに……、本件犯行当時被告人は旬日に及ぶ睡眠不足と心労のため心身ともに疲労の極に達し、心身耗弱の状態にあったこと、被告人は本件犯行後直ちに付近の館脇営徳方に赴き、同人に対し本件犯行を告げて警察官にその申告することを依頼し、同人はこれに基づき直ちに所轄矢板警察署の警察官に電話でその旨届け出て、もって被告人において本件犯行を自首したこと、被告人は性温順で、長らく……類い稀な酷薄な境遇にありながら、その間よく隠忍に努めて、本件犯行まではその操行を乱した形跡のないこと、が窺われ、以上の事実に判示第一、第二の各事実等」を考慮。これに対して、控訴審東京高判昭和四五・五・一二東京高裁刑事判決時報二一・五・一八〇は、原審の免除判決を破棄し、心身耗弱による減軽及び酌量減軽を施して、尊属殺人罪・懲役三年六月。上告審最大判昭和四八・四・四刑集二七・三・二六五は、刑法二〇〇条を違憲とし、普通殺人罪に問擬・懲役二年六月執行猶予三年)、⑧名古屋高判昭和四五・八・二五刑裁月報二・八・七八九(「被告人らの情状につき考察する。被告人らの本件所為に及んだ動機、目的は、先に詳細に認定したとおり［学問の自由・大学の自治を防衛保全するため侵害排除の目的］であること、U、E両巡査の愛知大学構内立入りの理由、目的は結局明らかでないけれども、少なくとも大学当局の許諾または了解なしに立ち入ったものであること、学生らに立入りの理由を執拗に問い糾されながら、何ら明確な回答を与えなかったこと、その他両巡査の側にもその態度などに落度または不用意とすべき点がないではないこと、……被告人ら以外にも相当員数の者が本件に関与しているに拘わらず起訴を免れていること、本件は、被告人らが大学生として在学中の事件であるが、すでに事件後一八年の歳月を経過し、その間各被告人とも社会人としてそれぞれ安定した生活と地歩を築いていることなど諸般の情状、特に、事件後今日に至る時代の推移を勘案すると、本件につき、今更刑を科する要を認めない」。本件は、最決昭和四八・四・二六判例時報七〇三・一〇七により上告棄却)、⑨東京高判昭和四九・八・一刑裁月報六・八・八七三(「被告人の行為は、……驚愕、興奮、恐怖等のため、事態の変化を冷静に見、これに対応する適切な措置に出る心の余裕を失っていたことによるものと思われる。」「被告人は温厚な真面目な人柄で、前科前歴は全くなく、本件も被害者の突然の一方的な攻撃に誘発されてやむなく行われたもので、その死という重大な結果まで望んでいたものでないとみられること、しかもなお現在では、深く自己の軽率さを反省し、被害者の冥福を祈る気持になっていること、先に明らかにした本件犯行に至るまでの経緯、犯行の態様等を考えると、被告人に対し刑を免除した原判決も、不当に軽いとまではいえない。」)、⑩大阪高判昭和五三・六・一四判例タイムズ三六九・四三一(「被告人は本件所為に至るまで、全く無抵抗であったにも拘らず、Mから、鼻血を出し顔面が腫れあがるほどの、一方的にして執拗かつ過度の理不尽ともいうべき暴行を受けた上、なおも暴行を加えられて家から追い出されかねない事態に直面し、思い余って本件のごとき所為に及ぶに至ったもので、甚だ同情すべきものがあり、深夜、相当に気が強いとはいえ孤立無援の女性の身であってみれば、防衛行為として相当性の範囲を逸脱したものではあるが、被告人が右のような所為に出たのもある程度までは止むを得なかったものと考えられ、必ずしも強く非難することはできないこと、本件は、もとはといえば、姉弟間の家庭内における対立に端を発する、いわば兄弟喧嘩の度を過したものであって、幸いにしてMの生命には別条もなく大事には至らずに済み、同人も複雑な心境にありながら、自らの非を認め、被告人に対しては寛大な処分を望んでいること、被告人には前科前歴もなく、Mを傷つけたことについては反省後悔しており、現在は実父方を出て一人暮しをしながら会社勤めを続けていることなど、諸般の事情を総合斟酌」）、⑪大阪高判昭和五四・九・二〇判例時報九五三・一三六（殺人罪。「本件犯行に至る経緯、犯行の動機ないし原因、被告人が被害者から受けた急迫不正の侵害の態様程度等を含む犯行の状況等、ことに、被告人は、Kからの長年に及ぶ左眼失明をもきたしたような激しい暴行を伴う虐待にも耐え、生活苦の中に子供二人の養育と家庭の維持に努めてきたのに拘わらず、事件当夜、同人から従前の凶暴さにわをかけた狂気のごとき暴行を受け頭部顔面打撲挫創をはじめ全身にわたる打撲擦過傷を蒙ったうえ、首を手で強く締められたこと、深夜人気の全くない前記堤防上で行われたこの絞頸行為は、その行為の態様とその前に行われた暴行の激しさなどからみて被告人をして生命の危険を感じさせるに足りるものであり、現に被告人は、このまま放置すれば殺されると思い、肉体的苦痛と死の恐怖による極度の興奮、狼狽の心理状態のもとで、自己の生命を防衛するための咄嗟の反撃行為として、夢中で同人をつき離したうえ、一瞬の間にたまたま手に入ったぬれタオルでその首を絞め続けたものであること、したがって、その際、自己の生命に対する防衛意思のみでなく、これまで耐えしのび、うっ積した憎悪や憤激の情が入り混じっていたにせよ、またそれが防衛の程度を超えたものであったにせよ、これを強く批難することはできないものといわなければならないこと、被告人は犯行現場から伏見警察署に直行し自首していること、その他原判決が量刑事由として摘示する諸事情を含め、諸般の情状を斟酌」。原判決京都地判昭和五三・一二・一二判例タイムズ四〇二・一五三も同旨）、⑫大阪地判平成二・六・二五判例タイムズ七五八・二八一（殺人罪。「被告人は、このナイフを手にして二十数回も被害者を突き刺しあるいは切りつけているのであって、防衛行為の範囲を逸脱していることは否定できないが、それも突然首を絞められた被告人が、このまゝでは死んでしまうのではないかという恐怖心に駆られ、興奮、狼狽の余り滅多突きしたためであると認めるのが相当である。以上の事情に加え、被告人と被害者は、被害者が高校を中退して粗暴な振る舞いが目立つようになるまでは仲のよい兄弟であったこと、被告人は本件を深く反省し、実の弟を殺してしまったことの悔恨から拘置所内で自殺を図るまでに思いつめていること、現在大学四回生で、本件犯行にもかかわらず在学が可能であると認められること、前科を全く有しないこと、被害者の遺族でもある両親は勿論被告人の処罰を望んでおらず、関係者からの多数の嘆願書も提出されていることなどの事情を考慮」）、⑬名古屋地判平成七・七・一一判例時報一五三九・一四三（殺人罪。「これまで親族のためにもＡとの円満な別れを願って約束も交わし、数々の暴力にも耐えてきた被告人が、今回堰が切れたかのようにＡを殺害してでも生命侵害の危機から脱出しようと思い詰めるに至ったことはよくよくのことと理解され、同情に値するものであり、いよいよＡの頸部を突き刺すに際し、それまでの度重なる約束違反や長期間にわたる暴力を思い、鬱積した憎悪や憤激の感情があったとしても、被告人を強く非難することはできない。加えて、被告人には犯行後直ちに一一〇番通報して自首していること、被告人にはそれまでの暴力も含め、Ａから暴力を受けることについて何らの責任も、責められるべき事情も見当たらないこと、被告人はＡとの関係につき婦人相談所という公的機関を利用した上で清算しようとしていたのであり、安易に殺害という手段で解決を図ったわけではないこと、殺害方法についても、Ａ自らが教示しており、被告人自身が考えついたものではないこと、被害者の親族も寛大な処分を望んでいること、被告人には前科・前歴はなく、被害者の暴力に耐え忍びながらも、本件犯行までは真面目な一社会人として生活してきたこと、社会復帰後も、既に成人した長男等の親族による援助も期待できることなどの事情を総合考慮」）、⑭大阪地判平成八・一一・一二判例時報一五九〇・一五九（殺人罪。「被告人の犯行は、逃げ場のない場所で無防備な背中を出刃包丁で刺突されるという、場合によっては被害者と加害者の地位が逆転し自らが死亡するに至るやもしれない全く理不尽な不意の攻撃を受けたことに対して恐怖心にかられてとっさに行ったものであり、相当性の範囲を逸脱したとはいえ、その逸脱の程度はわずかであると評価できる。また、慰藉の措置を講じていない点も、証拠上、被害者の親族の心情や交友関係を考慮した結果であることが窺われ、これを量刑上過大視することは相当でないと考えられる。そのほか、被告人が本件を深く反省していること、二〇数年前の罰金前科があるに止まり、これまで普通の市民として平穏に生活してきたものであること、扶養すべき家族があること、以前働いていた職場へ復職する見込みも大きいことなど被告人にとって有利もしくは酌むべき事情が存する。以上の諸事情を総合考慮すると、被告人に対しては、宥恕すべき事情があるものと認め、刑を免除するのが相当と判断」）、などがある。

三　刑法三六条二項における「情状」と減免根拠

周知のように、過剰防衛行為に対する刑の裁量的（任意的）減免の根拠については、大別して、違法減少説[5]、責任減少説[6]、違法・責任減少説[7]の三説が存在するものとされている。そして、違法減少説に対しては、刑法三六条二項の定める法的効果が裁量的減免であることの説明がつかないとの正鵠を射た批判[8]がある。他方、責任減少説に対しては、過剰防衛として防衛効果をあげたことが三六条二項が適用されるための必要条件であるから、減免の根拠は単に責任減少のみにあるわけではないとの批判[9]が可能である。過剰防衛において違法は必然的に減少しているので、過剰防衛であることを条件とする裁量的減免は、必然的に違法減少を前提にしている（違法減少は裁量的減免を認めるための必要条件である）。それと同時に、三六条二項の適用による裁量的減免は、さらにいわゆる「責任」減少をも前提にしなければならないであろう（それゆえ、違法「責任」減少説が一応妥当であると言わなければならないが、しかし、真の問題はその先にあるのである）。しかし、このことは、違法減少の程度に関連する過剰の程度が、裁量的減免を否認する根拠として援用されてはならないということまで意味するものではない。即ち、過剰の程度に関する「情状」をも考慮した上で、減免を認めるか否かを決すべきである。その意味において、過剰の程度、即ち相当な防衛行為からの逸脱の程度が甚だしい場合には、それだけで減免を否認することは可能であり[10]、他方、過剰の程度が甚だしい場合でも、「責任」減少を根拠に減免を認めることも可能である。

それでは、責任減少説及び違法・責任減少説においては、いかなる点を根拠に責任の減少が認められるのか。これにつき、例えば平野龍一博士は「［過剰防衛は］緊急な事態のもとでの行為であるので、精神の動揺のため多少の『ゆきすぎ』があったとしても、強く非難できない場合もあるという理由にもとづき、その刑を減軽又は免除することができることになっている。すなわち、『責任の減少』を理由とするものである。[11]」と述べられ、大塚仁博士は、「急迫不正の侵害に対して、被害者が、恐怖、驚愕、興奮、狼狽などから、その行為に出た場合には、責任の減少が考えられる。[12]」と述べられ、また、内藤謙教授は、「急迫不正の侵害という緊急状況の中で、行為者が恐怖・驚愕・興奮・狼狽などの心理的異常状態に陥っていたから非難可能性が少ない場合があることに求めるべきであろう。その意味で、刑の減免の中心的・前提的根拠は、責任の減少にある。[13]」と述べられる。責任の減少を、精神の動揺や心理的異常状態に陥っていたことに求めるこれらの見解の原型は、大場茂馬博士や瀧川幸辰博士の次のような主張に見出すことができよう。大場博士はいう。「防衛者ハ狼狽、恐怖、驚愕ノ為メ不知不識防衛ノ程度ヲ超過スル場合アルヘク其他ノ情状大ニ憫諒ヲ價スヘキモノナキニ非ス。是レ法典ニ防衛ノ程度ヲ超エタル行為ハ情状ニ因リ其刑ヲ減軽又ハ免除スルコトヲ得ト定メタル所以ナルヘシ[14]」と。瀧川博士も、「被害者が『急迫不正ノ侵害ニ対シ』恐怖、狼狽、興奮、驚愕のあまり過剰防衛を行うことは、人間としてありがちのことである」という[15]。この根拠の理解は、一八七一年ドイツ帝国刑法五三条第三文（現行ドイツ刑法三三条）から示唆を得たものではないかと推測される。しかしながら、日独間の過剰防衛規定の差異は明らかである。即ち、ドイツ刑法が、狼狽、恐怖又は驚愕に基づく過剰防衛を不可罰（通説によれば責任阻却）としているのに対して、わが刑法は、「情状」による裁量的減免を定めているに過ぎない。しかも、わが刑法において「情状」という文言は、他に三八条三項但書と六六条で用いられているが、それらの概念は基本的に統一的に同義のものと解する必要があるのではないかと思われるのである。その「情状」を精神の動揺や心理的異常状態のみに限定して裁量的減免の可否を決定することは、「情状」概念の不当な限定であり、情状による減免の不当な制限である。過剰防衛における減免根拠の実質に関する単に一つの見方を、より広い意味を有すべき「情状」概念の限定に援用するときには、罪刑法定主義の原則に悖る疑いすら存在する。他の法条における「情状」との統一的理解を踏まえながら、日常用語としてもつ「情状」の意味を考究することが先決であるべきであろう。また、右の諸説には、恐怖などに陥ることにより期待可能性が認められない場合(恐怖などに陥るだけでは足りず、それによって適法な行為に出ることが期待不可能であると認められる場合)に理論的に責任阻却を認めていこうとする立論(その是非については熟慮の余地がある)を封じてしまう虞れすら存在する。以上の理由から、裁量的減免の根拠を心理的異常状態等に陥ることに限定し、その点にのみ「責任」減少を見出す見解に対しては、根本的な疑問を抱くのを禁じ得ない。

このことは、前節において考察した裁判例においても示されているものと見ることができよう。既に述べたように、刑法三六条二項の適用の結果は、情状による刑の裁量的減軽と情状による刑の裁量的免除であるが、前者を選択した裁判例の殆どは、考慮した情状の中身を明言しておらず、いかなる情状によって減軽を施したのか明らかでないが、しかし他方、減軽の根拠たる情状として、精神の動揺や、恐怖・驚愕・興奮・狼狽などの心理的異常状態を掲げるものも殆ど存在しない(16)。したがって、裁判例は、この問題に関しては正当にも、減軽の根拠たる「情状」を心理的異常状態等に限定してはいないものと見るのが穏当であろう。このことは、刑の免除を選択した後者の裁判例を見ると一層明らかとなる。前節で引用した裁判例(17)のうち、恐怖・驚愕・興奮等のいわゆる心理的異常状態を考慮したものは多数存在するが、しかし、それらのみを考慮したものは殆ど存在しない。例えば、東京高判昭和四九年八月一日(二)注(４)⑨は、「驚愕、興奮、恐怖等のため、事態の変化を冷静に見、これに対応する適切な措置に出る心の余裕を失っていたこと」だけでなく、その他に、被告人の人柄や、「深く自己の軽率さを反省し、被害者の冥福を祈る気持になっていること」という犯行後の事情などをも考慮して、原審の免除判決を是認している。[18]また更に、恐怖等の心理的異常状態に陥っていたか否かを全く考慮することなく、免除の言渡しをした裁判例も少なからず存在する。例えば、大阪高判昭和五三年六月一四日（同⑩）は、被害者が「寛大な処分を望んでいること」や被告人が「反省後悔しており、現在は実父方を出て一人暮らしをしながら会社勤めを続けていること」など諸般の事情を考慮しており、名古屋高判昭和四五年八月二五日（同⑧）にいたっては、「被告人ら以外にも相当員数の者が本件に関与しているにも拘わらず起訴を免れていること、……すでに事件後一八年の歳月を経過し、その間各被告人とも社会人としてそれぞれ安定した生活と地歩を築いていることなど諸般の情状、特に、事件後今日に至る時代の推移」までをも勘案しているのである。[19]ここで注目すべきことは、明らかに「情状」には、深い反省の念があることや被害者の遺族が寛大な処分を望んでいることなどの、犯行後の事後の事情も含められていることである。これらの情状は、裁量的減軽を施した裁判例が、[20]法律上の減軽のうえさらに量刑事情として考慮した「情状」と酷似している。「情状」としてこれらの事情を総合考慮した諸判決は妥当なものと考えられるが、これらの判決を是認する限り、「情状」を心理的異常状態に関する事情に限定することにより減免の範囲を狭めてしまうことは明らかに不当である。[21]「情状」の不当な限定的解釈により裁量的減免の範囲を狭めることには、罪刑法定主義の原則に反する疑いさえ存在するのであり、「情状」をいわゆる心理的異常状態に限定すべきでないということは、罪刑法定主義の原則上動かし難い要請である。このことを当然の前提とした上で、裁量的減免の根拠が考究されなければならない。そして、このことは、裁量的減免の根拠を「責任」減少もしくは違法「責任」減少に見出す理論に強く再考を促すものであり、そこで減少すべき「責任」の内容の新たな考究を迫るものである。そこで、次節では、過剰防衛における減免にあたり減少すべき「責任」とは一体何か、即ち、過剰防衛における減免と「責任」の意義の考察に進まなければならない。

（5）　町野朔「誤想防衛・過剰防衛」警察研究五〇巻九号（昭和五四年）五二頁。

（6）　小野清一郎・新訂刑法講義総論（昭和二三年）一二五頁（「情状に因り道義的に責任が軽いと認むべき場合があ

るであろう。」）、佐伯千仭・四訂刑法講義（総論）（昭和五六年）二〇四頁、平野龍一・刑法総論II（昭和五〇年）二四五頁、福田平・全訂刑法総論［第三版］（平成八年）一五七頁、等。

（7）　団藤重光・刑法綱要総論第三版（平成二年）二四一頁（「かようなばあい［情状によって刑を減軽又は免除することができる場合］には、違法性がすくなく、また、責任の軽いことがありうるからである。」）、大塚仁・刑法概説（総論）［改訂版］（昭和六一年）三四二頁、藤木英雄・注釈刑法(2)のI総則(2)二五二頁以下、内藤謙・刑法講義総論（中）（昭和六一年）三五一頁以下、曽根威彦・刑法総論［新版補正版］（平成八年）一一〇頁、等。前田雅英教授も、「三六条二項の減免の可否という政策的色彩の強い判断の基礎となる『情状』には、違法性に加えて責任に関する事情もかなり含まれる。……刑の減免には責任の減少が大きく影響するのである」（前田・刑法総論講義［第二版］（平成六年）三〇八頁）と述べていることから察すると、結局は違法・責任減少説に与するものと思われる。

（8）　曽根威彦「誤想過剰防衛と刑の減免」法曹時報四九巻一号（平成八年）八頁以下、等。

（9）　内藤・前掲書三五一頁、等。

（10）　例えば、東京地判平成五年一月一一日（前出**二**（本書二九六頁以下））。

（11）　平野・前掲書二四五頁。

（12）　大塚・前掲書三四二頁。

（13）　内藤、前掲書三五一頁以下。

（14）　大場・刑法総論（下）（大正六年）五五七頁。

（15）　瀧川・犯罪論序説（昭和二二年）九八頁。瀧川博士はさらに続けて次のようにいう。「何人が被害者の立場におかれたとしても、被害者と同じ態度に出たであろうとゆう判断を下し得る場合、即ち被害者に対しそれ以外の行為を期待し得ない事情ある場合には、責任を免除または減軽する必要がある。刑法第三六条第二項はこの理論の上に立ち、防衛行為に刑罰の減軽または免除を認める。過剰防衛は違法阻却原因ではなく、責任阻却原因である」と。これに対しては批判の余地があろう。木村亀二博士はいう。「この場合［過剰防衛が恐怖・驚愕・興奮・狼狽によった場合］の不可罰の理由は責任の規範的要素たる期待可能性がないが故に、行為は違法であるが、責任そのものが阻却せられることを意味し、刑の減軽・免除とは別個である」と（木村・刑法総論（昭和三四年）二六四頁。ほぼ同旨、川端博「過剰防衛の法的性格について」法律論叢六九巻三・四・五合併号（平成九年）一〇頁）。つまり、裁量的減免と責任阻却とを混同するものではないかとの批判である。

(16)　本稿二〔本書二九六頁以下〕参照。

(17)　本稿二注(4)〔本書三〇〇頁注(4)〕参照。

(18)　本文引用の裁判例の他にも、例えば、広島高判昭和二六年三月八日（二注(4)①）は、「うっ積して居た忿懣の情が激発した」との事情の他に、「諸般の事情」を斟酌し、大阪地判昭和三四年四月一五日（同②）は、「興奮の余精神の平静を失した結果行った」との事情の他に、「被告人は一九歳の少年であり今まで前科その他の過ちもなく、性質はむしろ温良であった」などの事情を考慮し、国東簡判昭和三四年四月一六日（同③）は、「興奮のあまり」乱暴したとの事情の他に、「被告人の年齢、将来のこと……その他の情状」を考慮し、大阪高判昭和四四年三月四日（同⑥）は、「興奮と恐怖の余り」犯行に及んだ点の他に、「その他諸般の事情」を考慮し、大阪高判昭和五四年九月二〇日（同⑪）は、「肉体的苦痛と死の恐怖による極度の興奮、狼狽の心理状態」にあった点の他に、「犯行現場から警察署に直行し自首している」などの「諸般の情状」を考慮し、大阪地判平成二年六月二五日（同⑫）は、「恐怖心に駆られ、興奮、狼狽の余り滅多突きした」との事情の他に、反省の念や、被害者の遺族が「被告人の処罰を望んでおらず、関係者からの多数の嘆願者も提出されていることなどの事情」を考慮し、大阪地判平成八年一一月一二日（同⑭）は、「恐怖心にかられてとっさに行ったもの」である点の他に、「本件を深く反省していること、……扶養すべき家族があること、以前働いていた職場へ復帰する見込みも大きいことなど」の諸事情を総合考慮して、刑を免除するのが相当であると判断している。

(19)　「情状」として心理的異常状態に言及しないものとして、本文引用の裁判例の他にも、東京地判昭和四二年七月一〇日（二注(4)⑤）や名古屋地判平成七年七月一一日（同⑬）などがある。

(20)　本稿二注(3)〔本書二九八頁注(3)〕参照。

(21)　同旨、曽根・前掲論文九頁。

刑法三六条二項の過剰防衛の規定とは異なり、盗犯等ノ防止及処分ニ関スル法律一条二項は、「恐怖、驚愕、興奮又ハ狼狽ニ因リ現場ニ於テ犯人ヲ殺傷スルニ至リタルトキハ之ヲ罰セス」と規定して、明らかに、恐怖等の心理的異常状態にあったことを不処罰の根拠（責任阻却事由）としている。この規定と刑法三六条二項とをより整合的に説明する上でも、過剰防衛における減免の場合に減少する「責任」を、心理的異常状態に限定しないことが必要であろう。

四　過剰防衛における減免と「責任」

従来「責任」概念は極めて多義的に用いられてきた。それは、最近とみに脚光を浴びるようになった「責任」と予防をめぐる論議[22]にもあてはまる。そして、この多義性が論議を混乱させている事実も否めない。そこで本節では、一般に用いられている「責任」概念の多義性に思いを到しつつ、過剰防衛における裁量的減免の根拠につき私見を述べたい。

刑法三六条により過剰防衛に対して認められている減免は、裁量的（任意的）なものである。この点において、刑法四三条但書により中止未遂に対して認められている必要的減軽（又は裁量的免除）とは明らかに異なる。中止未遂においては、「自己の意思により犯罪を中止した」との中止未遂成立要件を充足すれば少なくとも減軽は施さなければならず、この意味で、中止未遂成立根拠が少なくとも必要的減軽の根拠と連動・直結する[23]のに対して、過剰防衛の場合は、過剰防衛である（過剰防衛に該る）との過剰防衛成立根拠[24]と裁量的減免の根拠とは、明らかに同一ではあり得ない。即ち、中止未遂においては、中止未遂成立根拠につき論じることが必要的減軽の根拠を論じることと等しいので、中止未遂成立根拠を違法及び責任の減少に求める[25]のであれば、減軽の根拠も同一の違法及び責任減少に求めることが可能である。ただ、免除の場合は裁量的であるので、免除の可否の判断に際してのみ、減軽の場合の違法及び責任の減少にさらに何らかの考慮を付加しなければならない[26]。これに対して、過剰防衛の場合には、減軽さえも裁量的であり、しかも、減免の可否の判断は「情状により」行うものと明記されている。既に三で論じたように、過剰防衛の場合に考慮すべき「情状」は、刑法三八条三項但書（法律の不知の場合の裁量的減軽）及び刑法六六条（情状酌量による裁量的減軽）において用いられている「情状」と同義のものとして統一的に解されることが望ましい。そして、少なくとも六六条にいう「情状」は、犯行前後の量刑事情をも含み得るものと解される[27]から、三六条にいう「情状」も、犯行前後にわたり考慮することが許される全量刑事情を含むものと解さなければならない[28]。したがって、過剰防衛における減免の根拠とされる「責任」減少は、狭義の責任（犯罪成立要件としての責任[29]）の減少でもなければ、中止未遂の場合の広義の責任の減少でもない。しいて「責任」という言葉を用いて言うならば、過剰防衛における減免根拠にいう「責任」は、最広義の責任、即ち、考慮することが許されるべき全量刑事情を考慮した情状に基づく量刑「責任」であるに過ぎない。この「責任」は、もとより、基本的には犯行（過剰防衛）時の違法（例えば、過剰の態様・程度等）及び責任（過剰に及んだことについての故意・過失、心理的異常状態の有無・程度等）に関する事情に基づいて判断すべきである（この意味において、刑量は、犯罪行為の違法及び責任を基礎として定められるべきである）が、しかし、判断の基底となる事情はこれらの事情に尽きるものではなく、二で考察した裁判例が示すように、例えば被告人の生育歴や被害者とのいきさつなどの犯行前の事情や、反省の念の存在、示談の成立（損害の賠償）、被害者又はその遺族による宥恕などの犯行後の事情（これらの事情は、必ずしも「予防」に関連するものばかりではない）をも副次的なものとして含み得るのである。

以上の考察から少なくとも明らかになったことは、過剰防衛における減免の根拠を心理的異常状態に基づく狭義の責任の減少と解することはできず、また、過剰防衛成立根拠と減免根拠とを混同してはならず、過剰防衛における裁量的減免は、狭義の責任をはるかに超えたいわゆる量刑「責任」に基づく総合的な観点からの減免であるということである。

本稿二において、私はまず、過剰防衛が減免の有無・根拠との関係において、裁判例上どのように処理されているかを瞥見し、特に免除している類型では、犯行前後の多種多様な事情が考慮されているという事実を指摘した。次いで三においては、「責任」の減少を心理的異常状態に在る点に見出す見解を批判的に検討し、「情状」を限定的に捉えることへの疑問を提起し、裁判例が「情状」を正当にも広く捉えている事実を指摘した。最後に四においては、結論として、過剰防衛における裁量的減免の根拠が、狭義の責任の減少ではなく、犯罪を構成するすべての要素を総合し且つ犯行前後の事情をも含めて判断される、いわゆる量刑「責任」の軽重に求められるとの私見を提示した。量刑責任の分析と解明は、残された課題である。しかし、紙幅も尽きたようなので、私見の更なる深化は後日を期し、、ひとまず稿を閉じたい。本稿は小稿ではあるが、いわゆる通説に対して若い頃より抱き続けてきた疑問の一端を提示した。そして、二〇年程前論文発表にあたり格別の御恩を被ったことがある西原春夫先生に、感謝をこめて本稿を捧げたいと思う。

(22)　いわゆる「積極的一般予防論」に関しては、例えば、伊東研祐「責任非難と積極的一般予防・特別予防」福田平＝大塚仁博士古稀祝賀「刑事法学の総合的検討（上）（平成五年）二九九頁以下、北野通世「積極的一般的予防論」法学五九巻五号（平成七年）九〇頁以下、等を参照のこと。積極的一般的予防論及びそれと結合した実質的責任論は、旧来の犯罪論の根幹を揺り動かし得るものだけに、論者の主張する種々の要素が「予防」に収斂し得るものか、予防的考慮を責任に結び付けるべきか、などの問題点につき慎重な対応が肝要である。「責任と予防とは、別個の内容、機能を有する概念として、相互に抑制的な機能を営ませる必要があろう」との北野教授の主張（前掲論文一一六頁）は傾聴に値する。また、城下助教授も、量刑基準としての「責任」と「予防」とを区別し、「量刑においては、行為責任の程度（量）を上限として、行為者に対する規範意識の確認・強化という意味での特別予防的考慮に基づいて最終刑が決定される」ものと説く（城下裕二・量刑基準の研究（平成七年）一三六頁、等）。だがしかし、何故「予防」的考慮のみを行うべきなのか、責任以外の量刑事情をすべて「予防」に結びつけ得るのか、また、結び付けるべきなのかについては一考の余地があろう。

刑の量定の基準ないし刑の量定と「責任」との関係という根本的な大問題については、わが国においてもこれまで詳細な考察が加えられてきている。例えば、荘子邦雄「刑事責任と刑の量定――改正刑法準備草案第四七条とドイツ刑法草案――」菊井先生献呈論集「裁判と法（上）」（昭和四二年）四二一頁以下、阿部純二「刑の量定の基準について（上）（中）（下）」法学四〇巻三号（昭和五一年）一頁以下、四一巻一号（昭和五二年）一頁以下、四号（昭和五三年）四一頁以下、城下裕二・量刑基準の研究、井田良「量刑事情の範囲とその帰責原理に関する基礎的考察（一）～（五・完）」法学研究五五巻一〇号（昭和五七年）六七頁以下、一一号三四頁以下、一二号八一頁以下、五六巻一号（昭和五八年）六二頁以下、二号六〇頁以下、を参照のこと。荘子邦雄博士は、刑事責任と刑の量定に関する議論を十分に踏まえた上で、「刑事裁判官は、責任主義の原則と刑罰の諸目的とを勘案して、適切な刑の量定をおこなわなければならない」と結論づけられた（荘子・前掲論文四五七頁）。荘子博士の見解を単純に厳格な責任主義の立場に立つものと断じることはできない。また、西原春夫博士は、刑の量定を「責任に応じた量定」と「刑事政策の観点よりする量定」とに分け、後者に種々の事情に基づく判断を含ませている（西原春夫・刑法総論（昭和五二年）四五四頁以下）。いかなる量刑事情をいかなる形で考慮すべきかは、さらに詳しく論ずべき問題である（遺憾ながら、本稿において本格的に論じる暇はない）が、多様な量刑事情の考慮を「予防」一本に収斂させることには未だ疑義があるものと言わなければならない。

ところで、ドイツにおいては、「責任原理（主義）」がほぼ定説として確立され、殆どの論者の共有財となっているためか、不当な処罰（不当に刑事責任を負わせること）を回避するために、金科玉条のごとく「責任原理」が援用されることが多い。その結果、責任原理に基づく要請として種々雑多なものを「責任」の問題として論じ扱ってしまう傾向があるように思われる。そして、例えば、一般予防上の処罰の必要性の有無などをも「責任」の要素として取り込むべしとの学説が流行しているが、しかし、それは「責任」の問題というよりも、「違法」の問題として捉えるべきではないかと思う。「責任原理」が現代刑法学上果たしてきた実践的意義はたしかに大きいが、他方、広漠たる「責任」原理の射程をより厳密に論定する必要性を感じる。量刑論において従来交わされてきた「責任に応じて」にすべきか「責任を基礎として」にすべきかの論議も、「責任」概念が曖昧なままであるならば、あまり意味を持つものとは言えないからである。惟うに、犯罪成立要件としての責任と量刑「責任」とは、明らかに異なる内容をもつものと言わざるを得ない。後者のいわゆる「責任」は、犯罪行為の違法・責任のみならず、犯罪前後の事情に基づく最広義の「責任」を内容とする総合的なものであるからである（これは、犯行後の事情をも含んで判断されるとの点を除けば、日常用語としての「罪責」や「刑事責任」の概念に近い。なお、阿部純二・前掲論文（下）四三頁参照）。この意味において、「刑罰を基礎づける責任」と「量刑責任」とを区別すべしとする見解に対し、例えば、「違法を包含する責任」という観念を媒介として「違法」を「責任」に取り込み、「同一の意味内容をもった『責任』が、二つの場面で別の機能を果たすというだけのことである」と指摘する城下裕二助教授の立場（城下・前掲書一一二頁以下）には俄に与することはできない。

(23)　それに対して、免除は、中止未遂の場合も裁量的であるので、過剰防衛における減免の場合と同様の問題が生じ得る。後述のように、中止未遂における免除の場合には、過剰防衛における減免の場合と同様に、考慮することが許される全量刑事情を情状として考慮した上で、いわゆる量刑「責任」に基づき、免除の可否を判断すべきであろう。

(24)　この純然たる過剰防衛成立根拠は、防衛行為が相当な防衛の程度を超えたとの一事に尽きる。しいて語るならば、その根拠は違法減少にあるものと言えよう。しかし、それが、一般に論じられている減免の根拠とは区別すべきものであることは言うまでもない。

(25)　中止未遂においては、中止未遂特有の「違法」（中止により既遂実現を阻止した）及び「責任」（自己の意思により翻意した）を問題にせざるを得ない。例えば、犯行に及んだところ既遂に至らず未遂に止まり（この未遂を便宜上「先行未遂行為」と称する）、さらに中止行為に及ぶことはなかった通常の未遂犯の場合には、先行未遂行為の違法及び責任が問題とされ、その未遂行為の時点で犯罪の違法及び責任が確定される。これが通常の場合の、犯罪成立要件としての違法及び責任である。それに対して、さらに自己の意思により中止した場合には、既に違法及び責任が確定されたはずの先行未遂行為の後に生じた、中止行為という事後の事情が更に問題とされ、事後の事情が先行未遂行為の違法及び責任に影響を与えることを認めるか、あるいは、先行未遂行為の違法及び責任のプラスと中止行為のマイナスとを綜合することを認めることによって、行為全体の違法及び責任を確定することになる（そうすべき根拠は、刑法四三条但書の存在それ自体である）。即ち、中止未遂の場合には、中止行為の限度で事後の事情をも考慮して、当該未遂行為全体の「違法」及び「責任」を確定する。この意味において、通常の場合に問題となる、犯罪成立要件としての違法及び責任（狭義の違法及び責任）と、中止未遂の成否が問題となる場合の「違法」及び「責任」（広義の違法及び責任）とが、本質的に異なるものであることは明らかである。この両者は峻別すべきであり、しいて統一することによって、後者で前者の概念を崩してしまうことは適切でない。近時、中止未遂の存在を梃子に、「規範適合的生活態度への復帰徴表」というような、積極的特別予防上の処罰の必要性やその程度を、犯罪成立要件（犯罪構成要素）としての「責任」へと持ち込もうとする主張（例えば、伊東研祐「積極的特別予防と責任非難——中止犯の法的性格を巡る議論を出発点に」香川達夫博士古稀祝賀「刑事法学の課題と展望」（平成八年）二六五頁以下、とくに二七五頁）が見出されるが、やや短絡的であると評すべきであろう。むしろ、「責任」概念の多義性（筆者には、一般に三種の「責任」概念が使用されているように思われる）を踏まえた上で、中止未遂特有の「責任」を例外として位置づけることの方が適切であろう。なお、さらに前注(22)を参照のこと。

(26)　さらに考慮すべき何らかの要素については、二通りの考え方があり得るであろう。その一は、刑法四三条但書が、「……中止したときは、その刑を減軽し、又は免除する」と規定して、中止行為と免除とが直接的に結び付く構文になっており、「情状により免除する」とは規定されていないことを重視し、裁量的免除の可否の判断に際して考慮すべき事情を、自己の意思による中止をめぐる事情（例えば、自己の意思の内容や中止行為の内容）に限定する考え方である。この考え方に立つと、免除の根拠をも、中止未遂特有の違法及び責任の減少に見出すことができる。つまり、減軽にするか免除にするかは、中止未遂特有の違法及び責任の減少の程度の違いにのみ拠ることになる。しかし、この考え方は、減軽にするか免除にするかの判断には、必然的に一般的な量刑判断（いわゆる量刑「責任」に即した判断）が含まれざるを得ないことを看過している点において失当であろう。そこで、その二として、刑法四三条但書における免除の箇所には「情状により」との文言が略されており、「又は『情状により』免除する」と理解すべきであるという考え方が生じ得る。そう解する場合には、中止未遂においても、過剰防衛における減免の場合と全く同様に、全量刑事情を情状として考慮した上で、いわゆる量刑責任に基づき免除すべきか否かの判断が行われることになる。したがって、中止未遂における免除の場合には、基本的には、中止未遂特有の違法及び責任の程度等（より具体的には、違法の程度としては既遂結果発生阻止の態様等、責任の程度としては自己の意思の内容等）を考慮して判断すべきであるが、しかし、それらのみならず、副次的には、中止行為前後の事情（例えば、被害者との経緯（いきさつ）、反省の念の存在・程度、被害者に対する損害賠償の有無、等々）もすべて考慮しなければならない。例えば、和歌山地判昭和三五・八・八下刑集二・七＝八・一一〇九は、強姦未遂事件において、先行未遂行為における暴行の程度（違法に関係する事情）のみならず、事件の根本原因が、若い人妻である被害者が夫の不在中に若い独身の被告人を自己の居宅に宿泊させ、しかも自分と同じ寝室に床を並べて就寝させたという被害者自身の重大な落度にあったとの犯行前の経緯を重視して免除を言渡し、また、和歌山地判昭和三八・七・二二下刑集五・七＝八・七五六は、非現住船舶放火未遂事件において、実行に着手後直ちに悔悟の念にかられたという自己の意思の内容並びに身の危険を顧みず火傷を負いながら消化に努めた結果殆ど被害が発生しなかったという中止行為の内容のみならず、「被害者も被告人の処罰を求めていないこと等」の犯行後の事情をも情状として考慮して免除を言渡した。他方、横浜地判昭和二九・四・二七最刑集一一・九・二二〇九は、尊属殺人未遂事件において、詳しい情状を明確に掲げることなく中止未遂による免除を言渡したが、控訴審判決（東京高判昭和三〇・三・二二同一一・九・二二一〇）は中止未遂の成立を認めず、被告人を懲役三年六月の実刑に処し、最判昭和三二・九・一〇同一一・九・二二〇二もこれを是認した。

その効果が必要的減軽又は裁量的免除である点において、刑法二二八条の三の規定する実行に着手する前の自首（予備行為後の事情）による減免についても同じである。これに対して、刑法一七〇条、一七一条及び一七三条の規定する自白（犯行後の事情）による裁量的減免は、「情状により」の文言はないが、過剰防衛におけるそれと構造が同じである。

(27)　刑法六六条にいう「犯罪の情状」の意義及び法律上の減軽と酌量減軽との関係については、団藤重光編・注釈刑法(2)のII総則(3)（昭和四四年）八五二頁以下［所一彦］を参照のこと。

(28)　刑法三八条三項但書にいう「情状」についても、それは基本的には「法律を知らなかった」ことをめぐる情状を意味するものと解されるが、しかし、それ以外の情状は含まれないとする理由は存在しない。他方、刑法四三条本文（通常の未遂の場合裁量的減軽）や四二条一項（自首による裁量的減軽）は「情状」の文言を含んでこそいないが、これらも情状により減軽し得る趣旨の規定と解すべきであろう。

(29)　いわゆる規範的責任論によれば、責任とは非難可能性であると説かれている。しかし、非難可能性という言葉を用いるならば、違法も或る意味において「非難可能性」であると言わなければならない。違法における非難と責任における非難との相違は、前者が一般的・客観的要素の観点からの非難であるのに対して、後者は個人的・主観的要素に基づく非難であるという点にある。この個人的・主観的要素に基づく非難可能性が、犯罪成立要件としての「責任」の本質であると言うべきであろう。

第八章　事後強盗罪と「共犯と身分」

一　はじめに

近時、事後強盗罪をめぐり二件の注目すべき判決(1)が出されたが、これらの判決を契機として、最近学説においても、事後強盗罪が身分犯であるか否かが異常なばかりの論議を呼んでいる。この問題の処理は、本罪に対する共犯の擬律に理論的に影響を及ぼす。近時の二判決は、刑法六五条二項の適用の要否については見解を異にしたが、基本的には「共犯と身分」に関する六五条に則って処理した。しかし、これについては、根本的な疑問がないわけではない。本稿では、屋上屋を架す感なきにしもあらずであるが、事後強盗罪にいう「窃盗」が刑法六五条における身分に該るか否かの問題につき、裁判例及び学説の論理を検討してみたい(2)。

(1)　東京地裁昭和六〇年三月一九日判決（判時一一七二号一五五頁）及び大阪高裁昭和六二年七月一七日判決（判時一二五三号一四一頁）。

(2)　香川達夫先生の御著作にも、「事後強盗罪と承継的共同正犯」（警察研究五九巻七号三頁以下）や「ふたたび事後強盗罪と承継的共同正犯について」（小野慶二判事退官記念論文集「刑事裁判の現代的展開」一頁以下）、強盗罪の再構成（平成四年）一四八頁以下など、事後強盗罪と承継的共同正犯ないし「共犯と身分」を論じ扱ったものがある。

二　事後強盗罪と不真正身分犯

前掲の東京地判昭和六〇年三月一九日は、甲が被害者の財布から現金を抜き取りこれを窃取したところ、その直後に被害者が甲に対し「金を返してくれ」と言って金銭の返還を求めるや、その返還を防ぐ目的をもって甲と意思を相通じて、甲の窃取を傍らで目撃していた乙が、甲とともに被害者に対して暴行を加え傷害を負わせたという事案について、事後強盗罪は窃盗という身分を有する者が主体となる身分犯の一種であって、身分のない乙には、刑法六五条一項により強盗致傷罪の共同正犯となるものと解するが、その刑は、同条二項によって傷害の限度にとどまると判断するのが相当である、と判示した。事後強盗罪にいう「窃盗」を身分と解し、さらに刑法六五条に基づき非身分者には強盗致傷罪における傷害の限度で刑を科すべしとした点に右判決の特徴があるが、(3)(4)その結論はさておき、その立論には明らかに疑義がある。というのは、傷害罪の刑はいかなる犯罪の「通常の刑」であるのかが明らかでない。即ち、本判決が刑法六五条二項の適用により傷害の限度で刑を科すべきものとしている犯罪は、事後強盗罪ではなく強盗致傷（傷人）罪であり、とすると本判決は、強盗致傷（傷人）罪を不真正身分犯と捉えていることになるからである。これは、非身分犯たる結果的加重犯及び結合犯と身分犯との混同にほかならない。(5)強盗致傷罪は結果的加重犯であり、また、傷害の故意の存する強盗傷人罪は結合犯であるので、不真正身分犯と解して濫りに六五条を適用することは許されるべきではない。

これに対して、同様に事後強盗罪を不真正身分犯と解する学説の多くは、窃盗犯人でない者には六五条二項に基づき暴行脅迫罪の刑を科すべしと主張する。(6)事後強盗罪を不真正身分犯と解するのであれば、暴行脅迫罪の限度で刑を科すべしとの主張の方が首肯し得るであろう。ただ、これらの学説も、暴行脅迫が傷害に至った場合にいかなる論理に基づきいかなる処理を行うのか、即ち、この場合にもなお窃盗犯人でない者への科刑を暴行罪又は脅迫罪の刑の限度にとどめるのか、それとも、何らかの論理に基づき傷害罪の刑を科し得ると主張するのか必ずしも明らかではないが、不真正身分犯説においては、刑法六五条二項の適用に、暴行脅迫罪の刑を傷害罪の刑に変更する論理をさらにひとつ挿入すること[7]は適切ではなかろうから、暴行脅迫罪の刑の限度にとどまらざるを得ないものと思われる。しかし、この帰結は、傷害の故意で傷害を与えた者に対してさえ傷害罪の刑を科し得ない点において妥当ではあるまい。

以上、強盗致傷(傷人)罪を不真正身分犯と解することはもとより、事後強盗罪を不真正身分犯と解することも維持し難いものと言えよう。

(3)　傷害の限度で科刑すべしとした先例として、新潟地裁昭和四二年一二月五日判決（判時五〇九号七七頁）がある。本判決は、「被告人らの判示第一の所為は各刑法第六五条第一項、第二四〇条前段、第六〇条に該当するが、被告人らには窃盗犯人の身分がないので、同法第六五条第二項により傷害罪の限度において科刑する」と判示し、強盗致傷罪の共同正犯として犯罪が成立すると明確には述べていないが、前掲東京地裁判決とほぼ同趣旨であるものと推測される。

(4)　本判決の論理に賛同する学説もある。例えば、日高教授は、「被告人Yに対しては六五条二項を適用して傷害の限度で刑を科すと判断している以上、事後強盗罪を不真正身分犯として把握していると解される」とした上で、「被告人Yに対し、刑法六五条一項をまず適用して事後強盗罪ひいては強盗致傷罪の共同正犯の成立を認め、その上で同条二項を適用して傷害罪の法定刑の限度で処断するという結論は適切だと言わなければならない」と主張する（日高義博「強盗犯人に窃盗犯人でない者が関与した場合の罪責」判例評論三二八号二二四頁以下）。しかし、本文において論じたように、「ひいては強盗致傷罪の共同正犯の成立」が認められるかがまさに問題であり、また、強盗致傷罪に六五条二項を適用することが、結果的加重犯（又は結合犯）たる強盗致傷（傷人）罪自体を不真正身分犯化することにならないかがさらに問題とされるべきなのである。

(5)　内田教授は、身分犯の問題と承継的共同正犯の問題とは別問題であり、互いに排斥しあうような関係にあるわけではない、と言う（内田文昭「窃盗犯人でない者が、窃盗犯人と共同して、窃盗の被害者に対し暴行・脅迫を加えた場合の擬律について」研修四九〇号（平成元年）八頁）。しかし、私見のように身分犯概念を狭く解した場合には、身分犯においても承継的共同正犯の問題が生じるかどうかは疑問であり、さらに、まさに問題とすべきは、相互排斥的な関係にある身分犯と「非身分犯」との区別であり、結合犯や結果的加重犯は、「非身分犯」と解すべきであるから、そこでは承継的共同正犯もしくは承継的共犯（狭義）の成否のみを問題とすべきではないかということである。惟うに、事後強盗罪においては、（承継的）従犯は成立する余地があるが、承継的共同正犯の成立は一般的に否定すべきであろう。

(6)　内田文昭・刑法各論［第三版］（平成八年）二八一頁、二八五頁、同・前掲論文、曾根威彦・刑法の重要問題［各論］（平成七年）一七二頁、藤木・注釈刑法（6）（昭和四一年）一一七頁。

(7)　例えば、傷害罪は暴行罪の結果的加重犯であるから、暴行によって傷害が生じたときには当然に暴行罪を超えて傷害罪が成立し傷害罪の刑まで科することができる、というがごとき論理を、刑法六五条二項を適用した上でさらに付加することは適当でない。六五条二項は、「通常の刑を科する」と定め、非身分者に対する科刑を最終的に確定していると解すべきだからである。また他方、刑法六五条二項は、不真正身分をもたない者に対する単なる科刑の準則を定めたものと解すべきではない（単なる科刑の準則と解すると、例えば、暴行罪の不真正身分犯であることに疑いのない特別公務員暴行（凌虐）罪に非公務員が加功し暴行を加え傷害を負わせた場合、刑法六五条二項により暴行罪の刑を科し得るのは格別、刑法一九六条にいう「前二条の罪を犯し」たということはできなくなるから一九六条の致死傷罪が成立しなくなる。また、致死傷罪をさらに不真正身分犯と解して傷害罪の刑を科するということもできまい。私見によれば、刑法六五条二項は、非身分者に対する終局的な犯罪成立の準則をも含むものと解すべきである。加重身分をもたない者に、いかに共犯とはいえ加重身分犯の犯罪が成立する謂れはないからである。要するに刑法六五条一項は、第一に、真正身分犯における犯罪の成立（同時に科刑）に関する準則と、第二に、不真正身分犯における成立可能な犯罪の限度に関する準則とを含む（したがって、加重身分を有する者が狭義の共犯として非身分者たる正犯に加功した場合には、この準則に従い、加重身分犯への共犯の成立を認めるべきではない）

ものであり、同条二項は、不真正身分犯における非身分者に対して終局的に成立し得る犯罪に関する準則及び終局的な科刑に関する準則を含むものである）。非身分者に成立する犯罪が暴行罪もしくは脅迫罪だとすると、さらに一段論理を重ねて傷害罪の成立へ移行させることも不適切ながら不可能ではないが、仮に二項が単なる科刑の準則で、一項の適用により事後強盗罪が成立していると解すると、傷害罪の刑へ移行する途は断たれることになろう。

三　事後強盗罪と真正身分犯

事後強盗罪を不真正身分犯と解する裁判例に対して、大阪高裁昭和六二年七月一七日判決（判時一二五三号一四一頁）のように、事後強盗罪を真正身分犯と解して刑法六五条二項の適用を否定するものもある。事案は、窃盗犯人でない者が他の窃盗犯人の窃盗が既遂に達した後に、その窃取の事実を知った上で、その窃盗犯人と共謀の上、逮捕を逃れる目的で被害者に暴行を加え同人に傷害を負わせたというものであるが、右判決は、「事後強盗罪は、暴行罪、脅迫罪に窃盗犯人たる身分が加わって刑が加重される罪ではなく、窃盗犯人たる身分を有する者が、刑法二三八条所定の目的をもって、人の反抗を抑圧するに足りる暴行、脅迫を行うことによってはじめて成立するものであるから、真正身分犯であって、不真正身分犯と解すべきではない」と論じて、窃盗犯人たる身分を有しない者についても、「刑法六五条一項、六〇条の適用により（事後）強盗致傷罪の共同正犯が成立」し、「同条二項を適用すべきではない」と判示した。これに賛同する学説も少数ながら存在する。(8)

しかし、第一に、本判決には、東京地判昭和六〇年三月一九日と同様に、強盗致傷罪を身分犯と解していると思われる点で疑問がある。第二に、事後強盗罪を真正身分犯と解する立論にも疑問がある。真正身分犯は、その身分がなければいかなる犯罪をも構成しない場合であると解されているから、事後強盗罪がこれに該当するとは考えにくいからである。(9)確かに、事後強盗罪は、暴行罪・脅迫罪に窃盗たる身分が加わって刑が加重されている罪ではない。[10] もしそのような罪だとすれば、通例、窃盗たることを不真正身分とする加重暴行罪や加重脅迫罪として構成要件化されるであろう。しかし、かといって、窃盗が暴行脅迫を行うことによってはじめて成立する罪であるからとの理由も、事後強盗罪を真正身分犯と解する根拠にはなるまい。窃盗に該当しなくとも暴行罪・脅迫罪は成立し得るのであり、また、事後強盗罪それ自体がはじめて成立するから真正身分犯であると論じるのならば、特別公務員職権濫用罪などの明らかな不真正身分犯についても同様のことが言えてしまうからである。[11] さらに、窃盗たる身分を単に真正身分であると捉える場合には、客観的に窃盗の身分を有している者に加功して暴行脅迫を行えばただそれだけで、刑法六五条一項の適用により、暴行脅迫を行ったに過ぎない者が、事後強盗罪の共犯として処罰されてしまうことになり、事後強盗罪の処罰範囲の不当で安易な拡大を齎すであろう。結論だけからすれば、むしろ不真正身分犯説の方がまだしも妥当であると言わなければなるまい。だがしかし、問題の根源は、事後強盗罪における「窃盗」を身分と解し、事後強盗罪を身分犯と捉えること自体にあると言うべきであろう。そこで次には、身分概念との関係において事後強盗罪における「窃盗」が刑法六五条にいう身分であるかどうかを検討しよう。

（8）　前田雅英・刑法演習講座（平成三年）三五九頁以下。その理由は、事後強盗罪は暴行脅迫罪の加重類型ではなく、その基本的罪質は財産犯であり、窃盗犯人でなければ犯せない犯罪類型である、という点にある。しかしそうすると、例えば不真正身分犯として疑いない特別公務員暴行凌虐罪さえも、単なる暴行罪、脅迫罪、強制猥褻罪などとは罪質のかなり異なる、特別公務員にしか犯せない瀆職の罪たる本質を有するから、真正身分犯であることになりはしないか。このように、二罪間の基本的罪質の異同を問題にすることは、刑法六五条二項の適用範囲を不当に狭める虞れがある。

（9）　曾根・前掲書一七二頁。

（10）　中森教授も、事後強盗罪は決して暴行・脅迫罪の単なる加重類型ではなく、財産犯たる強盗として全く罪質を異にする別の犯罪であると述べる（中森喜彦「事後強盗を構成する暴行・脅迫に窃盗犯人でない者が関与した場合の取り扱い」判例評論三五三号（昭和六三年）七一頁）。

不真正身分犯説に立つ内田教授は、不真正身分犯では、身分が当該犯罪「成立」の要件ではなく当該犯罪「修正」の要件となっていると主張する（内田・前掲論文一〇頁）が、前者の「当該犯罪」と後者の「当該犯罪」とは意味内容を異にしており、内田教授の論理には疑問があると言わざるを得ない。即ち、不真正身分犯においても、「当該犯罪」が不真正身分犯それ自体だとすると、不真正身分は当該犯罪「成立」の要件なのである。さらにまた、例えば事後強盗罪が加重的暴行脅迫罪として規定されているのであれば、事後強盗罪における「窃盗」が、当該犯罪の単なる「修正」要件であると考え得るのであろうが、しかし、事後強盗罪規定はそうなってはいない。

(11)　同旨、内田・前掲論文七頁。

四　事後強盗罪における「窃盗」と刑法六五条にいう「身分」

判例によれば、刑法六五条にいう「身分」とは、「男女の性別、内外国人の別、親族の関係、公務員たるの資格のような関係のみに限らず、総て一定の犯罪行為に関する犯人の人的関係である特殊の地位又は状態」と意味するものと解されており(12)、この身分概念に当て嵌まる行為主体が構成要件上予定されていれば、その犯罪は身分犯であり、それに加功した共犯に対しては刑法六五条が適用されるものと一般に解されてきた(13)。このような見解によれば、構成要件の形式から見ると、第一に、単純逃走罪（九七条）における「裁判の執行により拘禁された既決又は未決の者」、秘密漏示罪（一三四条）における「医師、薬剤師、医薬品販売業者、助産婦、弁護士、弁護人、公証人又はこれらの職にあった者」及び「宗教、祈禱若しくは祭祀の職にある者又はこれらの職にあった者」、虚偽公文書作成罪（一五六条）における「公務員」、虚偽診断書等作成罪（一六〇条）における「医師」、偽証罪（一六九条）における「法律により宣誓した証人」、虚偽鑑定・虚偽通訳罪（一七一条）における「法律により宣誓した鑑定人、通訳人又は翻訳人」、強姦罪（一七七条）における「姦淫」が予定する男子、重婚罪（一八四条）における「配偶者のある者」、収賄罪（一九七条以下）における「公務員又は仲裁人」、背任罪（二四七条）における「他人のためにその事務を処理する者」、単純横領罪における単純占有者、加重逃走罪（九八条）における「前条に規定する者又は勾引状の執行を受けた者」、逃走させる罪（一〇一条）における「法令により拘禁された者を看取し又は護送する者」、税関職員あへん煙等輸入罪（一三八条）における「税関職員」、常習賭博罪（一八六条一項）における「常習として……した者」、公務員職権濫用罪（一九三条）における「公務員」、特別公務員逮捕監禁罪（一九四条）における「裁判、検察若しくは警察の職務を行う者又はこれらの職務を補助する者」、特別公務員暴行凌虐罪（一五九条）における「裁判、検察、警察の職務を行う者又はこれらの職務を補助する者」及び「法令により拘禁された者を看取し又は護送する者」、業務上堕胎罪（二一四条）における「医師、助産婦、薬剤師又は医薬品販売業者」、保護責任者遺棄罪（二一八条）における「老年者、幼年者、身体障害者又は病者を保護する責任のある者」、業務上横領罪（二五三条）における業務上占有者、特別背任罪（商法四八六条）における「発起人、取締役、監査役又は株式会社の第百八十八条第三項、第二百五十八条第二項若は第二百八十条第一項の職務代行者若は支配人其の他営業に関する或種類若は特定の事項の委任を受けたる使用人」などは言うに及ばず、第二に、事後強盗罪（二三八条）における「窃盗」、強盗殺傷罪（二四〇条）における「強盗」や強盗強姦罪における「強盗」なども刑法六五条にいう身分となり、[14]第三に、結果的加重犯たる強盗致死傷罪（二四〇条）における「強盗」までもが身分であらざるを得なくなろう。[15]

しかし、刑法六五条にいう身分に当たるためには、判例が提示するような身分概念に当てて嵌まるか否かばかりでなく、当該犯罪構成要件の実体的構造から見て、当該犯罪を身分犯と解すべきか否かを考慮する必要がある。即ち、判例の広漠とした身分概念に該当するからといって、ただそれだけで直ちに刑法六五条にいう身分犯の身分に当たると判断すべきではなく、当該犯罪構成要件の実体的構造を熟慮すべきである。その点において、まず、第三群に属する強盗致死傷罪等は身分犯ではない。通常の結果的加重犯は、例えば強制猥褻・強姦等致死傷罪（一八一条）などに見られるように、「……の罪を犯し、よって人を死傷させた」などの形式で規定される。強盗致死傷罪は、立法技術上一見身分犯として規定されているようではあるが、しかしその実体は、「強盗の罪を犯し、よって人を死傷させた」行為を罰するものであることは明らかである。強盗致死傷罪は身分犯ではなく、刑法六五条とは無縁な結果的加重犯であると言わなければならない。次に、第二群に属する強盗殺傷罪（殺傷の故意ある場合）も、強盗致死傷罪と同じく規定形式上は一見身分犯に見えるが、しかしその実体は「強盗の罪を犯し、その機会に人を殺傷する」犯罪であり、(16) いわゆる結合犯の一種で、決して身分犯ではない。第三群の結果的加重犯との差異は、殺傷の結果につき故意が必要か或は過失もしくは因果関係の存在で足りるかという点にあるに過ぎない。強盗強姦罪も、規定形式は一見身分犯であるが、「強盗の罪を犯し、その機会に強姦する」いわゆる結合犯の一種である。このように、第二群に属する犯罪は、実質的に結合犯であるにも拘らず規定形式上は身分犯であるかのような外観を呈しているが、これに対して、例えば墳墓発掘死体損壊等罪は、「第百八十九条の罪を犯して、死体、遺骨、遺髪又は棺に納めてある物を損壊し、遺棄し、又は領得した者」と規定されており、規定形式上も実質的にも結合犯であることが明らかであるが、しかし、「墳墓を発掘した者が、……物を損壊し、遺棄し、又は領得したときは」と規定して身分犯の外観を備えさせることは、立法技術上十分可能であった。「……した者が」と規定せず、「……の罪を犯して」と規定したという単なる立法技術上の偶然の選択によって刑法六五条の適用の可否が決定されてしまうのは、いかにも不合理であろう。規定の形式だけではなく、当該犯罪の実体的な構造を見極めることが肝要である。

第一群に属する犯罪が身分犯であることは疑いがない。では、第一群に属する身分犯と第二、三群に属する結合犯又は結果的加重犯との間の実体的な構造上の区別は可能か。これについては、前掲の諸犯罪を見比べてみれば明らかなことであるが、構成要件の形式からする明確で合理的な区別が可能である。即ち、その区別は、「身分」

を有していることが既に犯罪を構成するものであるか否かの基準によって決せられるべきである。つまり、前者においては「身分」を有していることが何ら犯罪を構成していないのに対して、後者においては「身分」を有していること自体が既に犯罪を構成しているという点に、両者の決定的な違いがある。例えば、収賄罪における「公務員又は仲裁人」、強姦罪における男子、保護責任者遺棄罪における「保護する責任のある者」等々の身分は、それ自体は全く犯罪とは無縁な地位・状態であるのに対して、事後強盗罪における「窃盗」、強盗殺人罪における「強盗」、強盗致死傷罪における「強盗」等々の所謂身分は、犯罪を犯したこと自体が「身分」とされているのである。(17) 後者の罪は非身分犯及び結合犯であり、「窃盗」、「強盗」等の所謂身分は、刑法六五条にいう身分犯における身分と解されてはならない。

(12)　最高裁昭和二七年九月一九日判決刑集六巻八号一〇八三頁、同旨、大審院明治四四年三月一六日判決刑録一七輯四〇五頁。

(13)　なお、香川・前掲書一六〇頁参照。

(14)　このような疑問に対して、日高教授は、事後強盗罪は窃盗から事後強盗へと転化しているが、強盗強姦罪の場合は強盗犯人が他の犯罪に転化しうる特殊な地位に立っているわけではない、と言う（日高「事後強盗の身分犯性と共犯の問題」専修法学論集六〇号（平成六年）四四頁。）しかし、この答えは説得力に欠ける。第一、「他の犯罪に転化する」という基準の内容が定かではなく、また、それが身分犯であるか否かを決する本質的な基準であるとも思えない。まず、事後強盗罪においては、窃盗が強盗へと転化しているわけではなく、ドイツ法にいう「強盗的窃盗」に類似する事後強盗が、本来の強盗ではないが、「強盗として論じ」られることになっているに過ぎない。他方、強盗強姦罪においても、強盗犯が、独立した構成要件で定められた強盗強姦犯に転化しうる特殊な地位に立つものと言えば言えるからである。

(15)　同旨、萩原由美恵「事後強盗罪（刑法二三八条）は身分犯か」上智法学論集三一巻三号（昭和六三年）一七八頁、上野幸彦「窃盗犯人でない者が、窃盗犯人と意思連絡の上、財物の取還を拒ぐために共同して暴行を加え、被害者に傷害を負わせた場合の擬律」日本法学五三巻二号（昭和六三年）一三八頁以下。なお、香川・前掲書一七八頁以下参照。

内田教授は、「強盗致死傷罪等では、『強盗』は『実行行為』であると同時に、それが行為者に固有の『身分』たりうる」と言う。しかし、強盗致死傷罪において、致死傷の結果は、いずれの説に立とうが少なくとも犯人自身（又は共犯者）の強盗の機会に生じたものでなければならないから、強盗致死傷罪に刑法六五条が適用されるというのは妙である。

(16)　表現の便宜上、「その機会に」と表現したが、筆者は所謂「機会説」に立脚するものではない。より限定的に解すべきであると考えているが、私見の詳細は割愛したい。

(17)　内田教授は、事後強盗罪につき、窃盗という「行為」が「身分」を基礎づけていることに対して疑問を抱きつつも、偽証罪を同様の例として掲げている（内田・前掲論文五頁）が、しかし、本文で論じたように、前者では犯罪行為が「身分」を基礎づけているのに対して、後者では犯罪行為が「身分」を基礎づけているわけではないという点に、両者には決定的な違いがあるものと言うべきであろう。

五　むすびにかえて

事後強盗罪を身分犯と解する判例・多数説(18)の立場に対して異を唱える学説(19)も少なからず存在する。例えば、古江検事は、東京地裁昭和六〇年三月一九日判決に関する判例評釈において、次のように主張している。所謂結合犯には、実行の着手時期や罪数の点で、強盗罪のような真正結合犯と、強盗強姦罪のような不真正結合犯（＝身分犯）という異種のものが含まれている。真正結合犯である強盗罪においては、暴行・脅迫への着手が強盗罪の未遂成立時期であるが、これに対して不真正結合犯である強盗強姦罪においては、先行行為である強盗行為は構成要件該当行為（実行行為）ではなく、強姦への着手が実行行為の開始である。この意味で、不真正結合犯においては、先行行為に関する法益は結合犯の法益とはなり得ない。事後強盗罪については、暴行・脅迫の開始を実行の着手の時期とすべきであるから、本罪は真正結合犯ではなく、また、本罪が財産的法益に対する罪であり、先行する窃盗行為を本罪の実行行為の一部と考えるべきであるから、不真正結合犯でもなく、それは「結果的結合犯」とでも言うべきものである、と。結合犯と言われているものの中でも、強盗罪と強盗強姦罪とでは性格が異なるとの指摘、さらに、強盗強姦罪では、強姦行為への着手をもって未遂を論じるべきだとの主張は正しいものを含んでいよう。また、事後強盗罪を身分犯と解さない結論[20]も首肯できる。しかし、その立論には少なからず疑問がある。即ち、第一に、強盗強姦罪を身分犯（不真正結合犯）と解している点、第二に、不真正結合犯において後行行為の開始を未遂成立時期とするために、先行行為を実行行為ではないとしている点、第三に、右の結論を引き出すために、不真正結合犯においては先行行為に関する法益は結合犯の法益とはなり得ないと論じている点、最後に、事後強盗罪を強盗強姦罪とは異なる結合犯であると解している点である。第一に、前節で論じたように、強盗強姦罪を身分犯と捉えるべきではない。第二に、強盗強姦罪においては、強盗強姦行為が構成要件化されているのであり、強盗たること（強盗行為）も構成要件的実行行為である。第三に、強盗強姦罪が「窃盗及び強盗の罪」の章に組み込まれていることからも、その保護法益には性的自由のみならず財産的法益も当然に含まれているものと解するのが自然である。最後に、後述するように、事後強盗罪は強盗罪よりも強盗強姦罪に近似の結合犯（非身分犯）である。

惟うに、結合犯は、強盗罪のように、複数の犯罪行為（暴行脅迫と奪取）が手段―目的という極めて緊密な関係に立っていることから、結合されて単一の独立構成要件とされているもの（第一種の結合犯と呼ぶ）と、強盗強姦罪のように、複数の犯罪行為（強盗と強姦）が同一の機会に行われることの多いのに着目して結合され、単一の構成要件とされているもの（第二種の結合犯と呼ぶ）とに大別できる。第一種の結合犯（例えば強盗罪）においては、先行行為（暴行脅迫）も後行行為（奪取）もともに実行行為であり、その間に手段―目的という緊密な関係があるために、先行行為への着手は結合犯全体の既遂構成要件実現の切迫した危険を内包しており、先行行為への着手をもって結合犯の未遂を論じ得るのに対して、第二種の結合犯（例えば強盗強姦罪）においては、第一種の結合犯と同様に先行行為も後行行為[21]もともに実行行為ではあるが、しかし、先行行為への着手は、必ずしも結合犯全体の既遂構成要件実現の切迫した危険の発生を意味しない。刑法四三条が、未遂につき「犯罪の実行に着手してこれを遂げなかった者」と規定していることにより、実行の着手（実行行為の開始）時期が未遂成立時期であるとの考えが定説となっているが、しかし、可罰的に違法な未遂が成立するためには、実行の着手だけでは足りず、既遂構成要件実現の切迫した危険の発生が必要と解すべきである。[22]したがって、第二種の結合犯においては、先行行為への着手によって結合犯全体の未遂が成立する場合（例えば、強盗と強姦とをほぼ同時にもしくは相前後して行おうとの決意のもとに、それらの手段としての暴行脅迫に着手した場合）と、後行行為への着手があって初めて結合犯全体の未遂の成立を認めるべき場合とが存在する。後者が原則であり、即ち、事後強盗罪の未遂が成立するには、原則として後行行為への着手がなければならないと解すべきである。かく解すれば、事後強盗罪における実行行為を窃盗行為及び暴行・脅迫行為に見出すことが、事後強盗罪の既遂成立時期及び未遂成立時期の合理的な確定にとって何ら妨げにはならないということが判明するであろう。

以上、事後強盗罪における「窃盗」が身分犯における身分であるかという問題を中心として、事後強盗罪をめぐる諸問題に若干の考察を加えてきた。まことに拙い小稿ではあるが、本稿を、敬愛する香川達夫先生に捧げたいと思う。

(18)　本稿二注(2)(3)(4)（本書三二一頁以下注(4)(5)(6)）に挙げた学説のほかに、大塚仁・刑法各論上巻「改訂版」（昭和五九年）四五七頁、香川達夫・刑法講義「各論」第二版（平成二年）四五八頁、大谷実・刑法講義各論第三版（平成二年）二二二頁（東京地判昭和六〇・三・一九を引用）、岡野光雄「事後強盗罪と共犯」研修四九四号（平成元年）三頁以下、同「事後強盗罪」阿部他編「刑法基本講座 第五巻 財産犯論」（平成五年）一一六頁、一二三頁（不真正身分犯とする）、等。

(19) 中森喜彦・刑法各論（平成三年）一三三頁及び一三五頁、同・前掲論文七〇頁以下、川端博「事後強盗と共犯」研修五五八号（平成六年）三頁以下、古江頼隆「窃盗犯人でない者が、窃盗犯人と共謀の上財物の取還を拒ぐため被害者に傷害を負わせた場合の擬律」研修四五七号（昭和六一年）六一頁以下、萩原由美恵・前掲論文一七七頁、上野・前掲論文一四一頁。

(20) 岡野教授は、古江検事の見解に対して、「結果的結合犯」の実質は通説の身分犯説と同一内容であると批判するが、しかし、身分犯か否かは刑法六五条の適用の可否に直接的に影響するので、その点に大きな違いがあると言うべきである。

(21) ここにいう「先行」「後行」は、必ずしも時間的な前後関係に立つことを意味しない。強盗殺人罪の類型のように、暴行の極致としての殺人を手段として財物を強取したりすることも当然考えられるからである。

(22) 窃盗を犯して暴行脅迫をすることが事後強盗罪の予定する実行行為であるとするならば、暴行脅迫行為に未遂を依存させてこそ論理の整合性が保証されることになるのではないか、との香川達夫教授の指摘（香川・前掲書一六八号）は興味深い。ただ、その場合、「暴行・脅迫の成否に本罪の既遂・未遂を依存させる」ことは妥当でない。事後強盗罪としての未遂・既遂がまさに問題であるからである。また、事後強盗罪における既遂と未遂との区別（既遂成立時期の確定）の問題と、未遂と予備（もしくは不可罰）との区別（可罰的未遂成立時期の確定）の問題とは、違った異質の問題であることを明確に認識すべきである。後者の問題については、本文で述べた論理が妥当すべきであるが、前者の問題、即ち、事後強盗罪の既遂時期の問題に関しては、またこの問題に即応した解決を目指すべきである。通説が、事後強盗罪は財物の奪取によって既遂に達すると語るとき、そこにいう「財物の奪取」が、窃盗としての財物奪取であれば足りるのか、それとも事後強盗としての財物奪取であることが必要か、必ずしも明らかでないが、当然、事後強盗罪の既遂成立の要件である財物奪取は、事後強盗としての財物奪取でなければならないはずである。他方で通説が、窃盗既遂犯人が所定の目的で相手の反抗を抑圧するに足りる暴行脅迫を行えば事後強盗罪は直ちに既遂に達すると語る（例えば、泉二新熊・日本刑法論下巻（各論）第四三版（昭和一一年）七三六頁、大塚・前掲書四六〇頁以下、大谷・前掲書二二三頁以下、前田雅英・刑法各論講義（平成元年）二五二頁、等。内田・前掲書二八四頁も通説とさほど違わない。最判昭和二四・七・九刑集三・八・一一八八は、窃盗未遂犯人による事後強盗を、財物を得なかった点において強盗未遂と同様であるから、事後強盗の既遂をもって問擬するのは違法である、と判示しているにとどまり、窃盗既遂犯人による事後強盗をすべて事後強盗罪の既遂に問擬すべし、とまで判示したものとは必ずしも解されない。右判例が、事後強盗として「財物を得なかった」場合にも事後強盗罪の未遂が成立すると解しているのであれば、通説とは明らかに袂を分かっているからである）とき、右記の「財物の奪取」が窃盗としての財物奪取であることが明らかとなる。しかし、これは疑問である。第一に、通常の強盗罪（二三六条）の場合、財物を強取する意思で、その手段として反抗を抑圧するに足りる暴行脅迫を加え、それにより反抗を抑圧して財物を強取したときに、強盗罪は既遂に達するものと解すべきであるが、さすれば、通常の強盗罪との均衡上、事後強盗罪においても実際に反抗が抑圧されることを要すべきではないか。第二に、例えば窃盗既遂犯が財物を取り返されそうになったときには、財物に対する支配は通常揺らぐのであり、事後強盗罪の既遂に問擬するには、財物に対する支配を改めて確立することが必要ではないか。したがって、窃盗既遂犯が暴行脅迫を行っただけでは必ずしも直ちに事後強盗罪が既遂に達するわけではなく、例えば取り返されそうになっても暴行脅迫により財物に対する支配を維持もしくは再確立して初めて、事後強盗罪としての既遂が認められるべきである。それゆえ、暴行脅迫は行ったが財物を取り返されてしまったときには、事後強盗罪は通常未遂にとどまる。また、窃盗既遂犯が、逮捕を免れるために暴行脅迫を行ったが、逮捕されてしまい財物支配を維持できなかった場合も同様である。事後強盗としての財物奪取の存否を問うべきだからである（ほぼ同旨、曾根・前掲書一七四頁。なお、香川・前掲書四六一頁も、結果的に財物の取得がなければ未遂であるとするが、ほぼ同旨か）。

あとがき

刑法は、国家その他の権力と個人とが最も厳しく鬩ぎ合う法領域である。刑法の在り方は、その歴史が教えるように、ともすると人間の自由や権利を侵し、人間の尊厳を蹂躙する危険をつねに孕んでいる。それゆえ、刑法学を志す者は、人類の歴史に対する己が責任を自覚し、一字一句も疎かにせず、限りなく透徹した思索に基づいて、責任ある刑法理論を展開することに努めなければならない。刑法というものは受刑者の自由や生命までも奪い得る極めて重いものである。それゆえにこそ、刑法学に携わる者は、自らが背負う重い定めを自覚し、己が全存在いな生命をも賭する覚悟で責任をもって自説を展開しなければならないであろう。私はそう信じてやまない。

刑法学徒としての右の意識は、生涯の師荘子邦雄先生並びに民法ゼミを通して学恩に与かった広中俊雄先生から教えていただいたものであると言ってよい。第一章、第二章、第五章などからその信念を感得していただければ幸いである。今にして思えば、大学三年のときに自分で買ったヴェルツェル及びヘルムート・マイヤーの体系書と、四年のときの誕生日に後の妻邦子から贈られたマウラッハの教科書とが、私の刑法学徒たる自覚の出発点を形成してくれたような気がしてならない。また、わがままな私を温かく見守り惜しみ無く愛情を注いでくれた父母、邦郎・志げの存在も大きい。人間としての私に力を与え見守っていて下さった全ての方に感謝したいと思う。

本書の出版に際しては、信山社の方々のほか、多くの方にお世話になった。東北大学法学部助手宮川基氏には、事項索引等の作成において、東北大学大学院法学研究科博士課程後期三年の課程学生石川友佳子氏並びに同前期二年の課程学生富樫景子氏には、校正などにおいて多大のご助力を得た。ここに記して感謝を申し上げたい。

なお、本書をまとめるにあたり、文や付注の点において旧稿に必要最小限の補訂を施したこと、また、第五章についてはその後の学説・判例の展開を踏まえ若干書き足したことをお断りしておきたい。

〈る〉

〈れ〉

〈ろ〉

人名索引

事項索引

〈著者紹介〉

岡 本　勝（おかもと・まさる）

1947年　宮城県中新田町に生まれる。

1971年　東北大学法学部卒業。同刑法講座助手，助教授，教授を経る。

現　在　東北大学大学院法学研究科教授（刑法専攻），同医学系研究科倫理委員会委員。

〈主要著書・論文〉

『刑法講義各論』（共著・有斐閣）

「『抽象的危殆犯』の問題性」（法学38巻2号）

「放火罪における保護法益について」（刑法雑誌22巻1号・2号）

「放火罪と『公共の危険』」（法学47巻2号・52巻4号・57巻5号）

「『法益侵害説』に関する一考察（上）」（法学62巻6号）

犯罪論と刑法思想

2000年（平成12年）7月20日　初版第1刷発行

著　者　岡　本　勝

発行者　今　井　貴
　　　　渡　辺　左　近

発行所　信山社出版株式会社

〔〒113-0033〕東京都文京区本郷6-2-9-102

電　話　03（3818）1019

FAX　03（3818）0344

Printed in Japan.

印刷・製本／勝美印刷・大三製本

ISBN4-7972-2172-0　C3332